SCHÄFFER
POESCHEL

Detlef Remer

Einführen der Prozess-kostenrechnung

Grundlagen, Methodik, Einführung und Anwendung der verursachungsgerechten Gemeinkostenzurechnung

Unter Mitwirkung von Eberhard Mülhaupt

2., überarbeitete und erweiterte Auflage

2005
Schäffer-Poeschel Verlag Stuttgart

Bibliografische Information Der Deutschen Bibliothek
Die Deutsche Bibliothek verzeichnet diese Publikation in der Deutschen
Nationalbibliografie; detaillierte bibliografische Daten sind im Internet
über < http://dnb.ddb.de > abrufbar.

Gedruckt auf chlorfrei gebleichtem, säurefreiem und alterungsbeständigem Papier

ISBN 13: 978-3-7910-2427-1
ISBN 10: 3-7910-2427-2

© 2005 Schäffer-Poeschel Verlag für Wirtschaft · Steuern · Recht GmbH
www.schaeffer-poeschel.de
info@schaeffer-poeschel.de
Einbandgestaltung: Willy Löffelhardt
Satz: Typomedia GmbH, Ostfildern
Druck und Bindung: Kösel Krugzell · www.koeselbuch.de
Printed in Germany
November/2005

Schäffer-Poeschel Verlag Stuttgart
Ein Tochterunternehmen der Verlagsgruppe Handelsblatt

Vorwort

In diese Neuauflage sind meine persönlichen Erfahrungen als Controller und Berater eingeflossen, ebenso wie die Weiterentwicklungen gerade im methodischen und technischen Bereich. Hinzu kamen die langjährigen Erfahrungen von Eberhard Mülhaupt, Geschäftsführer der CORAK Unternehmensberatung GmbH, Freiburg. Ihm habe ich u. a. den ausführlichen Anwenderbericht als zentrale Erweiterung dieses Buches zu verdanken, aber auch zahlreiche interessante Diskussionen über die Prozesskostenrechnung und deren Umfeld.

Dieses Buch soll meine Bemühungen um die Akzeptanz der Prozesskostenrechnung in ihrer praktischen Umsetzung weiter verstärken. Die Theorie darf nicht vernachlässigt werden, aber Einführung und permanente Durchführung müssen sich immer an betrieblichen Anforderungen ausrichten, um Erfolg zu haben. Sie sollen mit dem Buch in die Methodik der Prozesskostenrechnung einsteigen können, aber auch besonders die Möglichkeit erhalten, die Prozesskostenrechnung für Ihre betrieblichen Anforderungen nutzen zu können – pragmatisch, anschaulich, greifbar.

Ich bedanke mich ganz herzlich bei allen, die in irgendeiner Form und Unterstützung zur Realisierung dieses Buches beigetragen haben!

Detlef Remer
Friesenheim/Freiburg, im April 2005

Die Autoren

Diplom-Betriebswirt (FH) Detlef Remer ist seit zehn Jahren im Controlling tätig: Seit vier Jahren ist er Leiter Controlling bei Lexware GmbH & Co. KG in Freiburg, dem führenden Softwareunternehmen für kaufmännische und private Finanzsoftware. Zuvor war er Konzerncontroller in einem internationalen ERP-Softwareunternehmen und Spartencontroller in der deutschen Tochter eines US-amerikanischen Automobilzulieferers.
Nach seiner ersten Buchveröffentlichung 1996 konnte er zudem nebenberuflich in der Beratung für Prozesskostenrechnung Erfahrungen sammeln. Durch die aktuelle Zusammenarbeit mit der CORAK Unternehmensberatung GmbH konnte er wertvolle Erkenntnisse aus der Praxis der Prozesskostenrechnung und -software erlangen und in die Neuauflage einbringen.

Eberhard Mülhaupt gründete – nach dem Studium der Betriebswirtschaft und leitenden Tätigkeiten bei einem EDV-Hersteller und einer Schweizer Unternehmensberatung – im Jahre 1976 die CORAK Unternehmensberatung GmbH in Freiburg. Unter seiner Leitung wurde seit 1985 die CORAK Standardkostenstellen-, Kostenträger- und Ergebnisrechnung entwickelt und 1996 die Prozesskostenrechnung integriert. Sie wird seitdem in verschiedenen Branchen der Fertigungsindustrie und Dienstleistungsunternehmen erfolgreich eingesetzt. Daneben ist er Referent auf Fachtagungen und veröffentlichte diverse Publikationen.

Inhaltsübersicht

Teil IV Durchführen der permanenten Prozesskostenrechnung . . . 263

Hinweis

Zusammenfassungen der Teile I und II sind als pdf-Dateien im Internet unter www.sp-dozenten.de verfügbar (Anmeldung erforderlich).

Inhaltsverzeichnis

Für Lennart

Einleitung

Prozesskostenrechnung bedeutet im Wesentlichen die Ermittlung und Optimierung der Ablaufkosten durch Analyse, Planung und Prozessmanagement in den indirekten Unternehmensbereichen sowie verursachungsgerechtere Verrechnung der indirekten Gemeinkosten auf Produkte, Aufträge, Kunden o. Ä. Die stetig steigenden Gemeinkostenanteile an den Gesamtkosten riefen oft Reaktionen hervor wie beispielsweise »Kleinaufträge sind nicht problematisch, die Kostenblöcke sind sowieso vorhanden«. So wurden die Gemeinkostenbudgets aus Mangel an Transparenz und ohne Leistungsbezug jährlich erhöht bzw. nicht verursachungsgerecht auf Produkte oder Aufträge verrechnet.

In Zeiten geringer Marktdynamik spielt diese Problematik eine eher untergeordnete Rolle, funktionale Organisationsformen stehen im Vordergrund. Hohe Marktdynamik erfordert jedoch schnelle Reaktionsfähigkeit und Effizienz. Es ist somit kein Zufall, dass die Prozessperspektive in den Vordergrund der Betrachtung gerückt ist. Die lange Zeit geäußerten kritischen Bedenken, vorwiegend aus der betriebswirtschaftlichen Theorie, haben nicht verhindert, dass sich die Prozesskostenrechnung mehr und mehr in der Praxis durchsetzte. Dies beruht u. a. darauf, dass die Managementanforderungen an die Kostenrechnung anspruchsvoller wurden.

Wurde die Prozesskostenrechnung vor einigen Jahren noch als Mode abgetan, hat sie sich inzwischen zu einer festen Größe im Zusammenspiel der Kostenrechnungssysteme entwickelt und besonders in der Praxis Fuß gefasst. Für die Unternehmen zeigt sie sich als eine der wenigen Möglichkeiten zur pragmatischen Umsetzung ergebnisorientierter Anforderungen.

Aber auch die Wissenschaft verbesserte die theoretischen Ansätze und erforschte deren Einsatzmöglichkeiten. So gibt es eine umfassende Studie von Roman Stoi, auf die hier im Buch an diversen Stellen auszugsweise Bezug genommen wird. Ich möchte Ihnen ausdrücklich das Studium dieser Umfrageergebnisse nahe legen und auf das Literaturverzeichnis verweisen.

Zudem hat die Prozesskostenrechnung in teilweise beachtlicher Breite in den Vorlesungsplänen der Hochschulen Einzug gefunden: Viele kommende Kostenrechner, Controller und Unternehmer werden als künftige Anwender und Anforderer vorbereitet.

Vor einigen Jahren basierte das praktische Wissen allein auf den Erfahrungen weniger Unternehmen und Autoren. Die weiterhin große Anzahl an Veröffentlichungen zeigt hier die Breite, in welche die Prozesskostenrechnung mittlerweile sowohl in der Praxis als auch in der Theorie vorgedrungen ist. Dennoch zeigen viele Veröffentlichungen zur Prozesskostenrechnung oft nur Teilaspekte oder auf spezifische Branchen zugeschnittene Lösungen bzw. sind zu allgemein gehalten, weshalb die Prozesskostenrechnung für den Praktiker als widersprüchlich oder gar völlig ungeeignet erscheint. Zudem bemühen sich viele Beratungsunternehmen um die Umsetzung der Prozesskostenrechnung in der Praxis. In diesem Buch werden diese Tendenzen ebenso berücksichtigt wie die Zusammenführung und Bewertung aktueller Entwicklungen gerade unter praxisrelevanten Aspekten.

Die Prozesskostenrechnung hat in den letzten Jahren in den verschiedensten Branchen, vorwiegend in der Industrie, aber auch im Dienstleistungssektor bei Banken, Versicherungen und sogar in Krankenhäusern oder Öffentlichen Verwaltungen durch ihren erfolgreichen Einsatz bewiesen, dass sie ein wertvolles Managementwerkzeug darstellt und so die Wertschöpfung eines Unternehmens oder einer Organisation steigern kann. Das Management besitzt durch sie die Möglichkeit, schnell und effektiv auf Veränderungen zu reagieren oder, noch besser, zu agieren.

Geht man der Frage nach, warum Prozesskostenmanagement im industriellen Mittelstand dennoch nicht im zu erwartenden Maße etabliert ist, lassen sich zur Begründung folgende Arten von Firmen unterscheiden:

- »Firmen, die sich aufgrund der Unkenntnis des Ansatzes oder knapper Ressourcen noch nicht damit beschäftigt haben bzw. sich bewusst aufgrund anderer Aufgabenschwerpunkte oder der vermeintlich mangelnden Eignung für Mittelständler dagegen entschieden haben.
- Firmen, die aufgrund eines hohen erkannten Handlungsbedarfes versucht haben, Prozesskostenmanagement einzuführen, aber z.B. aus Gründen der mangelnden Konzentration auf die wesentlichen Fragestellungen gescheitert sind.
- Die geringe Zahl der mittelständischen Firmen, die Prozesskostenmanagement einsetzen und die dauerhaften Nutzen ziehen können.«[1]

Unabhängig von der Größe Ihres Unternehmens wollen Sie sicherlich zur letzteren Gruppe der Firmen gehören – und u.a. anhand dieses Buches die Prozesskostenrechnung erfolgreich einführen und anwenden.

Die Prozesskostenrechnung ist besonders dann ein bestimmendes Thema in der Praxis, wenn es um Möglichkeiten des permanenten Gemeinkostenmanagements und Ergebnisverbesserungen unter verursachungsgerechten Ansätzen geht. So sind bspw. in Teilen der Zulieferindustrie verstärkt Tendenzen zu erkennen, dass Angebote unter Berücksichtigung prozessorientierter Organisation und Kalkulation gefordert werden. Die Entwicklungsrichtung der Prozesskostenrechnung war vorgezeichnet. Der Prozessgestaltungs- und Prozessmanagementaspekt hat im Vergleich zur eigentlichen Prozesskostenrechnung an Bedeutung gewonnen.

Effizientes Kostenmanagement ist aber in vielen Betrieben eine vernachlässigte Führungsfunktion und hat in Verbindung mit entsprechenden Controllingmaßnahmen eine grundlegende Voraussetzung: das Vorhandensein eines aussagefähigen Kosteninformationssystems, welches relevante Daten für Managemententscheidungen bereitstellt. Nur so lassen sich Fehlentscheidungen vermeiden, Strukturumbrüche erkennen und Anpassungsmaßnahmen rechtzeitig einleiten. Die Prozesskostenrechnung stellt diese Entscheidungsinformationen bereit. Deren Einsatz lohnt sich sowohl in Klein- als auch Mittel- und Großbetrieben. Sie gibt Antworten auf eine Vielzahl derzeit relevanter kostenrechnerischer Problemstellungen, die mittels bisheriger Methoden nicht befriedigend lösbar sind.

Die praktische Umsetzung der Methodik steht im Mittelpunkt dieses Buches. Es soll ein Leitfaden für Sie als Praktiker sein, welcher sich mit den Erkenntnissen der Prozesskostenrechnung beschäftigen möchte (oder muss!). Es wurde besonders auf eine durchgängige Darstellung geachtet. Die Diskussion wird hier aus anwendungsorientierter Sicht geführt mit der Absicht, wirklich fundierte Kenntnisse zu vermitteln. Sie können damit nicht nur »mitreden«, sondern wissen auch konkret, was mit der Prozesskostenrechnung »gemeint« ist.

Wie Sie bereits festgestellt haben, werden Sie in diesem Buch des Öfteren persönlich angesprochen. Dadurch soll eine gewisse Form der Kommunikation mit Ihnen hergestellt werden, um Sie von Anfang an aktiv in dieses Konzept einzubinden. Auf die Personifizierung der Begriffe (z. B. Mitarbeiter/in, Controller/in etc.) wurde der Einfachheit halber verzichtet. Bei Verwendung des Maskulinums bezieht sich dies selbstverständlich zu gleichen Teilen sowohl auf männliche als auch auf weibliche Personen.

In umrahmten Kästen erhalten Sie immer wieder Hinweise oder Anweisungen. Dies ganz besonders für Teil I des Buches, um auf die eher als theoretisch und definitorisch anzusehenden Grundlagen direkt einzugehen. Gerade die Anweisungen sollen Sie in Ihrer Funktion als Manager, Projektleiter, Controller, Kostenrechner o. Ä. auffordern, bestimmte Aufgaben für Ihr Unternehmen durchzuführen, um das beschriebene Konzept konkret voranzubringen. Meist müssen Sie sich hierzu ein Kapitel erarbeiten, um mit dem so erworbenen Wissen bzw. den gegebenen Anregungen und Tipps diese Anweisungen effizient ausführen zu können.

Die Teile II bis IV sind insgesamt gesehen sehr praxisbezogen, weshalb auf derartige direkte Hinweise im Wesentlichen verzichtet werden kann. Verstehen Sie die dort gemachten Ausführungen selbst als Hinweise oder Anregungen zum Aktiv- und Kreativwerden!

Neben theoretischen und methodischen Grundkenntnissen werden praktische Einführungsschritte sowie Anwendungs- und Durchführungsmöglichkeiten der Prozesskostenrechnung aufgezeigt. So wird pragmatisch auf die Vorgehensweise und die möglichen Schwierigkeiten der Realisierung eingegangen. Sehen Sie das vorgestellte Konzept als Leitfaden zur Ein- und Durchführung der Prozesskostenrechnung an. Begriffe, Methodik, Vorgehensweise und Anwendungsmöglichkeiten werden dem aktuellen Entwicklungsstand entsprechend praxisnah und anhand vieler Beispiele und über 100 Abbildungen beschrieben, wodurch Sie alles leicht nachvollziehen können.

Als besonderes Highlight dieser Neuauflage wurde in Teil III ein umfassender Anwenderbericht aus der Unternehmenspraxis integriert, der Ihnen viele Facetten eines Einführungsprojektes incl. der DV-technischen Umsetzung aufzeigt.

Eine anschauliche und in sich geschlossene Darstellung des Konzeptes wurde auch dadurch erreicht, dass Abbildungen und durchgängige Beispiele im Text integriert und nicht als Anlagen in einen Anhang ausgegliedert wurden. Die Anmerkungen enthalten ausschließlich Literaturquellen und tragen somit nicht zum weiteren Verständnis bei. Alle inhaltlichen Verweise oder Erläuterungen finden Sie direkt im Text. Abschließend finden Sie neben den verwendeten Literaturquellen im Literaturverzeichnis zusätzliche weitere Literaturvorschläge zur Vertiefung der Thematik.

Der folgende Überblick zeigt den inhaltlichen Aufbau dieses Buches, welches in vier wesentliche Teile untergliedert ist, und soll Ihnen eine erste Orientierung im Gesamtkonzept geben:

Teil I   Grundlagen der Prozesskostenrechnung
Teil II   Einführung der Prozesskostenrechnung

Teil III   Anwenderbericht der TIKO GmbH
Teil IV   Durchführen der permanenten Prozesskostenrechnung

Die Teile I und II beginnen mit einer grafischen Inhaltsübersicht und enden mit stichwortartigen Zusammenfassungen. Diese wiederholen in groben Zügen die Inhalte der einzelnen Teile und sind so aufbereitet, dass sie beispielsweise auch als Schulungsunterlagen eingesetzt werden können. Dem Projektmitarbeiter bzw. dem Projektleiter dienen sie als Leitfaden und Stütze für das Konzept, dem interessierten Leser zur schnellen Information und zur Auffrischung des Wissens.

Teil I führt Sie schrittweise an die Grundlagen der Prozesskostenrechnung heran. Zunächst erhalten Sie einen kurzen Überblick über Problemstellung, Methodik, Historie und Begriff der Prozesskostenrechnung. Im zweiten Kapitel wird die Notwendigkeit der Prozesskostenrechnung herausgearbeitet. Hierzu werden mögliche Ursachen für den Gemeinkostenanstieg sowie Mängel vergleichbarer Kostenrechnungssysteme analysiert. Anschließend wird eine neue Betrachtungsweise der indirekten Abläufe erläutert. Das dritte Kapitel beschreibt nun die Methodik im Detail, wobei sich – teilweise definitionsartig – ein Baustein zum anderen fügt und dadurch eine komplette Darstellung ergibt.

Teil II stellt in zwei wesentlichen Abschnitten die praktischen Schritte zur Einführung der Prozesskostenrechnung in einem Unternehmen dar. Die in Teil I erarbeiteten Inhalte werden hier in die Praxis umgesetzt. Nach den Grundlagen zum Projektmanagement wird das Einführungsprojekt gestartet. Wesentliche Bausteine sind dabei die Einbindung des Topmanagements und der Ablauf im Rahmen eines teamorientierten Projektmanagements. Die erforderliche Softwareauswahl kann anhand des beschriebenen Auswahlverfahrens frühzeitig eingeleitet werden. Die Auswahl eines geeigneten Untersuchungsbereiches mündet in die relativ komplexe Analysephase zur Ermittlung der relevanten Daten, welche als aufwändigster Einführungsschritt im Mittelpunkt dieses Teils steht. Nach einer grundsätzlichen Klärung der Möglichkeiten und Notwendigkeiten der Analysen wird die Durchführung der drei Analysen – Tätigkeitsanalyse, Teilprozessanalyse und Hauptprozessanalyse – in getrennten, aber ähnlich aufgebauten Kapiteln detailliert beschrieben: zunächst die knappe Erläuterung des Zweckes der jeweiligen Analyse und der dafür relevanten Daten, anschließend das Aufzeigen der Durchführung der Datenerhebung. Die jeweilige Verwendung der Ergebnisse wird am Ende jedes Analysekapitels erläutert.

Im zweiten großen Abschnitt von Teil II werden die erreichten Ergebnisse zur Erreichung der Projektziele angewendet: Prozess- und Gemeinkostenmanagement sowie die Möglichkeiten der Gemeinkostenverrechnung werden hier ausführlich erläutert. Das Kapitel »Prozess- und Gemeinkostenmanagement« beinhaltet neben der ausführlichen Darstellung der Prozessoptimierung, -planung und -kontrolle auch einen Vergleich mit traditionellen Gemeinkostenmanagementverfahren. Im folgenden Kapitel werden die Möglichkeiten der Gemeinkostenverrechnung mit Prozesskosten dargestellt und anhand eines Vergleiches zwischen der (einzig) praktikablen, prozessorientierten Kalkulation und der traditionellen Zuschlagskalkulation die Erweiterung der Kalkulationsschemata gezeigt. Der Nutzen einer solchen prozessorientierten Kalkulation wird v. a. anhand der auftretenden strategieorientierten Effekte beschrieben. Ebenso werden Schemata und Beispiele zur prozessorientierten Deckungsbeitragsrechnung erläutert. Handlungsempfehlungen für Optimierungen im Produkt- und Kundenmix schließen die operativen Darstellungen ab. Das Projekt zum Einführen der Prozesskostenrechnung wird abgeschlossen.

In Teil III zeigt ein umfassender Anwenderbericht das Einführen und Anwenden der Prozesskostenrechnung an einem konkreten Beispiel aus der Unternehmenspraxis.

Der letzte Hauptteil – Teil IV – befasst sich mit dem Durchführen einer permanenten Prozesskostenrechnung, besonders mit den Änderungen im Hinblick auf das Einführen, sowie einem weiterführenden Erfassungs- und Berechnungsbeispiel.

Teil I
Grundlagen der Prozesskostenrechnung

Aufbau von
Teil I Grundlagen der Prozesskostenrechnung

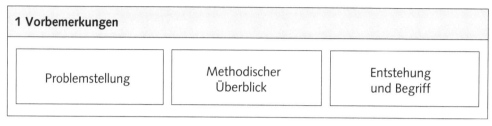

1 Vorbemerkungen

| Problemstellung | Methodischer Überblick | Entstehung und Begriff |

2 Notwendigkeit der Prozesskostenrechnung

| Drastischer Gemeinkostenanstieg | Mängel traditioneller Kostenrechnungssysteme | Neue Betrachtungsweisen durch die Prozesskostenrechnung |

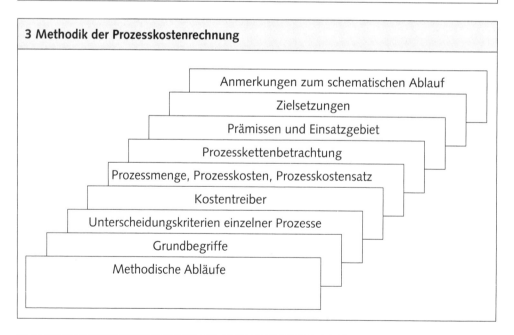

3 Methodik der Prozesskostenrechnung

Anmerkungen zum schematischen Ablauf

Zielsetzungen

Prämissen und Einsatzgebiet

Prozesskettenbetrachtung

Prozessmenge, Prozesskosten, Prozesskostensatz

Kostentreiber

Unterscheidungskriterien einzelner Prozesse

Grundbegriffe

Methodische Abläufe

4 Zusammenfassung

1   Vorbemerkungen

1.1   Problemstellung

Marktentwicklungen und technischer Fortschritt haben zu veränderten Kosten- und Leistungsstrukturen geführt: Im Durchschnitt aller deutschen Industrieunternehmen sind mittlerweile über 50 % aller Beschäftigten in den indirekten Leistungsbereichen tätig, »Spitzenwerte« erreichen sogar über 90 %; die Gemeinkosten sind dementsprechend in Relation zu den Gesamtkosten stark angestiegen. Unter indirekten Leistungsbereichen sind Unternehmensbereiche außerhalb der direkten Fertigung zu verstehen, in denen überwiegend Gemeinkosten anfallen, z. B. Forschung und Entwicklung, Konstruktion, Qualitätswesen, Beschaffung, Logistik, Arbeitsvorbereitung, Instandhaltung, Verwaltung, Vertrieb etc.; sie werden deshalb auch als Gemeinkostenbereiche oder Overhead bezeichnet. Dies sind, wie Sie später noch feststellen werden, die dominierenden Einsatzbereiche einer Prozesskostenrechnung.

Aufgrund immer neuerer technologischer Anwendungen ist auch künftig in den indirekten Bereichen mit weiter steigendem Gemeinkostenanteil zu rechnen: Die angeblich »fixen« Kostenbestandteile laufen davon und das traditionelle betriebswirtschaftliche Instrumentarium kann keinerlei Hilfestellung bei der Suche nach Rationalisierungspotenzialen, Chancen und Risiken sowie Ineffizienzen in den Gemeinkostenbereichen leisten. So werden Effizienzverbesserungen, Kosteneinsparungen, eine realitätsnahe Gemeinkostenverrechnung und die Bereitstellung entscheidungsrelevanter Informationen und Daten aus dem Bereich der Kostenrechnung für viele Unternehmen zur Überlebensfrage – und können nicht befriedigend gelöst werden. Der Fokus des Kostenmanagements muss sich mehr in Richtung der indirekten Bereiche verlagern.

Diese Tatsachen liefern Anlass genug, nach neuen Wegen der Kostenrechnung zu suchen, um die dringend notwendige **Kostentransparenz** zurückzugewinnen. Die Prozesskostenrechnungsmethodik gilt nun als Antwort auf diese Anforderungen. Durch sie werden Planung, Erfassung, Kontrolle und Steuerung der Gemeinkostenbereiche möglich gemacht und damit die Grundlagen für ein effektives Gemeinkostenmanagement und eine verursachungsgerechtere Gemeinkostenverrechnung geliefert. Die Methodik der Prozesskostenrechnung wurde von der Praxis in Ermangelung geeigneter Lösungen seitens der Wissenschaft entwickelt. Es ist also betrieblichen Kostenrechnern und Controllern zu verdanken, dass die Aufmerksamkeit durch die Prozesskostenrechnung auf ein praktisch bedeutsames Phänomen gelenkt wurde, nämlich den drastischen Gemeinkostenanstieg und dessen mangelnde Transparenz.

Durch die Prozesskostenrechnung werden Prozessabläufe kostenstellenübergreifend sichtbar, planbar und steuerbar gemacht. Dies geschieht nicht nur unter dem Gesichtspunkt der Kosten, sondern auch unter dem von Qualität und Zeit. Die Prozesskostenrechnung versucht, konkreter zur eigentlichen Kostenverursachung vorzustoßen. Die Kosten- und Leistungsbeziehungen werden dabei schärfer – analytisch – herausgearbeitet. Sie überträgt das Denken in Bezugsgrößen weg von Produktionsmengen, wie es die flexible

Plankostenrechnung für die Fertigung kennt, auf den Gemeinkostenbereich. Das Ziel ist eine leistungsorientierte Zurechnung von Gemeinkosten auf der Basis der Erfassung und Bewertung von Prozessen. Man begibt sich hierzu auf eine Ebene unterhalb oder innerhalb der Kostenstellen, wo hinterfragt wird, welche Leistungen dort erbracht werden.

Die Hauptzielsetzung der Prozesskostenrechnung besteht darin, Konzepte bzw. Methoden zum Management und zur Verrechnung der in der Praxis laufend steigenden Gemeinkosten aller indirekten Unternehmensbereiche, insbesondere der Personalkosten dieser Bereiche, zu entwickeln und bereitzustellen. Da aber innerhalb des indirekten Leistungsbereiches lediglich repetitive Tätigkeiten verursachungsgerecht erfasst werden können, ist festzustellen, dass die unternehmensweite Implementierung der Prozesskostenrechnung weder vorgesehen noch für möglich gehalten wird. Besonnenes Abwägen der Vor- und Nachteile neuer Management- und Kostenrechnungskonzepte ist allerdings sehr empfehlenswert.

Ein entscheidender Vorteil einer an den Geschäftsprozessen orientierten Perspektive gegenüber der erprobten funktionalen Sichtweise liegt darin, dass durch die Orientierung an Geschäftsprozessen ein Teil der Dynamik der Märkte in das Unternehmen hineingetragen wird und erforderliche Anpassungen frühzeitig angezeigt werden.

Zur Entwicklung der Prozesskostenrechnung haben folgende Tendenzen in der Unternehmensführung in Richtung Prozessorientierung ihrerseits beigetragen:[2]

- Der Trend weg vom traditionell eher bestands- und aufbauorientierten Denken hin zu einer Ausrichtung auf Prozesse bzw. Abläufe, beispielsweise im Produktionsmanagement (z. B. Just in time, Qualitätsmanagement) und im Finanzmanagement (z. B. Flussrechnungen)
- Der Trend (und Zwang) hin zu einer vermehrt dezentralisierten Führung erfordert dezentrales Kostenmanagement. Um in unteren Managementstufen Verständnis und Akzeptanz einer solchen Kostenrechnung sicherstellen zu können, muss sie die entsprechende Sprache sprechen, d. h. die Nähe zu den operativen Prozessen vor Ort suchen.

Eine **moderne Kostenrechnung**, welche die Erfordernisse des Strukturwandels integriert, muss folgende Anforderungen erfüllen:

- »Abbildung der Beanspruchung betrieblicher Ressourcennutzung bei allen Produkten im Rahmen der Kostenrechnung.
- Kalkulation muss sowohl Markt- als auch interne Kostensituationen berücksichtigen.
- Kostentreiber gilt es als »Stellschrauben« des Kostenmanagements zu ermitteln und zu beeinflussen.
- Kostenrechnungssysteme müssen strategische Entscheidungsunterstützung ermöglichen.«[3]

1.2   Erster methodischer Überblick

In diesem Kapitel erhalten Sie einen ersten methodischen Überblick, der Ihnen Gelegenheit gibt, die Prozesskostenrechnung kennen zu lernen. Im weiteren Verlauf dieses Konzeptes erhalten Sie zu jedem der hier angesprochenen Aspekte tiefer gehende Erläuterungen. Zunächst sind die beiden zentralen Begriffe »Prozess« und »Kostentreiber« zu erläutern.

Ein **Prozess** ist die Zusammenfassung logisch zusammenhängender Arbeitsschritte (Tätigkeiten), die einen bestimmten Input (z. B. seitens Lieferanten, Kunden, Mitarbeitern) in einen bestimmten Output (v. a. für Kunden, aber auch intern für andere Mitarbeiter oder Abteilungen) transferieren. Dies können Arbeitsschritte verschiedener Kostenstellen oder nur einer Kostenstelle sein; alle Prozesse schließen aber mit einem bestimmten Arbeitsergebnis ab. Übergreifende Prozesse sind z. B. Materialbeschaffung, Lieferantenbetreuung, Auftragsabwicklung, Teileverwaltung etc.

Die Maßgrößen zur Quantifizierung der Anzahl der Prozessdurchführungen für einen bestimmten Output werden als **Kostentreiber** (Cost Driver) bezeichnet. Sie stellen das Mengengerüst für die prozessorientierte Gemeinkostenverrechnung dar, weil durch sie die Arbeitsschritte und Prozesse in den Kostenstellen und somit die Kosten verursacht werden. Aus der Bezugsgrößendefinition der Grenzplankostenrechnung lassen sich analog die Aufgaben der Kostentreiber ableiten:

- Abbildung des quantitativen und wertmäßigen Verbrauchs von Ressourcen in Form geleisteter Kostentreibereinheiten,
- Möglichkeit der Verteilung entsprechender Kosten auf die Kostentreiber.

Eindeutige Kostentreiber sind mit dem Ziel festzulegen, möglichst viele Kosten eines Unternehmens bzw. Bereiches als relative (d. h. bezugsgrößenabhängige) Einzelkosten erfassen und verrechnen zu können. Allein die Kenntnis der Kostentreiber eines Unternehmens schafft die Voraussetzung für ein gesteigertes Kostenbewusstsein. Beispiele für Kostentreiber sind »Anzahl der Bestellungen« (Prozess: Materialbeschaffung) oder »Anzahl der Lieferanten« (Prozess: Lieferantenbetreuung).

Welches sind nun die wesentlichen Ansätze und Verfahren der Prozesskostenrechnung? In der Prozesskostenrechnung werden die Prozesse – also die Abläufe – der indirekten Bereiche untersucht, erfasst und mittels neuer Kosteneinflussgrößen bewertet. Der hinter den indirekten Bereichen stehende Gemeinkostenblock erfährt somit das Ende seiner Anonymität. Zur Implementierung der Prozesskostenrechnung ist deshalb eine detaillierte Analyse der relevanten Bereiche ebenso wie eine entsprechende Erfassung und Verarbeitung der Kosteneinflussgrößen notwendig.

Die Prozesskostenrechnung vermeidet die traditionellen willkürlichen Kostenschlüsselungen und somit die daraus resultierenden Verzerrungen in den Kosten der Ergebnisobjekte, indem sie die Kosten des Ressourceneinsatzes auf die damit vollzogenen Prozesse verrechnet und die Prozesskosten auf diejenigen Produkte, Dienstleistungen und Kunden überträgt, welche die Prozesse auch wirklich beanspruchen. Die Kosten der Prozesse fließen anschließend in modifizierte, prozessorientierte Kalkulationen und Ergebnisrechnungen ein. So werden beispielsweise die Beschaffungskosten den Zukaufteilen und extern bezogenen Dienstleistungen, die Entwicklungskosten direkt den neu entworfenen Produkten und die Kosten für den Kundendienst direkt den einzelnen Kunden zugeordnet.

Die Bewertung einzelner Kostentreiber und die Zusammenfassung einzelner Tätigkeiten zu (abteilungs-)übergreifenden Prozessen führen zu einer ablauforganisatorischen Erfassung und Verrechnung der Kosten. Diese Prozesse sind anschließend wiederum zu analysieren und zu optimieren. Überhaupt steht in diesem Konzept der Gedanke der **Prozessoptimierung** und damit der **Prozesskostenoptimierung** im Vordergrund – sprich: **aktives und permanentes Gemeinkostenmanagement**.

Hierzu ein Beispiel: Die Gemeinkosten wurden bislang in Ihrem Unternehmen als Material- und Fertigungskostenzuschläge verrechnet. Die Prozesskostenrechnung liefert Ihnen nun die Kosten einzelner Prozesse, wie z. B. die Kosten eines Bestellvorganges (incl. Disposition, Einkauf, Wareneingang, Prüfung, Lagerung etc.) oder einer Konstruktionsänderung (incl. Materialprüfungen, Zeichnungsänderungen, DV-technischer Änderungen, Erstmustererstellung, Auftragsänderung etc.). Entsprechend der Inanspruchnahme dieser Prozesse – gemessen mit den Kostentreibern – verteuert oder verbilligt sich ein Produkt oder ein Auftrag um seine »wahren« Kosten und sein tatsächlich verursachter Ergebnisbeitrag wird sichtbar. Die einzelnen Prozesse sind dabei permanent zu analysieren und zu verbessern, d. h. sie sind im Rahmen des Prozessmanagements ablaufgemäß zu optimieren.

Mit der Prozesskostenrechnung bzw. dem umfassenderen Prozessmanagement wird Ihnen ein permanent nutzbares Instrument zur Verfügung stehen, um den sehr wesentlichen indirekten Bereich einer Analyse zu unterwerfen, mit deren Ergebnissen neue Regeln zur Kostenplanung und Kostenzurechnung geliefert werden. Alle damit verbundenen Ungenauigkeiten, die in der Praxis immer wieder auftreten, sind zwar zu minimieren, aber letztlich doch zu akzeptieren. Eine Anmerkung noch vorab: Das Topmanagement (also die Geschäftsleitung) Ihres Unternehmens muss absolut hinter der Prozesskostenrechnung stehen und deren Methodik vertreten, damit sie bei der Ein- und Durchführung und damit der Erreichung Ihrer Ziele überhaupt eine Chance hat.

In ersten Ansätzen haben Sie nun bereits erkannt, welches die Möglichkeiten der Prozesskostenrechnung sind und wo deren Schwerpunkte liegen. Der Vollständigkeit halber machen Sie im nächsten Kapitel aber einen Sprung zurück zu den Anfängen der Prozesskostenrechnung. Ihr Ziel muss es doch sein, »nicht nur mitreden zu können, sondern auch zu wissen, was wirklich damit gemeint ist«.

1.3 Entstehung und Begriff der Prozesskostenrechnung

Der Grundstein für die Prozesskostenrechnung wurde in den USA als »**Activity Based Costing**« bereits im Jahre 1985 durch Miller und Vollmann gelegt: Aus den nach traditioneller Auffassung weitgehend fixen Gemeinkosten sind proportionale Kosten in Abhängigkeit von den Transaktionen zu machen. Zum einen sollen nicht notwendige Transaktionen reduziert werden, zum anderen sind die zur Leistungserstellung erforderlichen Transaktionen effizienter auszuführen. Diese beiden Zielsetzungen sind die Eckpfeiler jedes Ansatzes zum Gemeinkostenmanagement. In den Folgejahren waren es v. a. die Amerikaner Cooper, Johnson und Kaplan, die diese Ansätze weiterentwickelt haben. Die von ihnen veröffentlichte Philosophie des Activity Based Costing hat die daraufhin einsetzenden Diskussionen und Veröffentlichungen entscheidend geprägt.

Im deutschsprachigen Raum haben Horváth und Mayer im Jahre 1989 den wesentlichen Anstoß für eine deutsche Version des Activity Based Costing als »**Prozesskostenrechnung**« gegeben. Sie modifizierten das amerikanische Konzept für deutsche Kostenrechnungszwecke. Ihre Veröffentlichungen, die durchweg positiv für die Prozesskostenrechnung gehalten sind, geben immer wieder Anlass zu emotional geführten Diskussionen und zu kritischen Äußerungen in wissenschaftlichen Fachkreisen; die Resonanz der praxisorientierten Literatur fällt dagegen überwiegend positiv aus.

Der Begriff »Prozesskostenrechnung« als solcher lässt sich aus der – bereits oben angesprochenen – Vorgehensweise ableiten, dass bei ihr abteilungsübergreifende Abläufe und Leistungen in indirekten Bereichen analysiert und bewertet werden. Er steht in Wissenschaft und Praxis als Synonym und Oberbegriff für die Kostenrechnungskonzepte »Prozesskostenmanagement«, »Vorgangs- oder Aktivitätsorientierte Kostenrechnung« oder »Prozessorientierte Kostenrechnung«. Im amerikanischen Sprachgebrauch findet man hierfür neben »Activity Based Costing« entsprechend die Bezeichnungen »Transaction-related Costing System« oder »Cost Driver Accounting System«.

Die Bezeichnung »prozessorientierte Kostenrechnung« oder auch die amerikanische Bezeichnung »Activity Based Costing« ist inhaltlich treffender, da durch den Begriff »Prozesskostenrechnung« fälschlicherweise der Eindruck vermittelt wird, es handle sich hier um eindeutig definierte Prozesse, welche das gesamte betriebliche Geschehen verrechenbar machen. Das stimmt nicht, denn in jedem Unternehmen müssen die spezifischen Gegebenheiten, Strukturen und Organisationen individuell berücksichtigt werden, so wie dies auch im Rahmen dieses Konzeptes angeregt wird. Und: Prozesse lassen sich nicht standardisieren! Sollten Sie dies versuchen, würden Sie aufgrund der immensen Anzahl von Prozessen und des damit verbundenen Erfassungsaufwandes die Prozesskostenrechnung lahm legen.

Dennoch dominiert in der deutschen Literatur die Bezeichnung »Prozesskostenrechnung« und es gibt zudem nach Auffassung mehrerer Autoren auch methodische Unterschiede zum Activity Based Costing, sodass für dieses Konzept auch die Bezeichnung »Prozesskostenrechnung« festgelegt wurde.

Ist die Prozesskostenrechnung eine neue Kostenrechnung?

Bei der Prozesskostenrechnung handelt es sich zwar um eine besonders nützliche und wirksame Form der Kostenrechnung, grundsätzlich aber nicht um ein völlig neues System. Sie bedient sich der traditionellen Kostenarten-, Kostenstellen- und Kostenträgerrechnung, die sie für ihre speziellen Zwecke integriert, verfeinert und weiterentwickelt. Die Prozesskostenrechnung ist in erster Linie auch kein Instrument zur bloßen Kostenerfassung und -verrechnung, sondern vielmehr ein Instrument »zur Erkennung und Gestaltung der die Kosten verursachenden Faktoren«.[4]

Ausgangspunkt der Prozesskostenrechnung ist eine veränderte Einstellung gegenüber den in den indirekten Bereichen erbrachten Leistungen. Neu ist v. a. die Einführung weniger übergreifender Hauptprozesse und Kostentreiber, die in einem originären Zusammenhang mit der Unternehmensplanung stehen und die ihrerseits den Kostenanfall in vielen Kostenstellen der indirekten Bereiche bestimmen.

Die Prozesskostenrechnung kann zusammenfassend als ein neuer, kostenstellenübergreifender Ansatz beschrieben werden, welcher die Kostentransparenz in den indirekten Leistungsbereichen erhöht, einen effizienten Ressourcenverbrauch sicherstellt, die Kapazitätsauslastung aufzeigt, die Produktkalkulation verbessert und damit strategische Fehlentscheidungen vermeidet. Da die Prozesskostenrechnung für sich in Anspruch nimmt, als »strategisch« einsetzbares Kostenrechnungsinstrument auch mittel- bis langfristig geeignet zu sein, ist sie als Variante der Vollkostenrechnung ausgelegt. Ebenso wird durch den Fixkostencharakter vieler Gemeinkosten der indirekten Bereiche ein mittel- bis langfristiger Planungszeitraum vorgegeben.

Die Prozesskostenrechnung ist weiterhin als Instrument zu verstehen, bei dem einiges ausprobiert werden kann und teilweise auch muss. Ebenso müssen die neu gewonnenen

Erkenntnisse im Rahmen eines selbstlernenden und »lebenden« Systems immer wieder schrittweise realisiert werden; ständige Verbesserung ist angesagt. Die Prozesskostenrechnung ist eben kein 100 %ig fertiges und schon gar kein endgültiges Instrument.

Das Potenzial der Prozesskostenrechnung kann in Verbindung mit den im kurzfristigen Bereich bewährten Methoden der Plankosten- und Deckungsbeitragsrechnung sogar noch verstärkt werden. Die Prozesskostenrechnung sollte vielmehr als **permanentes Instrument integriert** zum bisher eingesetzten Kostenrechnungssystem angewendet werden und somit die Mängel der klassischen Systeme bei der Analyse und Verrechnung der Gemeinkosten ausgleichen. Mithilfe der Prozesskostenrechnung kann im Gegensatz zur verantwortungs- und funktionsorientierten Kostenstellenrechnung eine vorgangsorientierte und funktionsübergreifende Sicht der Abläufe abgebildet werden. Dadurch ergänzt die Prozesskostenrechnung die Kostenstellenrechnung.

2   Notwendigkeit der Prozesskostenrechnung

Die Gründe, welche die Notwendigkeit einer Prozesskostenrechnung bedingen und schließlich zu deren Entwicklung geführt haben, sind eindeutig zu benennen: Der drastische Gemeinkostenanstieg sowie die Mängel traditioneller Kostenrechnungssysteme sind verantwortlich dafür, dass veränderte und z. T. neue, auch extern seitens der Kunden gestellte Anforderungen an Kostenrechnung und Kalkulation nur unzureichend erfüllt werden konnten. Neue Wege mussten gefunden werden.

In den beiden folgenden Kapiteln werden eben diese Gründe beschrieben; im abschließenden Kapitel 2.3 dazu werden Sie eine neue Betrachtungsweise des indirekten Bereiches, seiner Prozesse und Kosten erfahren.

2.1   Drastischer Gemeinkostenanstieg und seine Ursachen

Die Gemeinkosten sind sowohl absolut betrachtet als auch in Relation zu den Gesamtkosten in den letzten Jahren stark angestiegen und werden dies auch weiter tun, sofern Sie nicht gegensteuern. Zunächst wird die geänderte Situation der Gemeinkosten beschrieben; anschließend werden die inner- und außerbetrieblichen Ursachen für den drastischen Gemeinkostenanstieg erörtert.

2.1.1   Situationsbetrachtung

Die heutigen Vollkostenrechnungssysteme waren vor 100 Jahren für die Verteilung der damals größten Kostenblöcke »Arbeitslohn« und »Rohmaterial« entwickelt worden. Die Gemeinkosten hatten einen relativ geringen Anteil an den Gesamtkosten, sodass Zuschläge auf Material- oder Lohneinzelkostenbasis durchaus angemessen waren. Viele der herkömmlich als Fixkosten klassifizierten Gemeinkostenbestandteile sind zwar unabhängig von der Beschäftigung im Sinne der Produktions- und Absatzmengen, bei genauer Betrachtung wird man aber erkennen, dass ein verhältnismäßig großer Teil der indirekten Bereiche doch direkten Bezug zu Kalkulationsobjekten hat (z. B. zu Produkten, Auftragsgrößen, Kunden, Vertriebsgebieten).

Die klassischen Fixkosten entwickelten sich dynamisch nach oben, woraus sich ableiten lässt, dass auch die fixen Gemeinkosten bestimmten Einflussgrößen (so genannten Kostentreibern) unterliegen. Unter diesen Gesichtspunkten sei die Frage erlaubt: Warum beharrt man dennoch auf der Bezeichnung solcher Kosten als »Fix«kosten? Ist dies nicht eine kuriose Bezeichnung für eine Kostenart, deren Umfang von Jahr zu Jahr immer steiler anstieg?

Mittels der in der Prozesskostenrechnung durchzuführenden Analysen und Datenerhebungen im indirekten Bereich werden die Einflussgrößen auf diese (»Fix«)Kostenblöcke

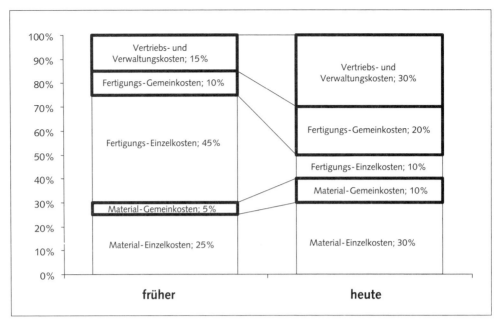

(Böhler, W.: Integration der Prozesskostenrechnung in eine geschlossene Kostenrechnungsstandard-software, in: Männel, W. (Hrsg.): Prozesskostenrechnung – Standpunkte, Branchen-Erfahrungen, Software-Lösungen, Kostenrechnungspraxis, Sonderheft 1, 1994, S. 9)

Abb. 1: Veränderung der durchschnittlichen Kostenstrukturen in deutschen Industriebetrieben

ermittelt – doch dazu später mehr. Die geänderte Kostensituation wird anhand der Abbildung 1 gezeigt. Es handelt sich hierbei um die durchschnittlichen Kostenstrukturen der letzten Jahrzehnte in deutschen Industrieunternehmen.

Die Abbildung zeigt eindeutig die Verschiebung des Kostenschwerpunkts: Das Verhältnis der Einzelkosten zu den Gemeinkosten von 70 % zu 30 % aus den 1960er-Jahren ist heute geradezu umgedreht worden auf weniger als 40 % zu 60 %. Diese veränderten Kostenstrukturen führen zu neuen Anforderungen an die Gestaltung der Kostenrechnung, denn die genaue Kenntnis der betrieblichen Kosten ist ein Schlüsselfaktor zur Beeinflussung des Unternehmenserfolgs.

Die Ursachen für den Anstieg der Gemeinkosten sind heute oft nicht transparent. Der Gemeinkostenblock wird in seiner vollen Größe zumeist als einzige (Zuschlags)Position dargestellt, weil – wie bereits erwähnt – die bisher eingesetzten Kostenrechnungssysteme und ihre Verfahren (Kostenvorgabe und -kontrolle, differenzierte Abweichungsanalyse, Kalkulation) für die Produktion entwickelt wurden. In den indirekten Bereichen fallen im Übrigen ca. 80 % der Kosten als ausbringungsunabhängige Kosten an.

In diesem Zusammenhang ist ein weiterer Trend zu beobachten: Während das Verhältnis von indirekten zu direkten Mitarbeitern vor ca. 30 Jahren noch bei eins zu zehn lag, hat es sich inzwischen auf eins zu eins verschoben, also sind heute durchschnittlich 50 % aller Beschäftigten an einem Büroarbeitsplatz tätig. Dieser Trend setzt sich fort bzw. es gibt schon heute in Unternehmen 90 % und mehr Mitarbeiter im indirekten Bereich.

Führen Sie für Ihr Unternehmen eine solche Situationsbetrachtung mit aktuellen Zahlen und im Zeitvergleich durch. Sie können dabei die Kosten auch z. B. wie folgt strukturieren: Gemeinkosten, Lohnkosten, Materialkosten. Vielleicht gibt es in Ihrem Unternehmen aber auch andere Kostenschwerpunkte, die Sie herausarbeiten sollten. Es mag möglicherweise schwierig sein, Kosten aus weit zurückliegenden Jahren heranzuziehen bzw. überhaupt miteinander vergleichen zu können. Sie müssen dennoch so sorgfältig wie möglich vorgehen und weit in die Vergangenheit zurückgehen, um einen eindeutigen Trend sichtbar machen zu können.

Die daraus erkennbaren Verschiebungen in der Kostenstruktur werden Anlass dafür geben, die Gemeinkosten stärker zu beachten, sie zu analysieren und differenzierter zu ermitteln sowie die zugrunde liegenden Prozesse zu optimieren. Sie schaffen somit die Ausgangslage zur Einführung der Prozesskostenrechnung für Ihr Unternehmen.

Warum sind die Gemeinkosten gegenüber früheren Jahren derart angestiegen?

Die traditionellen Kostenrechnungssysteme wurden ursprünglich zur Überwachung des Herstellprozesses von wenigen standardisierten und fertigungslohnintensiven Massenprodukten entwickelt. Damals war die Kostenerfassung teuer, wogegen der Konkurrenzdruck gering und die Produktdiversifizierung wenig ausgeprägt war. Wie Sie in der Ursachenanalyse noch erfahren und erarbeiten werden, stehen die Unternehmen zunehmend in einem starken Wettbewerb, der dazu führt, dass viele Varianten bei geringem Standardisierungsgrad in geringen Stückzahlen mit hohem Automatisierungsgrad gefertigt werden müssen, wogegen die gesunkenen Erfassungskosten nur noch eine untergeordnete Rolle spielen.

Daneben hat der indirekte Bereich im Gegensatz zum direkten Bereich keinen annähernden und messbaren Produktivitätsfortschritt erlebt. Er blieb bislang weitgehend unberücksichtigt, was aufgrund der gezeigten Gemeinkostenanteile doch wirklich erstaunlich ist.

In den vergangenen Jahren wurde der Fokus auf Umsatzsteigerungen gerichtet, dafür das Angebot an Produkten, Varianten und Serviceleistungen erweitert, ohne dabei an mögliche Folgen zu denken. Die Vergrößerung des Produkt- und Serviceportfolios zog häufig eine zunehmende Komplexität der internen Abläufe und damit steigende Kosten und sinkende Effizienz nach sich: »Trotz steigender Umsätze schrumpften die Gewinne.«[5]

Verschiedene Aspekte bzgl. des Gemeinkostenanstiegs werden in der nun folgenden »Ursachenanalyse« beleuchtet, von denen der eine oder andere zumindest ansatzweise auch in Ihrem Unternehmen ausschlaggebend sein könnte. Verständlicherweise können hier nicht alle Gründe angeführt werden, da viele unternehmensspezifische Einflüsse berücksichtigt werden müssen, weshalb sie auch global gehalten und nicht an bestimmte Branchen oder Märkte gebunden sind.

Ihre Aufgabe besteht darin, die Gründe für den Gemeinkostenanstieg in Ihrem Unternehmen ganz individuell selbst festzustellen. Haben Sie erst einmal die Ursachen erkannt und dargestellt, wird es Ihnen und anderen leichter fallen, eine Prozesskostenrechnung anzustoßen. Die hier gemachten Erörterungen können nur Anregungen für Ihre Überlegungen sein. Damit beginnt auch bereits das bereichsübergreifende Denken, das immer wieder entscheidend für den Fortschritt der Prozesskostenrechnung ist, wie Sie später noch erkennen werden. Gehen Sie also auf geeignete Mitarbeiter der entsprechenden Bereiche zu und überlegen Sie gemeinsam! Machen Sie dabei keine Unterschiede im Hinblick auf Hierarchieebenen.

2.1.2   Veränderungen in den Produktionsbedingungen

Heutige Produktionstechnologien erfordern aufgrund ihrer vielfältigen und zunehmenden Verflechtungen mit anderen Unternehmensbereichen (z. B. aufgrund von Just-in-time-(JIT)-Konzeptionen oder Total-Quality-Management-(TQM)-Konzeptionen) eine Abkehr von der isolierten Betrachtung einzelner Teil- und Funktionsbereiche. Die Integration von mehreren Einheiten zu komplexen Systemen kann dabei nicht ausschließlich auf den Fertigungsbereich beschränkt bleiben, sondern bezieht auch die dem Produktionsbereich vor- und nachgelagerten Bereiche mit ein. So muss wegen zunehmender **Interdependenzen** eine ablauforientierte ganzheitliche Betrachtungsweise betrieblicher Prozesse die traditionelle funktionsorientierte Ausrichtung ersetzen.

Durch die weiterhin andauernde **Automatisierung** wurde und wird Arbeit durch Kapital ersetzt. Die Zunahme dieser Kapitalintensität in den Fertigungsbereichen führt durch die Veränderung der Anteile einzelner Kostenarten an den Gesamtkosten zu einer veränderten Kostenstruktur: Aus Einzelkosten (für direkten Fertigungslohn) werden zunehmend Gemeinkosten (für indirekte Tätigkeiten wie Arbeitsvorbereitung, Produktionsplanung etc.).

Als Folge der anlagenintensiveren Fertigung verschiebt sich die Kostenstruktur noch weiter: Anstelle von Einzelkosten als Fertigungslohn fallen nun (»fixe«) Gemeinkosten in Form von Anlagekosten (Abschreibungen) an. Aber nicht nur die Kostenstruktur als solche ändert sich: Die Gemeinkosten steigen auch absolut an, da die automatisierten Produktionsanlagen durch aufwändige Wartung und Unterhaltung sowie durch erhöhte Abschreibungen insgesamt höhere (Gemein-)Kosten verursachen.

Des Weiteren hat die **Komplexität der Produktionsabläufe** infolge dieser Kapitalintensivierung zugenommen. Diese Produktionskomplexität stellt aber einen bisher kaum beachteten und erfassten Einflussfaktor auf die Kostenstruktur dar. Zur Beherrschung einer solchen Komplexität ist trotz flexibler Fertigungssysteme eine Vielzahl planender und steuernder Aufgaben erforderlich. Bei den zugehörigen Gemeinkosten handelt es sich hauptsächlich um »fixe« Personalkosten, die meist in keiner unmittelbaren Beziehung zu den einzelnen Fertigungskostenstellen stehen.

Als erstes Fazit dieser Betrachtungen kann gesagt werden: Zunehmende Rationalisierungsbemühungen, technischer Fortschritt, fortschreitende Automatisierung der Produktion, die Tendenz zur Zentralisierung von Produktions- und Dienstleistungsstätten aufgrund verstärkter Make-or-Buy- und Global-Sourcing-Entscheidungen sowie auch Humanisierung der Arbeitsplätze und -inhalte sind wesentliche Gründe dafür, dass die Gemeinkosten im Verhältnis zum Anteil der direkten Fertigungskosten, speziell der direkten Fertigungslöhne, angestiegen sind und weiter ansteigen werden.

2.1.3 Veränderungen in den Nachfrageverhältnissen

Immer seltener genügen den Kunden die angebotenen Standardleistungen eines Unternehmens; stattdessen verlangen sie die Realisierung ihrer ganz speziellen Bedürfnisse. Die Kundenorientierung rückte deshalb (zu Recht) in den Mittelpunkt der Unternehmensstrategien: Nicht der Anbieter, sondern der Kunde beherrscht heute i.d.R. das Marktgeschehen. Daraus resultiert aber, dass erhebliche Kapazitätsreserven für die kundenindividuelle Variantenproduktion und für die Verbreiterung des Produktionsprogramms vorgehalten werden (müssen). Als Folge lässt sich eine fortschreitende **Individualisierung der Nachfrage** ableiten (siehe Abbildung 2).

Der Anteil der Standardprodukte geht im Verhältnis zu den kundenspezifischen Produkten weiter zurück. Die wachsende Kundensouveränität schlägt sich in erhöhten Anforderungen an Variantenvielfalt und Lieferflexibilität nieder. Dieses Verhalten sowie der wachsende Konkurrenzdruck zwangen die Unternehmen dazu, auf die individuellen

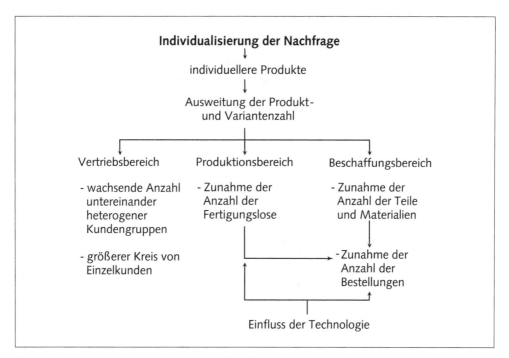

(Braun, S.: Die Prozesskostenrechnung – Ein fortschrittliches Kostenrechnungssystem? Ludwigsburg-Berlin 1994, S. 17 f.)

Abb. 2: Vielfaltsformen aufgrund der Individualisierung der Nachfrage

Nachfragerwünsche einzugehen. Viele der hiermit verbundenen Anpassungsmaßnahmen, die nahezu alle Tätigkeitsfelder der Unternehmen erfassten, riefen jeweils spezifische Formen der Vielfalt hervor.

Die Vielfalt individueller Produkte zeigt sich – neben einer generellen Ausweitung der Produkt- und Variantenzahl im Produktionsbereich – in einer Vielzahl aufgelegter Lose. Die Marketing- und Vertriebsabteilungen sehen sich einer wachsenden Zahl von Kunden mit unterschiedlichen käuferbezogenen Merkmalen gegenüber. Für die Beschaffungsabteilungen resultieren neue Herausforderungen durch die Ausdehnung der Bestelldispositionen.

Die **Produkt- und Variantenvielfalt** spiegelt sich in der Ausgestaltung der mit der Leistungserstellung zusammenhängenden administrativen Prozesse wider. Durch die Zunahme der Produkt- und Variantenvielfalt werden die Produktionsprozesse immer komplizierter (sprich: komplexer). Dies bewirkt eine Verlagerung von den mit der Fertigung direkt verbundenen zu den nur mittelbar der Fertigung dienenden Tätigkeiten. Die Anzahl unterschiedlicher Produkte bzw. Varianten muss als Kosteneinflussgröße beachtet werden, was aber in den bekannten Kostenrechnungssystemen bisher zu wenig Berücksichtigung fand.

Daneben resultieren weitere Auswirkungen aus der gestiegenen Individualisierung der Nachfrage:

- Die aus der Zunahme der Produkt- und Variantenvielfalt resultierende Zunahme der **Teile- und Materialvielfalt** erfordert in ihrer Handhabung in vielen Fällen die Schaffung zusätzlicher Kapazitäten (Ressourcen), woraus sich der damit oft verbundene (Gemein-) Kostenanstieg ableiten lässt: Erweiterung und Anpassung der Lager-, Kommunikations- und Informationssysteme, höhere Beanspruchung des Personals etc.
- Im Vertriebsbereich sind neben den eigentlichen (Haupt-)Produkten besonders die stark an den Kundenwünschen orientierten **Serviceleistungen** für den Markterfolg eines Unternehmens entscheidend – mit der Folge steigender Gemeinkosten (bei einem hohem Anteil an Bereitschaftskosten). Die Zunahme des Dienstleistungsanteils, sei es als selbstständige Produkte (z. B. Serviceverträge) oder als Teil von Produkten (z. B. Verkaufsberatung), erschwert die Kalkulation der Produktkosten.
- Um auf schnelllebigen Märkten den Wünschen der Nachfrager nach verbesserten und neuen Produkten folgen zu können, steigen auch die Gemeinkosten für Qualitätssicherung, DV-Lösungen, Beratungen, Markterschließung, Forschung und Entwicklung etc.

Sowohl für die Beurteilung der Einführung neuer Produktvarianten und zusätzlicher Dienstleistungen als auch für mögliche Bereinigungen des bestehenden Produkt-/Dienstleistungsangebotes fehlen die nötige Transparenz und die richtigen Informationen. Das Management der bestehenden Sortiments- und Kundenkomplexität als entscheidender Kostenbestimmungsfaktor ist eine wichtige Aufgabe, die viele Unternehmen heute noch nicht oder nur unzureichend gelöst haben. Diese Erkenntnis soll keineswegs die Verdammung von Kundenorientierung zur Folge haben, sondern die entscheidende Frage aufwerfen: »Welche meiner Produkte und Kunden sind unter den derzeitigen Rahmenbedingungen rentabel?«[6]

2.1.4   Veränderungen in Wettbewerb und Strategie

Nicht nur die Nachfrageseite, sondern auch die Wettbewerbsseite hat sich stark verändert. Steigender Wettbewerbsdruck, ausgelöst durch permanente Internationalisierung und Globalisierung der Märkte (z. B. Erweiterungen der Europäischen Union), führte zu **kürzeren Produktlebenszyklen**. Denken Sie bspw. an die rasante Entwicklung der Onlineshops. Ein noch vor wenigen Jahren nicht gekannter Vertriebsweg wurde mit immenser Schnelligkeit, Marktdurchdringung und Kundenakzeptanz ins Leben gerufen. Unternehmen sind deshalb gezwungen, immer schneller auf Marktveränderungen zu reagieren.

Unternehmen müssen sich gezielt und umfangreich über Nachfrager und Konkurrenten informieren, um sich den geänderten Marktbedingungen anpassen zu können. Hierzu sind sowohl Abteilungen zur Informationssammlung und -auswertung als auch andere Bereiche wie z. B. Forschung und Entwicklung auszubauen, was einen Anstieg der Gemeinkosten zur Folge hat. Zudem sind Unternehmen dazu gezwungen, die vorhandenen oder evtl. noch zu beschaffenden Ressourcen effizienter zu nutzen, um von der Kostenseite her konkurrenzfähig zu bleiben. Diese Steigerung der Effizienz des Ressourceneinsatzes in den Gemeinkostenbereichen gehört ebenfalls zu den Zielen der Prozesskostenrechnung.

Der verstärkte Wettbewerbsdruck führt zu sinkenden Preisen und schwindenden Gewinnspannen. Mit einer aggressiven Preispolitik versuchen Unternehmen, ihre so genannten »guten« Kunden zu halten oder Marktanteile zu gewinnen. Durch ein solches Verhalten kann der gesamte Unternehmenserfolg in Gefahr gebracht werden, da die wenigsten Manager wissen, welche Kosten ihre »guten« Kunden tatsächlich verursachen. So werden zusätzliche Leistungen für diese Kunden erbracht, die (möglicherweise) überhaupt keinen Beitrag zum Gesamterfolg leisten. Anders ausgedrückt: »**Viele Unternehmen kennen weder ihre profitablen Kunden noch ihre erfolgreichen Marktsegmente.**«[7]

Diese Veränderungen bzgl. Produktion, Nachfrager und Wettbewerb bringen zwangsläufig auch Veränderungen der Strategien mit sich. Wettbewerbsvorteile zu schaffen wird zum entscheidenden Erfolgsfaktor. Porter unterscheidet zwei grundsätzliche Arten von **Wettbewerbsvorteilen**, die ein Unternehmen anstreben kann: Kostenführerschaft und Differenzierung.[8] Unabhängig von der Strategie, die ein Unternehmen einschlägt, um Wettbewerbsvorteile der einen oder anderen Art zu erlangen, geht es letztlich darum, aus Sicht der Abnehmer ein für sie ideales Verhältnis aus Preis und dafür erhaltener Leistung zu bieten. Selbst Unternehmen derselben Branche werden ganz unterschiedliche Schwerpunkte legen. Grundsätzlich sind jedoch in jedem Prozess Potenziale für die Gewinnung von Wettbewerbsvorteilen zu finden.

Wettbewerbsvorteile entstehen also aus dem Wert, den ein Unternehmen für seine Abnehmer zu schaffen vermag. Solche Wettbewerbsvorteile können nur dann gesichert und ausgebaut werden, wenn auch die Konkurrenz in die strategischen Überlegungen eingebunden wird. Kundenwünsche müssen gezielt besser erfüllt werden als von der Konkurrenz. Den Bezugsrahmen für eine solche Denkweise bildet das so genannte »strategische Dreieck« mit seinen Eckpunkten »Wir« (Eigenes Unternehmen), »Kunden« und »Wettbewerber« (Konkurrenten) sowie den jeweiligen Beziehungen zueinander (siehe Abbildung 3).

Es gilt dabei immer, strategische Fehlsteuerungen zu vermeiden. Um auf Dauer wettbewerbsfähig zu bleiben, sind Informationen erforderlich, die einerseits die Kosten der vom Kunden gewünschten, ihm Nutzen bringenden – so genannte werterhöhende – Prozesse

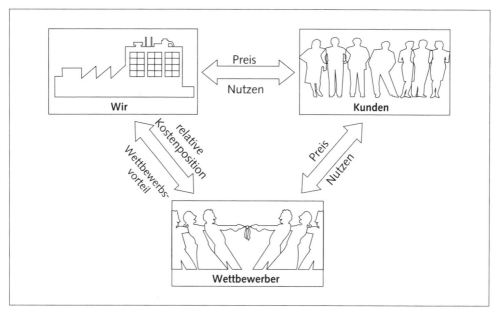

(in Anlehnung an Coenenberg, A. G./Fischer, T. M.: Prozesskostenrechnung – Strategische Neuorientierung in der Kostenrechnung, in: Die Betriebswirtschaft, 1, 1991, S. 24)

Abb. 3: Strategisches Dreieck

aufzeigen und die er auch bereit ist, zu bezahlen. Andererseits muss das Ausmaß von – so genannten nicht-werterhöhenden – Prozessen erkennbar sein, welche dem Kunden keinen Nutzen verschaffen. (Werterhöhende Prozesse sind z. B. Qualitätsmanagement, nicht-werterhöhend sind z. B. Nacharbeiten.) Insgesamt werden die Kosten der Prozesse von kostenwirksamen Strukturfaktoren – den Kostentreibern – bestimmt, die zuvor analysiert werden müssen. Die Prozesskostenrechnung geht nun diesen Weg; sie kann somit als ein **strategieunterstützendes Kostenrechnungssystem** eingesetzt werden.

2.2 Mängel traditioneller Kostenrechnungssysteme

Unter traditionellen, klassischen oder vergleichbaren Kostenrechnungssystemen sind v. a. die Vollkosten- sowie die Grenzplankostenrechnung mit der auf ihr basierenden Deckungsbeitragsrechnung zu verstehen.

Kostentransparenz als Basisanforderung an ein modernes und zukunftsweisendes Steuerungssystem ist dadurch vielfach nur eingeschränkt gegeben. Die traditionellen Kostenrechnungssysteme sind im direkten Fertigungsbereich weitestgehend ausgereizt, stoßen allerdings im wachsenden indirekten Bereich schnell an die Grenzen ihrer Leistungsfähigkeit. Sie können damit nur unzureichende Transparenz und Entscheidungsunterstützung bieten, wodurch immer schneller zu treffende Managemententscheidungen auf eine unsichere Grundlage gestellt sind.

2.2.1 Vergleich der Kostenrechnungsarten

Nach Michel steht die Prozesskostenrechnung zwischen der traditionellen Vollkostenrechnung und der Grenzplankostenrechnung:

»Die **traditionelle Vollkostenrechnung** schlüsselt einen Großteil der Kosten auf Kostenträger und Kostenstellen. Bedingt durch zahlreiche Schlüsselungen liefert sie Kosten, die für Entscheidungen Kostenrichtungen angeben, die aber unter Vorsicht zu interpretieren sind, da sich je nach gewählter Kostenverteilungsschlüsselung andere Kostenwerte einstellen. Daher liefert die traditionelle Vollkostenrechnung keine wahren Kosten der Bezugsobjekte, sondern statistische Kosten. Das Vollkostentheorem vermag hier, die Vollkostenrechnung als eine langfristige Entwicklungsrechnung zu begründen.

Die **Grenzplankostenrechnung** arbeitet in dem Zeitrahmen eines Jahresmaßstabes und ermittelt über eine (planmäßige) Trennung der Kosten in fixe und variable Teile auf Kostenstellenebene und durchgeleitet auf die Produktebene über die Kostenstellen- und über die Produkttätigkeit sich anpassende Kosten. Schlüsselungen treten stark in den Hintergrund, was vor allem für die Fertigungshauptstellen gilt. Die Kostenveränderung bei gegebenen Kapazitäten und gegebenen Bereitschaftsgraden in den Kostenstellen nach Maßgabe deren Beschäftigung wird ausweisbar. Die Grenzplankostenrechnung stützt Entscheidungen, die kurzfristig auf Beschäftigungsveränderungen in bestimmten Grenzen ausweisen.

Die **Prozesskostenrechnung** will die Kapazitätsnutzung und die Ressourceninanspruchnahme aus aggregierten Kostenstellentätigkeiten in Prozesskosten abbilden. Kapazitäts- und bereitschaftsabhängige Kosten sind mit beschäftigungsabhängigen Kosten gleichermaßen enthalten. Prozesskosten zeigen daher nicht die Kostenveränderung durch eine Variation der Prozessmengendurchführung, sondern das Kostenpotenzial, welches leistungsvolumenbedingt gestaltet werden kann. Eine Anzahl von Schlüsselungen wird vorgenommen, um auch im mittelbaren Zusammenhang mit Leistungsgrößen stehende Kosten den Prozessen und den Produkten zuordnen zu können. Die Prozesskostenrechnung initiiert Entscheidungsüberlegungen, die mittelfristig auf die Ausgestaltung von Kapazitä-

Kriterium	Kostenrechnungsansatz		
	Plan-/Grenzplan-kostenrechnung	Deckungsbeitrags-rechnung	Prozesskosten-rechnung
Einsatzschwergewicht	Direkte Leistungs-bereiche/Fertigung	Gesamtunternehmen	Indirekte Leistungsbereiche
Kostenkategorien	variabel/fix	variabel/fix	leistungsmengeninduziert/leistungsmengenneutral
Kostenmanagementobjekt	Kostenstellenkosten	Produktkosten	Prozesskosten
Kostenverantwortung	Kostenstellenleiter	Spartenleiter	Prozessverantwortlicher
Dispositionsausrichtung	kurzfristig	kurzfristig/mittelfristig	mittelfristig/langfristig

(Michel, R./Torspecken, H.-D./Jandt, J.: Neuere Formen der Kostenrechnung mit Prozesskostenrechnung, 5. Aufl., München/Wien 2004, S. 258)

Abb. 4: Vergleichende Gegenüberstellung von Kostenrechnungsarten

ten und die Umgestaltung von Arbeitsinhalten sowie auf Änderungen in Produktprogrammstrukturen gerichtet sind. Sie stellt in der Kostenrechnungslandschaft eine originäre Bereicherung dar und besitzt als Kostenrechnungsansatz eigenständige Einsatzfelder.«[9] Die Abbildung 4 stellt klassische Kriterien dieser Kostenrechnungsverfahren gegenüber.

2.2.2   Grundsätzliche Mängel

Man muss von der Frage ausgehen, was die Produkte und Leistungen unter Einbezug der von ihnen verursachten Prozesse kosten, um zu den »richtigen« Kosten zu kommen. Die heute im Einsatz befindlichen, vergleichbaren Kostenrechnungssysteme können die hierfür relevanten Kosteninformationen nicht mehr liefern. So sind Grenzplankosten- und Deckungsbeitragsrechnung zwar auf hohem Entwicklungsstand, aber sie eignen sich durch ihre konsequente Trennung fixer und proportionaler Kosten lediglich zur Steuerung der Wirtschaftlichkeit von Kostenstellen direkter Unternehmensbereiche für kurzfristige Entscheidungsrechnungen. Aufgrund der von ihnen gelieferten Kosteninformationen eignen sie sich jedoch nicht für längerfristige Entscheidungen, da hierfür auch die indirekten Bereiche einzubeziehen sind.
Probleme der klassischen Kostenrechnung sind:[10]
- Sie gibt die mit der Vielfalt des Serviceangebotes verbundenen Kosten nicht adäquat wieder.
- Sie trägt den veränderten Kostenstrukturen nicht ausreichend Rechnung.
- Sie erzeugt keinen permanenten Druck zur Kostenreduktion in indirekten Leistungsbereichen.
- Sie setzt »zu spät« ein.
- Sie verfolgt kein ganzheitlich systematisches Kostenmanagement.

Das zentrale Problem (aus Sicht traditioneller Kostenrechnungssysteme) bei der Ermittlung prozessbezogener Kostendaten besteht darin, dass Prozesse in der Regel abteilungs- und damit kostenstellenübergreifend ablaufen. Die herkömmliche, nach Kostenstellen gegliederte Kostenrechnung kann diese Daten daher nicht direkt erheben.
  Wie bereits angesprochen war es früher durchaus legitim, Lohn- und Materialeinzelkosten als Gemeinkostenzuschlagsbasis zu verwenden. Der »fixe« Gemeinkostenblock ist mittlerweile jedoch zu einem gleichwertigen, wenn nicht gar dominierenden Kostenblock in den Industrieunternehmen geworden, und zudem mangelt es an Transparenz in der (Gemein-)Kostenstruktur. Die bei den jüngeren Teilkostenrechnungssystemen unterstellte, aber nicht realistische Dominanz der Einzelkosten oder der variablen Kosten kann somit ebenfalls zu fragwürdigen Aussagen in ihren Ergebnissen führen.
  Die von konventionellen Kostenrechnungssystemen unterstellte Korrelation zwischen Gemeinkostensteuerung sowie deren Verrechnung auf Produkte und dem Produktionsvolumen ist nicht (mehr) gegeben. Der Hauptanteil des Ressourcenverbrauches an Gemeinkosten hat doch andere Ursachen als die im Wert des Fertigungsmaterials und -lohns ausgedrückte Produktionsmenge. Demnach müssen die hinter den Gemeinkosten stehenden Prozesse einer Messung und damit einer Planung und Steuerung zugängig gemacht werden.

Die vermehrt administrativen Tätigkeiten bspw. in der Auftragsabwicklung werden in den Entscheidungsinformationen des traditionellen Rechnungswesens nicht abgebildet. Oft beruht die Kalkulation der Gemeinkosten doch auf Schätz- und/oder Erfahrungswerten, was häufig zu falschen Entscheidungen sowie zum Beharren auf unwirtschaftlichen und die Gemeinkosten aufblähenden Organisationsstrukturen führt. Das »Versagen« der traditionellen Kostenrechnung ist also wesentlich in ihrem Alter und in den nicht an neue Kostenstrukturen angepassten Verfahren begründet. Sie ist durch ein neues, den heutigen Bedingungen besser entsprechendes Kostenrechnungssystem zu ersetzen oder zumindest zu ergänzen.

2.2.3   Fehler der Zuschlagskalkulation

Eine verursachungsgerechtere Belastung, z. B. eines Produktes oder eines Auftrages, mit den Kosten der tatsächlich erbrachten indirekten Leistungen kann im Rahmen der Zuschlagskalkulation meist nicht stattfinden. Es ist doch in der heutigen Zeit unsinnig, einen Zusammenhang zwischen Material- bzw. Herstellkosten und den entsprechenden Gemeinkosten herstellen zu wollen: Was haben z. B. die Kosten eines Bestellvorganges mit der Höhe des Bestellwertes zu tun? Auf die Frage nach dem Sinn einer solchen Kostenverrechnung erhält man oft die lapidare Antwort, das sei schon immer so gehandhabt worden. Wesentlich sinnvoller wäre es doch, den Bestellvorgang als solches mittels der Prozesskostenrechnung mit einem Kostensatz zu bewerten und zu verrechnen, evtl. noch unterteilt in besondere Ablaufvarianten z. B. als »Kosten eines Bestellvorganges per Rahmenvertrag (R)« oder als »Kosten eines Bestellvorganges per Einzelvertrag (E)«.

Bei der Zuschlagskalkulation ist die Wahl der richtigen Bezugsbasis ausschlaggebend für die Genauigkeit der Gemeinkostenschlüsselung: Je kleiner diese Basis ist und je größer die zu verrechnenden Gemeinkosten sind, umso höhere Zuschlagsprozentsätze sind zu wählen und umso schwerer wiegend wirken sich Fehler in der Erfassung der Basisgröße aus. So ist es nicht verwunderlich, wenn in Unternehmen mit Gemeinkostenzuschlägen von mehreren 100 bis gar über 1000 % gerechnet wird, womit weder Aussagen über die Kostenstrukturen in den indirekten Bereichen möglich sind noch die entsprechenden Prozesse und Kalkulationsobjekte mit den durch sie tatsächlich verursachten Gemeinkosten belastet werden. Dies gleicht einem »**Kostenblindflug**« und dieser muss beendet werden.

Die jeweilige Leistungsinanspruchnahme der indirekten Bereiche bei inhomogener Material-, Produkt-, Auftrags- und/oder Vertriebsstruktur kann in der Zuschlagskalkulation mit ihren undifferenzierten Material-, Verwaltungs- und Vertriebsgemeinkostenzuschlägen nicht berücksichtigt werden. Der Fehler der Zuschlagskalkulation liegt in der Wahl einer einzigen volumenorientierten Bezugsgröße (z. B. Arbeitsstunden), mit deren Hilfe die Gemeinkosten den Produkten proportional zugeordnet werden. Dabei wird vereinfachend angenommen, dass z. B. eine Verdopplung der Stückzahl auch eine Verdopplung der Gemeinkosten nach sich zieht. Die Produktkosten werden durch den ausschließlichen Gebrauch volumenorientierter Bezugsgrößen immer dann verzerrt, wenn zumindest einige der für die Herstellung des Produktes notwendigen Prozesse nicht mit diesem Produktionsvolumen korrelieren (z. B. Bestellvorgänge, Rüstprozesse). Benötigt wird also ein System, das zunächst Prozesse mit Kosten bewertet und nicht Produkte in den Vordergrund der Kostenverursachung stellt.

Zuschlagskalkulation	Produkttyp A	Produkttyp B
Einkaufspreis	10 EUR/St.	50 EUR/St.
eingekaufte Menge	10 St.	10 St.
Einkaufssumme	100 EUR	500 EUR
Einkauf gesamt	600 EUR	
Gemeinkosten (Bestellen, ein- und aus-lagern, Rechnung schreiben und buchen etc.)	1.200 EUR	
Gemeinkostenzuschlag 200%	20 EUR/St.	100 EUR/St.
Kalkulierte Gesamtkosten je St.	**30 EUR/St.**	**150 EUR/St.**

Die Gemeinkosten werden mit einem Zuschlag
i.H.v. 1.200 EUR : 600 EUR = 200% auf den Einkaufspreis zugeordnet.

Prozesskalkulation	Typ A	Typ B
Einkaufspreis	10 EUR/St.	50 EUR/St.
Kosten je Prozess	60 EUR/St.	60 EUR/St.
Kalkulierte Gesamtkosten je St.	**70 EUR/St.**	**110 EUR/St.**

Unter der Annahme, dass unabhängig vom Typ gleich hohe Gemeinkosten verursacht
werden, ist ein gleich hoher Prozesskostensatz von 1.200 EUR : 20 St. = 60 EUR/St.
zutreffend.

(in Anlehnung an Olshagen, C.: Prozesskostenrechnung – Aufbau und Einsatz, Korrigierter
Nachdruck, Wiesbaden 1994, S. 15)

Abb. 5: Unterschiede zwischen Zuschlagskalkulation und Prozesskalkulation (Beispiel)

Dieser Sachverhalt wird in Abbildung 5 am Beispiel der Kalkulation eines Händlers von
zwei verschiedenen Elektronikkomponenten aufgezeigt, zum einen per traditioneller Zuschlagskalkulation, zum anderen mittels Prozesskalkulation.

Somit könnte es zu falschen Entscheidungen auf operativer und strategischer Ebene
durch die nicht verursachungsgerechte Verteilung der Gemeinkosten des Einkaufs kommen. Operativ könnte der Verkaufspreis für Typ B angehoben werden, wodurch die Kon-
kurrenzfähigkeit verloren gehen könnte. Auf strategischer Ebene könnte die Entscheidung
fallen, dass Typ A gefördert wird und höherwertige Komponenten (Typ B) aus dem Produktprogramm genommen werden. Mit der Prozesskalkulation können solche Fehlentscheidungen vermieden werden: Für einen definierten Einkaufsprozess wird ein fester Prozesskostensatz berechnet, der für beide Produkttypen gilt. Im Ergebnis wird das höherwertige Produkt geringer belastet, was entweder zu (höheren) Gewinnen oder günstigeren,
konkurrenzfähigeren Preisen führen wird.

2.2.4   Strategische Auswirkungen

Das Prinzip der Standard-Kostenrechnung genügt zwar vielen Zwecken, reicht jedoch v. a. für strategische Entscheidungen nicht aus. Die internen »Kunden« der Kostenrechnung – Geschäftsleitung, Entwicklung und Konstruktion, Planung, Einkauf etc. – wollen Kosteninformationen auf Basis aktuellster Daten, und sie wollen Kosteninformationen, die sich aus zukünftigen Strukturänderungen ergeben. Den traditionellen Kostenrechnungssystemen ist vorzuwerfen, dass durch deren grundsätzliche Mängel und die Fehler der Zuschlagskalkulation strategische **Fehlentscheidungen** begünstigt werden.

So erhält
- ein komplexes Produkt mit vielen Einkaufsteilen,
- ein Produkt mit niedrigem Wert,
- ein in kleiner Stückzahl aufgelegtes Produkt

durch die Zuschlagskalkulation zu wenig Gemeinkosten zugeteilt. In der Kostenträgerstückrechnung erscheinen dann solche Produkte profitabler als einfachere, werthaltigere oder großvolumigere Produkte mit deren scheinbar niedrigen Deckungsbeiträgen aufgrund zu hoher (geschlüsselter) Gemeinkosten.

Insgesamt werden Standardartikel zu niedrig und Sonderartikel zu hoch kalkuliert, wodurch eine zutreffendere und verursachungsgerechtere Preisgestaltung nicht möglich wird. Es findet eine **Quersubventionierung** zwischen Standard-/Großserienprodukten und variantenreichen, in geringen Stückzahlen und in kleinen Losen hergestellten Produkten statt. Dies begünstigt den Trend zur Produkt- und Prozessdiversifikation und damit zu immer höherer Unternehmenskomplexität. Die strategische Fehlentscheidung besteht darin, dass Produktion und Verkauf dieser Sonderartikel vorangetrieben wird, weil man mit den vermeintlich niedrigen Kosten den Preis der Konkurrenz unterbieten kann; dabei wird aber nicht berücksichtigt, dass die tatsächlich anfallenden und weiter ansteigenden Gemeinkosten in zunehmendem Maße nicht mehr gedeckt werden.

Die erwähnten Quersubventionierungen entstehen aber nicht nur auf Produktebene, sondern auch bei heterogener Kunden-, Auftrags- und/oder Marktstruktur. Insgesamt wird dadurch die Kostenstruktur verzerrt dargestellt, woraus ein Verlust der Wettbewerbsfähigkeit folgen kann: »Die Nachfrage nach Leistungen der weniger rentablen Kunden wird einerseits steigen, wohingegen andererseits die profitablen Kunden, welche die Serviceleistungen für die Anderen ›mitfinanzieren‹ müssen, allmählich zur Konkurrenz abwandern werden.«[11]

Die in den traditionellen Kostenrechnungssystemen als »fix« bezeichneten Kostengrößen sind nur bei kurzfristiger Sichtweise tatsächlich fix, d. h. kurzfristig unveränderbar, beispielsweise aufgrund von Verträgen. Mittel- bis langfristig jedoch sind auch diese fixen Kosten durch Herbeiführen entsprechender Managemententscheidungen veränderbar. Hier liegen auch die größten Probleme der bekannten Kostenrechnungssysteme und -verfahren, nämlich darin relevante Kosteninformationen für längerfristige Entscheidungen zu liefern.

Der Mangel der bestehenden Kostenrechnungssysteme wird durch ihre fehlende Unterstützung strategischer Entscheidungen (insbesondere für die Produktpolitik) begründet. So werden die Perioden immer kürzer, in denen Unternehmen ihre Vorleistungen und einen entsprechenden Gewinn über Markterlöse realisieren können. Die Prozesskostenrechnung macht sich deshalb zum Grundsatz, bei strategischen Entscheidungen, wie beispielsweise bzgl. der Aufnahme und des Endes der Produktion von Produkten, auch die Fixkosten zu berücksichtigen. Die eigene Wettbewerbsposition kann nur durch Kenntnis der »wahren« bzw. »richtigen« Kosten verbessert werden; die dafür geeigneten Kosteninformationen kann das traditionelle Rechnungswesen nicht liefern.

Durch die Zuschlagskalkulation werden fremdbezogene Produkte in der Weise benachteiligt, dass sowohl das verwendete Produkt als auch die Wertschöpfung über den Einkaufspreis zusätzlich mit demselben Materialgemeinkostenzuschlag erhöht wird wie eigengefertigte Produkte. Im Gegensatz dazu ist in der Kalkulation eigengefertigter Produkte nur ein Materialgemeinkostenzuschlag auf die verwendeten Materialien, nicht aber auf die Wertschöpfung berücksichtigt. Dadurch werden fremdbezogene Produkte zum einen zu hoch bewertet und zum anderen die logistischen und damit auch wirtschaftlichen Vorteile nicht aufgezeigt. Fremdbezogene Komponenten haben es ungleich schwerer, in Produktentscheidungen entsprechend berücksichtigt zu werden.

> Nach diesen Anregungen bzgl. möglicher Ursachen für den Gemeinkostenanstieg sowie über die Fehler traditioneller Kostenrechnung bzw. Kalkulation sollten Sie die für Ihr Unternehmen maßgeblichen Faktoren individuell bestimmen. Diese sind sehr wichtig für die Akzeptanz in Ihrem Unternehmen, was eine neue, intensive Betrachtung der Gemeinkostenbereiche mithilfe der Prozesskostenrechnung angeht – Sie können damit viel Überzeugungsarbeit leisten.

2.3 Neue Betrachtungsweisen durch die Prozesskostenrechnung

Aus all den vorstehend geschilderten Problemen – einzeln oder gemeinsam verstärkend – lassen sich die Gründe für eine Einführung der Prozesskostenrechnung ableiten.

Dieses Kapitel schließt die Erläuterungen zur Notwendigkeit der Prozesskostenrechnung ab; die hier wiedergegebenen Gedanken sind angelehnt an einen Vortrag des Amerikaners Kaplan. Darin geht es im Wesentlichen um die veränderten Anforderungen an Kostenrechnung, Kostenmanagement und Controlling. Dieser Vortrag ist als logische Konsequenz zu den beiden vorangegangenen Kapiteln zu sehen, sodass er Ihnen hier zumindest auszugsweise näher gebracht werden sollte. Kaplan war im Übrigen einer derjenigen, welche das System des Activity Based Costing sowohl wissenschaftlich als auch pragmatisch in den USA bedeutsam weiterentwickelten.

Der Betrachtungsgegenstand des Kostenmanagements hat sich von der Kostenzuordnung (die Domäne der traditionellen Kostenrechnung) auf die **Identifizierung der Kostenentstehung** verlagert. Dabei sind die Kosten bei der Ressourcenbereitstellung zur Durchführung von betrieblichen Prozessen maßgeblich. Kostentreiber, die aus verschiedenen Informationssystemen gesammelt werden (z. B. Anlagenbuchhaltung, Wareneingangslisten, PPS-System, Auftragsbearbeitung, Marketing etc.), führen die Kosten dieser Prozesse auf Produkte, Dienstleistungen und Kunden zurück, welche die betrieblichen Prozesse auch wirklich beansprucht haben. Die Prozesse bzw. die Kosten der indirekten Bereiche und deren Kostentreiber sind durch die nachfolgende Hierarchisierung bestimmt. Folgen Sie einmal diesen Gedanken – und Sie werden eine logische und in sich geschlossene Abbildung aller Prozesse erkennen.

Wie sehen die neue Hierarchie der Prozesse und damit die Kosten der indirekten Bereiche aus? Sie lassen sich wie folgt unterteilen:

- **Stückbezogene Prozesse** werden für jede Produkteinheit (oder Dienstleistungseinheit) durchgeführt; dies bedingt im Umkehrschluss, dass sich die zu dieser Ebene gehörenden Prozessmengen proportional zum Produktions- bzw. Verkaufsvolumen verhalten. Die traditionellen Kostenrechnungssysteme verrechnen alle indirekten Prozesse mit stückbezogenen Kostentreibern (z. B. Arbeitsstunden, Maschinenstunden, produzierte Einheiten, Umsatzerlöse).

- **Losbezogene Prozesse** werden für jedes Produktionslos oder jeden Umrüstvorgang durchgeführt. Sie umfassen die Einrichtung einer Maschine für einen neuen Produktionsdurchlauf, den Materialeinkauf und die Auftragsbearbeitung. Die benötigten Ressourcen hierfür sind von der Anzahl der Einheiten im Produktionslos (Anzahl der produzierten Komponenten nach einer Umrüstung, Anzahl der Posten in einer Bestellung oder Anzahl der Produkte in einer Kundenlieferung) unabhängig. Deshalb wird in der traditionellen Kostenrechnung der entsprechende Aufwand der Prozesse auf Losebene als fix angesehen. Je mehr Prozesse jedoch auf Losebene benötigt werden (um die vielen Umrüstvorgänge bei einer großen Vielfalt an Produkten und Komponenten durchzuführen, um alle Komponenten der umfangreichen Stückliste eines komplexen Produktes zu beschaffen und um die vielen auftragsspezifischen Ansprüche einzelner Kunden zu befriedigen), desto mehr muss das Unternehmen zur Ressourcenbereitstellung für diese Prozesse aufwenden.

Das System der Prozesskostenrechnung ist in der Lage, einige dieser Komplexitätskosten (z. B. für Produktionsaufträge, Materialtransporte, Umrüstvorgänge, Kundenaufträge, Beschaffungsvorgang) direkt den Produkten, Kunden und Dienstleistungen zuzuordnen, welche den Prozess ausgelöst haben. Dies entspricht der proklamierten verursachungsgerechteren Kostenverrechnung.

- **Produktbezogene Prozesse** werden durchgeführt, um die Produktion einzelner Produkte zu ermöglichen. Dehnt man diese Denkweise über die Grenzen des Unternehmens aus, führt dies zu **kundenbezogenen Prozessen**, welche das Unternehmen befähigen, einzelne Kunden zu bedienen, unabhängig von Umfang und Art der Produkte, die an den Kunden verkauft und geliefert werden. Beispiele sind die Aufrechterhaltung und Überarbeitung der Produktspezifikationen, spezielle Tests sowie technische Unterstützung für individuelle Produkte. Solche Prozesse können leicht auf die sie beanspruchenden Produkte zurückgeführt werden. Die Quantität der Ressourcen, die in den produkt- und kundenbezogenen Prozessen eingesetzt werden, ist jedoch per Definition unabhängig vom Produktions- und Verkaufsumfang hinsichtlich der Produkte und Kunden. Die traditionellen Kostenrechnungssysteme mit ihrer vereinfachenden Differenzierung zwischen variablen und fixen Kosten in Abhängigkeit vom Produktionsvolumen können die hier bestehenden Zusammenhänge nicht abbilden.

Über die hier dargestellte Hierarchie von stück-, los-, produkt- und kundenbezogenen Prozessen hinaus werden im Unternehmen weitere Ressourcen verbraucht, die nicht mehr auf einzelne Produkte, Aufträge oder Kunden zurückgeführt werden können. Einige Kosten betreffen eine ganze Marke oder Produktlinie (z. B. Produktentwicklung und Werbung), andere unterstützen die Produktion als Ganzes oder ermöglichen überhaupt den Absatz (z. B. anlagenbezogene Kosten für Werksleiter oder Stabsabteilungen, vertriebskanalbezogene Kosten für Handelsmessen, Werbung oder Kataloge). Die Kosten für Produktlinien, Produktionsanlagen und Vertriebssysteme können zwar direkt den einzelnen Produktlinien, Anlagen und Absatzkanälen, aber nicht detaillierter niedrigeren Bezugsgrößenebenen zugeordnet werden.

Eine solche Gliederung der Prozess- und Kostenhierarchie bietet ein viel breiteres Spektrum an Kostentreibern als die traditionelle ökonomische und kostenrechnerische Definition von Kostenvariabilität, in der Kosten lediglich in Abhängigkeit der physischen Mengen an Produkten und Dienstleistungen veränderbar sind. Die Kategorien Produktionslos, Produkt und Kunde geben aussagekräftigere Antworten auf verschiedene Fragen der Unternehmensführung und letztlich der Unternehmensexistenz.

Hierzu ein Beispiel: Die hochvolumige Produktion (mit naturgemäß vielen Prozessen auf Stückebene, aber wenigen auf Los- und Produktebene) ist von der Produktion in geringen Seriengrößen mit individuell gefertigten Produkten (bei geringer Anzahl an Prozessen auf Stückebene, dagegen vielen los- und produktbezogenen Prozessen) zu trennen. Hochvolumige Produkte müssen auf solchen Produktionsanlagen hergestellt werden, die Prozesse auf der Stückebene effizient ausführen können, wobei aber die (wenigen) los- und produktbezogenen Prozesse möglicherweise nur sehr ineffizient durchgeführt werden können. Niedervolumige Produkte mit großer Variantenvielfalt sollten auf Produktionsanlagen hergestellt werden, die hocheffizient für los- und produktbezogene Prozesse sind, wie z. B. Bearbeitungszentren mit qualifiziertem Bedienungspersonal und multifunktioneller Ausrüstung. Diese Anlagen sind aber möglicherweise äußerst ineffizient für stückbezogene Prozesse, da die Maschinen- und Fertigungszeiten viel höher als bei spezialisierten und hoch automatisierten Produktionsanlagen sein werden.

Durch das Prozess(kosten)management werden weitere Ansatzpunkte für Entscheidungen zur Modifizierung von Preisbildung, Produktmix und Kundenstruktur, zur Veränderung der Kunden-Lieferanten-Beziehungen und zur Verbesserung der Produkt- und Serviceausgestaltung geliefert. Das Augenmerk des Managements sollte deshalb auf folgende Punkte gerichtet werden (Beispiele):

- Reduzierung der Rüstzeiten,
- Effizientere Gestaltung des Materialflusses,
- Reduzierung der ins Produkt »hineingeprüften« Qualität,
- Rationalisierung des Produktmix,
- Förderung von Produkten aus standardisierten und modularen Komponenten.

Die traditionelle Kostenrechnung ermutigte die Manager, die Stückkosten durch Reduzierung von Materialkosten, Fertigungs- und Maschinenzeiten zu senken (z. B. Reduzierung der Fertigungszeiten um Zehntelsekunden durch teure Ingenieursstudien oder Investition in schnelle, aber unflexible und teure Maschinen), weil so die Zuschlagsbasis »Einzelkosten« gedrückt werden konnte. Dem steht ein enormer Anstieg an los- und produktbezogenen Kosten gegenüber. Konzepte des Produktionsmanagements, wie z. B. Lean Management und kontinuierliche Verbesserung, sind sicherlich auf die Entdeckung des ineffizienten Ressourceneinsatzes bei der Durchführung von los- und produktbezogenen Prozessen zurückzuführen. Die Kosten dieser los- und produktbezogenen Prozesse gehen aber in der traditionellen Kostenrechnung im Block der Fertigungsgemeinkosten unter! Diese Vorgehensweise brachte große Verwirrung und Besorgnis über die Ursachen des rapiden Anstiegs der Fix- bzw. Gemeinkosten (welcher aber nichts anderes als eine logische Konsequenz war).

»Der ausschließliche Gebrauch volumenorientierter Bezugsgrößen verzerrt die Produktkosten immer dann, wenn zumindest einige der für die Herstellung des Produktes notwendigen Aktivitäten nicht mit dem Produktionsvolumen korrelieren (z. B. Bestellvorgänge, Rüstprozesse). Benötigt wird folglich ein System, das zunächst Aktivitäten mit Kosten bewertet und nicht Produkte.«[12]

Ein wesentlicher Unterschied zur traditionellen Kostenrechnung ist die Tatsache, dass bei der Prozesskostenrechnung die Kosten der genutzten Kapazitäten und nicht die Kosten der bereitgestellten Kapazitäten erfasst werden. Eine einfache, aber fundamentale Gleichung verdeutlicht diesen Aspekt:

Kosten der genutzten Kapazitäten
+ Kosten der ungenutzten Kapazitäten

= Kosten der bereitgestellten Kapazitäten

Die traditionellen Kostenrechnungssysteme messen den unteren Teil der Gleichung, also die Höhe der Kosten des Unternehmens, die zur Bereitstellung der Ressourcen benötigt werden. Die Prozesskostenrechnung misst den oberen Teil: Die Kosten der tatsächlich verbrauchten Ressourcen (bzw. der durchgeführten Prozesse) für einzelne Produkte oder Kunden.

Die Kosten der ungenutzten Kapazitäten stellen Prozessabweichungen dar und sind entweder zu reduzieren oder die Kapazitäten müssen verlagert und anderswo nutzbringend eingesetzt werden.

> Diese Ausführungen sollten Ihnen genügen, um den Wandel zu einer neuen Denkweise bzgl. der Kosten und Strukturen in Ihrem Unternehmen als notwendig zu erachten. Sie haben wiederum Hinweise erhalten, die es Ihnen, dem Topmanagement und auch dem »einfachen« Sachbearbeiter ermöglicht, den logischen Schritt hin zur Prozesskostenrechnung und damit zur Weiterentwicklung Ihres Kostenrechnungssystems überzeugt und überzeugend durchzuführen.

3 Methodik der Prozesskostenrechnung

Die nun anstehenden Kapitel erläutern definitionsartig die Methodik der Prozesskostenrechnung. Aber lassen Sie sich davon nicht täuschen: Die Prozesskostenrechnung ist ein sehr flexibles und unternehmensindividuell einzusetzendes Instrument, das sich bei der späteren Umsetzung nur selten in feste Verfahrensschemata pressen lässt. Dennoch ist es Pflicht für Sie, sich zunächst die theoretischen Grundlagen zu erarbeiten, um mit diesem Basiswissen eine Prozesskostenrechnung in Ihrem Unternehmen aufbauen und durchführen zu können.

3.1 Methodische Abläufe

In diesem Kapitel erhalten Sie einen detaillierten Überblick über die methodischen Abläufe der Prozesskostenrechnung. Dieser von Praxisbeispielen begleitete Überblick hält sich dennoch an die theoretischen Vorgaben für eine Prozesskostenrechnung. Die Umsetzung dieser Vorgaben erfolgt erst in Teil II dieses Konzeptes, wozu aber einige pragmatische Anpassungen erforderlich werden. Die nachfolgenden Erläuterungen können deshalb auch als »allgemeines Vorgehen« der Prozesskostenrechnung angesehen werden; die darin **fett** hervorgehobenen Stichwörter werden in den anschließenden Kapiteln 3.2 ff. ausführlich erläutert.

Die Prozesskostenrechnung ist i.d.R. als Vollkostenrechnung angelegt und bedient sich ebenfalls des aus der traditionellen Kostenrechnung bekannten Prinzips der Kostenarten-, Kostenstellen- und Kostenträgerrechnung, wobei Einzelkosten den Kostenträgern direkt zugerechnet werden und Gemeinkosten über die Kostenstellenrechnung den Kostenträgern belastet werden. Gerade dieser zweite Schritt, die Gemeinkostenverrechnung, erfährt nun in der Prozesskostenrechnung eine sehr detaillierte Betrachtung durch eine differenzierte Analyse der Gemeinkosten in den indirekten Kostenstellen, wodurch diese Gemeinkosten von der stellenorientierten in eine prozessorientierte Aufteilung überführt werden.

Eine solche detaillierte Analyse der indirekten Bereiche und damit der relevanten Gemeinkosten muss mit der Erfassung der in jeder Kostenstelle auszuführenden **Tätigkeiten** beginnen; diese lassen sich dann zu kostenstellenbezogenen **Teilprozessen** zusammenfassen. Zur Ermittlung dieser Tätigkeiten und Teilprozesse bieten sich v.a. Interviews oder Beobachtungen mithilfe von Selbstaufschreibungen der Mitarbeiter an. Die wesentlichen hier zu stellenden Fragen wären beispielsweise »Warum wird diese Tätigkeit von Ihnen in dieser Kostenstelle durchgeführt?« oder »Wer verlangt welche Leistung (Output) zu welchem Zweck von Ihnen?«. Sie müssen sich erst einmal über die Tätigkeiten und Abläufe im Ist-Zustand informieren und diese strukturieren. Die so ermittelten Teilprozesse sind sowohl der Kostenstelle als auch kostenstellenübergreifenden **Hauptprozessen** zuzuordnen, wodurch insgesamt das betriebliche Geschehen der indirekten Bereiche strukturiert und transparent wird. Oft genügt schon eine solche Strukturierung und die (grafische) Darstellung der Prozesse, um Ablaufprobleme und -fehler ausfindig machen und diese bereits im Vorfeld beheben zu können.

Mithilfe dieser Analysen sind für die wesentlichen kostentreibenden Prozesse (Hauptprozesse mit ihren einfließenden Teilprozessen) so genannte **Kostentreiber** als Bezugsgrößen zu suchen, deren Ausprägung die Höhe der durch den jeweiligen Prozess verursachten Kosten bestimmt. Auf diese Weise werden die Prozesse messbar gemacht. Die Auswahl der Kostentreiber aus einer Vielzahl möglicher »ist grundsätzlich an der geforderten Kalkulationsgenauigkeit, ihrer Korrelation mit den zu messenden Aktivitätsmengen, der Leichtigkeit ihrer Erfassung und ihrer Verhaltenswirksamkeit sowie im Sinne der Schaffung eines den Unternehmenszielen dienenden Kostenbewusstseins auszurichten«.[13]

Weiterhin sind die Prozesse zu unterscheiden in solche, bei denen überhaupt Kostentreiber ermittelt werden können; man spricht dann von **leistungsmengeninduzierten (lmi) Prozessen**. Das sind Prozesse, für deren Durchführung Kosten entstehen, die in Abhängigkeit von der Ausprägung eines entsprechenden Leistungsvolumens anfallen. Prozesse ohne ermittelbare Kostentreiber werden als **leistungsmengenneutrale (lmn) Prozesse** bezeichnet. Deren Kosten stellen als eine Art Grundlast einen nicht weiter zuzuordnenden Fixkostensockel der Kostenstelle bzw. der indirekten Bereiche dar. Sie sollten kostenstellenübergreifend in so genannten Kosten-Pools wie »Kosten für allgemeine Aufgaben« oder »Sonstige Kosten« gesammelt und en bloc verrechnet werden. Denn nur dann können die prozessorientierten Kosteninformationen in der Kostenträgerstück- bzw. -zeitrechnung unverfälscht gezeigt werden. Möglich wäre aber auch die Umlage der lmn Prozesse (und Kosten) auf die lmi Prozesse (und Kosten).

Die Bewertung der durch einen Prozess verbrauchten Ressourcen erfordert einen **(Plan-) Prozesskostensatz**; er wird gebildet als Quotient aus den vorzugsweise analytisch geplanten **Prozesskosten** und der festzulegenden **Prozessmenge** des als geeignet erscheinenden Kostentreibers. Auf diese Weise erhält man für jeden lmi Prozess dessen Prozesskostensatz je Leistungsmengeneinheit.

»Folglich sollten für eine Zuordnung von Tätigkeiten zu Prozessen zwei Kriterien zugrunde gelegt werden:
- Der ausgewiesene Prozess muss notwendig sein zur Erreichung der Unternehmensziele.
- Die Kosten der herausgestellten Prozesse sollten sich eindeutig zuordnen lassen.«[14]

Die Festlegung der leistungsmengeninduzierten Prozesse und damit deren verursachungsgerechtere Verrechnung erfolgt anhand des Kriteriums der Mengenvariabilität bzgl. des Leistungsvolumens. Dies ist zugleich eine der **Prämissen** für das **Einsatzgebiet** der Prozesskostenrechnung, nämlich diejenigen indirekten Bereiche, in denen überwiegend repetitive Tätigkeiten (mit geringem Entscheidungsspielraum) ausgeübt werden.

Nach erfolgter Strukturierung (Ermittlung der Prozesse und deren Kostentreibern) rückt der **Aspekt der Wirtschaftlichkeit** der Prozesse in den Vordergrund. Erst wenn Sie wissen, wie und warum die Prozesse in Ihrem Unternehmen ablaufen, können Sie sich Gedanken zur Verbesserung der Abläufe machen. Diese Phase ist als Optimierung zu bezeichnen, wobei sich Ansatzpunkte bereits in der Analyse mittels Interview oder Beobachtung ergeben werden. Die entscheidenden, sich gegenseitig beeinflussenden Faktoren zur

Optimierung sind Kosten, Qualität und Zeit. Und: Optimierung ist keinesfalls mit Minimierung gleichzusetzen!

In diesem Schritt ist es notwendig, die Abläufe in **werterhöhende** und **nicht-werterhöhende Prozesse** einzuteilen. Hierzu werden z. B. die Fragen gestellt »Welchen Beitrag leistet diese Tätigkeit zur Leistungserstellung (Output)?« bzw. »Wie kann der Prozess wirtschaftlicher durchgeführt werden?« Das betriebliche Geschehen ist als **Wertschöpfungskette** zu sehen bzw. die einzelnen Prozesse müssen in sich geschlossene Wertschöpfungsketten sein.

Der geschilderte Ablauf der Prozesskostenrechnung läuft nicht nur zu deren Einführung ab, sondern unbedingt auch permanent im Rahmen der kontinuierlichen Durchführung der Prozesskostenrechnung. Dies ist eines ihrer wesentlichen Merkmale für das aktive und permanente Gemeinkostenmanagement, welches wiederum eines ihrer wichtigsten **Ziele** ist. Daneben werden aber auch weitere Ziele verfolgt, wie z. B. prozessorientierte Kalkulationen oder Gemeinkostensenkung.

Sie haben mittlerweile einen Überblick über die Methodik der Prozesskostenrechnung erhalten, wobei diese Erläuterungen für Sie aber noch nicht vollständig und ausführlich genug gewesen sein mögen. Die in diesem Kapitel fett gedruckten Stichwörter werden nun anschließend ausführlich definiert und näher erläutert und anhand vieler anschaulicher Beispiele verdeutlicht. Dies ist sehr wichtig, um eine gemeinsame und einheitliche Basis bzgl. der Begriffsverwendung und -definition zu schaffen.

3.2   Grundbegriffe

Die Begriffe »Tätigkeit«, »Teilprozess« und »Hauptprozess«, deren begriffliches Umfeld sowie die Zusammenhänge untereinander sind in der Prozesskostenrechnung von elementarer Bedeutung, sodass sie hier im Sinne von Definitionen klar herausgestellt werden. Dies erscheint vor dem Hintergrund der vielen Publikationen zum Thema Prozesskostenrechnung auch notwendig; so werden z. B. in ein und demselben Aufsatz eines Autors die einzelnen Begriffe nicht sauber abgegrenzt und mehrfach verwendet.

Geschäftsprozesse sind allgemein gekennzeichnet durch einen definierten Anfang (prozessauslösendes Ereignis), einen Prozessverantwortlichen, messbare Eingabe- und Ausgabegrößen sowie ein definiertes Ende (Endereignis). Prozesse sind in der Hierarchie der Prozesskostenrechnung in Haupt- und Teilprozesse und auf der Elementarebene in Tätigkeiten untergliedert.

3.2.1   Tätigkeit, Teilprozess und Hauptprozess

Die hier zu erläuternden Begriffe definieren den Aufbau einer Prozessstruktur, wie sie in Abbildung 6 beispielhaft dargestellt ist.

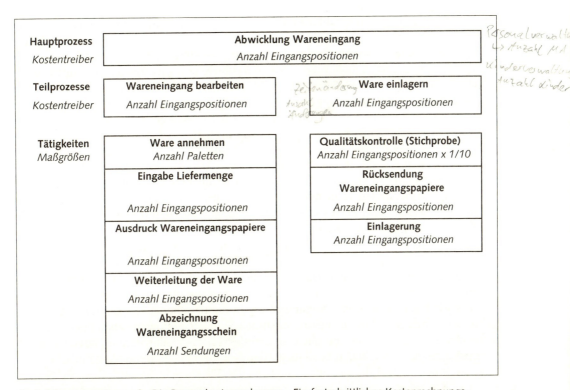

(in Anlehnung an Braun, S.: Die Prozesskostenrechnung – Ein fortschrittliches Kostenrechnungs-system?, Ludwigsburg-Berlin 1994, S. 154)

Abb. 6: Prozesshierarchie (Beispiel)

Doch nun zu den eigentlichen Begriffsdefinitionen und -erläuterungen:

- **Tätigkeiten** sind produktionsfaktorverzehrende Arbeitsvorgänge eines Mitarbeiters in einer Kostenstelle.

  In der Literatur verwendete Synonyme für Tätigkeit (Task) sind z. B. Transaktion oder Aktivität, aber fälschlicherweise auch Teilprozess (Activity). Die Erfassung und Analyse der einzelnen Tätigkeiten ist Ausgangspunkt für alle weiteren Schritte in der Prozess-kostenrechnung. Im Sinne einer Stammdatenstruktur bedeuten die Tätigkeiten die kleinste erfassbare Einheit. Eine Tätigkeit ist i.d.R. durch ein (teilweise substantiviertes) Verb gekennzeichnet wie beispielsweise »Teile aus Lager entnehmen«, »Teilenummern abfragen«, »Abmessungen prüfen«, »Ware annehmen«, »Eingabe Liefermenge« etc. Sol-che mengenorientierten Tätigkeiten werden von bestimmten Einflussgrößen abhängig gemacht, den so genannten **Maßgrößen**, wogegen Tätigkeiten wie z. B. »Besprechungen durchführen«, »Schulungen besuchen« etc. nicht mit Maßgrößen quantifiziert werden können.

- **Teilprozesse** sind ebenfalls kostenstellenbezogene Arbeitsvorgänge; nach Möglichkeit sind aber mehrere Tätigkeiten eines oder mehrerer Mitarbeiter zu einem Teilprozess zusammenzufassen, welcher einen logischen Ablauf abbildet.

  Jeder Teilprozess schließt mit einem bestimmten Arbeitsergebnis ab (Output) und kann weiterhin durch die Merkmale Qualität, Ressourceninanspruchnahme (Input), Durchlauf- bzw. Bearbeitungszeit sowie bei mengenorientierten Teilprozessen zusätzlich durch Maßgrößen bestimmt werden.

Teilprozesse werden unterschieden nach repetitiven – **leistungsmengeninduzierten (lmi)** – Prozessen, die sich in Abhängigkeit von dem in der Kostenstelle zu erbringenden Arbeitsvolumen mengenvariabel verhalten, und **leistungsmengenneutralen (lmn)** Prozessen, die unabhängig von der Arbeitsmenge generell anfallen. Die Maßgrößen der lmi Teilprozesse werden als **Kostentreiber** (Cost Driver) bezeichnet; sie legen Art und Anzahl der Teilprozessdurchführungen in den Kostenstellen fest. Für Kostentreiber wird auch der Begriff »Kostenantriebskräfte« verwendet, wodurch betont wird, dass die Anzahl der zur Erbringung des Outputs erforderlichen Prozesse das Volumen der entstehenden Gemeinkosten »vorantreibt« und nicht etwa die wertmäßige Höhe der zur Verrechnung verwendeten Zuschlagsbasen. Weitere Begriffe als Synonym für Kostentreiber sind Kosteneinflussgröße, Kostenveranlasser etc.

Lmi Teilprozesse sind z.B. »Bestellungen auslösen« (Kostentreiber: Anzahl der Bestellungen), »Ware einlagern« (Kostentreiber: Anzahl der Lagerpositionen) etc. Lmn Teilprozesse weisen diese Merkmale definitionsgemäß nicht auf, sondern zeichnen sich durch das Fehlen eines Mengengerüstes aus. Beispiele für lmn Teilprozesse sind »Abteilungsleitung«, »Planung«, »Organisation« etc. Neben diesen rein physischen Prozessen können aber auch wertmäßige Vorgänge wie Abschreibungen (Teilprozess: »Kapital verzinsen«) oder die Verzinsung von Lagerbeständen (Teilprozess: »Material verzinsen«) als Teilprozesse definiert werden.

- **Hauptprozesse** sind die wesentlich ablaufenden Vorgänge in den indirekten Bereichen. Dabei handelt es sich i.d.R. um die Zusammenfassung von sachlich zusammengehörigen Teilprozessen mehrerer Kostenstellen.

  Die Summe der entsprechenden Teilprozesskosten bildet die Kosten des Hauptprozesses:

  Hauptprozess h = Teilprozess h_1 + Teilprozess h_2 + … + Teilprozess h_n
  mit   n = Anzahl der zum Hauptprozess h gehörigen Teilprozesse

  Die Kostentreiber der Hauptprozesse sind die gewichtigen gemeinkostentreibenden (und meist auch bereichsübergreifenden) Einflussfaktoren in einem Unternehmen und stellen die eigentlichen Bezugsgrößen für die Verrechnung der angefallenen Gemeinkosten dar. Hauptprozesse sind z.B. »Lieferanten betreuen«, »Bestellungen abwickeln«, »Fertigungsaufträge abwickeln«, »Kundenaufträge abwickeln«, »Markterschließung« etc.

Die konsequente Beachtung der Definitionen dieser drei »Bausteine« – Tätigkeiten, Teilprozesse und Hauptprozesse – führt in der späteren Analysephase im Rahmen von Teil II, »Einführung der Prozesskostenrechnung«, zur erforderlichen Strukturierung des Betriebsgeschehens mit dem Ergebnis einer **Prozesshierarchie**, wie sie eingangs dieses Kapitels beispielhaft dargestellt wurde (vgl. Abbildung 6).

Abschließend eine Anmerkung: Wenn hier ganz allgemein von »Prozessen« gesprochen wird, so ist es unerheblich, ob damit Teil- oder Hauptprozesse gemeint sind. Die konkrete Definition und Abgrenzung der Begriffe steht dann nicht im Vordergrund, sondern eben allgemein produktionsfaktorverzehrende Vorgänge.

3.2.2 Erläuterung der Zusammenhänge

Für die Beziehungen zwischen den Kostenstellen bzw. deren einzelnen Tätigkeiten, Teilprozessen und Hauptprozessen gibt es verschiedene denkbare Möglichkeiten (siehe Abbildung 7).

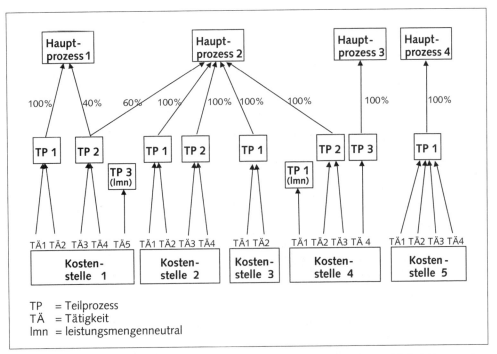

(in Anlehnung an Horváth, P./Mayer, R.: Prozesskostenrechnung – Konzeption und Entwicklungen, in: Männel, W. (Hrsg.): Prozesskostenrechnung – Methodik, Anwendung und Softwaresysteme, Kostenrechnungspraxis, Sonderheft 2, 1993, S. 17, und Olshagen, C.: Prozesskostenrechnung – Aufbau und Einsatz, Korrigierter Nachdruck, Wiesbaden 1994, S. 39)

Abb. 7: Schematische Darstellung zur Bildung von Prozesshierarchien

In obiger Abbildung werden die nachfolgend aufgeführten Möglichkeiten zur Bildung von Hauptprozessen verdeutlicht (entsprechend der Nummern der Hauptprozesse):

- Hauptprozess 1
  stellt die Zusammenfassung mehrerer Teilprozesse von einer Kostenstelle bei vollständiger (100 %) oder teilweiser Zurechnung (< 100 %) dar.

- Hauptprozess 2
  stellt die Zusammenfassung mehrerer Teilprozesse von mehreren Kostenstellen bei vollständiger (100 %) oder teilweiser Zurechnung (< 100 %) dar.
- Hauptprozess 3
  wird durch einen Teilprozess dargestellt; in der Kostenstelle existieren daneben aber noch weitere Teilprozesse. Man spricht hier von einem »unechten« Hauptprozess, da keine echte Zusammenfassung mehrerer Teilprozesse vorliegt. Die Zurechnung des Teilprozesses erfolgt i.d.R. zu 100 %. Andernfalls wäre es sinnvoller, bereits bei der Bildung der Teilprozesse diese nach entsprechenden Tätigkeiten zu unterscheiden.
- Hauptprozess 4
  wird durch den einzigen Teilprozess einer Kostenstelle dargestellt (Zurechnung hier 100 %). Ein solcher Hauptprozess wird ebenfalls als »unecht« bezeichnet.

3.3   Unterscheidungskriterien einzelner Prozesse

In diesem Kapitel werden die unterschiedlichen Kriterien zur Strukturierung einzelner Prozesse erläutert, um später das betriebliche Prozessgeschehen schematisch einordnen und verstehen zu können. Die jeweiligen Unterscheidungskriterien bedingen – wenn Sie später bei der Einführung und Anwendung der Prozesskostenrechnung die entsprechenden Informationsaussagen erhalten wollen – eine Aufsplittung der betrieblichen Abläufe in separate Prozesse.

Doch zunächst eine kurze Wiederholung aus Teil I, Kapitel 2.3, in welchem die Prozess- und Kostenhierarchien nach Kaplan beschrieben wurden:[15]

- **Stückbezogene Prozesse** werden für jede Produkt- oder Dienstleistungseinheit durchgeführt; die zugehörigen Prozessmengen sind proportional zum Produktions-/Verkaufsvolumen.
- **Losbezogene Prozesse** werden für jedes Produktionslos oder jeden Umrüstvorgang durchgeführt. Die benötigten Ressourcen hierfür sind von der Anzahl der Einheiten im Produktionslos unabhängig. Teile solcher Komplexitätskosten können direkt verursachenden Produkten, Kunden und Dienstleistungen zugeordnet werden.
- **Produktbezogene Prozesse** werden durchgeführt, um die Produktion einzelner Produkte oder Dienstleistungen zu ermöglichen. Im weiteren Sinne führt dies zu **kundenbezogenen Prozessen**. Solche Prozesse können leicht auf die sie beanspruchenden Produkte und Dienstleistungen zurückgeführt werden, unabhängig vom Produktions- und Verkaufsumfang hinsichtlich der Produkte und Kunden.

Darüber hinaus gibt es weitere Prozesse, die nicht mehr auf einzelne Produkte oder Kunden zurückgeführt werden können. Die (weit gefassten) Kosten für Produktlinien, Produktionsanlagen und Vertriebssysteme können zwar direkt den einzelnen Produktlinien, Anlagen und Absatzkanälen, aber nicht detaillierter originären Kostentreibern zugeordnet werden.

3.3.1   Leistungsmengenabhängigkeit der Prozesse

Die Prozesseinteilung bzgl. der Leistungsmengenabhängigkeit unterscheidet in den Kostenstellen folgende Prozesskategorien, die sich an den durch die Prozesse verursachten Kosten orientieren:[16]

- Repetitive Tätigkeiten verursachen direkt prozessabhängige bzw. leistungsmengeninduzierte (lmi) Kosten. Die sich durch sie ergebenden Prozesse werden als **lmi Prozesse** bezeichnet und von einem Kostentreiber bestimmt, z. B. der Prozess »Eingangsrechnung prüfen und kontieren« vom Kostentreiber »Anzahl der Eingangsrechnungen«.
- Indirekt prozessabhängige bzw. leistungsmengenneutrale (lmn) Kosten fallen für nicht-repetitive, aber dennoch mittelbar prozessabhängige Tätigkeiten an. Solche Tätigkeiten sind zur Unterstützung der lmi Tätigkeiten notwendig und können als relativ prozessnah bezeichnet werden. Sie zeichnen sich aber durch das Fehlen eines Mengengerüstes trotz relativer Prozessnähe aus. In solchen Fällen spricht man von **lmn Prozessen** wie beispielsweise bei »Abteilung leiten« oder »Bewerber auswählen«.
- Für Prozesse, die weder repetitive Tätigkeiten noch prozessbezogene Tätigkeiten beinhalten, kann (zwangsläufig) kein Mengengerüst definiert werden und es fallen völlig prozessunabhängige Kosten dafür an. Solche Prozesse nennt man **prozessunabhängige (pua) Prozesse**, z. B. »Qualitätssicherungsseminar extern abhalten« oder ganze Kostenstellen wie z. B. »Betriebstankstelle«.

Im Hinblick auf die mögliche Verrechnungsweise der Prozesse sei hier schon erwähnt, dass lediglich die lmi Kosten direkt weiterverrechenbar sind, während lmn Kosten als Sammelposition in einem so genannten Kosten-Pool oder als Umlage auf lmi Prozesse verrechnet werden können. Dies ist auch ein Grund für die Trennung der entsprechenden Prozesse. Die pua Kosten können i.d.R. nur auf gesamtbetrieblicher Ebene verrechnet werden. Aus Gründen der Praktikabilität werden deshalb lmn und pua Prozesse zusammengefasst (und im weiteren Verlauf dieses Konzeptes nur als lmn Prozesse bezeichnet). Auf die eigentliche Verrechnung der Prozesskosten wird in späteren Kapiteln, auch in den Teilen II und III eingegangen.

Welche Unterschiede gibt es zwischen leistungsmengeninduzierten und leistungsmengenneutralen Prozessen?
Die beiden Begriffe »repetitiv« bzw. »**leistungsmengeninduziert**« (lmi) sind näher zu betrachten, da die Prozesskostenrechnung von ihrem Ansatz her auch nur im Zusammenhang mit repetitiven bzw. lmi Tätigkeiten oder Prozessen anwendbar ist, welche die Grundlage für die eigentliche Prozesskostenrechnung darstellen. Die Begriffe »repetitiv« bzw. »leistungsmengeninduziert« bedingen sich gegenseitig.

Repetitive Tätigkeiten bzw. Prozesse lassen sich durch folgende Merkmale beschreiben:

- Sie erlauben durch ihr mengenmäßiges Auftreten die Quantifizierung der Leistungen.
- Sie wiederholen sich häufig und stehen in einem (annähernd) proportionalen Zusammenhang zum Leistungsvolumen als Output einer Kostenstelle.
- Sie stellen weitgehend homogene, standardisierbare Leistungen mit routineartigem Wiederholcharakter dar.
- Sie laufen weitgehend schematisiert bei relativ geringem Entscheidungsspielraum ab.

Den für die Prozesskostenrechnung relevanten Prozessen liegen repetitive Tätigkeiten zugrunde, die in den verschiedenen Kostenstellen oder Abteilungen eines Unternehmens bei der Ausführung der übertragenen Aufgaben anfallen. Die Prozesskostenrechnung ist v. a. aus Gründen der Praktikabilität und Wirtschaftlichkeit für solche repetitiven Tätigkeiten geeignet.

Definitionsgemäß muss ein lmi Teilprozess mindestens einer Ressource zugeordnet werden können und – da mengenorientiert – von einem Kostentreiber signifikant abhängig sein. Dieser Kostentreiber legt dabei Art und Anzahl der Teilprozessdurchführungen in den Kostenstellen fest und bildet das Mengengerüst für die prozessorientierte Gemeinkostenverrechnung ab. Die Abbildung 8 zeigt Beispiele für lmi Tätigkeiten bzw. Teilprozesse mit Kostentreibern bzw. Maßgrößen.

lmi Tätigkeit	Maßgröße: Anzahl der...	lmi Teilprozess	Kostentreiber: Anzahl der...	Kostenstelle
Bestellung schreiben	Bestellungen	Teilebeschaffung	Bestellungen	Einkauf
Auftragsbestätigung	Bestellungen			
Datenerfassung	Bestellungen			
Mahnung erstellen	Mahnungen			
Rechnungsprüfung	Bestellungen			
Ablage/Einscannen	Bestellungen			
Warenannahme	Bestellungen	Warenannahme	Bestellungen	Wareneingang
Identitätsprüfung	Bestellungen			
Stückzahlprüfung	Bestellungen			
Bestandsbuchung	Bestellungen			
Ablage/Einscannen	Bestellungen			
Transport	Teilepositionen	Einlagerung	Teilepositionen	Lager
Einlagerung	Teilepositionen			
Datenerfassung	Teilepositionen			

(in Anlehnung an Rau, K.-H./Schmidt, J.: Erfahrungen bei der Einführung der Prozesskostenrechnung in einem mittelständischen Unternehmen, in: Männel, W. (Hrsg.): Prozesskostenrechnung – Standpunkte, Branchen-Erfahrungen, Software-Lösungen, Kostenrechnungspraxis, Sonderheft 1, 1994, S. 52)

Abb. 8: Lmi Teilprozesse und Tätigkeiten mit Kostentreibern bzw. Maßgrößen (Beispiel)

Die Kostentreiber der lmi Prozesse bilden in vielen Fällen die gesamten Leistungen einer Kostenstelle nicht vollständig ab, weil z. B. in gewissem Umfang bestimmte Aufgaben oder Tätigkeiten anfallen, die in keiner unmittelbaren Beziehung zu den Prozessen stehen. Oft fehlt dafür auch die Nähe zum Produkt, zum Kunden, zum Auftrag o. Ä.

Die Prozesse einer Kostenstelle können deshalb neben dem lmi Teil einen so genannten Grundlastteil aufweisen. Dieser Grundlastteil besteht aus **leistungsmengenneutralen** (lmn) Tätigkeiten bzw. Prozessen, die i.d.R. Bereitschafts- oder Strukturkosten darstellen. Sie fallen generell und unabhängig von der Arbeitsmenge an und sind daher auch unabhängig von irgendeiner Leistungsmenge. Lmn Teilprozesse entziehen sich einer quantitativen und operationalen Analyse und weisen definitionsgemäß keine Maßgrößen auf. Die

Kosten der lmn Teilprozesse können als Kosten für die Aufrechterhaltung der organisatorischen Leistungsbereitschaft verstanden werden.

Lmn Teilprozesse fallen beispielsweise bei der Abteilungs- und Unternehmensleitung oder bei »nicht strukturierbaren Tätigkeiten« wie organisatorischen, planerischen, innovativen, kreativen und dispositiven Tätigkeiten an. Diese Prozesse stellen einen nicht zuordenbaren Fixkostensockel einer Kostenstelle dar. Hier sind z. B. die Bereiche Werbung, Öffentlichkeitsarbeit, Rechts- und Personalabteilung, Stabsstellen oder auch Pförtner und Kantine einzuordnen.

Aus der Unterscheidung der Prozesskostenrechnung in lmi und lmn Teilprozesse ergibt sich auch ein völlig verändertes Bild der Kostenstruktur im Vergleich zur Differenzierung in fixe und variable Kosten seitens der flexiblen Plankostenrechnung. Deshalb wird hier vermieden, die Begriffe »variable« und »fixe« Kosten zu gebrauchen, da Variabilität die automatische Änderung von Kosten bei Änderung der Bezugsgröße bedeutet (was im Gemeinkostenbereich so nicht zutrifft); die Prozesskostenrechnung zeigt diese »variablen« Kosten richtigerweise als **intervall- bzw. sprungfixe Kosten** (siehe Abbildung 9).

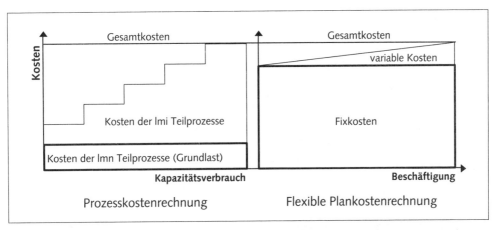

(in Anlehnung an Olshagen, C.: Prozesskostenrechnung – Aufbau und Einsatz, Korrigierter Nachdruck, Wiesbaden 1994, S. 75, und Franz, K.-P.: Die Prozesskostenrechnung – Entstehungsgründe, Aufbau und Abgrenzung von anderen Kostenrechnungssystemen, in: Wirtschaftswissenschaftliches Studium, Heft 12, Dezember 1992, S. 608)

Abb. 9: Zwei Sichtweisen derselben Kostenstelle im indirekten Bereich

3.3.2 Wertschöpfungsbeitrag der Prozesse

Dieses Kapitel ist bereits in Zusammenhang mit der Optimierung der Prozesse zu sehen. Prozesse werden diesbezüglich nach ihrem Beitrag zur Wertschöpfung unterschieden und wie folgt klassifiziert:

- **werterhöhende Prozesse** (value added activities)
    = wertschöpfende Prozesse
    Werterhöhende Prozesse sind auf den Markt ausgerichtete Prozesse. Die Tätigkeiten dieser Prozesse sind für die Durchführung eines bestimmten Vorganges notwendig und

besitzen werterhöhenden Charakter; mit ihnen ist eine Nutzensteigerung für die Kunden verbunden (über Produkteigenschaften, Serviceleistungen etc.)
- **nicht-werterhöhende Prozesse** (non-value added activities)
  = wertschöpfungsneutrale und wertschöpfungsmindernde Prozesse
  Unter nicht-werterhöhenden Prozessen werden solche Tätigkeiten zusammengefasst, die den Nutzen und damit den Wert eines Produktes aus Sicht des Kunden nicht erhöhen, wie z.B. Wartezeiten bei der Auftragsabwicklung, Kontrollroutinen interner Abläufe etc. Weiterhin sind auch solche Teilprozesse als nicht-werterhöhend zu bezeichnen, die effizienter hätten durchgeführt werden können. Darunter fallen z.B. zusätzliche Fahrten von Auslieferungsfahrzeugen aufgrund mangelhafter Touren- oder Fertigungsplanung oder Reklamationen, Rückfragen, Fehlerbeseitigung bzw. Nacharbeit aufgrund mangelhafter Prozessdurchführungen. Solche Prozesse können entfallen, ohne die sachgemäße Ausführung eines Auftrages zu stören und den Kundennutzen zu verringern, wodurch Effizienzsteigerungen möglich werden.
  Ebenfalls nicht-werterhöhend im Sinne des Kundennutzens sind solche Prozesse, die z.B. auf gesetzlichen Grundlagen oder unternehmensspezifischen Restriktionen beruhen. Jedoch dienen diese Prozesse oft der Erhaltung des Unternehmens bzw. der Unternehmensumwelt als Ganzes und sind deshalb unverzichtbar. Beispiele sind Steuererklärungen, Jahresabschluss, Statistiken, Dokumentation, Archivierung etc.

Die Informationen bzgl. des Wertschöpfungsbeitrages zeigen auf, welche Prozesse möglicherweise überflüssig sind oder zumindest in ihrem Volumen reduziert werden können wie beispielsweise Rüstzeiten, Nebenzeiten, administrative Tätigkeiten etc. Das Augenmerk der (Prozess-)Kostenrechnung und des Kostenmanagements muss insbesondere auf die nicht-werterhöhenden Prozesse gerichtet werden. Diese sind zu identifizieren und zu eliminieren, weil der Kunde solche Prozesse nicht bezahlen wird. Unternehmen sind deshalb dazu gezwungen, die Kosten dafür zu minimieren, sofern dies unter gesetzlichen und unternehmensspezifischen Gesichtspunkten möglich ist.

Obwohl sich beide Prozesstypen (werterhöhende und nicht-werterhöhende Prozesse) niemals exakt voneinander abgrenzen lassen werden, ist die Unterscheidung dennoch für jedes Unternehmen von hohem Wert, um Optimierungsansatzpunkte zu erhalten. Sie kann nicht allgemein gültig getroffen werden, sondern muss – wie das gesamte Konzept – unternehmensindividuell durchgeführt werden. In der Analysephase (siehe Teil II) geht die Prozesskostenrechnung diesen Weg, wobei hier die nicht-werterhöhenden Prozesse zumindest identifiziert und quantifiziert werden können. Die mögliche Optimierung wird in der entsprechenden Optimierungsphase des Prozesskostenmanagements aufgezeigt (ebenfalls in Teil II).

3.4 Kostentreiber

Als ein weiterer zentraler Punkt bei der Ein- und Durchführung der Prozesskostenrechnung werden hier Möglichkeiten der Kostentreiberfindung und -bildung sowie Überlegungen zur erforderlichen Anzahl der Kostentreiber erläutert. Prozesse sind bzgl. ihrer Leistungsmengenabhängigkeit dahingehend zu unterscheiden, ob sie vom Leistungsvolumen der Kostenstelle abhängig sind oder mengenfix und generell anfallen – leistungsmengeninduziert oder leistungsmengenneutral (siehe Teil I, Kapitel 3.3.1). Für die lmi Teilprozesse und für die Hauptprozesse sind Größen zur Quantifizierung zu finden. Bei quantifizierbaren Tätigkeiten spricht man von Maßgrößen, bei Prozessen heißen sie Kostentreiber. Im weiteren Verlauf dieses Kapitels zur Bestimmung dieser Größen wird nur von Kostentreibern gesprochen. Die hier gemachten Ausführungen gelten aber dessen ungeachtet auch für die Maßgrößen der Tätigkeiten.

Die Quantifizierungsgrößen werden als die eigentlichen Gemeinkostentreiber angesehen und sind Maßgrößen der durch die Prozesse verursachten Kosten. Sie werden weitgehend wie Bezugsgrößen der Grenzplankostenrechnung verwendet. Die herkömmlichen, volumenorientierten Bezugsgrößen werden in der Prozesskostenrechnung durch solche erweitert, die nicht mit der Produktmenge variieren. Mit diesen zusätzlichen Bezugsgrößen (eben den Kostentreibern) ist es möglich, nicht-produktionsmengenproportionale Kostenverläufe zu erfassen und diese in gerechterer Weise auf die Produkte abzuwälzen.

Unter dem Aspekt künftig differenzierter Planung, Kontrolle und Steuerung der Gemeinkosten sowie deren verursachungsgerechte Verrechnung auf Produkte gemäß dem Prinzip der anteiligen Inanspruchnahme ist eine sorgfältige Definition von Anzahl und Art der Maßgrößen der Kostenverursachung erforderlich. Diese Untersuchung und Festlegung bezeichnet man als Kostentreiberanalyse.

3.4.1 Faktoren der Kostentreiberbildung

Die Bildung der Kostentreiber ist von den Faktoren
- Verständlichkeit,
- Verhaltenseffekte,
- Berechenbarkeit und automatisierte Erfassung und
- Proportionalität zum Kostenstellen-Output
abhängig, welche nachfolgend näher erläutert werden.

Verständlichkeit: Die zu fordernde leichte Verständlichkeit impliziert einen willkürfreien und nachvollziehbaren Zusammenhang zwischen Kostentreiber und zu messendem Sachverhalt. Am aussagefähigsten ist eine proportionale Beziehung zwischen Kostentreiber und Kostenhöhe. Diese Bedingung wird aber nur bei stets gleichförmig ablaufenden Prozessen gänzlich erfüllt. Prozesse mit unterschiedlicher Ausführung verbrauchen auch auf unterschiedliche Weise die vorhandenen Ressourcen und verursachen so unterschiedliche Kosten. Aus diesem Grund beschränkt sich der Anwendungsbereich der Prozesskostenrechnung auch auf diejenigen indirekten Bereiche, in denen homogene Prozesse eindeutig vorherrschen. Der Aspekt der Verständlichkeit steht in engem Zusammenhang mit evtl. auftretenden Verhaltenseffekten (wie sie nachfolgend beschrieben werden).

Verhaltenseffekte: Ein Kostentreiber hat dann Einfluss auf das Verhalten eines Mitarbeiters, wenn der Mitarbeiter auf Basis der Kosten pro Kostentreiber oder der Kostentreibermenge beurteilt werden kann. Eine positive Verhaltensbeeinflussung durch Kostentreiber kann nur dann stattfinden, wenn die zugrunde liegenden ökonomischen Zusammenhänge von den Mitarbeitern nachvollzogen werden können. Verhaltenseffekte können entsprechenden Nutzen bringen; so verrechnet z. B. der Kostentreiber »Anzahl Einzelteile« die Kosten der Teilprozesse Eingangskontrolle, Teileverwaltung, Lieferantenmanagement etc. und führt letztlich dazu, die Einzelteile zu reduzieren mit dem Ziel der Prozessvereinfachung und -optimierung. Ein negativer Effekt dieses Kostentreibers wäre es, wenn der Anreiz zur Reduzierung der Einzelteile zulasten der Funktionalität der Produkte gehen würde. Ebenso entstünden negative Effekte, wenn man z. B. echte Lebenszykluskosten prozessorientiert verrechnen würde.

Berechenbarkeit und automatisierte Erfassung: Der Erfassungsaufwand der Kostentreiber muss in Relation zum Nutzen der Prozesskostenrechnung gesehen werden. Sie sollten bevorzugt Mengengrößen (vor Zeit- oder Wertgrößen) wählen. Dabei nimmt man solche Kostentreiber, deren Mengen leicht zu erfassen sind bzw. bereits für andere Zwecke erfasst werden. So kann z. B. der Kostentreiber »Kontrollstunden« durch den Kostentreiber »Anzahl der Kontrollen« ersetzt werden, wenn die Zeitdauer der einzelnen Kontrollen ungefähr gleich ist. Die Verwendung von Kostentreibern, die anstelle der Zeitdauer die Anzahl der Aktivitäten erfassen, ist eine bedeutende Technik zur Reduzierung der Erfassungskosten. Der zu verwendende Kostentreiber sollte, wenn möglich, bereits verfügbar sein (z. B. durch PPS-Datenabfragen, Vertriebsinformationssysteme, Statistiken, Kennzahlensysteme) – andernfalls müssen die Kostentreiber mit angemessenem zusätzlichem Erfassungsaufwand erschlossen werden können. Bei der Auswahl der Kostentreiber ist auch auf rechtzeitige Verfügbarkeit der benötigten Informationen zu achten. Sie sollten es zum Grundsatz machen, gänzlich auf die manuelle Erhebung von Kostentreibermengen zu verzichten.

Proportionalität zum Kostenstellen-Output: Zwischen der Anzahl geleisteter Kostentreibereinheiten, beispielsweise der »Anzahl durchgeführter Qualitätskontrollen«, und dem Ressourcenverbrauch bzw. der Höhe der verursachten Kosten muss eine hohe Korrelation bestehen. Es muss eine zumindest mittel- bis langfristig proportionale Beziehung zwischen den Prozessgemeinkosten und den betreffenden Kostentreibern erkennbar sein. Entsprechend ist jener Kostentreiber aus der Vielzahl möglicher Größen auszuwählen, der den unmittelbarsten Zusammenhang zwischen Prozess und Kostenanfall aufweist. Für die Zwecke der Kalkulation mit der Prozesskostenrechnung müssen die Kostentreiber zusätzlich eine plausible Beziehung zwischen Prozessen und den zu kalkulierenden Objekten aufweisen.

Insgesamt müssen Sie später beim praktischen Einführen der Prozesskostenrechnung im Team oder im Interview der Kostenstellenleiter zwischen den verschiedenen Faktoren abwägen und Kompromisse machen. So kann z. B. die Verwendung eines Kostentreibers, der nützliche Verhaltenseffekte verursacht, aber mit hohen Erfassungskosten und geringer Korrelation verbunden ist, trotzdem gerechtfertigt sein, wenn die Verhaltenseffekte dominieren.

3.4.2   Anzahl erforderlicher Kostentreiber

Neben Faktoren, welche die Art der Kostentreiber beeinflussen, wird auch die Anzahl der Kostentreiber von verschiedenen Kriterien bestimmt:

- **Genauigkeit der Gemeinkostenverrechnung**
  Die angestrebte Genauigkeit des Prozesskostenrechnungssystems ist in der Zielsetzungsphase durch die Unternehmensführung festzulegen. Je höher diese Genauigkeit sein soll, umso mehr Kostentreiber werden erforderlich sein. Die 100 %-Lösung ist allerdings nicht anzustreben und kann nur in absoluten Ausnahmefällen erreicht werden.
- **Unterschiedlichkeitsgrad der Prozesse**
  Unterschiedlichkeit bedeutet in diesem Zusammenhang, dass die Prozessarten in ihrer Zusammensetzung differieren. Hier sind auch unterschiedliche Prozessmengen wie z. B. verschiedene Auftrags-, Bestell-, Einlagervolumina etc. zu beachten. Bei größerer Unterschiedlichkeit sind wiederum mehr Kostentreiber notwendig.
- **Relative Kosten der Prozesse**
  Bei einem relativ hohen Anteil eines Prozesses an den Gesamtkosten ist es auch erforderlich, diesen Prozess durch einen adäquaten (und evtl. zusätzlichen) Kostentreiber zu verrechnen. Dadurch wird ebenfalls die Genauigkeit der Gemeinkostenverrechnung erhöht (siehe erstes Kriterium).
- **Unterschiedlichkeit der Zurechnungsobjekte**
  Je größer die Unterschiedlichkeit der Prozessinanspruchnahme durch die gewählten Zurechnungsobjekte (z. B. Produkte, Kunden, Aufträge) ist, umso verzerrter würde die Kostenverrechnung bei nur wenigen Kostentreibern werden.
- **Ungenauigkeit der Kostentreiber**
  Bildet ein Kostentreiber das Prozessgeschehen nur ungenau ab, führt eine Erhöhung der Anzahl verwendeter Kostentreiber zu einer besseren Berücksichtigung vorhandener Abhängigkeiten und somit zu einer den tatsächlichen Gegebenheiten entsprechenden Kostenverteilung.

Zusammenfassend ist zur erforderlichen Anzahl der Kostentreiber zu sagen, dass **grundsätzlich nur eine geringe Anzahl von Kostentreibern** zu verwenden ist, um der Zielsetzung nachzukommen, das System der Prozesskostenrechnung für das spätere Anwenden in der betrieblichen Praxis möglichst einfach und überschaubar zu gestalten. Dem steht aber die mit einer zu geringen Kostentreiberzahl verbundene Gefahr entgegen, dass dadurch die Kosteninformationen kein Abbild der tatsächlichen Abläufe und Prozessinanspruchnahmen mehr darstellen. Auch hier gilt es, die einzelnen Kriterien gegeneinander abzuwägen und einen akzeptablen Kompromiss zu finden.

Die Abbildung 10 zeigt einige mögliche Kostentreiber in einem Unternehmen; wichtig ist hier der Hinweis darauf, dass diese Kostentreiber nicht in jedem Unternehmen angewendet werden können bzw. dass diese Tabelle auf keinen Fall vollständig ist – von Ihrer Seite her ist eine individuelle Kostentreiberanalyse und -ermittlung unerlässlich!

Beachten Sie, dass nicht zwangsläufig bspw. der Kostentreiber »Anzahl Ausgangsrechnungen« ausschließlich dafür »zuständig« ist, die durch den Prozess »Ausgangsrechnungen« anfallenden Kosten zu verrechnen. Vielmehr dient der Kostentreiber »Anzahl Ausgangsrechnungen« als Verrechnungsgröße für alle mit diesem Kostentreiber verrechenbaren Kosten – und das können auch andere Kosten als die originär durch den Prozess »Ausgangsrechnungen« verursachten sein.

Erfassungsobjekt	Kostentreiber
Produktvielfalt	Anzahl gefertigter Lose
Teilevielfalt	Anzahl der Ein- und Auslagerungen
Vertriebsgemeinkosten	Anzahl der Verkäufer je Produktart
Komplexität des Produktionsprogramms	Anzahl der Varianten
Komplexität der Produkte	Anzahl der Einzelteile eines Produktes
Prozessdurchführungen, Transaktionen etc.	Anzahl der Bestellungen, Kontrollen, Buchungen, Rechnungen, PC-Anschlüsse, Kundenbesuche, Wareneingänge, Eingangspositionen, Sendungen, Rückläufer, Paletten, Gitterboxen, Rollen, kg, lfd. M., Neuprodukte, Teilenummern, Lieferanten, Kundenauftragspositionen, Kalkulationen, Kunden, Kostenstellen etc.
Nicht-werterhöhende Prozesse	Wertgrößen (z.B. für die Bestandsverzinsung)
Reine Verwaltungsprozesse, lmn Prozesse	Zeitgrößen
...	...

(in Anlehnung an Braun, S.: Die Prozesskostenrechnung – Ein fortschrittliches Kostenrechnungssystem?, Ludwigsburg-Berlin 1994, S. 64, und Cooper, R.: Activity-Based Costing – Wann brauche ich ein Activity-Based Cost-System und welche Kostentreiber sind notwendig? (Teil 2), in: Kostenrechnungspraxis, Heft 5, 1990, S. 277)

Abb. 10: Mögliche Kostentreiber verschiedener Erfassungsobjekte (Beispiele)

3.5   Prozessmenge, Prozesskosten und Prozesskostensatz

Dieses Kapitel zeigt Ihnen kurz und prägnant die Vorgehensweise zur Bestimmung der Prozessmengen sowie zur Ermittlung der Prozesskosten und zur Berechnung der Prozesskostensätze auf. In Teil II werden Sie bei der Einführung der Prozesskostenrechnung detaillierter und praxisbezogen auf diese Punkte eingehen.

Definitionsgemäß lassen sich nur für lmi Prozesse Mengen, Kosten und damit Kostensätze ermitteln. Die Planung und Erfassung der Mengen und Kosten und somit die Bildung der Kostensätze erfolgt zunächst auf der Ebene der Teilprozesse, um den kostenstellenbezogenen Rahmen der bisherigen Kostenrechnung (Kostenarten je Kostenstelle) zu nutzen. Die Arbeitsergebnisse der lmi Teilprozesse sind zählbar, weil sie sich originär aus repetitiven Tätigkeiten zusammensetzen. Da dies nicht auf lmn Teilprozesse zutrifft, gelten die Ausführungen dieses Abschnitts nur für die lmi Teilprozesse. Der Planungshorizont sollte bei einem Jahr liegen, entsprechend der üblichen Kostenrechnungssysteme, zu denen die Prozesskostenrechnung ja eine integrierte Erweiterung darstellen soll.

Als **Prozessmenge** wird die zu einem Kostentreiber zugehörige messbare Leistung bezeichnet. Diese stellt den Kapazitätsmaßstab des Prozesses dar und ist eine Art Produktivitätskennzahl für den indirekten Leistungsbereich. Prozessmengen sind Schlüsselgrößen, mit denen der Verbrauch an Ressourcen und entsprechenden Kosten gemessen wird. Die Anzahl der Wiederholungen eines Prozesses stimmt mit der Anzahl der Einheiten seines Kostentreibers überein (oder ist zumindest mit einem bestimmbaren Faktor proportional zu den Kostentreibereinheiten).

Zur **Kostenzuordnung** müssen die differenzierten Kostenarten einer Kostenstelle auf die dort ablaufenden Teilprozesse verteilt werden. Mittels Interviews der Kostenstellenleiter wird nun versucht, die Kosten durch Bestimmung der Ressourceninanspruchnahme den einzelnen Prozessen zuzuordnen. Bei der Ressourcenzuordnung werden die Personal- und Sachkapazitäten entsprechend der Inanspruchnahme durch die Teilprozesse bestimmt. Kosten für lmn Teilprozesse werden gesondert ausgewiesen und zusammenfassend in Korrekturpositionen wie z. B. »Kosten für leistungsmengenneutrale Prozesse« als Grundlast der Kostenstelle(n) verrechnet oder anteilig auf die lmi Teilprozesse umgelegt.

Die Beziehungen zwischen lmi Teilprozessmengen und den entstandenen Kosten für das Vorhalten der Prozesskapazitäten wird mittels der Kostentreiber hergestellt. Der Quotient aus (Plan-)Teilprozesskosten und (Plan-)Teilprozessmengen ergibt den (Plan-)**Teilprozesskostensatz** und stellt die durchschnittlichen Kosten für die einmalige Ausführung eines Teilprozesses dar. Die Berechnung des Teilprozesskostensatzes (und eines Hauptprozesskostensatzes) soll anhand eines Beispiels dargestellt werden, welches bereits ein Vorgriff auf Teil II ist. Sie sollen bereits jetzt schon einmal sehen, wie man mit Prozessdaten arbeiten kann. Greifen wir uns einen Teilprozess als Ergebnis der Analyse einer Kostenstelle heraus (siehe Abbildung 11).

Teilprozessbezeichnung	Kostentreiber	Menge der Kostentreiber pro Jahr	Kapazitätsverbrauch pro Jahr		Teilprozesskosten pro Jahr
			in %	MA-Anteil	in EUR
Bestellungen durchführen	*Bestellungen*	*12.000*	*29,1*	*1,46*	*220.000,-*
...	...	...	...	...	...
Summe aller lmi Teilprozesse			*81,1*	*4,05*	*539.500,-*

Abb. 11: Grundlage zur Berechnung eines Teilprozesskostensatzes (Beispiel)

Die lmi Kosten des Teilprozesses »Bestellungen durchführen« sind abhängig vom Kostentreiber »Anzahl der Bestellungen«. Für diesen Teilprozess wurden bestimmte Kosten direkt bzw. analytisch i.H.v. 220.000 EUR pro Jahr zugeordnet; insgesamt sind 1,46 Mitarbeiter für diesen Teilprozess notwendig. Die durchschnittlichen Kosten je Teilprozessdurchführung errechnen sich nun wie folgt:

$$\text{Teilprozesskostensatz} = \frac{\text{Teilprozesskosten}}{\text{Teilprozessmenge}} = \frac{220.000 \text{ EUR}}{12.000 \text{ Bestellungen}}$$
$$= 18,33 \text{ EUR je Bestellung}$$

Die Aussage dieses Teilprozesskostensatzes ist folgende: Betrachtet man richtigerweise nur die verursachungsgerechten lmi Teilprozesskosten, so ermitteln sich Durchschnittskosten i.H.v. 18,33 EUR für die Durchführung einer Bestellung. Je nachdem, wie viele Bestellungen ein (neuer) Auftrag erfordert, wird ein entsprechendes Vielfaches dieses Prozesskostensatzes auf diesen Auftrag verrechnet.

> Beachten Sie nochmals: In Teil II, »Einführung der Prozesskostenrechnung«, werden Sie mit allem vertraut gemacht. Darum werden Sie im Rahmen dieses Grundlagenteils nicht noch weiter in die Details vordringen. An relevanter Stelle werden Sie hierzu Gelegenheit bekommen.

3.6   Betrachtung des betrieblichen Geschehens in Prozessketten

Das betriebliche Geschehen erfährt durch die Prozesskostenrechnung eine neue Darstellung und trotzdem bezieht sie sich nur auf einen einfachen Sachverhalt: Um ein Produkt oder eine Dienstleistung auf den Markt bringen zu können, bedarf es einer Vielzahl von Prozessen, die sich quer durch ein Unternehmen ziehen. Die Prozesskostenrechnung bildet nun dieses betriebliche Geschehen ablauforientiert ab, wobei letztlich eine mengenorientierte Gemeinkostenplanung und eine ablaufkonforme Gemeinkostenverrechnung über das Gesamtunternehmen angestrebt wird. Dabei steht nicht der Kostenanfall jeder einzelnen Kostenstelle im Mittelpunkt der Betrachtungen, sondern »die Entstehung von Kosten in Zusammenhang mit der Abwicklung betrieblicher Abläufe bzw. die durch die betrieblichen Prozesse verursachten Gemeinkosten«.[17] Die indirekten Bereiche sind hierarchieübergreifend und prozessorientiert zu analysieren, um Kostenstrukturen aufzudecken und zu optimieren.

Die Prozesskostenrechnung teilt die betrieblichen Leistungen in Aktivitätsabschnitte ein. Solche Aktivitätsabschnitte entstehen durch funktionale Zusammenhänge einzelner Tätigkeiten, orientieren sich an der **Wertschöpfungskette** und bilden Prozesse (so genannte **Prozessketten**; die Betrachtung in Prozessketten erfolgt in Analogie zur Wertkettenanalyse von Porter). Ähnlich wie in der Fertigung werden die Aufgaben des indirekten Bereiches für eine verursachungsgerechtere Kostenzuordnung in Prozesse zerlegt. Erst diese »an der Wertkette des Unternehmens ausgerichtete, aktivitätsorientierte Erfassung und Aufarbeitung der Kosteninformationen ermöglicht Aussagen über kostenstellenübergreifende Prozessstrukturen und die Identifikation der strategisch bedeutsamen Kostensenkungspotenziale.«[18]

In der Prozesskostenrechnung werden diese unternehmensweiten (bereichsweiten) Ablaufketten als Hauptprozesse herausgebildet und stellen so insgesamt eine Prozesshierarchie dar. Anzumerken ist, dass die bereichsübergreifende Betrachtung solcher Prozessketten mit einer spartenbezogenen Organisationsform korrespondiert.

Dagegen ist man in der bisherigen Kostenrechnung davon ausgegangen, dass lediglich die Produkte selbst Kosten verursachen und diese Kosten den Produkten – geschlüsselt oder direkt – zuzurechnen sind. Bei den üblichen volumenorientierten Bezugsgrößen (z.B. Arbeitsstunden, Materialkosten) wird angenommen, dass eine Verdoppelung der Stückzahl mit der Verdoppelung der Inputkosten einhergeht.

Die Prozesskostenrechnung geht nun von folgender Überlegung aus, welche sozusagen einen Umweg darstellt: Produkte benötigen Prozesse, die wiederum Ressourcen verbrauchen und somit Kosten verursachen. Die Kosten für das Vorhalten und für die Nutzung der Ressourcen sind nun möglichst genau zu erfassen, zu planen, zu kontrollieren und zu steuern (siehe Abbildung 12).

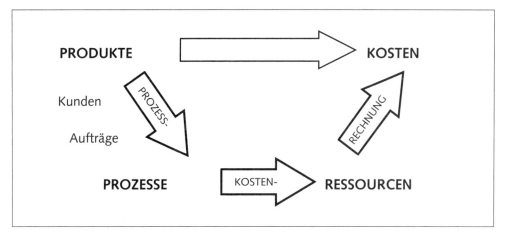

(in Anlehnung an Braun, S.: Die Prozesskostenrechnung – Ein fortschrittliches Kostenrechnungssystem?, Ludwigsburg-Berlin 1994, S. 96, und Friedl, B.: Anforderungen des Profit Center Konzeptes an Führungssysteme und Führungsinstrumente, in: Das Wirtschaftsstudium, 10, 1993, S. 37 f.)

Abb. 12: Neue Wege mit der Prozesskostenrechnung

Daneben muss man von herkömmlichen Standardkosten und traditionellen Kostenabweichungsanalysen wegkommen mit dem Ziel, Prozessverfügbarkeits-/Prozessnutzen-Betrachtungen für jeden Prozess durchzuführen. Dieser Zusammenhang lässt sich in einer Gleichung ausdrücken (siehe auch Abbildung 13):

Verfügbare Kapazitäten = genutzte Prozesse + Überschusskapazitäten

Ein zentrales Anliegen der Prozesskostenrechnung ist es, die unterschiedliche Nutzung von Ressourcen – sprich: Potenzialen – transparent zu machen; die Überkapazitäten sind zu optimieren, zu verlagern oder anzupassen (siehe Teil III). Zu diesem Zweck wird generell von einer Bewertung der genutzten Ressourceneinheiten ausgegangen. Durch die Verrechnung der angefallenen Kosten auf die Kostenträger wird der bewertete Ressourcenverbrauch als Bestandteil der Stückkosten ausgewiesen. So kann eine tendenzielle Aussage über die **Inanspruchnahme von Ressourcen** erreicht werden. Im Vergleich zur Deckungsbeitragsrechnung gibt die Prozesskostenrechnung somit konkretere Anweisungen für die Gemeinkostenplanung.

Die Prozesskostenrechnung ist ein System, das von Informationen lebt, die bisher in der traditionellen Kostenlehre zwar bekannt waren, aber nicht genutzt wurden. Mitarbeiter, Kosten und Zeit als Inputfaktor für eine Aktivität sowie die entsprechenden Mengen kostentreibender Faktoren nahmen in der stark arbeitsteiligen Denkweise nicht den Stellenwert ein, wie es heute notwendig erscheint. Die heute erforderliche **ganzheitliche Betrachtungsweise** schlägt sich in der Prozesskostenrechnungsmethodik nieder. Insgesamt gesehen führt die Prozesskostenrechnung zu einer rationellen Differenzierung des Leistungsgefüges und macht es transparent.

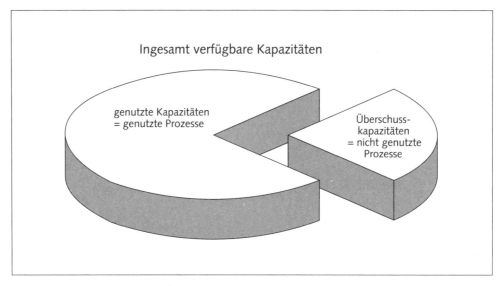

Ingesamt verfügbare Kapazitäten

genutzte Kapazitäten
= genutzte Prozesse

Überschuss-
kapazitäten
= nicht genutzte
Prozesse

(in Anlehnung an Cooper, R./Kaplan, R. S.: Prozessorientierte Systeme: Die Kosten der Ressourcennutzung messen, in: Männel, W. (Hrsg.): Prozesskostenrechnung – Methodik, Anwendung und Softwaresysteme, Kostenrechnungspraxis, Sonderheft 2, 1993, S. 7–14)

Abb. 13: Überschusskapazitäten verfügbarer Prozesse

3.7   Prämissen und Einsatzgebiet

Das Einsatzgebiet der Prozesskostenrechnung leitet sich aus den o. g. Aussagen zu den Prozessunterscheidungsmerkmalen bzgl. der Leistungsmengenabhängigkeit und des Wertschöpfungsbeitrages sowie der Beachtung ihrer **Prämissen** ab, auf welche nun in diesem Kapitel eingegangen wird.

Die Prozesskostenrechnung wird in Unternehmen, die bereits eine sehr differenzierte Gemeinkostenverrechnung betreiben und ein relativ homogenes Produktprogramm anbieten, kaum neue Erkenntnisse bringen. In diesen Fällen sollte zuerst aus der vorhandenen Kostenrechnung eine vereinfachte Prozesskostenrechnung abgeleitet werden, um dann abschätzen zu können, welche Vorteile eine Umstellung des Kostenrechnungssystems bringen könnte. Ebenso wird in Deutschland üblicherweise der Fertigungsbereich als Einsatzgebiet der Prozesskostenrechnung ausgegrenzt, weil dort andere effiziente Verfahren bereits implementiert sind (z. B. Maschinenstundensatzrechnung, Platzkostenrechnung).

Dagegen ist das Einführen der Prozesskostenrechnung besonders ratsam, wenn das bereits längere Zeit bestehende Kostenrechnungssystem hohen Erfassungsaufwand verursacht. Die bei der damaligen Implementierung vorliegenden Bedingungen des schwächeren Wettbewerbs und der geringeren Produktunterschiedlichkeit sind längst überholt. Die Anwendung des Prozesskostenrechnungskonzeptes ist auch zweckmäßig, wenn neben Produkt- auch Programm- oder Auftragsmerkmale als Kosteneinflussgrößen wirksam sind.

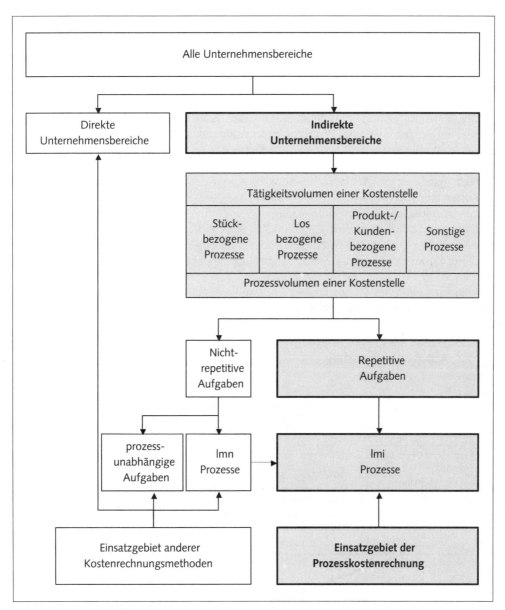

(Küting, K./Lorson, P.: Überblick über die Prozesskostenrechnung – Stand, Entwicklungen und Grenzen, in: Männel, W. (Hrsg.): Prozesskostenrechnung – Methodik, Anwendung und Softwaresysteme, Kostenrechnungspraxis, Sonderheft 2, 1993, S. 32)

Abb. 14: Einsatzgebiet und Tätigkeitskategorien der Prozesskostenrechnung

Neben diesen Gesichtspunkten basiert die Prozesskostenrechnung auf weiteren Prämissen:

- Die Prozesskostenrechnung ist nur für repetitive Tätigkeiten und Prozesse verursachungsgerecht anwendbar. Die theoretisch denkbare Bewertung aller Leistungen scheitert am nicht zu vertretenden Aufwand bzw. proportionalisiert fälschlicherweise alle Kosten.

- Die Kostentreiber müssen individuell für jedes Unternehmen ermittelt werden. Ebenso sind die einzuschlagenden Wege zur Informationsgewinnung sehr verschieden. Die Prozesskostenrechnung stellt kein starres Schema dar.

- Zur Ermittlung der Prozesskostensätze und zur Durchführung einer verursachungsgerechteren Gemeinkostenverrechnung werden sehr detaillierte Daten über Prozesse und Kosten benötigt, was wiederum Tätigkeitsanalysen als Grundvoraussetzung der Prozesskostenrechnung notwendig macht.

- Eine verursachungsgerechtere Kalkulation setzt einen kausalen Zusammenhang zwischen den verrechneten Kostenarten und den jeweiligen Produkten voraus. Die Klärung dieser Zusammenhänge ist eine wichtige Aufgabe der Prozesskostenrechnung.

Das **Einsatzgebiet** der Prozesskostenrechnung lässt sich aus den bisher gemachten Aussagen ableiten und stellt sich daher wie in Abbildung 14 dar.

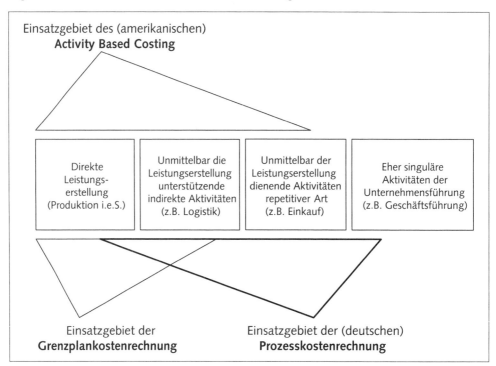

(Horváth, P./Mayer, R.: Prozesskostenrechnung – Konzeption und Entwicklungen, in: Männel, W. (Hrsg.): Prozesskostenrechnung – Methodik, Anwendung und Softwaresysteme, Kostenrechnungspraxis, Sonderheft 2, 1993, S. 16)

Abb. 15: Abgrenzung der Einsatzgebiete verschiedener Kostenrechnungsvarianten

Die Abbildung 15 veranschaulicht abschließend zu diesem Kapitel die Unterschiede und Überschneidungen der Einsatzgebiete des amerikanischen Pendants Activity Based Costing sowie der in Deutschland weit verbreiteten Grenzplankostenrechnung gegenüber dem Einsatzbereich der Prozesskostenrechnung, welcher durch die o.g. Prämissen bzw. in Abbildung 13 aufgezeigt wurde. Hier ist auch deutlich zu erkennen, wie die Prozesskostenrechnung die Grenzplankostenrechnung ergänzen kann.

Die Prozesskostenrechnung wird vorwiegend bei sachbearbeitenden und unterstützenden Aufgaben eingesetzt. Beispiele sind »Abwicklungsaufgaben wie Bestellabwicklung, Auftragsabwicklung, Materialdisposition, Reklamationsbearbeitung und Versandabwicklung. Topführungsaufgaben und konzeptionelle Sonderaufgaben entziehen sich der Prozesskostenrechnung. Im Mittelfeld stehen allgemeine Aufgaben wie Mitarbeiter- und Abteilungsgespräche, Seminarteilnahmen, Arbeitseinsatzplanung sowie Fachaufgaben wie (ergebnisoffene) Forschungs- und Entwicklungsarbeiten, Rechtsabteilungsaufgaben und Personalbetreuungsarbeiten.«[19]

3.8   Zielsetzungen

Sie haben die Prozesskostenrechnung als Methodik kennen gelernt, mit deren Hilfe die Kosten der indirekten Bereiche eines Unternehmens besser geplant und gesteuert bzw. verrechnet werden können. Hieraus lassen sich bereits strategische und kalkulatorische Zielsetzungen als zwei wesentliche Anwendungsbereiche der Prozesskostenrechnung erkennen.

Die Prozesskostenrechnung orientiert sich an den Defiziten traditioneller Kostenrechnungssysteme, woraus sich die **Bereitstellung relevanter Kosteninformationen** als ein wesentliches Ziel ableiten lässt, um Entscheidungen hinsichtlich der Prozessabläufe und -strukturen, über das Produktionsprogramm oder zur Verbesserung der Planung, Steuerung und Kontrolle der Gemeinkosten zu fundieren.

Einzelne mit der Prozesskostenrechnung verfolgte, unternehmerische Zielsetzungen wurden in den bisherigen Ausführungen bereits angedeutet: In Teil I, Kapitel 2 wurden Ziele und Aufgaben der Prozesskostenrechnung ersichtlich. Ebenso wurden im bisherigen Verlauf dieses Kapitels 3 aktuelle Probleme der Industrieunternehmen aufgezeigt, die nun mittels der Prozesskostenrechnung gelöst werden sollen. An dieser Stelle erfolgt nun eine Systematisierung der von der Prozesskostenrechnung propagierten und möglichen Zielsetzungen. In den folgenden Hauptteilen werden das Einführen und Anwenden der Prozesskostenrechnung zum Erreichen einzelner Ziele erläutert.

Zu beachten ist, dass es bei der Prozesskostenrechnung nicht um eine weitere Variante der Kostenallokation und in erster Linie auch nicht um eine verursachungsgerechtere Produktkalkulation geht. Gezeigt werden soll ein »neuer Managementansatz zur Beherrschung der nach wie vor wachsenden Gemeinkostenbereiche aller Unternehmen«.[20] Je nach Unternehmen ergeben sich differenzierte Zielsetzungen der Prozesskostenrechnung. Die hier genannten möglichen Ziele werden nie gleichzeitig oder gleichgewichtet angestrebt werden: Die tatsächlich verfolgten Managementziele sind klarzustellen und es müssen Prioritäten gesetzt werden. Manche Zielsetzungen werden sich aber aufgrund evtl. spezifischer Gegebenheiten im Unternehmen überhaupt nicht erreichen lassen.

Die **Hauptzielsetzungen** der Prozesskostenrechnung sind (Aufzählung nicht abschließend):

- **Transparenz der Gemeinkostenbereiche**
  Die Gemeinkostenbereiche werden mit der Prozesskostenrechnung hinsichtlich der bestehenden Aktivitäten und deren Ressourceninanspruchnahme untersucht. Die Prozesskostenrechnung zwingt zur Erfassung und Strukturierung der einzelnen Tätigkeiten, Prozesse sowie zu deren Quantifizierung. Leistungstransparenz wird nun dadurch erreicht, dass die unternehmensweiten Prozesse nach Art, Häufigkeit und Zusammenhang ermittelt und dokumentiert werden. Werden diesen Prozessen entsprechende Kosten zugeordnet, wird die Bedeutung der Prozesse erkannt und es werden Ansatzpunkte für Verbesserungsmaßnahmen geliefert. Allein durch die Analyse und Darstellung der Prozesse erhält ein Kostenstellenleiter Informationen, welches die wesentlichen Leistungen und Aufwandsverursacher seiner Kostenstelle sind. Die Identifizierung der Kostentreiber in den indirekten Bereichen führt letztlich zu transparenten Leistungen und Kosten.

- **Optimierung der Prozesse**
  Werden für die Prozesse in der Prozesskostenrechnung nicht nur Kosten, sondern auch Qualitäts- und Zeitmerkmale erfasst – und dies ist unbedingt anzustreben –, dann wird eine Steuerung und Optimierung der Gemeinkostenbereiche durch diese nicht-finanziellen Kenngrößen ermöglicht. Die Erhöhung der Prozessqualität, sprich Effizienzsteigerung, birgt bereits Kosteneinsparungspotenziale und zusätzliche Wettbewerbsvorteile (z. B. kürzere Lieferzeiten), ohne dass überhaupt der Kostenaspekt in eine Optimierungsüberlegung eingeflossen ist. Beachtliche Kostensenkungen sind durch gezielte Reorganisationsmaßnahmen der Arbeitsinhalte und -abläufe möglich.

- **Permanentes Gemeinkostenmanagement**
  Die Prozesskostenrechnung sollte in ein laufendes Prozessmanagement münden, um über eine verursachungsgerechtere Erfassung und Verteilung der Gemeinkosten im indirekten Bereich und damit einhergehend eine Erhöhung der Kostentransparenz zu einem verbesserten Gemeinkostencontrolling zu kommen, das Einsparungsmöglichkeiten offen legt. Durch ein solches permanentes Gemeinkostenmanagement wird eine gezielte Kostenbeeinflussung (Kostensteuerung) der Gemeinkostenbereiche möglich. Die Prozesskostenrechnung dokumentiert die Kosten- und Kapazitätswirkung veränderter Prozessstrukturen, veränderter Prozessvolumina (d. h. veränderte Anzahl der Prozessdurchführungen) und rationellerer Prozessdurchführung. Die Ergebnisse dieser Betrachtungen müssen zu steuernden Managemententscheidungen führen.
  Neben der Abbildung des indirekten Leistungsbereiches bildet damit die Bereitstellung von Kosteninformationen für die Aufgabenbereiche des Kostenmanagements das generelle Rechnungsziel der Prozesskostenrechnung.

- **Verbesserung der Gemeinkostenverrechnung**
  Eine prozessorientierte Gemeinkostenverrechnung (bzgl. Kalkulation und Ergebnisrechnung) unterstützt den Entscheidungsprozess, in dem durch möglichst verursachungsgerechte Zurechnung von Gemeinkosten auf Produkte, Aufträge, Kunden, Regionen etc. die tatsächliche Ressourceninanspruchnahme der jeweiligen Kalkulationsobjekte aufgezeigt wird. Die Kalkulation ist um Prozesskostenelemente zu ergänzen. Ziel ist die Ermittlung von Stückkosten und Deckungsbeiträgen einschließlich der durch die Kalkulationsobjekte verursachten Gemeinkosten.

Die Prozesskostenrechnung ermöglicht die so genannte »strategische Kalkulation« als Grundlage strategischer Entscheidungen, wobei durch die Herausarbeitung von Abhängigkeitsbeziehungen der Prozessgrößen zu den Kalkulationsobjekten die entsprechenden Leistungszusammenhänge abgebildet und nachvollzogen werden können. Daraus sind Impulse für strategische Maßnahmen (z. B. Sortimentsbereinigung) möglich. Ebenso können Prozesskosteninformationen in der Entwicklungsphase eines Produktes über die Folgen alternativer Varianten auf die Gemeinkostenressourcen die künftigen Produktkosten und damit die Wettbewerbsfähigkeit entscheidend beeinflussen. Hier ist eine Verbindung zur Zielkostenrechnung (Target Costing) zu sehen.

- **Unterstützung strategischer Entscheidungen**
  Aus den bisher genannten Zielen lässt sich ein weiteres wichtiges Ziel ableiten. Es geht dabei um die Unterstützung strategischer Fragestellungen durch die Bereitstellung von Prozess(kosten)informationen zur Vermeidung strategischer Fehlentscheidungen. Dies kann z. B. langfristige Produkt- und Programmplanungen, Auftragsannahmen oder Logistikmaßnahmen betreffen.

Neben den genannten Hauptzielsetzungen erlaubt die Prozesskostenrechnung weitere Nutzungs- bzw. Ausbaumöglichkeiten als **Nebenziele**:
- Verhaltenssteuerung im Sinne eines stärkeren Kostenbewusstseins bei den Mitarbeitern
- Gezielte Personalplanung/-disposition; Kapazitätsanpassungen
- Maßnahmenplanung für Investitionen, Desinvestitionen, Wirtschaftlichkeitsbeurteilung
- Konstruktionsbegleitende Kostenrechnung, Target Costing und Simulationswerkzeug für Forschung und Entwicklung
- Aggregierte Betrachtung eines komplexen Unternehmens mit Tausenden von individuellen Produkten, Kunden und verschiedenen Werken etc.
- Erhöhung der Aussagefähigkeit von Deckungsbeiträgen und Ergebnisrechnungen
- Gemeinkostenzuordnung nach dem Verursacherprinzip mit Schwerpunkt auf optimaler statt maximaler Genauigkeit
- Optimale Nutzung bereits vorhandener Daten
- Jeder Mitarbeiter muss Kosteninformationen abrufen und analysieren können (Planungs- und Steuerungswerkzeug)
- Ermittlung von Prozesskennzahlen (für Benchmarkingaktivitäten, Wettbewerbs- oder Betriebsvergleiche, Vermeidung strategischer Fehlentscheidungen).

Die für Ihr Unternehmen festzulegende Zielformulierung sollte möglichst anschaulich und konkret sein; selbstverständlich können ein oder mehrere Haupt- und Nebenziele formuliert werden. Beispiele für **mögliche Zielformulierungen** sind:
- Der Gegenstand des Untersuchungsprojektes soll der Vertriebsbereich sein, »mit dem Ziel der Beurteilung der (wertmäßigen) Vorteilhaftigkeit der verwendeten Vertriebswege sowie der Ausarbeitung von Verbesserungsmöglichkeiten für die bestehenden Abläufe«.[21]
- Die Auftragsabwicklungskette vom Eingang des Kundenauftrages bis zur Auslieferung der Produkte soll transparent gemacht, wertschöpfungsorientiert optimiert und anhand von Kostentreibern planbar gemacht werden.
- Ziel unserer Anstrengungen muss ein hoher Logistikservice bei möglichst geringen Lo-

gistikkosten sein, weshalb als Ausgangspunkt der Beschaffungsbereich und darauf aufbauend alle einzubeziehenden Bereiche qualitäts-, zeit- und damit kostenoptimal neu
zu strukturieren sind.

- Die Kosteninformationen müssen in der Weise verbessert werden, um Kalkulationsvor-
gänge zu vereinfachen und die Kalkulationsgenauigkeit zu erhöhen.

Sie müssen für das anstehende Prozesskostenrechnungs-Projekt solche Ziele für Ihr
Unternehmen festlegen. Wie die Ziele der Prozesskostenrechnung tatsächlich in der
Unternehmenspraxis relevant sind bzw. gewichtet werden, erfahren Sie in Teil II, Ka-
pitel 4 »Prozesskostenrechnung in der Unternehmenspraxis nach Ergebnissen der
Untersuchung von Stoi (Teil 1)«.

3.9   Anmerkungen zum schematischen Ablauf einer Prozess- kostenrechnung

Mit diesem Kapitel wird Teil I »Grundlagen der Prozesskostenrechnung« abgeschlossen.
Die nachfolgenden Anmerkungen erscheinen mir dringend notwendig, um dieses Konzept
von einigen in der Literatur vorgeschlagenen Wegen abzugrenzen. Der dort aufgezeigte
Weg zur Einführung und Anwendung der Prozesskostenrechnung läuft oft in einem starren
Schema ab – wenn auch hier mittlerweile ein Umdenken hin zu offeneren und pragmati-
schen Lösungen Einzug gehalten hat
    Es gibt zwar feste Bestandteile, die zur Einführung der Prozesskostenrechnung erfüllt
sein müssen. Allerdings ist deren inhaltliche Ausprägung und zeitliche Beanspruchung so-
wie deren teilweise kreative Lösung alles andere als vorgegeben, sondern flexibel und in-
einander greifend:
- Ist-Aufnahme,
- Bestimmung der Teilprozesse und Kostentreiber,
- Bestimmung der Ressourceninanspruchnahme durch die Teilprozesse,
- Bestimmung der Hauptprozesse und Kostentreiber,
- Festlegung der Prozesshierarchie,
- Bestimmung der Hauptprozessmengen,
- Ermittlung der Prozesskosten und
- Bildung der Prozesskostensätze.

Bereits an dieser Stelle ist auf das **Problem einer »zerstückelten« Vorgehensweise** auf-
merksam zu machen: Die einzelnen Schritte bedingen sich gegenseitig und können daher
nicht völlig getrennt voneinander bzw. nacheinander durchgeführt werden. Für die Informationsgewinnung sind zumindest in der Analysephase beim Einführen der Prozesskostenrechnung eine übergreifende Koordination und die zielgerichtete Durchführung der
Schritte erforderlich. Diese Überlegungen führten mich zu der im nächsten Teil dieses Konzeptes eingeschlagenen Strukturierung der Vorgehensweise.
    Ein weiteres »Ärgernis« einiger Konzepte ist die Tatsache, dass sie entweder nur Teil-

bereiche der Prozesskostenrechnung und deren Umsetzung erläutern oder die Erläuterungen derart allgemein gehalten sind, dass man schon gar nicht mehr von einem Konzept sprechen sollte. Es mangelt darin aber weniger an dem »Was?« und »Warum?«, sondern ganz besonders an dem »Wie?« – Wie kann die Prozesskostenrechnung konkret angewendet, umgesetzt und gehandhabt werden? Diesem »Mangel« wird nun im weiteren Verlauf dieses Konzeptes entgegengetreten, indem es Ihnen entscheidend und umfassend weiterhilft. Ganz besonders möchte ich hier schon auf den umfassenden Anwenderbericht in Teil III hinweisen.

> Die Prozesskostenrechnung ist ein offenes und individuelles Instrument der Kostenrechnung und genau diese Eigenschaften können nicht durch ein starres Schema ausgenutzt werden. In dem hier vorliegenden Konzept erhalten Sie Grundlagen, Ideen, Vorschläge und Beispiele; die Umsetzung muss aber offen und v. a. individuell von Ihnen selbst gestaltet werden!

In diesem ersten Teil des Konzeptes haben Sie sich die Grundlagen der Prozesskostenrechnung erarbeitet. Die folgende Zusammenfassung kann für einen schnellen Überblick, aber auch als Schulungsunterlage herangezogen werden. Im zweiten Teil werden die praktischen Schritte zur Einführung der Prozesskostenrechnung ausführlich erläutert.

4 Zusammenfassung

Vorbemerkungen

Ein **Prozess** ist die Zusammenfassung logisch zusammenhängender Arbeitsschritte, die einen bestimmten Input in einen bestimmten Output transferieren.

Kostentreiber quantifizieren die Anzahl der Prozessdurchführungen für einen bestimmten Output und stellen somit das Mengengerüst für die prozessorientierte Gemeinkostenverrechnung dar.

Die Bewertung einzelner Kostentreiber und die Zusammenfassung einzelner Tätigkeiten zu (abteilungs-)übergreifenden Prozessen führen zu einer ablauforganisatorischen Erfassung und Verrechnung der Kosten, woraus sich auch der Begriff »Prozesskostenrechnung« ableiten lässt.

Das »**Activity Based Costing**«-System legte 1985 in den USA den Grundstein für die 1989 in Deutschland als »**Prozesskostenrechnung**« modifizierte Kostenrechnungsvariante.

Die Prozesskostenrechnung ist eine besonders wirksame, aber keine neue Kostenrechnung. Sie ist eher als Ergänzung zu sehen. Im Vordergrund steht das **aktive und permanente Gemeinkostenmanagement**.

Notwendigkeit der Prozesskostenrechnung

Ursachen für den drastischen Gemeinkostenanstieg

Veränderungen in den Produktionsbedingungen
Fortschritt, Automatisierung, Integration, Kapitalintensivierung, komplexe Produktionsabläufe, Verflechtung vieler Unternehmensbereiche; Einzelkosten werden teilweise durch Gemeinkosten ersetzt.

Veränderungen in den Nachfrageverhältnissen
Individualisierung, Spezifikationen, Lieferflexibilität, Produkt- und Variantenvielfalt, Teile- und Materialvielfalt, Kapazitätserhöhung, Serviceleistungen.

Wettbewerb und Strategie
Internationalisierung, Globalisierung, kürzere Produktlebenszyklen, Konkurrenz- und Nachfrageforschung, Wettbewerbsvorteile, Preis-Nutzen-Vorteile, Strategisches Dreieck (Wir – Kunden – Konkurrenz)

Mängel der Kostenrechnungssysteme

Grundsätzliche Mängel
Die »richtigen« Kosten für längerfristige Entscheidungen können nicht aufgezeigt werden. Durch die fehlende Dominanz der Einzelkosten sind diese als Kalkulationsbasis ungeeignet. Das Versagen ist im Alter der Kostenrechnungssysteme bzw. in fehlender Anpassung an moderne (Kosten-)Strukturen zu finden.

Fehler der Zuschlagskalkulation
Keine verursachungsgerechte Zuordnung der indirekten Kosten; Wertgrößen als Zuschlagsbasen stellen einen willkürlichen Zusammenhang zwischen Produkt und Gemeinkosten her.

Strategische Auswirkungen
Die falschen Produkte werden durch zu geringe Gemeinkostenzuschläge gefördert: Erhöhte Produktkomplexität, geringere Produktauflagen und Produkte mit niedrigem Wert müssen höhere als von ihnen verursachte Gemeinkosten tragen (Quersubventionierungen). Die tatsächlich anfallenden Gesamtkosten eines Unternehmens werden sonst nicht mehr gedeckt.

Notwendigkeit der Prozesskostenrechnung

Neue Betrachtungsweisen durch die Prozesskostenrechnung

Wandel des Kostenmanagements von der Kostenzuordnung hin zur Identifizierung der Kostenentstehung.

Neue Hierarchie der Prozesse im indirekten Bereich:

* Stückbezogene Prozesse werden für jede Produkt- oder Dienstleistungseinheit durchgeführt; Prozessmengen sind proportional zum Produktions-/Verkaufsvolumen.
* Losbezogene Prozesse werden für jedes Produktionslos oder jeden Umrüstvorgang durchgeführt; Prozessmengen sind vom Produktions-/Verkaufsvolumen unabhängig.
* Produktbezogene Prozesse werden durchgeführt, um die Produktion einzelner Produkte oder Dienstleistungen zu ermöglichen. Im weiteren Sinne führt dies zu kundenbezogenen Prozessen.

Zuordnung der Kosten dieser Prozesse auf Produkte, Aufträge oder Kunden oder ähnliche Bezugsobjekte.

(Kosten)Schwerpunkte der unterschiedlichen Kostenrechnungsarten

  Kosten der genutzten Kapazitäten   → Prozesskostenrechnung

\+ Kosten der ungenutzten Kapazitäten   → Prozesskostenrechnung

= Kosten der bereitgestellten Kapazitäten → Traditionelle Kostenrechnung

Methodik der Prozesskostenrechnung

Grundbegriffe

Tätigkeiten sind produktionsfaktorverzehrende Arbeitsvorgänge eines Mitarbeiters in einer Kostenstelle. Sie stellen die kleinsten erfassbaren und abgrenzbaren Einheiten dar. Für mengenorientierte Tätigkeiten sind Maßgrößen festzustellen.

Teilprozesse sind ebenfalls kostenstellenbezogene Arbeitsvorgänge; nach Möglichkeit sind aber mehrere Tätigkeiten eines Mitarbeiters oder mehrerer Mitarbeiter zu einem Teilprozess zusammenzufassen, welcher einen logischen Ablauf abbildet. Kostentreiber sind Maßgrößen für leistungsmengeninduzierte Teilprozesse. Leistungsmengenneutrale Teilprozesse haben keine Kostentreiber; sie fallen als Grundlast einer Kostenstelle an.

Hauptprozesse sind die wesentlich ablaufenden Vorgänge in den indirekten Bereichen. Dabei handelt es sich i.d.R. um die Zusammenfassung von sachlich zusammengehörigen Teilprozessen mehrerer Kostenstellen. Auch hier sind Kostentreiber zu bestimmen.

Die dementsprechende Strukturierung des indirekten Bereiches führt zur Bildung einer **Prozesshierarchie** im Unternehmen.

Methodik der Prozesskostenrechnung

Methodische Abläufe

Analyse der Tätigkeiten und Bestimmung der Teil- und Hauptprozesse mit entsprechenden Kostentreibern. Die Prozesse sind unter den Aspekten Kosten, Qualität und Zeit zu optimieren. Aus Prozesskosten und Prozessmenge werden die Prozesskostensätze errechnet, mit denen der Ressourcenverbrauch durch die Prozesse auf Produkte und Kunden o. Ä. verrechnet wird.

Unterscheidungskriterien einzelner Prozesse

Leistungsmengenabhängigkeit
- **Leistungsmengeninduzierte** (lmi) Prozesse sind repetitive Prozesse, die sich mengenvariabel zum Output einer Kostenstelle verhalten.
- **Leistungsmengenneutrale** (lmn) Prozesse fallen generell und unabhängig von der Arbeitsmenge an.

Wertschöpfungsbeitrag
- **Werterhöhende** Prozesse sind für die Durchführung eines Vorganges notwendig, sie erzeugen einen Nutzengewinn für das Produkt und somit für den Kunden, der diese Prozesse entsprechend bezahlt.
- **Nicht-werterhöhende** Prozesse können wertschöpfungsneutral oder wertschöpfungsmindernd sein. Insgesamt erhöhen sie den Nutzen für den Kunden nicht, dienen jedoch möglicherweise der Erhaltung des Unternehmens bzw. erfüllen gesetzliche Vorschriften. Der Kunde möchte solche Prozesse nicht bezahlen (müssen).

Methodik der Prozesskostenrechnung

Kostentreiber

Die **Bildung der Kostentreiber** ist von den Faktoren Verständlichkeit, Verhaltenseffekt, Berechenbarkeit und Erfassungskosten sowie Proportionalität zum Kostenstellen-Output abhängig.

Die **Anzahl erforderlicher Kostentreiber** wird von verschiedenen Kriterien bestimmt: Genauigkeit der Gemeinkostenverrechnung, Unterschiedlichkeitsgrad der Prozesse, Relative Kosten der Teilprozesse, Unterschiedlichkeit der Produkte, Ungenauigkeit der Kostentreiber.

Prozessmenge, Prozesskosten, Prozesskostensatz

Als **Prozessmenge** wird die zu einem Kostentreiber zugehörende messbare Leistung bezeichnet. Diese stellt den Kapazitätsmaßstab des Prozesses dar und ist eine Art Produktivitätskennzahl für den indirekten Leistungsbereich.

Prozesskosten sind die zu einer bestimmten Prozessmenge zugehörigen Kosten der genutzten bzw. verbrauchten Ressourcen.

Der Quotient aus (Plan-)Teilprozesskosten und (Plan-)Teilprozessmengen ergibt den (Plan-)**Teilprozesskostensatz** und stellt die durchschnittlichen Kosten für die einmalige Ausführung eines Teilprozesses dar:

$$\text{Teilprozesskostensatz} = \frac{\text{Teilprozesskosten}}{\text{Teilprozessmenge}}$$

Methodik der Prozesskostenrechnung

Prozesskettenbetrachtung

Prozesskettenbetrachtung des betrieblichen Geschehens als Grundlage der Methodik. Die abteilungsübergreifende Sichtweise soll insgesamt eine Ergebnisverbesserung des Unternehmens ermöglichen.

Produkte → Prozesse → Ressourcen → Kosten

Prozessverfügbarkeits-Prozessnutzen-Betrachtung
Überschusskapazitäten sind zu optimieren, zu verlagern oder zu eliminieren.

Analyse, Planung und Bewertung der repetitiven und werterhöhenden Prozesse stehen im Mittelpunkt der Methodik zur Ermittlung relevanter Kosteninformationen.

Anregungen für das Gemeinkostenmanagement und die **Produktkalkulation** insbesondere bezogen auf fertigungsnahe Bereiche.

Prämissen und Einsatzgebiet

- Relativ hohe Gemeinkosten und entsprechend hohe Zuschlagssätze
- Vorwiegend repetitive (lmi) Prozesse
- Detaillierte Analysen sind erforderlich
- Beschränkung auf den indirekten Bereich
- Relativ heterogene Produkt- und Kundenstruktur

Methodik der Prozesskostenrechnung

Zielsetzungen

Hauptzielsetzungen
- Kosten- und Leistungstransparenz in den Gemeinkostenbereichen
- Optimierung der Prozesse
- Permanentes Gemeinkostenmanagement
- Verursachungsgerechtere Gemeinkostenverrechnung
- Unterstützung strategischer Fragestellungen

Nebenziele
z. B. Verhaltenssteuerung
Konstruktionsbegleitende Kostenrechnung
Unterstützung der Investitionsplanung

Anmerkungen zum schematischen Ablauf

- Es gibt kein starres Schema zur Ein- und Durchführung der Prozesskostenrechnung.
- Gerade die praktische Umsetzung der Grundlagen scheint bisher mangelhaft gelöst zu sein.
- Die Einführung kann nur mit einem Konzept, das in sich geschlossen ist und dennoch genügend Offenheit zulässt, unternehmensindividuell erfolgen.

Teil II
Einführung der Prozesskostenrechnung

Aufbau von
Teil II Einführung der Prozesskostenrechnung

1 Projektmanagement

| Definition »Projekt« | Grundsätze des Projektmanagements | Aufgaben des Projektleiters |

2 Projektstart »Einführen der Prozesskostenrechnung«

| Position des Top-Managements | Projektorganisation Team-Zusammensetzung | Zielfindung und Projektauftrag |

Pilotstudie voranstellen?

3 Softwareeinsatz

| Fortschritte der letzten Jahre | Auswahlverfahren | Anforderungskatalog (Lastenheft) |

4 Exkurs:
Prozesskostenrechnung in der Unternehmenspraxis nach Ergebnissen der Untersuchung von Stoi (Teil 1)

5 Auswahl des Untersuchungsbereiches

6 Analyse- und Strukturierungsphase

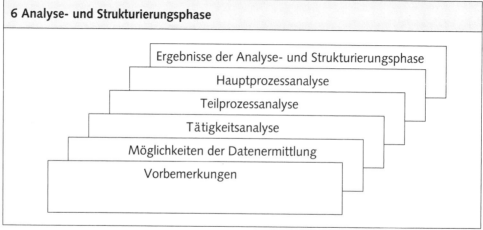

Ergebnisse der Analyse- und Strukturierungsphase

Hauptprozessanalyse

Teilprozessanalyse

Tätigkeitsanalyse

Möglichkeiten der Datenermittlung

Vorbemerkungen

7 Prozess- und Gemeinkostenmanagement

Vorbemerkungen	Aufgaben des Kostenmanagements	Gestaltung des (Gemein-) Kostenmanagements

Traditionelle Gemeinkostenmanagementverfahren versus Prozesskostenrechnung

Gemeinkostenmanagement mit der Prozesskostenrechnung

8 Gemeinkostenverrechnung

Vorbemerkungen	Kalkulation mit Prozesskosten	Ergebnisrechnung mit Prozesskosten

Optimierung im Produkt- und Kundenmix

Umgang mit der Komplexität

Fazit

9 Projektende »Einführen der Prozesskostenrechnung«

Projektergebnisse präsentieren	Projektübergabe und Projektabschluss

10 Exkurs: Prozesskostenrechnung in der Unternehmenspraxis nach Ergebnissen der Untersuchung von Stoi (Teil 2)

11 Zusammenfassung

Checkliste	Einzelschritte

1   Projektmanagement

Dieser Teil dieses Buches ist für Sie die Anleitung zum Einführen und Anwenden der Prozesskostenrechnung in Ihrem Unternehmen. Sie erhalten hier das notwendige Detailwissen und praktische Umsetzungshinweise. Lassen Sie sich nicht von der Fülle der Details und Informationen erschlagen. Am Ende dieses Teils erhalten Sie eine Checkliste über die einzelnen Einführungsschritte der Prozesskostenrechnung. Die Einführung und auch die spätere permanente Anwendung der Prozesskostenrechnung wird eine enorme Datenflut mit sich bringen, welche sich aber mit der heute üblichen DV-Unterstützung und entsprechender Arbeitsorganisation problemlos bewältigen lässt.

Und um Sie nochmals daran zu erinnern: Sie können hier vor allem Ideen, Beispiele und Tipps erhalten – die Umsetzung muss individuell die Bedürfnisse Ihres Unternehmens berücksichtigen und aktiv von Ihnen vorangebracht werden.

1.1   Grundsätzliches zu Projekt und Projektmanagement

Ein wesentlicher und häufiger Grund für das Scheitern bzw. »Holpern« bei Einführungsprojekten – nicht nur im Mittelstand und nicht nur bzgl. der Prozesskostenrechnung – ist in schlechter Projektarbeit zu sehen. Organisation und Durchführung eines solchen Projektes bedürfen eines guten Projektmanagements, geführt und geleistet durch einen wirksamen Projektleiter.

Dieses Kapitel vermittelt Ihnen Grundsätze guter Projektarbeit. Ich möchte Ihnen dazu ausdrücklich das Buch von Roman Stöger »Wirksames Projektmanagement. Mit Projekten zu Ergebnissen« (Stuttgart 2004) empfehlen. Es ist ein ausgesprochen pragmatisches und anschauliches Werk, das Ihnen mit präzisen Regeln und Checklisten das »Handwerkszeug für richtiges und gutes Projektmanagement« gibt, »das sich in der Praxis bewährt hat und frei ist von akademischen oder modischen Floskeln«[22] – eine ideale Ergänzung für jeden (künftigen) Projektleiter, der sein Projekt aus Ergebnissicht verantworten möchte und es nicht aus Prestige führen will. Die nachstehenden Ausführungen gelten selbstverständlich für Ihr anstehendes Projekt »Einführen der Prozesskostenrechnung«, darüber hinaus aber auch allgemein für alle Ihre Projekte, sofern sie denn wirklich »Projekte« sind.

1.2   Definition und Abgrenzung eines »Projekts«

Wodurch unterscheidet sich ein Projekt von Routinetätigkeiten und Linienjobs? Das Wort »Projekt« ist in der heutigen Arbeitswelt zu einem Modewort geworden. Überall glaubt man ohne »Projekte« nicht mehr auskommen zu können; man könnte den Eindruck bekommen, das Arbeitsleben besteht nur mehr aus Projekten. Gerade bei dieser Inflation des Begriffes »Projekt« sollte man über eine Definition eine Abgrenzung versuchen. Dazu eine kurze und griffige Definition aus der Praxis: »Von einem Projekt sprechen wir dann, wenn mit einem klaren Endtermin und außerhalb der Linienfunktionen mit bestimmten Mitteln ein Ziel und damit Nutzen für Kunden verwirklicht wird.«[23]

Ein Projekt muss mehreren Kriterien genügen, um ein »Projekt« zu sein. Die nachstehende Checkliste zeigt diese Kriterien auf; damit kann beurteilt werden, ob überhaupt ein Projekt vorliegt. Und erst wenn ein Projekt vorliegt, ist eine spezifische Projektmethodik aufzusetzen und ein Projekt zu starten.

Kriterien für ein Projekt sind:
- Konkrete Zielsetzung,
- Kundenorientierung,
- Zeitlicher Anfang und Abschluss,
- Methodik,
- Teilschritte/Maßnahmen,
- Beteiligte mit klaren Aufgaben,
- Kosten- und Zeitbudget,
- Herausforderung (aufgrund ambitionierter und »sportlicher« Ziele) und
- Ziele und Aufgaben können nur außerhalb einer bestehenden Organisation (Linie) erreicht werden.

1.3   Grundsätze des Projektmanagements

Die nachstehenden Grundsätze des Projektmanagements gelten für jede Art von Organisation, jede Branche und jede Unternehmensgröße. Bleiben zentrale Elemente unberücksichtigt, werden Ergebnisse nicht oder nur mit viel höherem Aufwand erreicht. Die Erfahrung aus erfolgreich umgesetzten oder gescheiterten Projekten zeigt, dass einige wenige Grundsätze für den Erfolg einfach unverzichtbar sind. Diese »Erfolgsfaktoren« müssen gesteuert werden, weil man nur so zur einzigen Rechtfertigung eines Projektes kommt: zu einem **Ergebnis**.

1. **Klares Bekenntnis der Führung einer Organisation zum Projekt**
   Die Führung einer Organisation – das Topmanagement – muss unzweifelhaft mit all ihrer Autorität hinter dem Projekt stehen. Dieser Grundsatz bedeutet natürlich nicht, dass die Führung bei jedem Arbeitsschritt teilnehmen muss.

2. **Mitwirkung der besten Leute**
   Mit den »besten Leuten« sind neben den eigenen Mitarbeitern entsprechend erfahrene und qualifizierte externe Mitarbeiter (Experten, meist Unternehmensberater) gemeint. Alle Projektmitarbeiter müssen in erforderlichem Umfang für das Projekt freigestellt

sein. Hier entscheidet es sich, ob die Führung einer Organisation ein Projekt ernst nimmt.

3. **Anwendung einer klaren Methodik**

Inhaltliches Wissen allein ist etwas anderes als methodisches Wissen. Im Projekt(management) müssen beide Bereiche gleichermaßen abgedeckt sein. Kompromisse bei der Methodik wirken sich immer negativ auf das Ergebnis aus.

4. **Ergebnisorientierung**

Jeder noch so gute methodische Ansatz und die besten inhaltlichen Aussagen sind nutzlos, wenn sie nicht umgesetzt werden. Für alle Projektphasen gilt daher Folgendes:

- Orientierung am Kunden des Projekts
- Fokussierung auf konkrete Umsetzung
- Kritischer Check bei allen Schritten: »Was bedeutet das jetzt konkret für unser Projekt?«
- Gestaltung einer entsprechenden Projektorganisation
- Controlling und Feedback als unverzichtbare Aufgaben der Projektleitung
- Orientierung am optimalen und nicht am maximalen Dokumentationsaufwand

1.4 Aufgaben des Projektleiters

Erfolgreiche Projekte sind gut geführte Projekte. Es gibt keinen wichtigeren Einflussfaktor für das Gelingen eines Projektes als eine gute Projektleitung. Projektleitung zu übernehmen heißt, v. a. für das Projektmanagement und seine Ergebnisse verantwortlich zu sein. Verantwortung kann man aber nur dann übernehmen, wenn auch selbst Entscheidungen getroffen werden können.

Wenn es so etwas wie das **Geheimnis einer guten Projektleitung** gibt, so ist es die Konzentration auf diese wesentlichen Aufgaben:

- für Ziele sorgen,
- Aufgaben der Projektmitarbeiter gestalten,
- Projektorganisation,
- Entscheidungen treffen (können) und
- kontrollieren und beurteilen (Zwischenbilanzen).

Wirksame Projektleiter können und werden sehr viel an Projektmitarbeiter delegieren – außer der Verantwortung für das Projektergebnis.

1.5 Fazit zum Projektmanagement

Projektmanagement ist keine Kunst! »Man muss nicht besonders inspiriert oder außergewöhnlich begabt sein, um Projekte durchzuführen oder zu leiten. Gute Projektleiter orientieren sich an den Ergebnissen, die gemeinsam erreicht werden. Dabei benutzen sie die beschriebenen Werkzeuge. Der Projekterfolg hängt zu einem wesentlichen Teil von der professionellen Beherrschung dieser Werkzeuge ab und macht Projektmanagement zu dem, was es eigentlich ist: ein Handwerk für wirksames und ergebnisorientiertes Arbeiten.«[24]

Häufig werden Projekte als sehr komplex und sehr vernetzt angesehen – oft liegt es aber an einem komplizierten Umfeld, welches es deshalb zu vereinfachen gilt. Nur so haben Sie die Chance, ein Projekt zu steuern. Netzwerke sind am besten zu vermeiden oder professionell nutzen. Viel wichtiger als das Netzwerk ist das Handwerkszeug guter Projektarbeit.

2 Projektstart »Einführen der Prozesskostenrechnung«

Die Aufgabe des Einführens der Prozesskostenrechnung mit entsprechender Zielsetzung bestätigt die in Teil II, Kapitel 1.2 genannten Kriterien; sie ist somit ein »echtes« Projekt und als Projektmanagementaufgabe zu verstehen. Beginnen wir also mit dem Umfeld und widmen uns danach den Projektaufgaben.

2.1 Position des Topmanagements

Das Gemeinkostenvolumen, dessen Anteil an den Gesamtkosten und das darin enthaltene Optimierungspotenzial (bspw. zur besseren Nutzung der Ressourcen bzw. zur Kostensenkung) rechtfertigen die Forderung, dass die Prozesskostenrechnung zur »Chefsache« erklärt wird. Einem Erfolgsfaktor eines Projektes entsprechend muss die Prozesskostenrechnung als neues Konzept vom Topmanagement gewollt und vertreten werden, um bei der Durchführung überhaupt eine Chance zu haben. Unter (Top-)Management ist hier im Übrigen die Geschäftsleitung des Unternehmens zu verstehen.

Die Prozesskostenrechnung kann erst dann positive Wirkung zeigen, wenn die Mitarbeiter und vor allem das Management mit diesem neuen Instrument leben wollen und auch wirklich leben. »Der Erfolg der Prozesskostenrechnung beginnt in den Köpfen des Managements und seiner Mitarbeiter.«[25]

Zur durchdringenden Akzeptanz der neuen Ansätze der Prozesskostenrechnung ist es unerlässlich, dass ausgehend von der Initiierung und der Unterstützung durch das oberste Management alle Beteiligten voll hinter der Entscheidung für die Prozesskostenrechnung stehen und diesem Projekt entsprechende Priorität eingeräumt wird.

Die zu leistende **Überzeugungsarbeit** kann auf verschiedene, sich ergänzende Art und Weise durchgeführt werden, so z. B. durch:

- Benennung eines kompetenten Mitarbeiters als Projektleiter und damit Projektverantwortlichen und Ansprechpartner durch das Management – diese Rolle könnten möglicherweise Sie einnehmen.
- Kick-off-Präsentation der Thematik und der Vorgehensweise vor dem Management durch einen (evtl. externen) Spezialisten, anschließend für die betroffenen Abteilungsleiter und die Mitarbeiter sowie den Betriebsrat. In diesem vorbereitenden Stadium der Prozesskostenrechnung ist die Einbeziehung der mit den Abläufen betrauten Mitarbeiter anzustreben; so können geeignete Mitarbeiter als Projektmitarbeiter gewonnen werden, um mit deren Wissen die wirtschaftliche Einführung sowie die Aussagefähigkeit der Analyseergebnisse sicherzustellen.
- Aus psychologischer Sicht ist es wichtig und aus betriebswirtschaftlicher Sicht ist es erst recht richtig, eine Maßnahme mit statt gegen den Willen der Hauptbeteiligten, nämlich der Mitarbeiter, durchzuführen. Die Vergangenheit hat oft genug gezeigt: Unnötige Streiks und Blockaden von unzufriedenen Mitarbeitern, die von Maßnahmen nicht

überzeugt, sondern »überrollt« wurden, haben immense Kosten verursacht und unnötig das Betriebsergebnis geschmälert. Sofern den Mitarbeitern der Sinn einer Veränderung erläutert wurde, zeigten sie sich alle offen gegenüber diesen Veränderungen. Es liegt zu einem großen Teil in Händen der Projektmitarbeiter, dass eine offene und vorurteilsfreie Atmosphäre bzgl. der durch die Prozesskostenrechnung hervorgerufenen Veränderungen geschaffen wird.

- Informationsvermittlung durch Workshops, bei einer Betriebs- oder Abteilungsversammlung, Veröffentlichungen im Intranet, der Betriebszeitung, über E-Mail-Informationen oder Aushängen am »Schwarzen Brett«. Durch diese Formen der Einbeziehung der Beteiligten wird Transparenz erreicht und Motivation gefördert.

Ein weiterer Grund für die erforderliche Unterstützung seitens des Managements ist die Tatsache, dass es im Rahmen der Prozesskostenrechnung zu prozesskonformen Reorganisationsmaßnahmen kommen kann, deren Umsetzung Entscheidungen von der Geschäftsleitung erfordern.

Ein wichtiger Aspekt in der Praxis ist ebenfalls nicht zu vernachlässigen: Die Prozesskostenrechnung erfordert v. a. viel Zeit der Projektmitarbeiter. Daneben werden i. d.R Sachinvestitionen (Software, möglicherweise auch Hardware) erforderlich und darüber hinaus besteht sicherlich ein gewisser externer Beratungs- und Schulungsbedarf einzelner Beteiligter. In der Summe handelt es sich je nach Vorausplanung um ein Kostenvolumen für das gesamte Projekt, das üblicherweise die Genehmigung der Geschäftsleitung erfordert. Sie müssen deshalb frühzeitig mit der Sammlung der richtigen und überzeugenden Informationen beginnen. Ein gewichtiges Argument kann der Gemeinkostenanteil an den Gesamtkosten sein und die Tatsache, dass evtl. in der Vergangenheit große Summen und immaterielle Aufwendungen für Qualitätsverbesserungskonzepte für die Fertigungsbereiche wie beispielsweise TQM und für die DIN-ISO 9001:2000-Zertifizierung aufgebracht wurden – im Gegensatz zum indirekten Bereich, bei dem oftmals bis heute »höchstens die Oberfläche angekratzt« wurde.[26]

2.2   Projektorganisation und Zusammensetzung des Projektteams

Ein weiterer Erfolgsfaktor jedes Projektes bezieht sich auf die Projektmitarbeiter bzw. die Zusammensetzung des Projektteams: Die »besten Leute« müssen hier gefunden und gewonnen werden. Die Initiative für geeignete Vorschläge muss vom Projektleiter ausgehen, die letztendliche Bestimmung erfolgt durch die Geschäftsleitung – schließlich muss sie diesen Mitarbeitern entsprechenden Freiraum zur Projekterfüllung gewähren.

Das Projektteam sollte aus geeigneten Mitarbeitern der Controlling- und Fachabteilungen sowie evtl. externen Beratern gebildet werden. Dieses interdisziplinäre Team wird in Projektarbeit alle nachfolgenden Schritte vorantreiben. Es muss breit abgestützt sein. Am besten wäre es natürlich, wenn die Mitglieder einen Querschnitt aller Funktionen und Ebenen des Unternehmens repräsentierten. Zumindest aber sollten die Funktionen des Untersuchungsbereiches personell damit abgedeckt sein. Die Projektmitarbeiter müssen hinsichtlich Projektmanagement und Prozesskostenrechnung geschult sein oder werden, wobei letzteres auch durch Literaturstudium bspw. anhand dieses Buches geschehen kann. Insbesondere darf der psychologische Bereich nicht vernachlässigt werden.

Die Umsetzung der vielfältigen Aufgaben erfordert neben verschiedenen Fachpromotoren ganz besonders die Unterstützung durch einen Machtpromotor, der Ziele verbindlich formuliert und steuernd eingreift. Neben dem Projektleiter, der Organisation und Steuerung des Projektteams möglichst umfassend wahrnimmt und Entscheidungen im festgelegten Rahmen selbst treffen kann, wird es Abstimmungs- und Entscheidungsbedarf mit der Geschäftsleitung geben. In größeren Organisationen wird diese Aufgabe möglicherweise von einem mehrköpfigen Lenkungsausschuss übernommen werden.

Ein Machtpromotor kann in der Projektorganisation bspw. folgendermaßen integriert und genutzt werden:

- Teilnahme und Mitwirkung an Projektteamsitzungen auf Einladung des Projektleiters,
- Regelmäßige Abstimmung zwischen Projektleiter und Machtpromotor und
- Durchführung von Kommunikation über das Projekt in Abstimmung mit dem Projektleiter.

Sie erkennen, dass der Machtpromotor nicht die Funktion und die Stellung des Projektleiters ersetzen darf. Projektleiter und Machtpromotor müssen an einem Strang ziehen. Die wesentliche Funktion des Machtpromotors ist es, bei »Engpässen« (zeitlicher oder inhaltlicher Art) durch seine Überzeugungskraft dem Projekt den notwendigen Schub für weitere Schritte zu ermöglichen – sofern dies aus Sicht des Projektleiters erforderlich. Ein »Machtwort« als solches muss allerdings vermieden werden. Es muss immer um Überzeugung und Zusammenarbeit gehen, nicht um zwangsweise Verordnung eines neuen Konzeptes und dessen Auswirkungen!

Ohne Mitwirkung aller betroffenen Mitarbeiter und aller Projektbeteiligten steht das Team beim Einführen der Prozesskostenrechnung vor einer unlösbaren Aufgabe. Zu Beginn der Einführung ist deshalb eine Projektorganisation mit Einbeziehung aller Betroffenen anzustreben. Die Vorteile dieser Teamarbeit liegt in besserer Zielsetzungskontrolle, kürzeren Entscheidungswegen, besserer Motivation der Mitarbeiter und schnellerem Durchlauf bei höherer Qualität.

Bei allen Überlegungen zur Teamzusammensetzung sind natürlich **Kosten-Nutzen-Aspekte** besonders zu beachten. Für die Einführung ist je nach Unternehmen, Zielsetzung, Untersuchungsbereich und auch Kompetenz der Projektteammitglieder eine Investition bis zu mehreren Mannjahren zu veranschlagen. Erfahrungsgemäß ist das Einführen der Prozesskostenrechnung nicht unter einem halben Jahr zu schaffen, realistischerweise sollten Sie von einem Jahr oder länger ausgehen.

Machen wir uns nichts vor: Ein sehr großes Problem in der Praxis ist die Schaffung von internen Ressourcen für das Einführen der Prozesskostenrechnung, d. h. dass oft neben dem »Tagesgeschäft« nicht die erforderliche Arbeitszeit freigemacht wird oder werden kann. Hier empfiehlt es sich möglicherweise, zusätzliche Ressourcen bereitzustellen. Dies kann natürlich durch das Einbinden von Spezialisten (i. d. R. Unternehmensberater) in hervorragender Art und Weise geschehen, wenn auch absolut gesehen nicht unerhebliche Kosten anfallen. Eine andere, durchaus akzeptable und kostengünstige Möglichkeit wäre die temporäre Verbindung einzelner Schritte (z. B. Analysenkonzeption und -durchführung) mit einer praxisorientierten Diplomarbeit oder einer projektgebundenen Praxissemestertätigkeit eines BWL-Studenten, wobei zusätzlich die konzeptionelle und betriebswirtschaftliche Unterstützung einer Hochschule integriert werden kann. Hierüber sollten Sie bereits rechtzeitig Überlegungen anstellen und grundsätzliche Lösungen finden.

2.3   Aufgaben des Projektteams

Die inhaltlichen Aufgaben des Projektteams umfassen die vom Projektleiter gesteuerten oder delegierten Schritte. Grundsätzlich handelt es sich dabei um:

- Konzeptionelle Vorarbeiten,
- Funktion einer zentralen Anlaufstelle für Mitarbeiterfragen,
- Mitarbeiter informieren und gleichzeitig motivieren,
- Realisierung und aktive Unterstützung der erforderlichen Einführungsschritte (z. B. Datensammlung, Softwareauswahl, Schnittstellenbeschreibung) und
- Schulungen vorbereiten und durchführen.

Zur Mitarbeitermotivation sei zum einen auf die Ausführungen in Teil II, Kapitel 2.1 hingewiesen. Zum anderen muss sich das Team bei der Frage, wie es eventuelle **Einführungswiderstände** überwinden kann, darüber im Klaren sein, dass Trägheit und Resignation der Mitarbeiter und Vorgesetzten vor einer neuen und großen Aufgabe noch relativ geringe Probleme darstellen. Vielmehr bedürfen Anhänger alter Plankostenrechnungsschule auf der Controlling- und Fachbereichsseite incl. der Führungsebenen, die sich nicht in die Karten schauen lassen wollen, einer intensiven Überzeugungsarbeit. Hierzu ist wiederum die positive Einstellung des Topmanagements notwendig.

Selbst das intelligenteste Konzept ist zum Scheitern verurteilt, soweit es nicht gelingt, bei den Betroffenen möglichst frühzeitig die erforderliche Bereitschaft zur Unterstützung zu erzeugen. Hierzu müssen **Change-Management-Prozesse** angestoßen und mit Fingerspitzengefühl umgesetzt werden. Erfahrungen externer Berater können hier sehr hilfreich sein. Zur erfolgreichen Überzeugungsarbeit bedarf es aber, wie bereits erwähnt, neben einem Fachpromotor als Leiter des Projektes auch eines Machtpromotors – vorzugsweise aus der Managementebene – zur Überwindung evtl. letzter Hürden bzw. Widerstände.

2.4   Orientierungshilfen zur Projektarbeit

Die fünf nachfolgenden, allgemein gültigen Leitsätze zur Projektarbeit kann man auch auf die Teamarbeit zur Einführung der Prozesskostenrechnung beziehen. Sie mögen einerseits zwar banal klingen, stellen andererseits aber häufige Probleme projektorientierter Arbeit durch diese einfachen Worte sehr deutlich dar. Diese Leitsätze sollen der Motivation der Projektmitarbeiter dienen und so das Projekt voranbringen. Sollten Sie in der Projektarbeit einmal Schwierigkeiten haben oder glauben, keine Fortschritte mehr machen zu können, dann nehmen Sie sich diese fünf Leitsätze zur Hand und motivieren Sie sich und das Team aufs Neue zur Lösungssuche.

1. **Ein Problem bleibt komplex und undurchschaubar, solange es noch nicht angepackt wurde!**
   Wie bei vielen neuen Konzepten bietet auch die Prozesskostenrechnung Stoff für unzählige Diskussionen. Dies liegt u. a. daran, dass die zu ermittelnden Prozesse einer gewissen subjektiven Einteilung unterliegen und auch eher mit durchschnittlichen Werten als mit konkreten Zahlen gearbeitet wird. Will man diese Teilprobleme im Vorfeld ausdiskutieren, erscheint die Materie immer komplexer und die Einstiegsbarrieren wer-

den immer höher. Wichtig ist, sich im Unternehmen und im Team überhaupt mit dem Thema zu beschäftigen. Das allein reicht oft schon aus, um wesentliche Umdenkprozesse einzuleiten. Es ist deshalb unbedingt zu empfehlen, mit dem Projekt und der praktischen Arbeit an sich erst einmal zu starten.

2. **Man weiß erst dann, was man wirklich will, wenn man schon etwas gemacht hat!**
Auch dieses Phänomen ist immer wieder anzutreffen. Ein anschauliches Beispiel hierfür: Liegt für eine Besprechung eine Tagesordnung und ein (Lösungs-)Vorschlag vor, so wird man schneller und effizienter zu einer Lösung kommen, selbst wenn die letztlich gefundene Lösung weit vom ursprünglichen Vorschlag entfernt ist. Dies gilt es auf Ihr Projekt zu übertragen: Liegen erste (Teil-)Ergebnisse oder auch nur Vorschläge zur Prozesskostenrechnung vor, dann kann man schnell feststellen, was zu verbessern ist. In diesem Buch werden verschiedene Vorschläge gemacht, die als Ausgangspunkt gewählt werden können. Es ist dabei aber nicht erforderlich und auch nicht gewollt, mit einem geschlossenen und fertigen Konzept oder Lastenheft in die Prozesskostenrechnung einzusteigen – dies ist für die Prozesskostenrechnung auch überhaupt nicht zu realisieren.

3. **Mit Teillösungen starten – die Summe der Teillösungen ist die Gesamtlösung!**
Diesem Leitsatz folgend sollen Sie sich schrittweise – bei ständiger Korrektur und Verbesserung – der Gesamtlösung nähern. Man kann dadurch Korrekturen problemloser vollziehen, auch ganze Teilschritte wieder verwerfen und behält trotzdem das Gesamtziel im Auge. Schließlich ist es auch wichtig, Lernprozesse Gewinn bringend auszunutzen.

4. **Lieber ungefähr richtig gerechnet als haargenau falsch!**
Der spitzfindige Kostenrechner, der üblicherweise bis auf vier Stellen hinter dem Komma rechnet, kann sich mit diesem Leitsatz wohl nur schwer anfreunden. Aber man muss sich darüber im Klaren sein, dass die Prozesskostenrechnung nun einmal auf ungefähr richtigen, durchschnittlich ermittelten Kosten basiert. Die Arbeit mit unscharfen Werten ist für Ingenieure nichts Ungewöhnliches und löst eher bei kaufmännischen Angestellten Unbehagen aus, die an hohe (Schein-)Genauigkeiten gewohnt sind.
Eine große Genauigkeit wäre für Zwecke der Prozesskostenrechnung unnötig und damit sinnlose Zeitverschwendung. Verständliche Tendenzaussagen, deren Zustandekommen nachvollzogen werden kann, sind besser als überhaupt keine Informationen. Die Forderung muss lauten: Relative statt maximale Genauigkeit, d. h. Realisierung einer insgesamt verbesserten Kostenrechnung mit vertretbarem Aufwand.

5. **Mut zur Lücke – Mut zum Risiko!**
Mut zum Risiko hört sich im Rahmen der Prozesskostenrechnung etwas dramatisch an, ist jedoch nicht von der Hand zu weisen. Jeder Prozesskostensatz kann als falsch nachgewiesen werden – subjektive, geschlüsselte, geschätzte und/oder durchschnittliche Werte und Bestandteile der Prozesskostenrechnung können der Nachprüfung im Einzelfall nicht widerstehen. Der Genauigkeitsgrad wird zwar mit der Zeit steigen; dennoch werden trotz zunehmendem DV-Einsatz Lücken auftauchen, die zu akzeptieren sind.

2.5   Zielfindung und Zielfestlegung im Projektauftrag

Es ist von ausschlaggebender Bedeutung, dass die Ziele und der Einsatzbereich eines Prozesskostenrechnungs-Projektes klar definiert und von der Geschäftsleitung getragen werden.

Die Reihenfolge für ein Projekt ist in der Praxis oft so:
Projektziele festlegen   →   Projekt starten   →   Projektauftrag fixieren.

Sie können (und sollten) nicht darauf warten, dass die Geschäftsleitung dieses Projekt initiiert, Ziele definiert, den Rahmen festlegt, ein Team benennt und die Aufgabe dann an Sie delegiert. Es ist an Ihnen, Ihre Geschäftsleitung vom Sinn und Zweck einer Prozesskostenrechnung zu überzeugen, Ziele zu benennen und somit Ihr Projekt zu begründen. Inhaltlich fundierte und sinnvolle Vorschläge für Zielsetzung und Einsatzbereich sollten Sie bereits vorbringen können, nachdem Sie sich in Teil I mit der Theorie auseinander gesetzt und auf Ihr Unternehmen heruntergebrochen haben.

Ein erfahrener Projektleiter hat zu Beginn für Ziele zu sorgen und folgende Punkte zu klären:
1. Was soll dieses Projekt erreichen?
2. Für wen stiftet das Projekt Nutzen?
3. Was muss am Ende vorliegen, damit wir überprüfen können, ob wir das Ziel erreichen werden?

Auch das bedeutet nicht, dass der Projektleiter allein in seinem Büro diese Punkte fixiert, sondern dass er die Klärung organisiert. Es ist viel besser, hier bereits Projektmitarbeiter oder auch weitere erfahrene Mitarbeiter des Unternehmens einzubinden. Sollte allerdings keine einvernehmliche Zielformulierung gefunden werden, steht es in der Aufgabe des Projektleiters, diese festzulegen.

Die Geschäftsleitung hat die Ziele und Rahmenbedingungen, wie z. B. Projektkunden, Projektphasen, Termine, Meilensteine, Budget, Projektmitarbeiter, Informationsfluss etc., in einem **Projektauftrag** schriftlich fixiert zu genehmigen, und künftig im Unternehmen zu tragen.

2.6   Exkurs: Pilotstudie voranstellen

Bei großen Unternehmen, aber auch bei sehr begrenzten Ressourcen empfiehlt es sich, dem Einführungsprojekt zunächst eine Pilotstudie voranzustellen. Ziel dabei ist, die Einführung der Prozesskostenrechnung für einen speziellen Einsatz- und Anwendungsbereich zu testen, um so bspw.
- Einsatzgebiet und Ausbaustufe (Detaillierungsgrad) einer breiter angelegten Prozesskostenrechnung abschätzen zu können,
- für das Unternehmen eine sinnvolle und praktikable Methode zu entwickeln, damit für den Rollout Einheitlichkeit gewährleistet ist,
- die notwendigen und ggf. noch zu schaffenden Rahmenbedingungen zu konkretisieren,

- eine Abschätzung über den Einführungs- und Betriebsaufwand zu erhalten und
- dem Topmanagement weitere Empfehlungen für Zielsetzungen und Projektauftrag geben zu können.

So konnte beispielsweise die bei der Knorr-Nährmittel AG in Thayngen/Schweiz (insgesamt 700 Mitarbeiter) durchgeführte detaillierte Pilotstudie »im Rahmen einer dreimonatigen Diplomarbeit und ohne starke Beanspruchung interner Personalressourcen durchgeführt werden«.[27] Denkbar wäre natürlich auch, dass eine solche Pilotstudie betriebsintern durchgeführt wird, z. B. durch eine Stabsstelle (Controlling). Die damit beauftragten Mitarbeiter müssen sich aber vor Beginn der Untersuchung mit der Theorie der Prozesskostenrechnung intensiv vertraut machen.

Bei der Pilotstudie geht man im Wesentlichen vor wie im konkreten Einführungsprojekt; sie beschäftigt sich aber nur mit einem kleinen Untersuchungsbereich und wickelt bspw. Erfassung und Auswertung per Tabellenkalkulation ab. Um hohen Erfassungsaufwand auszuschließen wurden erforderliche Kostentreibermengen ausschließlich aus dem operativen System übernommen. Neben diesen harten Faktoren konnte aber auch besonders die Einstellung der betroffenen Mitarbeiter bezüglich der Einführung einer Prozesskostenrechnung »erspürt« werden.

Einführungsaufwand und -dauer sowie Ergebnisqualität einer Prozesskostenrechnung hängen insbesondere in der Pilotphase ab von

- der Qualität der vorliegenden Prozessdokumentation,
- der Einbindung querschnittsorientierter Mitarbeiter mit spezifischem Prozess-Know-how,
- der Komplexität der Prozesse,
- der Granularität der Betrachtung,
- der Verfügbarkeit der Mengendaten,
- dem Prozessverständnis der Gesprächspartner und
- der Verfügbarkeit der Ressourcen.

Sie sollten sich also daher nicht scheuen, den Einstieg über eine Pilotstudie zu suchen. »Der dafür benötigte Aufwand kann kleiner sein als vermutet.«[28]

3 Softwareeinsatz

3.1 Anmerkungen zur Datenverarbeitung

Aufgrund der zu erwartenden Fülle an Informationen stellt sich die Frage, wie die gewonnenen Daten erfasst, analysiert, strukturiert und ausgewertet werden können bzw. müssen. Vor der Forderung nach spezieller Software müssen Sie sich über folgende Aspekte bewusst werden:

- Am Beginn der Einführung der Prozesskostenrechnung ist möglicherweise noch nicht klar, ob und wie Sie diese als permanentes Instrument einsetzen können. Besonders dann, wenn Sie die ersten Einführungsschritte als Pilotstudie durchführen.
- Sie haben noch keinen vollständigen Überblick bzgl. des Umfanges der Einführungsanalysen.
- Sie haben noch keine Vorstellung über die individuelle Ausgestaltung und Schwerpunkte der Prozesskostenrechnung in Ihrem Unternehmen und Ihren letztlich verfolgbaren Zielen.

Sie werden im Verlauf des Projektes »Einführen der Prozesskostenrechnung« sehen, dass sich noch einige Aspekte ändern werden. Sofern Sie diese Aspekte bereits eindeutig beantworten können, ist es ratsam, sich bereits in dieser Projektphase die Frage nach speziellen Software für die Prozesskostenrechnung anzugehen.

Prinzipiell ist die rein interne Verarbeitung mit einer Bürosoftware wie bspw. Microsoft Office (Tabellenkalkulation Excel und/oder Datenbank Access) möglich. Ein denkbarer Vorteil wäre, dass Sie ausschließlich auf interne Ressourcen setzen können und die Prozesskostenrechnung wirklich ganz individuell gestalten können. Das gesamte Know-how wird von Ihnen aufgebaut und bleibt auch bei Ihnen. Sie können so die Kosten für Auswahlverfahren, externe Software, Beratung und Schulung »einsparen«. Aber sind das wirklich entscheidende Vorteile für die Einführung und Anwendung der Prozesskostenrechnung? Meist überwiegen folgende Nachteile einer internen Lösung mit Bürosoftware:

- Sie haben in keiner Phase Unterstützung für die erforderlichen Schritte und Ergebnisse der Prozesskostenrechnung.
- Sie müssten die komplette Datenbankstruktur, Logiken, Formeln, Berichte, Schnittstellen etc. von Grund auf selbst einrichten und pflegen, was sehr zeit- und damit ebenso kostenintensiv ist.
- Sie haben keine technischen Weiterentwicklungen, es gibt keine Updates für Ihre Prozesskostenrechnung.
- Zudem ist eine solche Lösung nicht in die bei Ihnen vorhandenen Finanz- und Ablaufsysteme integriert. Sie ist manuell zu bedienen, damit fehleranfällig und schließlich nicht so »vertrauenswürdig«, wie es eine integrierte Lösung mit einer spezialisierten Prozesskostenrechnungs-Software wäre.

Bei einigen Projekten wurde zunächst versucht, die Prozesskostenrechnung nur mit internen Ressourcen und vorhandener Bürosoftware einzuführen. Allerdings kam in jedem dieser Projekte über kurz oder lang die Frage, ja der Zwang nach einer speziellen Prozess-kostenrechnungs-Software auf. Sie werden heutzutage mit den üblichen Datenbank- oder Tabellenkalkulationsprogrammen nicht über eine Pilotstudie bzw. die Analysephase mit vertretbarem Aufwand – und gewünschtem Einführungserfolg! – hinauskommen.

Je nach Projektzielen und -umfang können Sie im Rahmen der Einführungsphase versuchen, die Datenerfassung und -verarbeitung am PC mit üblicher Standardsoftware (Tabellenkalkulation und/oder Datenbank) durchzuführen. Eine umfassende Prozesskostenrechnung kann aber mit üblichen Office-Applikationen nicht geleistet werden. Die Einführung einer Prozesskostenrechnung »sollte daher mit der Auswahl und Einführung eines unterstützenden Tools einhergehen, das möglichst Schnittstellen zu operativen Systemen (Mengen- und Kostengerüste) aufweist«.[29]

Zudem ist es für die Gestaltung der Prozessstrukturen und besonders für die Kostentreiberauswahl enorm wichtig, dass sie diese schon in der Einführungsphase auf die künftig einzusetzende Prozesskostenrechnungs-Software ausrichten. Sie können im Rahmen der anstehenden Analysephase viel Zeit sparen, wenn Sie bereits jetzt wissen, welche Daten aus Ihren Vorsystemen wie in die Prozesskostenrechnungs-Software integriert werden können.

Grundsätzlich unterstützt eine spezielle Software die Einführungsschritte und später die regelmäßige und integrierte Anwendung der Prozesskostenrechnung. Bedenken Sie aber, dass mit der Software und den Einführungsmaßnahmen meist höhere Investitionen und Folgekosten verbunden sind.

Je nach Fortschritt und Anforderung sollten Sie zeitgerecht den Markt für Prozesskostenrechnungs-Software untersuchen und entsprechend zielgerichtet eine Entscheidung herbeiführen. Eine spezielle Software erleichtert zudem bereits in der Einführungsphase den Umgang mit der Prozesskostenrechnung. Viele der hier im Konzept gezeigten Schritte, Formulare, Auswertungen o. Ä. werden von einer Prozesskostenrechnungs-Software unterstützt und führen letztlich rasch zu gewünschten Ergebnissen.

> Sie sollten sich unabhängig von der Frage nach Softwareeinsatz und Unterstützungsumfang mit den Verfahren und Abläufen dieses Konzeptes und Ihres Unternehmens vertraut machen. Sie sollen dadurch lernen und verstehen, wie die Schritte zusammenhängen und wie eine Prozesskostenrechnung funktioniert. Eine komplette individuelle und manuelle Umsetzung mit »hauseigenen« Ressourcen ist grundsätzlich nicht anzustreben.

3.2   Fortschritte der letzten Jahre

Blickt man nur ein paar Jahre zurück, so war eine andere Umsetzung der Prozesskostenrechnung als der Weg mit Bürosoftware nicht vorstellbar. Am Markt gab es nur wenige, aber teure Tools, oder es gab Tools, welche nur einen Bruchteil der insgesamt geforderten Funktionalitäten aufwiesen. Prozessdatenbanken wurden zwar als Insellösungen auf PC-Basis erfolgreich eingesetzt; die »fehlende Integration in das Gesamtsystem erwies sich als

Nachteil.«[30] Der manuelle Erfassungsaufwand war dadurch sehr hoch: seitens der Prozessbeteiligten und der Durchführenden der Prozesskostenrechnung mussten regelmäßig sehr viele Daten erfasst, berechnet, ausgewertet werden. Auf der anderen Seite war der effektive Nutzen einer solchen Lösung entweder sehr eingeschränkt oder nur mit hohem Aufwand zu realisieren.

Der weiterhin rasante Fortschritt im Bereich der IT hat die Entwicklung neuer Kostenrechnungssysteme und damit auch der Prozesskostenrechnung erst möglich gemacht. In diesem Zusammenhang sind auch die höhere Qualifikation der Mitarbeiter bzw. die erhöhte Akzeptanz dieser Technologien zu erwähnen. »Technischer Fortschritt nützt wenig, wenn die Benutzer nicht fähig und gewillt sind, sich dessen zu bedienen.«[31]

in DATEV darstellbar?

3.3 Auswahlverfahren

Glaubt man den Aussagen der Softwarelieferanten, so ist anscheinend mittlerweile fast jede Kostenrechnungs- oder Controllingsoftware in der Lage, Prozesskostenrechnung zu unterstützen bzw. durchzuführen. Prozessorientierung ist nicht nur zum Schlagwort im internen Rechnungswesen geworden; der Prozessgedanke ist in aller Munde. Die Frage, inwieweit eine Software oder ein bestimmtes (Beratungs-)Konzept Prozessorientierung für sich in Anspruch nehmen kann, ist inzwischen bereits zum Wettbewerbsfaktor geworden. Ob eine solche Software tatsächlich in der Lage ist, Prozessorientierung und Prozesskostenrechnung zu integrieren, gilt es für Sie im Rahmen des Auswahlverfahrens v. a. hinsichtlich Ihres Unternehmens und Ihrer Anforderungen kritisch zu prüfen.

Eine detaillierte Betrachtung verschiedener Softwarelösungen im Rahmen dieses Buches macht wenig Sinn; Beschreibung und v. a. eine Beurteilung von Funktionsumfang, technischen Details, Anbieterleistungen, Preisrahmen etc. können nicht seriös getroffen werden. Spezifische Aussagen wären sehr schnell überholt und auch mit Vorsicht zu genießen, weil dabei nie die Bedürfnisse, Projektziele und Präferenzen Ihres Unternehmens berücksichtigt werden können. Deshalb bleibt die Darstellung der Vorgehensweise von der Erstellung einer Ausschreibung bis zum Vertragsabschluss neutral und unabhängig von einer oder mehreren bestimmten Softwarelösungen.

Die Entscheidung für die »richtige« Prozesskostenrechnungs-Software kann sicherlich nicht am Preisniveau der Software oder Empfehlungen von Bekannten oder Geschäftsfreunden festgemacht werden. Es ist notwendig, dass Sie aus Ihren festgelegten Zielen eine exakte Definition der Anforderungen für Ihr Unternehmen erstellen sowie einen entsprechenden Abgleich mit dem Marktangebot durchführen.

Folgende Schritte sind bzgl. der Softwareauswahl sinnvoll:
- Definition der Ziele
- Definition der Rahmenparameter
- Erarbeitung eines Anforderungskataloges (Lastenheft)
- Auswahl möglicher Anbieter
- Versand und Rücklauf der Anforderungskataloge
- Überprüfung der Angebote auf Erfüllung
- Bewertung der Angebote

- Vorauswahl: Entscheidung über näher zu betrachtende Anbieter
- Besichtigung der Angebote der verbliebenen Anbieter, Demoversion, Präsentation, Workshop
- Entscheidung für einen Anbieter
- Vertragsverhandlungen und -abschluss
- Erstellung eines Pflichtenhefts durch den Anbieter
- Umsetzung

Nachfolgend wird auf die wichtigsten Schritte, v. a. auf den Anforderungskatalog kurz eingegangen.

3.3.1 Anforderungskatalog (Lastenheft)

Zu Beginn des Auswahlprozesses müssen Sie die wesentlichen Ziele, die für Ihr Unternehmen mit der Prozesskostenrechnungs-Software verbunden sind, festlegen und priorisieren. Hier sind natürlich die vorherigen Zieldefinitionen Ihrer Prozesskostenrechnung und deren Überleitung hinsichtlich eines Softwareeinsatzes maßgeblich.

Mit der »**Definition der Rahmenparameter**« legen Sie Auswahlkriterien zur Eingrenzung des Marktangebotes auf relevante Anbieter quasi als K. o.-Kriterien fest, z. B. Höhe des Investitionsrahmens für Software und evtl. Hardware, Schulungskosten, Beratungskosten oder Projektdauer und Zeitpunkt der Einführung.

Danach wird ein Anforderungskatalog erstellt, welcher alle für Sie hinsichtlich der Softwareeinführung wesentlichen Bereiche umfasst:
1. Funktionale Anforderungen an die Software (evtl. auch an die Hardware)
2. Sonstige Anforderungen an die Software und an den Anbieter

Der Anforderungskatalog ist als Lastenheft zu bezeichnen. Aus der Bestimmung dieser Anforderungen werden im Kern die zu erstellenden Ausschreibungsunterlagen erstellt.

Exkurs: Lastenheft und Pflichtenheft
Die Begriffe Lastenheft und Pflichtenheft werden oft verwechselt, weshalb hier eine Klärung der Merkmale und Unterschiede erfolgen soll.

Ein **Lastenheft** (auch: Grobkonzept) beschreibt die unmittelbaren Anforderungen, Erwartungen und Wünsche an ein geplantes Projekt in natürlicher Sprache. Im Gegensatz zum Pflichtenheft muss es weder präzise noch vollständig detailliert sein. Es enthält aber alle wesentlichen Basisanforderungen. Ein Lastenheft wird vom Auftraggeber erstellt und beschreibt die Zielsetzungen und Anforderungen an die Lösung.[32]

Das **Pflichtenheft** (auch: Fachkonzept, fachliche Spezifikation) ist die vertraglich bindende, detaillierte Beschreibung einer zu erfüllenden Leistung (des Soll-Zustands), z. B. eines Softwareprogramms. Im Gegensatz zum Lastenheft sind die Inhalte präzise, vollständig und nachvollziehbar sowie mit technischen Festlegungen verknüpft, die die Betriebs- und Wartungsumgebung festlegen.[33] Ein Pflichtenheft wird vom Dienstleister/Anbieter erstellt, basiert auf den Anforderungen im Lastenheft und beschreibt, wie diese Anforderungen erfüllt werden.[34]

Die Erstellung eines Lastenhefts erfolgt am besten mittels **Checklisten,** aus denen Sie dann leicht Ihre Ausschreibung entwickeln können. Im »Anforderungskatalog – Checkliste funktionale Anforderungen« (siehe Abbildung 16) ist eine Fülle möglicher Funktionen zusammengestellt. Diese Checkliste ist unternehmensindividuell zu erweitern. Die Anforderungen an Ihre Prozesskostenrechnung sind dahingehend zu bewerten, ob »sinnvoll« oder »nicht notwendig«. Existieren K. o.-Kriterien, die unbedingt erfüllt sein müssen, dann vermerken Sie dies ebenfalls in einer solchen Checkliste. Solche K. o.-Kriterien sind i.d.R. erfolgsentscheidend für Ihr Projekt. Bedenken Sie aber, dass eine hohe Funktionalität ist kein absolutes Muss ist; wichtig ist die Erfüllung der unternehmensspezifischen Anforderungen.

Ein Prozesskostenrechnungssystem lebt von den Informationen, die es aus Vorsystemen erhält (Stammdaten, Kostendaten, Prozessdaten, Kostentreibermengen etc.). Ebenso wichtig ist die Weitergabe von Informationen. Insofern ist es unumgänglich, dass die Prozesskostenrechnungs-Software passend oder mit Schnittstellen zu bereits im Unternehmen befindlichen Softwarelösungen auszuwählen ist. Sie sollten unbedingt die Anbieter der bereits in Ihrem Unternehmen eingesetzten Software (v. a. PPS/ERP und Finanzsoftware) befragen, ob sie eine Lösung für Prozesskostenrechnung anbieten.

Über die in obiger Checkliste dargestellten, rein funktionalen Anforderungen hinaus sollte für die Einführung einer Prozesskostenrechnung eine Reihe weiterer Anforderungen erfüllt werden, zum einen hinsichtlich der Gestaltung der Software, zum anderen auf bestimmte Merkmale des Anbieters bezogen. Die Checkliste für diese sonstigen Anforderungen (siehe Abbildung 17) zeigt diesbezüglich eine Reihe von möglichen Aspekten für ihren Anforderungskatalog. Diese sollte ebenfalls an Ihre unternehmensindividuelle Situation angepasst und Soll-Werte als Ausprägung des jeweiligen Anforderungsmerkmals eingetragen werden, wobei auch hier K. o.-Kriterien dabei sein können.

Oft finden Sie am Markt kombinierte Angebote: Softwarelieferanten bieten zusätzlich konzeptionelle Beratung, Einführungsunterstützung und Schulungen an; Unternehmensberatungen bieten Ihre klassischen Dienstleistungen in Verbindung mit (meist einer bestimmten) Software an. Das hat den Vorteil für Sie, dass Sie die Lösung aus einer Hand bekommen können. Besonders vorteilhaft wäre die Kombination aus gestandener Unternehmensberatung und Softwarehersteller, wie sie allerdings nicht häufig zu finden ist. Denkbar wäre aber auch, dass Sie den Weg separat für eine Softwarelösung an sich und eine Beratungsergänzung für Prozesskostenmanagement gehen und entsprechend vereinbaren.

Neben den Anforderungen an die Software selbst ist bei der Entscheidung auch das Profil der Anbieter genauer zu prüfen. Wie lange gibt es den Anbieter bereits? Wann fand die Erstinstallation der Prozesskostenrechnungs-Software statt? Wie ist die wirtschaftliche Entwicklung des Anbieters? Wie viele Installationen, besonders in Ihrer Branche, gibt es?

Wichtiges Element ist die Benennung von Referenzen (evtl. sogar aus Ihrer Branche). Diese können in einer »ersten Runde« telefonisch befragt werden. Die telefonische Überprüfung bedeutet einen geringen Aufwand bei relativ großem Nutzen. Vielleicht erfahren Sie so noch den einen oder anderen Tipp bzgl. des Einführungsprojekts. Evtl. gibt es sogar die Möglichkeit, direkt mit dem Referenzkunden einen Besprechungstermin zu vereinbaren, an dem Ihnen die dort eingesetzte Lösung gezeigt wird.

Funktional	Anforderungsmerkmal	K.o.	sinnvoll	nicht notwendig
Grundanforderungen	Strukturierung nach beliebig vielen Prozess-Hierarchieebenen			
	Spezifikation beliebiger Eigenschaften je Prozess			
	Berechnung der Prozesskosten in allen Ebenen			
	Differenzierbarkeit nach lmi und lmn Kostenanteilen			
	Verarbeitungsmöglichkeit für Prozesskosten, -zeiten, -qualität und -nutzen			
	Integration der Prozesskosten in die Kostenträger- und Ergebnisrechnung			
	Schwerpunkt auf der vollständigen Verrechnung der Gemeinkosten			
	Prozessorientierte Leistungsverrechnung			
Einführungsunterstützung	Unterstützung einer konzeptionsgerechten Ein- und Durchführung der Prozesskostenrechnung			
	Spezielle Konsistenzberichte zur Überprüfung der Modell-Vollständigkeit			
	SelbsvValidierung und Unterstützung bei der Fehlerbehebung in Modellen			
	Benutzerfreundliche Oberfläche (Onlinehilfe, Drag & Drop)			
	schnellen Einstieg durch mitgelieferte Demobeispiele und Einführungstour			
	Bereitstellung brauchbarer Referenzmodelle			
Prozessstrukturen	komfortable Möglichkeiten zur Pflege der Prozessmodelle			
	Schnelle Modellierung durch berechtigte Anwender ohne Programmierung			
	Übersichtliche (auch grafische) Darstellung incl. der logischen Verknüpfungen der Prozesse			
	umfangreichen Möglichkeiten, Prozessdokumentationen zu hinterlegen			
Auswertung/Analysen	Aggregierbarkeit der Daten auf jeder Ebene			
	Flexible Analysemöglichkeiten und Drill-Down auf verschiedenen Detailebenen			
	Vordefinierte eingerichtete Kennzahlen, Berichte und Grafiken			
	Frei definierbare Kennzahlen, Berichte und Grafiken			
	Darstellung für mehrere Perioden			
	Darstellung der Beanspruchung unterschiedlicher Ressourcen je Prozess			
	Soll-Ist-Vergleiche, Modellvergleiche (Benchmarking, Spartenvergleich etc.)			
	Erstellung von Kapazitäts- und Break-even-Analysen			
	Ermittlung der Beschäftigungsgrade			
	Soll-Ist-Vergleiche, Modellvergleiche (Benchmarking, Spartenvergleich etc.)			
	Geführte Abweichungsanalyse			
	Gezielte Hinweise zur Analyse von Planungsfehlern oder veränderter Strukturen			
Simulationen	Prozessoptimierungssimulationen auf allen Ebenen			
	Automatische Optimierungsvorschläge aus Simulationsläufen			
	Referenz-Prozessmodelle als Basis von Simulationen			
	Auswertung der Vorschläge nach Optimierungspotenzial			
	Simulation mit nachvollziehbarer rechnerischer/visueller Darstellung			
	Detaillierte Prozessanalyse			
	Prozessvergleich im Rahmen des internen (und externen) Benchmarking			
Datenübertragung/ Schnittstellen	Daten-Im- und -Export von und zu Vorprogrammen in den gängigen Datenformaten für alle Stamm- und Bewegungsdaten			
	Integration in vorhandene Kostenrechnungssysteme			
	Kein Erfassungsaufwand für die Prozessmengen			
	Einfache und benutzerfreundliche Datenübernahmen aus Vorsystemen über Schnittstellen-Wizards			
	Im- und Export von Daten von und zu beliebigen Datenbanken durch offene ODBC-Technologie			
	Automatisierbare Import-/Export-Schnittstellen zur Datenintegration			
	Datenaustausch durch OLE-Automation möglich			
	Export aller Berichte in vielen Standardformaten			
Komfort	Übersichtlichkeit trotz Funktionsvielfalt; keine Expertensysteme			
	Benutzerfreundliche Oberfläche, Experten-Features im Hintergrund			

(in Anlehnung an Scheuse, T.: Anforderungsprofil und Auswahl von Finanzbuchhaltungs-Software, in: PdR-Praxis des Rechnungswesens, Heft Nr. 1 v. 27. 2. 1996, S. 46 ff.)

Abb. 16: Anforderungskatalog – Checkliste funktionale Anforderungen

Sonstige	Anforderungsmerkmal	Soll-Wert
Software	Hohe Verarbeitungsgeschwindigkeit, Performance des Tools	
	Mandantenfähigkeit	
	Unbegrenzte Modellgröße	
	Großzügige Modularisierung, Möglichkeit der Erweiterung	
	Netzwerkfähigkeit	
	Systemplattformen (z.B. Win 9x, Win XP, Win NT, Win 2000)	
	Hardwareerweiterung erforderlich	
	Demoversion kostenlos	
	mehrsprachig	
	Erstinstallation	
	Anzahl Installationen (davon in der Zielbranche)	
	Letzter Releasewechsel	
Anbieter	Fester Ansprechpartner für gesamte Projektdurchführung	
	Firmendaten (Umsatz, Mitarbeiter, Rechtsform u.Ä.)	
	Gründungsjahr	
	Anzahl Standorte, Nähe	
	Einführungs- und Konzeptberatung, Projektbegleitung möglich	
	Wartung	
	Hotline/Support	

(in Anlehnung an Scheuse, T.: Anforderungsprofil und Auswahl von Finanzbuchhaltungs-Software, in: PdR-Praxis des Rechnungswesens, Heft Nr. 1 v. 27. 2. 1996, S. 53 ff.)

Abb. 17: Anforderungskatalog – Checkliste Sonstige Anforderungen

3.3.2 Ausschreibungsunterlage

Nachdem Sie alle wesentlichen Anforderungen festgelegt haben, können Sie mit diesen Inhalten eine Ausschreibungsunterlage zum Versand an relevante Anbieter erstellen. Neben einer kurzen Vorstellung Ihres Unternehmens und den Rahmendaten wie Projektziele und -termine sowie organisatorischen Hinweisen zu Ausschreibungsdauer, Ansprechpartner etc. fügen Sie am besten Formblätter ein. Darin sollten die als relevant erarbeiteten Anforderungen bzw. Ausprägungen aus den zuvor aufgeführten (und erweiterten) Checklisten übernommen werden. Darüber hinaus sollten Sie ein Formblatt für die Angabe von Referenzkunden sowie ein Formblatt für die Preise einfügen.

3.3.3 Selektion von möglichen Softwareanbietern

Zur (Vor-)Selektion von Softwareanbietern, an welche Sie die Ausschreibungsunterlage senden können, existieren verschiedene Möglichkeiten, z.B.
- Empfehlungen Ihres Verbandes,
- Branchen-Fachzeitschriften,
- Empfehlungen durch Anbieter von bereits in Ihrem Unternehmen eingesetzter Software (z.B. ERP, PPS, Vertriebsinformationssystem, Kostenrechnung, Workflow-Management-System),

- ISIS Datenbanken bzw. ISIS-Report und
- Onlinerecherchen (z. B. Internetsuchmaschinen, Softwareportale, Homepages von Softwareanbietern oder Unternehmensberatungen).

Gerade Onlinerecherchen sind heutzutage eine bequeme und schnelle Möglichkeit. Ein guter Einstieg in die Suche nach Softwareanbietern sind **Portale**, wie z. B. www.software-marktplatz.de oder www.softguide.de (siehe Abbildung 18). Sie erhalten dort (so die Angaben der Betreiber) einerseits eine Marktübersicht mit aktuellen und detaillierten Informationen über betriebliche Softwareprodukte, wodurch der Auswahlprozess in einer frühen Phase unterstützt wird. Andererseits stellen diese Portale auch Marktplätze dar, bei denen die Nachfrage durch die Softwaresuchenden gezielt auf das Angebot der Softwareanbieter trifft. Durch aussagekräftige Produktbeschreibungen sowie die systematische Darstellung der Leistungen wird eine weitgehende Vergleichbarkeit ermöglicht.

Allerdings sind die Softwareanbieter für die Inhalte und v. a. die Aktualität verantwortlich – es handelt sich also nicht um Darstellungen oder gar Bewertungen seitens einer neutralen Stelle. Die Beurteilung und besonders ein evtl. Ausschluss eines Anbieters anhand eigener K. o.-Kriterien sind daher mit Vorsicht vorzunehmen.

Über diese Portale kommen Sie leicht zu einzelnen Produktbeschreibungen, können per Mausklick bei Bedarf mit den Anbietern Kontakt aufnehmen, Unterlagen und meist auch Demoversionen anfordern. Aber in erster Linie erfahren Sie, welche Anbieter hier überhaupt aktiv mit Prozesskostenrechnungs-Software um Kundschaft werben.

Sie versenden nun Ihre Ausschreibungsunterlagen an die von Ihnen ausgewählten Anbieter, welche Ihre Vorlagen ausgefüllt zurücksenden müssen. Nur die komplette und frist-

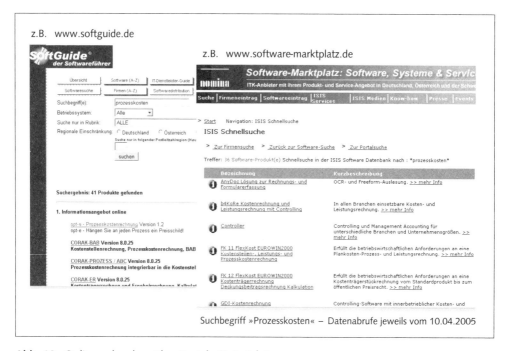

Abb. 18: Onlinerecherchen über Portale (Beispiele)

gerechte Rücksendung ermöglicht Ihnen einen standardisierten Vergleich und eine Bewertung der Angebote.

Für Ihre interne Projektkalkulation müssen Sie neben den reinen Kosten für Software (und evtl. Hardware) weitere Dienstleistungskosten aufnehmen. Diese Kosten können leicht den größten Teil der Gesamtkosten ausmachen. In diesen Bereichen sollte allerdings nicht gespart werden, da diese Arbeiten für den effektiven Einsatz der Lösung notwendig sind und sich im späteren praktischen Einsatz permanent auszahlen. Der erforderliche Schulungs- und Einarbeitungsaufwand ist optimal aber möglichst gering zu halten.

Sie sollten – zunächst intern – eine absolute Preisobergrenze für die Einführung und Nutzung einer Prozesskostenrechnungs-Software festlegen.

3.3.4 Entscheidung für den richtigen Anbieter

Wie finden Sie den passenden Anbieter? Zuerst analysieren Sie die Rückläufer der Ausschreibung, inwieweit die K. o.-Kriterien durch den Anbieter erfüllt werden. Erfüllt dieser wesentliche K. o.-Kriterien nicht, wird das Angebot nicht näher betrachtet.

Bei den verbleibenden Angeboten muss der Erfüllungsgrad einzelner Funktionen überprüft werden. Als Faustformel sollte gelten, dass ein Anbieter im Bereich der Prozesskostenrechnung mindestens 80 % der funktionalen Anforderungen erfüllen muss. Im nächsten Schritt werden die Preisangaben untersucht und in Relation zum Leistungsprofil der Software gesetzt. Die Angaben zum Anbieterunternehmen erlauben eine qualitative Bewertung. Aus diesen vier Kriterienbereichen bauen Sie eine evtl. gewichtete Gesamtbewertung auf.

Die wenigen verbliebenen Anbieter kommen in eine Detailprüfung und -bewertung: Im Rahmen eines Herstellerbesuches werden Software und Anbieter intensiver betrachtet und auf ihre Leistungsfähigkeit hin überprüft. Allerdings kann von dieser Vorführung nur eine bedingte Bewertung erwartet werden, da diese i.d.R. nur eine Powerpoint-Show o. Ä. darstellt, evtl. ergänzt um eine Live-Vorführung einer Demoversion. Aber es werden vereinzelt auch Workshops angeboten, in denen mit Ihrer Problemstellung aktiv umgegangen wird, und so eine realistischere Bewertung erfolgen kann. Der Herstellerbesuch dient insgesamt eher dem Ziel, das Unternehmen und die Mannschaft kennen zu lernen und zu überprüfen, ob man mit einem solchen Partner arbeiten kann (also die qualitative Bewertung).

Demoversionen und Unterlagen werden i.d.R. vorab kostenlos zur Verfügung gestellt – allerdings sind dann zunächst Sie am Zug, sich damit auseinander zu setzen, was ohne professionelle Hilfe oft schwer fällt und im gravierendsten Fall zu einer Fehlentscheidung für oder gegen den jeweiligen Anbieter führen könnte.

Bedenken Sie immer folgende Grundsätze bei Ihrer Entscheidung:
1. Jedes Tool hat gewisse Stärken und Schwächen.
2. Jedes noch so gute Tool ist kein Garant für die Umsetzung von Prozessoptimierungen, sondern kann hierfür lediglich Hilfestellung bieten.

Entscheiden Sie sich nie für ein Tool, das nur einen Ausschnitt der erforderlichen Funktionalitäten hat, auch dann nicht, wenn Sie eingangs meinen, sie bräuchten doch nicht mehr – es wird Sie einholen!

3.3.5   Vertragsverhandlungen und -inhalte

Im Rahmen von Vertragsverhandlungen wird formal der Rahmen der Zusammenarbeit festgeschrieben. Viele Unternehmen beschäftigen sich hier zu stark mit der Preiskomponente, was häufig ein Fehler ist. Die Preisdiskussion ist zwar ein ganz wesentlicher Bestandteil der Vertragsverhandlungen, aber im »Übereifer der Preisdiskussion wird (oft) vergessen, die eigentliche Zusammenarbeit nach Vertragsunterzeichnung sowie wesentliche Kostenfallen zu besprechen«[35] und zu regeln. Der Anbieter macht hier womöglich Preiszugeständnisse und holt sich diese in der Einführungsphase mehrfach wieder zurück.

Die Unterzeichnung der vom Anbieter vorgeschlagenen Verträge stellt die schlechteste Alternative dar. Inhaltlich sollte der von Ihnen aufgesetzte Vertrag u. a.
- die aus dem beantworteten und abgestimmten Anforderungskatalog in ein Pflichtenheft überführten Leistungen des Anbieters fixieren,
- weitere Leistungen (z. B. Projektmanagement, Prozessberatung, Analysen) regeln,
- die Projektmitarbeit und Ansprechpartner seitens des Anbieters fixieren,
- einen detaillierten Projektplan und besonders Projektdauer und Einführungszeitpunkt beinhalten,
- die Preise für angeforderte Leistungen sowie die kostenlosen Leistungen aufführen,
- die beantwortete Ausschreibung als Vertragsbestandteil festlegen und
- Rücktrittsrechte regeln.[36]

3.3.6   Abschließende Hinweise und Grundsätze

Abschließend einige weitere Hinweise und Grundsätze zu Ihrer Orientierung:[37]
- Erarbeiten Sie eine Ausschreibungsunterlage mit Ihren Anforderungen aus den von Ihnen erweiterten Checklisten.
- Erstellen Sie die Unterlagen so, dass die Anbieter die Angaben nach Ihrem Schema eintragen. Versuchen Sie erst gar nicht, die Angebote der Lieferanten zu verstehen. Diese sind (absichtlich) verwirrend aufgebaut.
- Lassen Sie sich nicht vom »Wir können alles«-Syndrom mancher Anbieter täuschen.
- Bewerten Sie die Angebote unter Berücksichtigung der funktionalen und sonstigen Anforderungen. Setzen Sie das Ergebnis in Relation zum Preis.
- Lassen Sie sich einen Schulungs- und Einführungsplan erstellen.
- Planen Sie ein ausreichend großes Budget für Schulung und Einführung ein.
- Lassen Sie sich die Software genau vorführen und überprüfen Sie die Angaben des Anbieters aus dessen Beantwortung Ihrer Ausschreibung.
- Machen Sie Ihre Ausschreibungsunterlagen zum primären Vertragsbestandteil.
- Lesen Sie die Allgemeinen Geschäftsbedingungen des Anbieters genau.
- Unterzeichnen Sie mit dem besten Anbieter einen Vertrag.

4 Exkurs: Prozesskostenrechnung in der Unternehmenspraxis nach Ergebnissen der Untersuchung von Stoi (Teil 1)

Lassen Sie uns an dieser Stelle, bevor die operative Einführungsarbeit beginnt, anhand von statistischen Umfrageergebnissen einen Schritt beiseite treten: Wie wird in anderen Unternehmen mit dem Thema Prozesskostenrechnung bzw. Prozesskostenmanagement umgegangen? Dazu eignen sich die Ergebnisse einer empirischen Untersuchung, die Prof. Dr. Roman Stoi in Beiträgen für die Zeitschriften »Kostenrechnungspraxis« (heute: Zeitschrift für Controlling und Management), »Controller Magazin«, »Zeitschrift Führung und Organisation« und »Controlling« veröffentlichte. Zur genauen Vorgehensweise, den zugrunde liegenden Hypothesen und dem Bezugsrahmen der Studie sowie weiterführenden analytischen Betrachtungen möchte ich Ihnen ausdrücklich das Studium des Buches »Prozesskostenmanagement in der deutschen Unternehmenspraxis. Eine empirische Untersuchung« (München 1999) von Stoi nahe legen – auch um über den Tellerrand hinausblicken zu können.

Im Rahmen der Untersuchung von Stoi beantworteten 86 Großunternehmen aller Branchen mit Sitz in Deutschland einen sehr umfangreichen Fragebogen. Der Stellenwert der vorliegenden Ergebnisse ist deshalb sowohl für die Forschung als auch für die Unternehmenspraxis als hoch einzuschätzen. Untersuchungsinhalte waren Implementierung und Gestaltung sowie Anwendung und Auswirkungen von Prozesskostenmanagement.

Ihr Unternehmen bzw. Ihr Projekt kann daraus Nutzen ziehen bzgl. der Auswahl der relevanten Zielsetzungen und Bereiche sowie zur Vermeidung und Lösung von Problemen. Daneben werden Hinweise für die Verbesserung der praktischen Anwendung gegeben.

Die nachstehenden Darstellungen dieser Umfrageergebnisse fokussieren dabei auf Tendenzen und Schwerpunkte, um daraus Empfehlungen für die praktische Umsetzung abzuleiten – es geht hier nicht um eine empirisch-wissenschaftlich exakte Darstellung der Untersuchung.

Die Umfrageergebnisse werden in zwei Teilen gezeigt: Dieser erste Teil umfasst die für die Einführung relevanten Ergebnisse, im zweiten Teil (nach der Einführung der Prozesskostenrechnung) werden die Ergebnisse zur Anwendung der Prozesskostenrechnung gezeigt.

Ziele der Einführung des Prozesskostenmanagements
Mit Abstand das wichtigste Ziel der Einführung des Prozesskostenmanagements war die Erhöhung der Transparenz der Kosten und Leistungen (siehe Abbildung 19).

Dabei hängt die Größe des Erfolgs in Form erhöhter Kostentransparenz und Gewinn bringender Informationen aus der prozessorientierten Kalkulation und Ergebnisrechnung als Basis für eine effiziente und effektive Unternehmenssteuerung stark ab

- von der Heterogenität des Leistungsportfolios des Unternehmens,
- von der Höhe des eigenen Wertschöpfungsanteils und
- vom Differenzierungsgrad der heutigen Kostenrechnung.[38]

Ziel der Einführung des Prozesskostenmanagements	Bedeutung*
Erhöhung der Transparenz von Kosten und Leistungen	3,50
Verbesserung der Produktkalkulation	3,01
Optimierung der Unternehmensprozesse	3,00
Verbesserung der Ergebnisrechnung	2,82
Erhöhung der Produktrentabilität	2,48
Senkung des Gemeinkostenanteils	2,47
Bessere Plan-/Steuerbarkeit der indirekten Bereiche	2,38
Leistungsmessung der indirekten Bereiche	2,36

* Skala von 0 = »Keine Bedeutung« bis 4 = »Sehr hohe Bedeutung«

(vgl. Stoi, R.: Prozesskostenmanagement in Deutschland – Ergebnisse einer empirischen Untersuchung, in: Controlling, Heft 2, Februar 1999, S. 54)

Abb. 19: Die wichtigsten Ziele bei der Einführung des Prozesskostenmanagements

Funktionsbereiche, in denen Prozesskostenmanagement eingesetzt wird

Stoi ermittelte auf die Frage nach der Einsatzbreite, dass knapp ein Viertel der Unternehmen das Prozesskostenmanagement bereits im gesamten Unternehmen bzw. in einem gesamten Werk oder einer gesamten Division eines Konzerns einsetzen. Der überwiegende Teil der Befragten (77 %) hat den Einsatz auf einzelne Funktionsbereiche beschränkt (siehe Abbildung 20). Dabei steht die Logistik an erster Stelle, gefolgt von der Beschaffung und

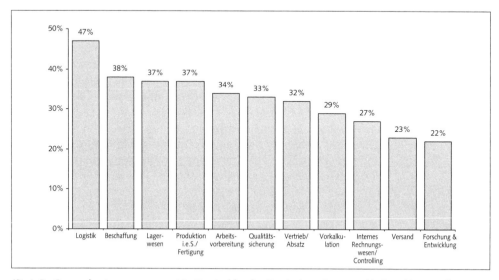

(Stoi, R.: Prozesskostenmanagement in Deutschland – Ergebnisse einer empirischen Untersuchung, in: Controlling, Heft 2, Februar 1999, S. 55)

Abb. 20: Die häufigsten Funktionsbereiche

dem Lagerwesen, aber auch der Produktion. Zunehmend wird Prozesskostenmanagement bei Dienstleistungsunternehmen (vorwiegend Banken und Versicherungen) sowie Öffentlichen Verwaltungen eingesetzt.

Mit der Anzahl der einbezogenen Funktionsbereiche steigen auch die qualitativen Verbesserungsmöglichkeiten des Prozesskostenmanagements: Deutliche Verbesserungen durch den Einsatz des Prozesskostenmanagements werden nur bei nicht zu geringer Einsatzbreite erzielt.[39]

Einbindung und Erfolg externer Mitarbeiter

Bei mehr als der Hälfte der Unternehmen (59%) waren externe Mitarbeiter an der Einführung des Prozesskostenmanagements beteiligt. In den meisten Fällen (42%) betraf die Unterstützung jedoch einzelne Aufgabenbereiche, insbesondere den Projektstart und den Aufbau der Prozessstrukturen (63% dieser Kategorie), die DV-technische Umsetzung und die Implementierung (37%) sowie die Mitarbeiterschulung zur selbstständigen Einführung des Prozesskostenmanagements (34%). Bei keinem der befragten Unternehmen wurde die Einführung überwiegend durch externe Mitarbeiter vorgenommen.

Die Abbildung 21 zeigt deutlich die hohe Bedeutung des Einsatzes externer Mitarbeiter in den meisten Unternehmen für den Einführungserfolg. Deren Einfluss wurde überwiegend als förderlich (50%) bzw. sehr förderlich (37%) angesehen. Für 9% aller Einführungsprojekte war dies sogar erfolgsentscheidend.[40]

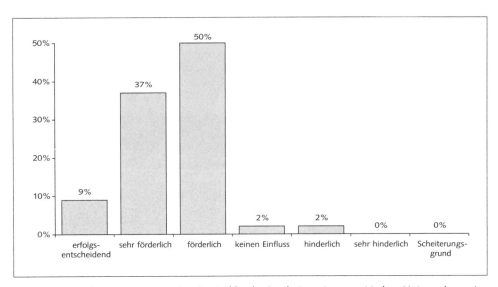

(Stoi, R.: Prozesskostenmanagement in Deutschland – Ergebnisse einer empirischen Untersuchung, in: Controlling, Heft 2, Februar 1999, S. 55)

Abb. 21: Bedeutung des Einsatzes externer Mitarbeiter für den Einführungserfolg

Mitarbeiterschulung

Der überwiegende Teil der Unternehmen (81 %) führte Mitarbeiterschulungen zum Prozesskostenmanagement durch. Dabei dominierten Maßnahmen vor (61 %) und während (70 %) der Einführung; im Nachhinein wurden lediglich bei 28 % noch Schulungen durchgeführt.

Die beiden wichtigsten Zielgruppen dieser Schulungsmaßnahmen waren die von dieser Einführung betroffenen Mitarbeiter (72 %) und die Controller (75 %). Eine Schulung der Mitarbeiter des Bereiches IT/Organisation wurde nur von knapp einem Drittel der Befragten (32 %) vorgenommen. Die Schulung von Führungskräften wurde bemerkenswerterweise von fast der Hälfte (48 %) der Befragten durchgeführt.

Die Untersuchung machte deutlich, dass die Unterstützung des Einführungsprojektes durch die Unternehmensführung eine zentrale Rolle für dessen erfolgreichen Verlauf einnimmt. Insbesondere die Führungskräfte als zentrale künftige Adressaten müssen in der Lage sein, die Prozesskosteninformationen richtig zu interpretieren, um auf deren Basis Entscheidungen treffen zu können. Die (relativ geringe) Schulung von Führungskräften ist deshalb bei den Befragten als nicht ausreichend anzusehen.

Schulungsintensität

Die Schulung von Mitarbeitern und Führungskräften zum Prozesskostenmanagement ist von hoher Bedeutung; das gilt sowohl für die Einführung als auch im Besonderen für die erzielbaren Auswirkungen. Zwischen der Intensität der durchgeführten Schulungsmaßnahmen und der Senkung des Gemeinkostenanteils wurde ein höchst signifikanter Zusammenhang festgestellt. Führungskräfte können die Ergebnisse nur dann für ihre Entscheidungen verwenden, wenn sie die Prozesskosteninformationen richtig interpretieren können. Bei den Mitarbeitern muss ein Denken in Prozessen erreicht werden, um die Prozessstruktur pflegen und ständig neue Verbesserungen anstoßen zu können.[41]

DV-technische Umsetzung/Integration

Zur DV-technischen Umsetzung des Prozesskostenmanagements setzte 1999 die Hälfte der Unternehmen (49 %) noch Tabellenkalkulationen oder Datenbanken auf PC-Basis ein. Bei 26 % war dies die einzige Form der Computerunterstützung. Mehr als ein Drittel (36 %) verwendete die vorhandenen Programme des Rechnungswesens und ein Viertel der Unternehmen (25 %) setzte Standardsoftware ein, v. a. das CO-ABC-Modul von SAP R/3 (32 %) und das Programm Prozessmanager (29 %). Individualsoftware (19 %) wurde dagegen noch eher selten eingesetzt. Bei 2 % der Unternehmen erfolgte damals sogar keine DV-technische Umsetzung.[42]

Von hoher Bedeutung für die Praktikabilität des Prozesskostenmanagements ist allerdings nicht nur die Form der DV-Umsetzung, sondern insbesondere auch deren Integration in die vorhandene DV-Landschaft (siehe Abbildung 22).

Lediglich bei einem Viertel der Unternehmen waren noch manuelle Dateneingaben erforderlich. Über ein Drittel hatte bereits die vollständige Integration vollzogen, d. h. die Informationen des Prozesskostenmanagements gingen bereits automatisiert in Kalkulation und Ergebnisrechnung ein.

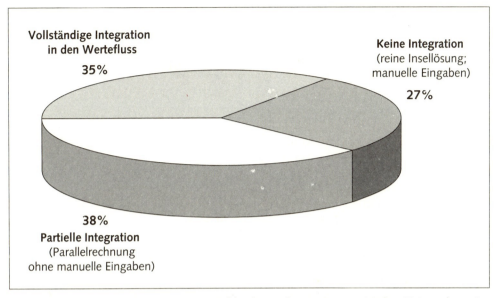

Vollständige Integration
in den Wertefluss
35%

Keine Integration
(reine Insellösung;
manuelle Eingaben)
27%

38%
Partielle Integration
(Parallelrechnung
ohne manuelle Eingaben)

(Stoi, R.: Prozesskostenmanagement in Deutschland – Ergebnisse einer empirischen Untersuchung, in: Controlling, Heft 2, Februar 1999, S. 56)

Abb. 22: Integrationsgrad der DV-Umsetzung

Beurteilung des Einführungserfolgs

Der überwiegende Teil der befragten Unternehmen beurteilt den Erfolg der Einführung zumindest als mittelmäßig (41 %) oder gar hoch (42 %) bis sehr hoch (4 %). Lediglich 13 % waren mit der Einführung des Prozesskostenmanagements wenig oder gar nicht zufrieden (siehe Abbildung 23).

Erfolgsfaktoren

Der Erfolg der Einführung steigt direkt mit der Höhe des Anteils der mithilfe des Prozesskostenmanagementsystems erfassten Gemeinkosten. Der Einführungserfolg nimmt zudem mit der Einsatzbreite und dem Ausmaß der DV-Integration zu. Für einen dauerhaften Einführungserfolg ist eine regelmäßige Pflege der Prozessstruktur erforderlich. Bezüglich der Einführungsstrategie verspricht die gleichzeitige Einführung in allen relevanten Bereichen größere Aussichten auf Erfolg als eine sukzessive Implementierung.

Von besonderer Bedeutung ist die Einsatzart: Nur ein laufender und weitgehend integrierter Einsatz in das bestehende Rechnungswesen verspricht eine erfolgreiche Einführung und später auch Anwendung des Prozesskostenmanagementsystems.

Der wichtigste Erfolgsfaktor der Einführung ist die **Unterstützung durch die Unternehmensführung**, gefolgt von einer klaren Zieldefinition, einer offene Kommunikation der Projektziele bei den Mitarbeitern und deren frühzeitiger Einbezug in das Projekt (siehe Abbildung 24). Die Bedeutung von Schulungsmaßnahmen, die durch den festgestellten Zusammenhang mit dem Einführungserfolg bestätigt wurde, wird von den Befragten noch unterschätzt. Von den Unternehmen, die **externe Mitarbeiter** eingesetzt haben (in 39 Fällen), bewerteten 37 % dies als erfolgsentscheidenden Faktor.

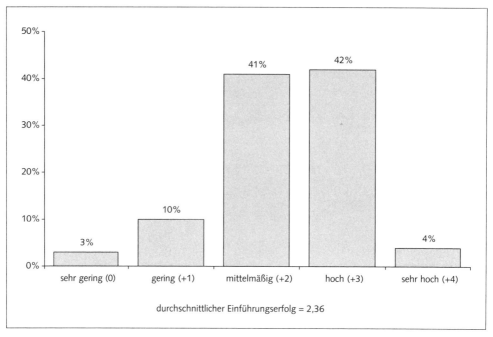

(Stoi, R.: Prozesskostenmanagement in Deutschland – Ergebnisse einer empirischen Untersuchung, in: Controlling, Heft 2, Februar 1999, S. 56)

Abb. 23: Beurteilung des Erfolgs der Einführung des Prozesskostenmanagements

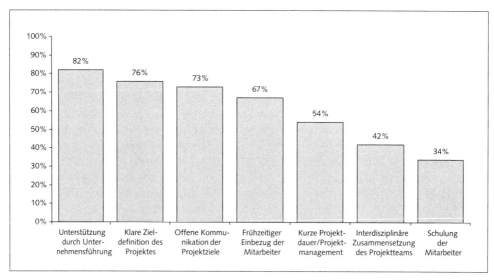

(Stoi, R.: Prozesskostenmanagement in Deutschland – Ergebnisse einer empirischen Untersuchung, in: Controlling, Heft 2, Februar 1999, S. 56)

Abb. 24: Die wichtigsten Erfolgsfaktoren der Einführung des Prozesskostenmanagements

Mögliche Probleme und Hürden

Viele glauben vor einer Einführung, dass die DV-technische Umsetzung das größte Problem darstellt. Die Studie widerlegt dies und bestätigt dagegen, dass Messung und Definition der Maßgrößen und Kostentreiber die größten Probleme der Einführung darstellen. Abhilfe könnte bspw. durch branchenspezifische Prozess- und Kostentreiberkataloge als Orientierungshilfen geschaffen werden oder durch intensive Auseinandersetzung des Einführungsteams sowohl mit der Theorie als auch mit Praxisbeispielen und -anwendungen.

Die Behebung DV-technischer Probleme ist zwar erfolgsentscheidend, allerdings gab es in den letzten Jahren durch die zunehmenden Anstrengungen vieler Anbieter immer bessere Lösungen (beispielhaft die Entwicklungen im R/3 CO-ABC-Modul von SAP). Dies wird die Ausbreitung des Prozesskostenmanagements in der Praxis weiter begünstigen.

Daneben haben viele Unternehmen für die Einführung zu geringe Ressourcen vorgesehen, den entstehenden Pflegeaufwand unterschätzt oder ein zu komplexes Prozessmodell aufgebaut.

Verwirrung entstand bei einigen Befragten durch den parallelen Einsatz des Prozesskostenmanagements und bisheriger Verfahren. Keinerlei Probleme hatten lediglich zwei Unternehmen (siehe Abbildung 25).

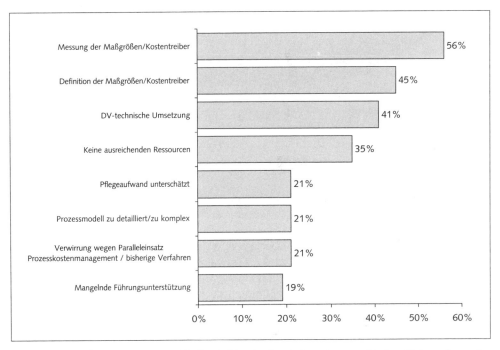

(Stoi, R.: Prozesskostenmanagement in Deutschland – Ergebnisse einer empirischen Untersuchung, in: Controlling, Heft 2, Februar 1999, S. 57)

Abb. 25: Die häufigsten Einführungsprobleme

Integration oder Insellösung?

Die Grad der Integration des Prozesskostenmanagementsystems in das interne Rechnungswesen ist sehr unterschiedlich: Bei 19 % der Befragten erfolgt bislang der Einsatz nur als
Pilotstudie in einem eng abgegrenzten Bereich. Knapp ein Drittel verwendet das Prozesskostenmanagement fallweise und parallel zur bestehenden Kostenrechnung. Die Hälfte der
Unternehmen betreibt einen laufenden Einsatz: 16 % parallel zur bestehenden Kostenrechnung und gut ein Drittel im Rahmen eines in die Kalkulation und Ergebnisrechnung integrierten Systems (siehe Abbildung 26).

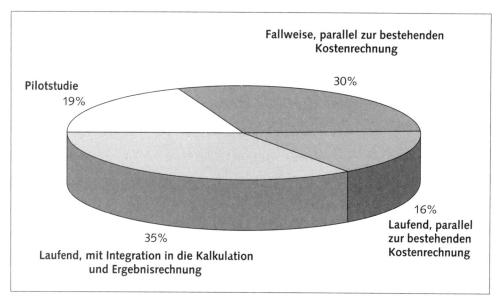

(Stoi, R.: Prozesskostenmanagement erfolgreich eingesetzt, in: Kostenrechnungspraxis, Heft 2, 1999,
S. 92)

Abb. 26: Einsatzart des Prozesskostenmanagementsystems

Bei Durchführung einer Pilotstudie lassen sich erste Erfahrungen mit dem Prozesskostenmanagement sammeln, mit großen und v. a. anhaltenden Verbesserungen ist dabei aber
nicht zu rechnen. Das Ziel einer Pilotstudie ist es, durch diese Erfahrungen das anschließende Projekt zur Einführung besser definieren zu können. Das gesamte Potenzial des
Prozesskostenmanagements erschließt sich nur bei laufendem Einsatz mit Integration in
die Kalkulation und Ergebnisrechnung.

Bei einem parallelen Einsatz zur bestehenden Kostenrechnung besteht die Gefahr, dass
gleiche Sachverhalte von beiden Systemen unterschiedlich beurteilt werden, was zu Verwirrung und Unzufriedenheit führen kann. Besondere Bedeutung hat ein hoher Integrationsgrad für die prozessorientierte Budgetierung und die Analyse der Kundenrentabilität.

Die Abbildung 27 zeigt die häufigsten Einsatzfelder des Prozesskostenmanagements.
Am weitesten ist der Einsatz zur Produktkalkulation (Prozessorientierte Kalkulation) und
zur Ermittlung von Kostensenkungspotenzialen verbreitet.

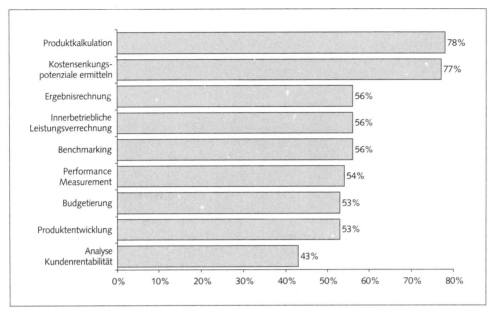

(Stoi, R.: Prozesskostenmanagement in Deutschland – Ergebnisse einer empirischen Untersuchung, in: Controlling, Heft 2, Februar 1999, S. 57)

Abb. 27: Die häufigsten Einsatzfelder des Prozesskostenmanagements

Bei der Einsatzfrequenz dieser Einsatzfelder bestehen deutliche Unterschiede: Während die Produktkalkulation, die Ergebnisrechnung und die innerbetrieblichen Leistungsverrechnung i.d.R. im laufenden Einsatz sind, dominiert bei der Ermittlung von Kostensenkungspotenzialen, dem Benchmarking, dem Performance Measurement und der Analyse der Kundenrentabilität dagegen der fallweise Einsatz[43] (siehe Abbildung 28).

Der laufende Einsatz verspricht im Durchschnitt bessere Ergebnisse als die fallweise Anwendung. Dies gilt insbesondere für Verbesserungen der Transparenz der Kosten und Leistungen, der Plan- und Steuerbarkeit sowie der Leistungsmessung der indirekten Bereiche. Der Einsatz in Produktkalkulation, Ergebnisrechnung, Performance Measurement, Budgetierung und innerbetrieblicher Leistungsverrechnung sollte möglichst permanent durchgeführt werden. Der Einsatz zur Ermittlung von Kostensenkungspotenzialen, zum Benchmarking, zur Entscheidungsunterstützung, zur Analyse der Kundenrentabilität und Produktentwicklung kann dagegen auch fallweise erfolgen.

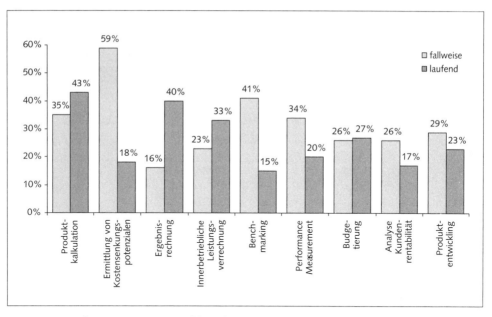

(Stoi, R.: Prozesskostenmanagement erfolgreich eingesetzt, in: Kostenrechnungspraxis, Heft 2, 1999, S. 93)

Abb. 28: Einsatzfrequenz ausgewählter Einsatzfelder

5   Auswahl des Untersuchungsbereiches

Einer der ersten operativen Schritte ist das Festlegen des Einsatzbereiches in Abhängigkeit von den primären Zielsetzungen.

Der Einsatzbereich muss den festgelegten Zielen folgend und »unternehmensindividuell im Wege von Kosten-Nutzen-Analysen durch ein Projektteam«[44] ausgewählt werden. Dieser Untersuchungsbereich kann für das spätere Ausdehnen der Prozesskostenrechnung auf weitere Unternehmensbereiche ein Vorbild sein, um für eine schnelle und akzeptierte Einführung in anderen Bereichen zu garantieren.

Der wesentlichste Ansatz muss die Orientierung am Kundenauftrag sein. Der chronologische **Durchlauf eines Kundenauftrages** im Unternehmen gibt quasi den Weg für eine Prozesskettenbetrachtung eines Untersuchungsbereiches vor. Zur Auswahl des geeigneten Bereiches bzw. zur Festlegung des Untersuchungsumfanges gibt es folgende Punkte zu beachten:

- Erfolgsentscheidend für das Projekt ist es, zunächst diejenigen Bereiche auszuwählen, wo am **schnellsten Erfolge** zu erzielen sind, um Management und Mitarbeiter von der neuen Methodik zu überzeugen. Hier erkennt man die Wichtigkeit der Teamzusammensetzung. Im Team müssen geeignete Vorschläge erarbeitet werden können; dies geht nur, wenn die Mitglieder entsprechende globale – sprich bereichsübergreifende – Erfahrungen einbringen.
- Der gewählte Bereich sollte **überschaubar** und dennoch so umfangreich sein, dass kostenstellenübergreifendes Prozessmanagement gestaltet werden kann.
- Unter dem **Aspekt der Wirtschaftlichkeit** sollten folgende grundsätzliche Kriterien bei der Einführung einer Prozesskostenrechnung berücksichtigt werden:
  - Konzentration auf betriebliche Kostenschwerpunkte,
  - Konzentration auf betriebliche Ressourcen, die von verschiedenen Produkt-, Kunden-, Auftragstypen etc. unterschiedlich beansprucht werden und
  - Konzentration auf Ressourcen, deren Kosten im bestehenden Kostenrechnungssystem am wenigsten verursachungsgerecht verrechnet werden.
- Gerade in größeren Unternehmen bietet sich eine **ABC-Analyse** zur Abgrenzung des Untersuchungsbereiches mittels verschiedener zielorientierter Kriterien an, welche auch kombiniert zur Auswahl der Bereiche verwendet werden können:
  - Konzentration auf **Bereiche, die eng mit dem Produkt verbunden sind**
    Die Zielsetzung, schnell (Kalkulations-)Ergebnisse mit geringem Aufwand zu erreichen, fordert die Nähe zum Produktionsprozess. Durch die Untersuchung der eng am Produktionsprozess orientierten Bereiche (Arbeitsvorbereitung, Qualitätssicherung etc.) kann in kürzester Zeit und somit bei gutem Aufwand-Nutzen-Verhältnis ein Produktbezug gefunden werden. Gleiches gilt für Bereiche, die eng mit den Kunden verbunden sind (Auftragsabwicklung, Marketing, Vertrieb etc.).
  - Konzentration auf **Bereiche, in denen (hohe) Rationalisierungspotenziale vermutet werden**
    Sollen v. a. hohe Einsparungsmöglichkeiten durch die Prozesskostenrechnung festge-

stellt werden, empfiehlt sich die Untersuchung derjenigen Unternehmensbereiche, in denen man solche Rationalisierungspotenziale vermutet (z. B. Beschaffungsabteilungen, Logistikbereiche etc.). Solche Vermutungen können nur von qualifizierten Teammitgliedern gemacht werden, die von den evtl. zu nennenden Bereichen unabhängig sind; dies wird höchstwahrscheinlich nur einem externen, erfahrenen Berater oder dem hauseigenen, erfahrenen Controller gelingen.

– Konzentration auf **Bereiche mit hohem Gemeinkostenvolumen**
  Durch die Untersuchung von Bereichen mit hohem Gemeinkostenvolumen sollen mithilfe der Prozesskostenrechnung möglichst viele Bereichskosten verursachungsgerecht den Kostenträgern zugeordnet werden (z. B. Forschung und Entwicklung, Vertrieb etc.). Ein willkürlicher Gemeinkostenzuschlag dieser hohen Kosten wirkt sich in der Kalkulation verheerender aus als ein Zuschlag für Bereiche, deren Gemeinkosten nur einen geringen Anteil an den Gesamtkosten haben.

In dem so abgegrenzten Unternehmensbereich sollten dann aber die wichtigsten Kostenblöcke sehr sorgfältig analysiert werden, um nicht nur andere, sondern wirklich bessere Informationen durch die Prozesskostenrechnung zu erhalten.

Und noch eine Anmerkung: Selbst in Abteilungen und Bereichen, die von ihrer Struktur her für die Anwendung der Prozesskostenrechnung geeignet sind, ist deren Einführung nicht unbedingt problemlos, da bereits die Tätigkeitsanalyse als erster Einführungsschritt erfahrungsgemäß auf psychologische Widerstände bei Belegschaft und Betriebsrat stößt und daher einer – wie erwähnt – umfangreichen Informations- und Überzeugungsarbeit seitens des Managements und des Projektteams bedarf.

6 Analyse- und Strukturierungsphase

6.1 Vorbemerkungen

Analyse und Strukturierung aller im Untersuchungsbereich durchgeführten Abläufe sind unabdingbare Voraussetzungen für den Aufbau einer Prozesskostenrechnung. Zunächst sind die Tätigkeiten zu analysieren, die innerhalb organisatorischer Einheiten (= Kostenstellen) anzutreffen sind. Darauf aufbauend wird die Teilprozessanalyse mit dem Ziel der Zusammenfassung einzelner Tätigkeiten zu kostenstellenbezogenen Teilprozessen und deren Bewertung (Ressourcen, Mengen, Zeitanteile, Kosten) durchgeführt. Die Analysephase schließt mit der so genannten Hauptprozessanalyse ab, welche im Wesentlichen die Strukturierung der kostenstellen- und bereichsübergreifenden Prozesse darstellt:

Tätigkeitsanalyse → Teilprozessanalyse → Hauptprozessanalyse.

Die Vorgehensweise lehnt sich an die in Teil I getroffenen Begriffsdefinitionen an: Tätigkeiten sind die kleinsten Glieder im Aufbau der Prozesskostenrechnung und bilden Teilprozesse; Hauptprozesse stellen die übergeordnete Hierarchie der Prozesse dar und werden aus Teilprozessen gebildet.

Allein durch diese Analysen (besonders durch die Teilprozessanalyse) mit anschließender Ressourcen- und Kostenzuordnung erhöht sich die Kostentransparenz in dem betrachteten Kostenstellenbereich schon erheblich. Die Analyse von Aktivitäten kommt einer Bestandsaufnahme der Unternehmensabläufe gleich. Nur löst schon dieses Vorhaben meist viele Diskussionen und Abstimmungen aus, die zu Verbesserungen führen können: Im Vordergrund steht dabei das Erkennen von funktionsübergreifenden Zusammenhängen.

Bei solchen Analysen tritt eine grundsätzliche Problematik auf: Die im Fertigungsbereich seit langem akzeptierte bzw. zumindest tolerierte Vorgehensweise der Leistungsmessung und -bewertung stellt in den indirekten Bereichen immer noch ein schwer zu durchbrechendes Tabuthema mit konkreten rechtlichen Restriktionen dar (z.B. Mitwirkung des Personal- und Betriebsrates). »Welcher der in den Gemeinkostenbereichen tätige Mitarbeiter legt schon gerne zu Tage, welche Leistungen er erbringt und damit verbunden, wie effizient oder ineffizient er arbeitet? In diesem Fall stößt das Thema Prozesskostenrechnung (natürlich) auf Ablehnung.«[45] Eine kooperative Arbeitsatmosphäre ist wichtig, um unnötige Mehrarbeit und v.a. Demotivierung bei der Datenerhebung zu verhindern. Alle beteiligten Mitarbeiter sollten deshalb über die Ziele der Prozesskostenrechnung informiert sein. Es muss dabei deutlich gemacht werden, dass es nicht darum geht, Tätigkeiten oder Mitarbeiter zu kontrollieren, sondern zu verbessern.

Diesem Problem kann durch gezielte Vorarbeit (Information und Motivation) der Mitarbeiter seitens des Topmanagements und des Projektteams entgegengetreten werden. Mangelnde oder auch schlechte Erfahrungswerte einer Gemeinkostenanalyse sind mit ein Problem, weshalb man sich in Betrieben zwar theoretisch mit Themen wie Prozesskostenrechnung, Gemeinkostenabbau, kostenverursachungsgerechte Kalkulation etc. beschäftigt, aber vor einer praktischen Ein- bzw. Durchführung zurückschreckt.

Der dauerhafte Einsatz der prozesskostenorientierten Kalkulation und Ergebnisrechnung setzt die erfolgreiche Integration der Prozesskostenrechnung voraus. Der Grundstein dazu wird beim Aufbau der Prozessstrukturen im Rahmen in den Analysephasen gelegt. Hier gilt es, das Optimum zwischen Detaillierungsgrad und Anwendbarkeit zu finden: Ein zu hoher Detaillierungsgrad erschwert die Informationsbeschaffung und verursacht einen zum Nutzen überproportional ansteigenden Pflegeaufwand.

6.2   Möglichkeiten der Datenermittlung

In diesem Kapitel werden besonders die benötigten Informationen der Analysephase und deren Informationsquellen beleuchtet. Vor allem durch die Betrachtung der Nachteile vorhandener Informationsquellen ist zu erkennen, dass die relevanten Daten für die einzelnen Analysen im Rahmen der Prozesskostenrechnung zumindest ergänzend durch Sonderuntersuchungen gewonnen werden können.

6.2.1   Benötigte Informationen in der Analysephase

Zunächst muss festgestellt werden, welche Informationen überhaupt benötigt werden, bevor man sich ein Bild über die mögliche Art der Informationsbeschaffung machen kann. Erst danach können die vorhandenen Informationsquellen auf ihre Brauchbarkeit hin untersucht werden. Auf die jeweils für die einzelnen Analysen relevanten Daten wird bei den Kapiteln zu den Analyseschritten in Teil II, Kapitel 6.3, 6.4 und 6.5 nochmals explizit eingegangen.

Im Rahmen der **Tätigkeitsanalyse** sind die Daten der einzelnen Tätigkeiten zu ermitteln, die von den Mitarbeitern der Kostenstellen des Untersuchungsbereiches durchgeführt werden. Hierzu muss jeder Mitarbeiter seine Tätigkeiten beschreiben, bei lmi Tätigkeiten sind zusätzlich Maßgrößen (nach Art und Menge) und dazu die erforderlichen Zeitanteile festzulegen. Bei lmn Tätigkeiten sind lediglich die darauf entfallenden Ressourcen anzugeben.

Die sich anschließende **Teilprozessanalyse** fasst die Tätigkeiten zu kostenstellenbezogenen Vorgängen zusammen. Dabei werden Maßgrößen als Kostentreiber der Teilprozesse festgelegt. Die entsprechenden Ressourcen sind ebenso zusammenzufassen. In diesem Analyseschritt werden die Kosten der Kostenstellen den Teilprozessen entsprechend ihrer Ressourceninanspruchnahme zugeordnet. Weiterhin ist es wichtig, Abnehmer und Anforderer der Teilprozessleistungen (»Input« und »Output«) zu benennen.

In der **Hauptprozessanalyse** werden alle Teilprozesse zu kostenstellenübergreifenden Hauptprozessen zusammengefasst (Hierarchiebildung). Dazu müssen ganzheitliche Betrachtungen vorgenommen werden. Es sind übergreifende Kostentreiber der Hauptprozesse festzulegen und ebenfalls mit entsprechenden Ressourcen und Kosten zu versehen.

6.2.2 Vorhandenes Datenmaterial – betriebliche Informationsquellen

Wie bereits dargestellt, erfordert die sachgerechte Durchführung der Analysen umfangreiche Informationen über den Untersuchungsbereich. Denkbar wäre, dabei auf vorhandenes Informationsmaterial durch eine Dokumentenanalyse oder auf vorhandene Analyseergebnisse zurückzugreifen.

Die **Dokumentenanalyse** beinhaltet die Sichtung und Verwertung bereits vorhandener Dokumente, die üblicherweise in Betrieben zu finden sind. Hierzu zählen z. B. Organisationspläne (Aufbau- und v. a. Ablauforganisation), Stellenbeschreibungen, Arbeitsplatzbeschreibungen etc. Weitere Möglichkeiten der Ermittlung kostenstellenspezifischer Aktivitäten könnten durch Rückgriff auf **Analyseergebnisse** erfolgen, die im Rahmen anderer Fragestellungen ermittelt wurden. Beispielsweise könnten die Unterlagen aus der DIN-ISO 9001:2000, besonders die Prozessbeschreibungen, herangezogen werden. Ebenso können dies Analysen des Gemeinkostenmanagements wie z. B. Gemeinkosten-Wertanalyse, Zero-Base-Budgeting etc. gewesen sein. Denkbar wären auch Ergebnisse anderer Projekte, wie z. B. Reorganisationen, Softwareeinführungen, Qualitätsaudits, Benchmarking-Analysen, oder andere vorhandene Informationen, wie z. B. regelmäßigen Aufgaben- und Zeitaufschreibungen der Mitarbeiter oder Angaben aus der innerbetrieblichen Leistungsverrechnung.

Wenn Sie bereits ein Workflow-Management-System einsetzen, ist nicht nur zu prüfen, inwieweit die dortigen Größen für die Prozesskostenrechnung herangezogen werden können.

Sie sollten untersuchen, ob und wie eine Integration des Workflow-Management-Systems in Ihre Prozesskostenrechnung sinnvoll wäre. Möglicherweise werden dort bereits relevante Daten erhoben, die Sie für die Prozesskostenrechnung (v. a. im Rahmen der permanenten Anwendung) verwenden können.

Exkurs

Workflow-Management ist »die computergestützte Geschäftsprozessabwicklung, deren Reihenfolge vorgegeben (modelliert) ist und durch ein Softwaresystem ausgeführt wird. Vorgangssteuerungssysteme unterstützen die vorgangsorientierte Sachbearbeitung, indem sie Vorgangsdefinitionen (so genannte Vorgangstypen) interpretieren und den Sachbearbeitern per elektronischer Post Tätigkeiten zusenden. Damit übernehmen Vorgangssteuerungssysteme Transport-, Steuerungs- und Informationsfunktionen. Die Erhebungsmethoden der Prozesskostenrechnung unterscheiden sich prinzipiell nicht von denen des Workflow Management; unterschiedlich sind allerdings der Zweck, die Begriffe und das Ziel der Erhebung«.[46]

Ein Workflow-Management-System könnte bspw. bestimmte Kostentreibermengen liefern, die nicht in anderen operativen Systemen (Fertigungssteuerung, Materialwirtschaft, Vertrieb etc.) zur Verfügung stehen.

Die Vorteile beim Rückgriff auf vorhandenes Informationsmaterial zur Datengewinnung in der Analysephase liegen

- im erheblich reduzierten Analyseaufwand (Zeit- und Kostenersparnis),

- im reduzierten Plausibilitätsprüfungs- und Abstimmungsbedarf und
- darin, dass die Mitarbeiter nicht erneut mit zumindest ähnlichen Fragen und Erhebungen belastet werden.

6.2.3 Nachteile des vorhandenen Datenmaterials

Den aufgezeigten Vorteilen v. a. des reduzierten Aufwandes bei Verwendung von bereits vorhandenem Informationsmaterial stehen eine Reihe möglicher Nachteile gegenüber:

- Die vorhandenen Informationsquellen stellen teilweise den Soll-Zustand anstelle des Ist-Zustandes der Tätigkeiten und Abläufe in einer Kostenstelle dar. So gehen z. B. Stellenbeschreibungen oder Organisationspläne nicht immer auf die tatsächlichen Gegebenheiten ein und sind deshalb höchstens als Ausgangsbasis für nähere Betrachtungen zu verwenden.
- Die Unterlagen sind nicht mehr aktuell: Die angesprochenen Stellenbeschreibungen, Organisationspläne etc. werden nur in größeren Abständen angepasst, wodurch sie aufgrund gewisser Eigendynamik der Bereiche und Abläufe relativ unbrauchbar werden.
- In den vorliegenden Unterlagen werden allgemeine Angaben statt detaillierte Tätigkeitsinformationen gemacht, die damals dahinter stehende Analyse bzw. Fragestellung erzielte – im Sinne der Prozesskostenrechnung – nur oberflächliche Ergebnisse.
- Die Ziele der Datenerhebung bereits durchgeführter Projekte (z. B. Gemeinkostenmanagementverfahren, Reorganisationsprojekt) weichen von denen für die Prozesskostenanalysen ab, wodurch die Informationen meist weniger hilfreich sind; die Aufgaben wurden dort oft anders und detaillierter strukturiert.

Diese Nachteile gilt es zu bedenken, wenn Sie vorhandene Informationen einsetzen möchten. Sofern die Nachteile schwerer wiegen als der Vorteil des reduzierten Analyseaufwandes, werden Sonderuntersuchungen quasi erzwungen, die eigens zum Zwecke der Einführung der Prozesskostenrechnung veranlasst werden müssen. Wenn Sie schon zu diesem frühen Zeitpunkt unkorrekte Informationen verarbeiten würden, was würde dann eine Prozesskostenrechnung auf dieser Basis überhaupt noch leisten können?

6.2.4 Sonderuntersuchungen als erforderliche Lösung

Sie haben festgestellt, dass die bereits vorhandenen Informationsquellen in der Analysephase der Prozesskostenrechnung nur mit Einschränkungen und meist nur als Informationsgrundlagen zur Datenerhebung herangezogen werden können. Es ist deshalb erforderlich, die notwendigen Informationen durch Sonderuntersuchungen einzuholen, i.d.R. durch schriftliche oder mündliche Befragungen. Die beiden praktikablen Möglichkeiten sind hier **Interview** und **Selbstaufschreibung**. Daneben wäre noch die Beobachtung denkbar (z. B. durch das Multimomentverfahren), die sich aber lediglich für die Zeitaufnahme und nicht grundsätzlich für die Abbildung der einzelnen Aktivitäten und v. a. nicht für die Prozessbildung in den indirekten Bereichen einsetzen lässt.

Interview und Selbstaufschreibung könnten sowohl nur mit den Kostenstellenverantwortlichen allein als auch mit jedem Mitarbeiter des Untersuchungsbereiches durchgeführt werden. Bei größeren Organisationseinheiten kann es ausreichend sein, anstelle mit Dutzenden von Mitarbeitern deren Teamleiter zu befragen.

Werden die Daten ausschließlich per Interview erhoben, sind die Informationen seitens der Kostenstellenverantwortlichen sicher zu oberflächlich, da sie nicht die Tätigkeiten ihrer Mitarbeiter im Detail kennen. Es hat sich in der Praxis gezeigt, dass die Verantwortlichen keine vollständige Kenntnis der tatsächlichen Abläufe besitzen und sich häufig allzusehr von den in Stellen- und Ablaufplänen dokumentierten Idealbedingungen leiten lassen. Damit geht unweigerlich ein Verlust an Informationsqualität einher, insbesondere dann, wenn es sich um einen großen Bereich mit komplexen Handlungsstrukturen handelt. Detaillierte Zeitangaben können nicht auf der bloßen Einschätzung durch die Kostenstellenleiter beruhen, sondern müssen auf Zeitstudien mittels Selbst- oder Fremdbeobachtungen basieren.

Ebenso nachteilig wären aber auch Interviews mit allen Mitarbeitern. Weil die Mitarbeiter mehrmals befragt werden müssten, um Einzeleinflüsse zu reduzieren, würde der Analyseaufwand erheblich vergrößert werden. Sollen die Daten dagegen ausschließlich schriftlich abgefragt werden, sind Schwierigkeiten bei der Überprüfung und Detaillierung unumgänglich, was wiederum die Qualität der Daten beeinträchtigen würde.

Besonders sinnvoll ist deshalb folgende **Kombination**, auf deren Vorgehensweise in Teil II, Kapitel 6.3, 6.4 und 6.5 näher eingegangen wird: Die erforderlichen Daten der einzelnen Tätigkeiten werden mithilfe eines Formulars von jedem Mitarbeiter unter schriftlicher oder besser noch mündlicher Anleitung erhoben und anschließend in Interviews mit den Kostenstellenverantwortlichen überprüft und detailliert. Diese Form bietet zudem die Möglichkeit, die einzelnen Mitarbeiter beim Aufbau der Prozesskostenrechnung zu beteiligen, um so motivationsfördernd auf sie einzuwirken.

6.3 Tätigkeitsanalyse

6.3.1 Vorbemerkungen

Die umfassende Tätigkeitsanalyse ist nun der erste »operative« und gleichzeitig aufwändigste Schritt der Einführungsmaßnahmen. Sie bildet »das Fundament der Prozesskostenrechnung«. Dabei handelt es sich, ausgehend von der zunächst vorhandenen Kostenstelleneinteilung, um die Analyse des festgelegten Untersuchungsbereiches hinsichtlich des dort ablaufenden Geschehens. Sie könnten auf eine solche Analyse nur verzichten, wenn eine einzige und immer gleichförmig ablaufende Handlung in einer Kostenstelle vorgenommen würde. Da dies aber nicht realistisch ist, wird es auch für die Gesamtheit der Handlungen einer Kostenstelle schwierig sein, einen einzigen Kostentreiber zu verwenden. Auf eine kostenstellenbezogene Tätigkeitsanalyse kann daher nur in (sehr seltenen) Einzelfällen verzichtet werden.

Mit der Durchführung einer Tätigkeitsanalyse wird in einer Kostenstelle ermittelt, welche Tätigkeiten (Output) innerhalb einer bestimmten Periode durchgeführt werden und wie groß der hierfür notwendige Personal- und Sachmittelbedarf (Input) in Prozent der Gesamtkapazität ist, inwieweit also die Ressourcen der Kostenstelle durch die Tätigkeiten in Anspruch genommen werden, was dann wiederum die Höhe der Kosten bei den einzelnen Prozessen bestimmt. Dazu erfolgt eine Zerlegung der jeweils zu verrichtenden Aufgabenkomplexe in einzelne Tätigkeiten.

Das Festlegen einer Begriffshierarchie (»Tätigkeit«, »Teilprozess«, »Hauptprozess«) ist ein Schritt, jedoch muss dieser mit der Unternehmensrealität abgestimmt werden. Allgemein gültige Aussagen über die erforderliche Analysetiefe gibt es nicht. Diese ist abhängig von der Situation und insbesondere von den Informationsbedürfnissen. Sicher sind aber die Kosten zu berücksichtigen, welche mit einer Analyse verbunden sind. Es kann durchaus vorkommen, dass eine Handlung in einem Unternehmen als Tätigkeit und im anderen als Teilprozess eingestuft wird.

Im Vorgriff auf Teilprozess- und Hauptprozessanalyse sind bereits in dieser Phase Vorstellungen über die künftigen Hauptprozesse hilfreich. Solche Hauptprozesse werden im Projektteam mithilfe seiner erfahrenen Mitglieder durch die Analyse von Unternehmensstruktur, Produkt- und Fertigungsprogramm, Lieferstruktur, Kunden- und Auftragsstruktur etc. als **vorläufige Hauptprozesse** definiert und in einem vorläufigen Hauptprozesskatalog dokumentiert (siehe Abbildung 29).

Ein solcher vorläufiger Hauptprozesskatalog kann im Projektteam schnell durch eine oder mehrere »Brainstorming-Runden« erreicht werden. Diese sind für alle Beteiligten sehr lohnend, da sie so problemlos in das erforderliche Prozessdenken hineinfinden und viel über das Unternehmen lernen können. Zudem können auch hier erste unmittelbare Erfolge erzielt werden: ablauforganisatorische Probleme können ohne größeren Aufwand zeitnah eliminiert werden.

Die vorläufigen Hauptprozesse müssen nun bewertet werden, inwieweit sie für Ihre Prozesskostenrechnungsziele relevant sind, z.B. hinsichtlich Zeitumfang, vermuteten Kosten, Einbeziehen in die Kalkulation etc. Diese wichtigsten vorläufigen Hauptprozesse sollten den Umfang der Analysen bestimmen. Es würde wenig Sinn machen und einen unver-

---

Projekt Prozesskostenrechnung
Ihr Ansprechpartner: H. Remer, App. 486

12.01.05

Vorläufiger Hauptprozesskatalog

XY GmbH

Kostenstellen des Untersuchungsbereiches:
123-3520, 123-4000, 123-5000, 123-6000, 125-6500, 125-7400, 125-8000

lfd. Nr.	vorläufiger Hauptprozess	vorläufiger Kostentreiber
01	Produktänderungen durchführen	Anzahl geänderter Produkte
02	Lieferanten betreuen	Anzahl Lieferanten
03	Material beschaffen	Anzahl Bestellungen
04	Kundenaufträge direkt abwickeln	Anzahl Aufträge
…	…	…
…	…	…

Abb. 29: Vorläufiger Hauptprozesskatalog (Beispiel, Ausschnitt)

hältnismäßig hohen Zeitaufwand bedeuten, wenn Sie beabsichtigen, alle Kostenstellen der indirekten Bereiche analysieren zu wollen und aus dieser Vielfalt und Vielzahl von angegebenen Tätigkeiten eine Prozessstruktur bilden zu wollen. Selbst innerhalb einer Kostenstelle ist nicht zwingend die Aufnahme aller Tätigkeiten entscheidend; man konzentriert sich vielmehr auf diejenigen Tätigkeiten, die zu einem der vorläufigen Hauptprozesse gehören. Sollten darüber hinaus hohe Anteile nicht auf diese vorläufigen Hauptprozesse zugeordnet werden, ist zu hinterfragen, wozu die verbleibenden Tätigkeiten bzw. Zeitanteile genutzt werden – evtl. ergeben sich Hinweise auf weitere Hauptprozesse.

Diese vorläufigen Hauptprozesse dienen als Ausgangspunkt, um die Frage nach den hierfür zu erbringenden Tätigkeiten zu beantworten; sie sind die Voraussetzung für die weiteren zielorientierten Analysen. Durch die vorläufigen Hauptprozesse und Kostentreiber werden die nachfolgende umfangreiche Tätigkeitsanalyse und die Teilprozessanalyse auf eine vorstrukturierte Basis gestellt und der Untersuchungsbereich sachgerecht eingeschränkt. Die im vorläufigen Hauptprozesskatalog gemachten Hypothesen sind Arbeitserleichterungen und ändern sich selbstverständlich noch durch erweiterte Kenntnisse im Laufe der Analysen. Diese Hypothesen sind aus der spezifischen Produkt-, Absatz- und Unternehmenskultur sowie den wesentlichen Entscheidungssituationen des Unternehmens abzuleiten.

Grundsätzlich ist es ebenfalls hilfreich, wenn die derzeitigen Grunddaten jeder Kostenstelle, also Mitarbeiterzahl mit zugehörigen Personalkosten, Sachmittel mit entsprechenden Sachkosten bzw. restlichen Gemeinkosten (Plan/Ist), vom Projektteam bereits ermittelt und in einer Übersicht zusammengestellt worden sind (siehe Abbildung 30).

Projekt Prozesskostenrechnung
Ihr Ansprechpartner: H. Remer, App. 486
12.01.05

XY GmbH

Kostenstellenübersicht
– Grunddaten –

Kostenstellen des Untersuchungsbereiches:
123-3520, 123-4000, 123-5000, 123-6000, 125-6500, 125-7400, 125-8000

Kosten-stelle Nr.	Mitarbeiter (MA)		Personal-kosten (TEUR)		Sach-kosten (TEUR)		Sonstige Kosten (TEUR)		Total-kosten (TEUR)	
	Plan	Ist	Plan	Ist	Plan	Ist	Plan	Ist	Plan	Ist
123-3520	5	5	540	553	100	85	10	23	650	661
123-4000	5	6	570	651	220	194	15	17	805	862
123-5000	9	8	810	730	240	251	10	8	1.060	989
123-6000	4	4	490	495	120	123	10	7	620	625
125-6500	3	4	300	380	90	95	20	18	410	493
125-7400	5	5	550	542	110	129	10	11	670	682
125-8000	4	6	410	543	90	135	15	14	515	692
Total	35	38	3.670	3.894	970	1.012	90	98	4.730	5.004

Abb. 30: Kostenstellenübersicht mit Grunddaten (Beispiel)

6.3.2   Relevante Daten

Welche Daten sind im Rahmen der Tätigkeitsanalyse konkret zu ermitteln? An erster Stelle steht die Beschreibung der einzelnen Tätigkeiten jedes einzelnen Mitarbeiters mit entsprechendem Zeitanteil an dessen Gesamtarbeitszeit. Die Tätigkeiten sind auch daraufhin zu untersuchen, inwieweit die erbrachten Leistungen repetitiven Charakter haben und inwieweit sie von einheitlichen Mengenbezugsgrößen abhängig sind. Zumindest bei den Tätigkeiten als Handlungseinheiten der untersten Ebene der Prozesshierarchie sollten durch eine einzige Maßgröße eindeutige Beziehungen zwischen Maßgrößenmenge und Kostenveranlassung hergestellt werden. Im Rahmen der Selbstaufschreibung sind folgende Daten von jedem Mitarbeiter auf Kostenstellenebene zu ermitteln:

- Beschreibung der einzelnen Tätigkeiten (stichwortartig),
- Maßgrößen der jeweiligen Tätigkeiten (mengen- oder zeitorientiert) und
- angefallene Maßgrößeneinheiten (bei mengenorientierten Maßgrößen zusätzlich den darauf entfallenden Zeitanteil).

Sämtliche Daten sind dabei jahresbezogen zu erheben, um verschiedene Einflüsse (Saison, Jahresabschluss, Urlaub etc.) ausgleichen zu können. Die spätere Anwendung und Durchführung wird aber monatlich stattfinden (siehe hierzu Teil IV, Kapitel 3).

6.3.3   Datenerhebung in Form von Selbstaufschreibungen

Die Tätigkeitsanalyse wird nun als schriftliche Befragung in Form einer **Selbstaufschreibung** mittels Formular oder Fragebogen durchgeführt. Das Formular ist hierbei einem Fragebogen vorzuziehen, da die Mitarbeiter so keine festgelegten Prozessstrukturen vorfinden und trotzdem eine einheitliche Erfassung zur Übertragung der Daten in DV-Anwendungen gewährleistet wird. Als Variante kann es in machen Fällen vorteilhaft sein, wenn das Projektteam vorab die erforderlichen Tätigkeiten aus den vorläufigen Hauptprozessen ableitet und für die Tätigkeitserfassung vorgibt. Das hat den Vorteil einer strukturierten Erfassung sowohl für den Erfasser als auch für die Übertragung und Verarbeitung der Erfassungsdaten. Zudem wirkt diese Variante förderlich auf die Akzeptanz: Der Mitarbeiter gibt »nur« für diejenigen Tätigkeiten Zeiten und Mengen an, die zu einem definierten (vorläufigen) Hauptprozess gehören. Er erfasst also nicht zwingend 100 % seiner Arbeitsleitung und so kommt der Gedanke an eine Tätigkeitskontrolle nicht auf.

»In der Praxis treten verschiedentlich erhebliche Schwierigkeiten auf, da einerseits die Auskunftsbereitschaft nicht sehr groß und andererseits das Verständnis für das Denken in Inputs und Outputs bei den Mitarbeitern nicht in genügendem Ausmaß vorhanden ist. Grundsätzlich ist es deshalb ratsam, in einem relativ ›einfachen‹ Bereich erste Erfahrungen zu sammeln.«[47]

Es ist zu beachten, dass die Selbstaufschreibung von jedem Mitarbeiter der betroffenen Bereiche separat durchgeführt wird. Übergreifende Zusammenhänge oder ganzheitliche Betrachtungen sind hier für ihn nicht relevant, ebenso wenig soll die Selbstaufschreibung vom Kostenstellenverantwortlichen für dessen Mitarbeiter erarbeitet werden. Die Selbstaufschreibung durch jeden Mitarbeiter hat einen wesentlichen Vorteil gegenüber den möglichen anderen Verfahren: die Einbindung und dadurch die Information und Motivation der Beteiligten.

Mit der Selbstaufschreibung werden detaillierte Erkenntnisse darüber gewonnen, womit sich die Mitarbeiter eines Gemeinkostenbereiches im Einzelnen beschäftigen. Eine solche **Detailtätigkeitsübersicht** bietet eine gute Grundlage für die Durchführung von Tätigkeitsoptimierungen.

Anzumerken ist, dass der Betriebsrat aufgrund der §§ 87 und 91 Betriebsverfassungsgesetz und nicht zuletzt auch aus Akzeptanzgründen zu informieren und einzubeziehen ist. D. h. dass man dem Betriebsrat beispielsweise die gesamten Unterlagen, die an die Mitarbeiter der untersuchten Bereiche gehen (wie z. B. Einführungsschreiben und Tätigkeitsformular), vorab zukommen lassen sollte. Zudem muss dem möglichen Eindruck, dass es sich bei den Analysen der Prozesskostenrechnung nicht um eine Leistungsbeurteilung handelt, entgegengewirkt werden.

Vor der eigentlichen Selbstaufschreibung ist für alle Mitarbeiter ein geeignetes **Einführungsschreiben** zu verfassen, unabhängig von einer bereits durchgeführten Informationsmaßnahme auf gesamtbetrieblicher Ebene. Dieses Einführungsschreiben wird etwa eine Woche vor der Datenerhebung verschickt, damit die Mitarbeiter nicht »überfallen« werden. Es informiert und überzeugt die Beteiligten davon, die Erhebung mit dem nötigen Ernst selbst durchzuführen. Zweck eines Einführungsschreibens ist auch die Weckung des Interesses bei den Befragten sowie die Gewinnung des Vertrauens und die Motivierung.

Ein solches Schreiben enthält zumindest die folgenden Punkte und sollte maximal zwei Seiten umfassen:

- Vorstellung des Projektteams und Benennung eines Ansprechpartners bei Problemen oder Rückfragen.
- Kurze Beschreibung der Inhalte und Ziele der Prozesskostenrechnung in Ihrem Unternehmen.
- Offenlegung, zu welchem Zweck diese Datenerhebung durchgeführt wird.
- Ablauf der Analysephase der Prozesskostenrechnung mit dem Hinweis auf mögliche weitere Erhebungen oder Rückfragen.
- Zeitrahmen des gesamten Projektes bekannt geben und eine Bearbeitungszeit des Formulars von mindestens 14 Tagen einräumen. Es sind aber bis zu vier Wochen oder länger für den Rücklauf einzuplanen, z. B. wegen krankheits- oder urlaubsbedingter Abwesenheit einzelner Mitarbeiter.
- Rückmeldung zusagen: Der Mitarbeiter soll durch die Mitteilung der Ergebnisse weiter aktiv beteiligt werden. So können auch evtl. Fehler bei der Erfassung bereits in dieser Phase korrigiert werden.

Abbildung 31 zeigt einen Vorschlag für den Inhalt eines Einführungsschreibens, welches an jeden Mitarbeiter des Untersuchungsbereiches verschickt wird.

Zur eigentlichen Erhebung ist dann zeitnah ein **Formular zur Tätigkeitserfassung** in Verbindung mit einem **Begleitschreiben** an jeden Mitarbeiter auszugeben. Das Begleitschreiben enthält die Bearbeitungshinweise und soll v. a. das Formular erläutern, was am anschaulichsten durch ein ausgefülltes **Muster** geschieht. Der konkrete Abgabezeitpunkt für den Rücklauf an das Projektteam ist ebenfalls zu nennen.

Der erforderliche Detaillierungsgrad muss daraus deutlich werden oder er sollte explizit in den Bearbeitungshinweisen herausgestellt werden, da ansonsten zu viele Rückfragen kämen bzw. die Mitarbeiter mit zu detaillierten Angaben unnötig viel Arbeit hätten. Anzumerken ist, dass die einzelnen Tätigkeiten nicht so detailliert (molekularisiert) erfasst wer-

Projekt Prozesskostenrechnung
Ihr Ansprechpartner: H. Remer, App. 486
22.01.2005

Verteiler: Alle Mitarbeiter des Untersuchungsbereiches

Wie Sie den Informationen aus der Werkszeitung und der Mail der
Geschäftsleitung entnehmen konnten, starten wir am 01.02.2005 unser Projekt
»Prozesskostenrechnung«. Wir, das sind die Projektteammitglieder H. Remer,
H. Mussler, H. Geiger und natürlich Sie als aktiv Beteiligter.

Durch eine funktionierende Prozesskostenrechnung können wir unsere Prozesse
mit realistischen Kosten versehen und z.B. auf unsere Produkte und Kunden
zuordnen. Dies geschieht durch die Ermittlung der einzelnen Tätigkeiten, die
Zusammenfassung zu übergeordneten Prozessen und deren korrekte Bewertung.
Wir wollen dadurch die gleiche Kosten- und Leistungstransparenz für die
indirekten Bereiche erreichen, wie wir dies schon seit Jahren auch in der
Fertigung praktizieren. Die Einführung der Prozesskostenrechnung wird im
Juli 2005 abgeschlossen sein.

Dazu ist Ihre Mithilfe erforderlich. Der erste Schritt dieses Projekts wird die
Erfassung Ihrer Tätigkeiten an Ihrem Arbeitsplatz sein. Dies erfolgt durch eine
von Ihnen persönlich durchzuführende Selbstaufschreibung, für die Sie nächste
Woche die erforderlichen Unterlagen und weitere Informationen erhalten werden.

Nachdem wir diese Daten von Ihnen erhalten haben, werden wir zusammen mit
dem Leiter Ihrer Kostenstelle die weiteren Schritte der Prozessbildung und
-bewertung vornehmen. Sie erhalten eine Rückmeldung bzgl. der von Ihnen
erhobenen Daten über Ihren Kostenstellenleiter. Möglicherweise werden wir
danach nochmals auf Sie zukommen, um weitere Fragen zu klären.

Sollte Ihnen etwas unklar sein, stehen wir selbstverständlich jederzeit für
Rückfragen zur Verfügung.

Mit freundlichen Grüßen

Abb. 31: Vorschlag für ein Einführungsschreiben

den sollten, wie es beispielsweise für REFA-Studien erforderlich ist, welche bis auf »Griff-elemente« zerlegen.[48]

Zunächst nun ein Vorschlag für ein solches Formular zur Tätigkeitserfassung (Abbildung 32), im Anschluss daran ein Begleitschreiben mit Bearbeitungshinweisen (Abbildung 33); beide sollten am besten per Mail als Tabellenkalkulationsdateien zugesandt werden.

Dem Begleitschreiben ist als Anleitung zur Ausfüllung des Blankoformulars ein Muster beizulegen, welches wie in Abbildung 34 aussehen könnte.

Projekt Prozesskostenrechnung
Ihr Ansprechpartner: H. Remer, App. 486

XY GmbH

Formular zur Tätigkeitserfassung

Kostenstellen-code	Kostenstellen-bezeichnung	Ihr Name				
Tätigkeit		Maßgröße	Maß-größen-menge	benötigte Zeit **pro Jahr**		
			pro Jahr	in %	in AT	
			Summen			

Abb. 32: Formular zur Tätigkeitserfassung

6.3.4   Ergebnisse der Tätigkeitsanalyse

Nach dem Rückgabetermin ist zunächst zu prüfen, ob alle beteiligten Mitarbeiter ihr Formular zur Tätigkeitserfassung ausgefüllt zurückgegeben haben; andernfalls ist die Rückgabe anzumahnen. Weiterhin müssen die Formulare auf Formfehler und falschen Detaillierungsgrad hin durchgesehen und in diesen Fällen nochmals an den Mitarbeiter zur Korrektur gesandt oder persönliche Rückfragen gestellt werden.

Liegen alle Formulare in korrekter Form vor, sollten die Tätigkeiten zumindest mittels Tabellenkalkulationsprogramm per PC weiter verarbeitet werden und zur besseren Übersicht gleiche Tätigkeiten mit gleichen Maßgrößen zusammengefasst werden. Nach erfolg-

Projekt Prozesskostenrechnung
Ihr Ansprechpartner: H. Remer, App. 486   05.02.2005

Verteiler: Alle Mitarbeiter des Untersuchungsbereiches

Am 01.02.2005 ist, wie angekündigt, der Startschuss für unser Projekt Prozesskostenrechnung gefallen. Die Rückgabe der ausgefüllten Formulare zur Tätigkeitserfassung muss spätestens bis zum **08.03.2005** erfolgen.

Beim Ausfüllen des Formulars zur Tätigkeitserfassung **beachten Sie bitte folgendes:**
- Orientieren Sie sich am beigefügten Musterformular zur Tätigkeitserfassung.
- Listen Sie stichwortartig alle Tätigkeiten, die Sie während des gesamten Jahres durchführen.
- Ermitteln Sie für mengenbezogene Tätigkeiten die Maßgrößen und deren Mengen ebenfalls auf Jahresbasis.
- Geben Sie zu jeder Tätigkeit die benötigte Zeit an, entweder in %/Jahr und/oder in AT/Jahr.
- Die Summen am Ende des Formulars dienen zur eigenen Überprüfung.
- Sie können gerne zu Ihrer Erleichterung mit Ihren Kollegen oder auch mit dem Leiter Ihrer Kostenstelle zusammenarbeiten – aber geben nur Sie selbst Ihre Tätigkeiten im Formular an.

Wie tief sind nun die Tätigkeiten zu gliedern? Hierzu noch ein paar Hinweise:
- Tätigkeiten sollten mindestens einen zeitlichen Umfang von 2% bzw. 5 AT haben.
- Neue Maßgrößen bedingen in jedem Fall auch neu zu nennende Tätigkeiten
- Unterscheiden sich die Objekte der Tätigkeiten, z.B. »Bestellung über Rahmenvertrag ausführen« oder »Bestellung als Einzelbestellung ausführen«, so sind ebenfalls getrennte Tätigkeiten zu formulieren.
- Untergliedern Sie mengenabhängige Tätigkeiten soweit, bis diese eine konstante Beziehung zu einer Maßgröße aufweisen.

Grundsätzlich sollten Sie möglichst wenig verschiedene Maßgrößen verwenden.

Falls Sie noch Fragen haben, rufen Sie uns einfach an. Wir werden Ihnen ca. vier Wochen nach Rückgabe eine Auswertung Ihrer Angaben geben können, anhand der Sie Ihre Tätigkeiten nochmals überprüfen sollten. Vielen Dank im Voraus – wir setzen auf Ihre Mithilfe.

Mit freundlichen Grüßen

<u>Anlagen</u>
Formular zur Tätigkeitserfassung
Musterformular zur Tätigkeitserfassung (als Beispiel)

Abb. 33: Vorschlag für ein Begleitschreiben zur Tätigkeitserfassung

Projekt Prozesskostenrechnung Ihr Ansprechpartner: H. Remer, App. 486					XY GmbH
Formular zur Tätigkeitserfassung					**MUSTER**

Kostenstellen- code	Kostenstellen- bezeichnung	Ihr Name			
123-3520	Einkauf	R. Finner			

Tätigkeit	Maßgröße	Maß- größen- menge pro Jahr	benötigte Zeit pro Jahr	
			in %	in AT
Posteingang bearbeiten	Eingänge	4.000	4,5%	10
Bestellungen schreiben (Rahmenvertrag)	Rahmenbestellungen	2.500	11,5%	25
Bestellungen schreiben (Einzelbestellung)	Einzelbestellungen	600	13,5%	30
Termine einholen	1/2 Bestellungen	1.550	3,5%	8
Bestellungen ausdrucken	Bestellungen	3.100	4,5%	10
Unterschriften einholen	dto.	400	2,5%	5
Lieferanten besuchen, zusammen mit H. Stähle	Lieferantenbesuche	24	11,0%	24
Marktanalysen erstellen	Marktanalysen	3	5,0%	11
Lieferanten anmahnen, schriftlich	1/3 Mahnungen	150	6,0%	13
Lieferanten anmahnen, telefonisch	2/3 Mahnungen	300	4,0%	9
Messebesuche, zusammen mit H. Dorst	Messen	4	6,0%	13
Musterlieferungen für Technik vorbereiten	Musterlieferungen	55	4,5%	10
Mitarbeit bei der monatl. Berichterstattung	Monatsberichte	12	5,5%	12
Vertretung der Sekretärin (Fr. Eble)			14,0%	30
Sonstiges (Jahresinventur, Lieferanten prüfen)			4,0%	10
		Summen	100,0%	220

Abb. 34: Musterbeispiel zum Formular zur Tätigkeitserfassung

ter Prüfung und Zusammenfassung kann hier bereits eine erste Rückmeldung an die Mitarbeiter erfolgen: Die Formulare werden ausgedruckt bzw. per Mail an die Mitarbeiter verschickt – auch zur erneuten Überprüfung.

In dem o. g. Beispiel (vgl. Abbildung 34) wird deutlich, dass sich wohl die »Anzahl der Bestellungen« oder auch die »Anzahl der Eingänge« als wesentliche Maßgrößen herausbilden werden. Die »Anzahl der Bestellungen« wiederum muss unterteilt werden in »Anzahl der Bestellungen über Rahmenvertrag«, »Anzahl der Bestellungen per Einzelauftrag« und »Anzahl aller Bestellungen«; nur so können die unterschiedlichen Prozesse später abgebildet werden. So hat Herr Finner in seinem Formular zur Tätigkeitserfassung 2.500 Bestellungen über Rahmenvertrag pro Jahr angegeben. Die anderen beiden Einkäufer dieser Kostenstelle hätten beispielsweise angegeben, sie bearbeiten 3.500 bzw. 4.000 solcher Bestellungen. In der Zusammenfassung ergeben sich also 10.000 Bestellungen über Rahmenvertrag pro Jahr, welche nun als Basis für diese Maßgröße – auf die gesamte Kostenstelle bezogen – gelten. Diese Vorgehensweise ist für alle (wesentlichen) Maßgrößen analog durchzuführen.

Projekt Prozesskostenrechnung
Ihr Ansprechpartner: H. Remer, App. 486
29.03.05

Tätigkeitskatalog je Kostenstelle

XY GmbH

Kostenstelle — Einkauf
Verantwortlicher — Herr Geiger
Kapazität — 5 MA incl. Verantwortlicher — = 1.100 AT

Kosten-stellen-code	Mitarbeiter (MA)		Personalkosten (TEUR)		Sachkosten (TEUR)		Sonstige Kosten (TEUR)		Totalkosten (TEUR)	
	Plan	Ist	Plan	Ist	Plan	Ist	Plan	Ist	Plan	Ist
123-3520	5	5	540	553	100	85	10	23	650	661

lfd. Nr.	Tätigkeit	Maßgröße	Mengen pro Jahr	benötigte Zeit pro Jahr	
				in %	in AT
1	Bestellungen schreiben (Rahmenvertrag = R)	Anz. Bestell. (R)	10.000	10,1	111,1
2	Bestellungen schreiben (Einzelbestellung = E)	Anz. Bestell. (E)	2.000	7	77,0
3	Bestellungen ausdrucken	Bestellungen	12.000	4	44,0
4	Unterschriften einholen	Bestellungen	2.200	2	22,0
5	Kopieren der Bestellformulare zum Verteilen	Bestellungen	12.000	4	44,0
6	DV-Freigaben erteilen	Bestellungen	12.000	2	22,0
7	Lieferantenanfragen telefonisch bearbeiten	Anz. Anrufe	3.000	3,2	35,2
8	Lieferanten telefonisch anmahnen	Anz. Mahnungen	700	1,6	17,6
9	Lieferanten schriftlich anmahnen	Anz. Mahnungen	250	1,4	15,4
...	...	...	...	...	...
...	...	...	...	...	...
...	...	...	...	...	...
35	Messebesuche (H. Finner mit H. Dorst)	---	---	1,2	13,0
36	Korrespondenz	---	---	3,9	42,9
37	Abteilung leiten (Organisation, Führung etc.)	---	---	13,6	149,6
			Summe	**100,0**	**1.100,0**

Abb. 35: Tätigkeitskatalog je Kostenstelle (Beispiel, auszugsweise)

Im Ergebnis dieser Zusammenfassungen wird ein **Tätigkeitskatalog** für jede Kosten-stelle erstellt. Darin sind die maßgrößenabhängigen Tätigkeiten zuerst und die restlichen Tätigkeiten am Ende aufgelistet. Zu beachten ist weiter, dass alle Tätigkeiten in Relation zur Gesamtzahl der Mitarbeiter der Kostenstelle bzw. den entsprechenden Arbeitstagen zu setzen sind.

Der Tätigkeitskatalog einer Kostenstelle kann auszugsweise z.B. wie in Abbildung 35 gezeigt aussehen.

Der Tätigkeitskatalog übernimmt zwei Funktionen:

- Mit einem derart strukturierten Tätigkeitskatalog kann das entsprechende Interview mit den Kostenstellenleitern zur Teilprozessanalyse – wie in Teil II, Kapitel 6.4 beschrieben – vorbereitet und durchgeführt werden.

- Er kann nach dem Einführen der Prozesskostenrechnung in überarbeiteter Fassung als Grundlage zur Prüfung und Pflege der Prozessstrukturen dienen.

Die Tätigkeitsanalyse ergibt i.d.R., dass in den einzelnen Prozesskostenstellen sehr heterogene Leistungen erbracht werden. Bereits zum jetzigen Zeitpunkt lassen sich Ergebnisse sowohl für das operative Geschäft als auch für die Anwendung der Prozesskostenrechnung formulieren: Häufig können Sie die dabei festgestellten organisatorischen Schwächen und unwirtschaftlichen Abläufe bereits in diesem frühen Stadium in **Produktivitätssteigerung und Kosteneinsparungen** einfließen lassen. Ergebnisse sollten generell immer früh und zwischendurch formuliert und kommuniziert werden.

6.4 Teilprozessanalyse

6.4.1 Vorbemerkungen

Dieser zweite Analyseschritt stellt die eigentliche Grundlage für die Prozesskostenrechnung dar, nämlich die Zusammenfassung einzelner betrieblicher Tätigkeiten zu Teilprozessen. In der Teilprozessanalyse werden die ermittelten Tätigkeiten strukturiert und **kostenstellenbezogen** zu Teilprozessen zusammengefasst. Die Leistungen einer Kostenstelle werden in operativen Teilprozessen abgebildet. Aus der Vielzahl der in den untersuchten Gemeinkostenbereichen existenten Maßgrößen für die dort ausgeübten Tätigkeiten ist eine Verdichtung auf wenige Kostentreiber vorzunehmen, die dann die gesamten repetitiven Tätigkeiten repräsentieren sollten. Im Rahmen dieses Analyseschrittes ist zu entscheiden, wie die untergeordneten Handlungseinheiten (sprich Tätigkeiten) zur nächst höheren Hierarchiestufe (sprich Teilprozesse) zusammengefasst werden sollen. Tätigkeiten mit starken Interdependenzen sind dabei in Abhängigkeit einer bestimmten Gliederungstiefe zusammenzufassen, welche in **Interviews mit den Kostenstellenleitern** subjektiv festzulegen ist.

Hinsichtlich der erforderlichen Gliederungstiefe sollte nach dem Kriterium »Gegenstand innerbetrieblicher Nachfrage« verfahren werden: Teilprozesse sind nur so weit zu gliedern, dass ihre Arbeitsergebnisse die Anforderungen erfüllen, die von anderen Kostenstellen, Mitarbeitern oder Kunden auch tatsächlich (für weiterverarbeitende Schritte) nachgefragt werden. Die Teilprozesse müssen also in sich homogen sein. Diese Vorgehensweise für die Untergliederung der Abläufe im Untersuchungsbereich ist praktikabel und begrenzt dadurch den Analyseaufwand durch die Beschränkung tiefer gehender Untergliederungen auf unabdingbare Ausnahmefälle.

Die Teilprozessbildung ist die Vorstufe zur Bildung der Hauptprozesse und zur Bewertung und Verrechnung dieser Prozesse. Man spricht deshalb auch von einer aufzubauenden »Prozesskostenstellenrechnung«. Die Summe der Kosten traditioneller Kostenarten einer Kostenstelle wird in die Summe der Kosten aller Teilprozesse (lmi und lmn) transferiert.

Ohne eine konsequente Berücksichtigung des Kriteriums »Berechenbarkeit und Erfassungsmöglichkeit« in den eingesetzten bzw. noch zu beschaffenden DV-Systemen während der Analysephase wäre eine spätere Umsetzung der Prozesskostenrechnung sowie ein aufwandsarmer Betrieb nicht umsetzbar. Daraus folgt, dass Sie sich bereits jetzt intensiv mit dem Thema Prozesskostenrechnungs-Software auseinander setzen müssen bzw. bereits die Softwareauswahl getroffen haben müssen.

6.4.2   Relevante Daten

Die relevanten Daten der Teilprozessanalyse sind:
- Zusammenfassung der Tätigkeiten und Beschreibung der Teilprozesse in der Kostenstelle.
- Interne und externe Abnehmer und Anforderer der Teilprozessleistungen (z. B. andere Kostenstellen, Kunden, Lieferanten etc.). Diese Informationen lassen sich auch als »Input« und »Output« einer Kostenstelle bezeichnen. Sie sind v. a. für die späteren Überlegungen zur Bildung der Hauptprozesse sinnvoll.
- Kostentreiber und Kostentreibermengen der Teilprozesse.
- Zeitanteile/Mitarbeiteranteile entsprechend dem Ressourcen- oder Kapazitätsverbrauch (v. a. Personal- und Sachmittel) und damit Zuordnung der Kostenstellenkosten.

6.4.3   Datenerhebung in Form von Interviews der Kostenstellenleiter

Die Interviews der Kostenstellenleiter werden von Projektmitarbeitern durchgeführt. Das hat den Vorteil, dass das Fachwissen der Kostenstellenleiter mit dem Fachwissen über die Prozesskostenrechnung der Projektmitarbeiter kombiniert wird.

Die Interviewer sollten entsprechend geschult sein, um die Interviews professionell und zielgerichtet durchführen zu können. Zudem wäre es auch für die beteiligten Kostenstellenleiter ratsam, durch geeignete Schulungsmaßnahmen schon im Vorfeld ein prozessorientiertes Grundverständnis zu schaffen. Das Denken in kostenstellenübergreifenden Prozessen und Verantwortlichkeiten fällt vielen sicherlich schwer.

Die Grundlagen der im Interview zu erörternden **Standardfragen** bilden der vorläufige Hauptprozesskatalog und die ermittelten Daten der Tätigkeitsanalyse, die im Tätigkeitskatalog der Kostenstelle zusammengefasst sind:
- Stimmen die Grunddaten Ihrer Kostenstelle (Mitarbeiterkapazität, Kosten)?
- Welche voneinander abgrenzbaren Teilprozesse laufen in Ihrer Kostenstelle ab bzw. welche der angegebenen Tätigkeiten können mithilfe welcher Kostentreiber zu welchen Teilprozessen zusammengefasst werden?
- Wie können diese Teilprozesse strukturiert werden? (Diese Frage zielt v. a. auf die in Teil I gemachten Aussagen zu den Unterscheidungskriterien der Prozesse.)
- Zu welchen »Standardprozessen« gibt es welche Abweichungen, bspw. ausgelöst durch Kundenwünsche?
- Welche Schnittstellen bestehen zu anderen Kostenstellen (Anforderer/Abnehmer der Teilprozessleistung)?
- Wie sind die Teilprozesse den vorläufigen Hauptprozessen zuzuordnen?
- Welche Hauptprozesse/Zusammenhänge könnten Sie sich darüber hinaus vorstellen? Hierdurch kann der vorläufige Hauptprozesskatalog ergänzt werden.

Projekt Prozesskostenrechnung
Ihr Ansprechpartner: H. Remer, App. 486
09.04.2005

XY GmbH

Formular zur Teilprozesserfassung

Kostenstelle

Verantwortliche/r

Kapazität

Anforderer der Teilprozess-leistung	Teilprozessbezeichnung	Tätigkeiten (lfd. Nr.)	Abnehmer der Teilprozess-leistung	MA		Personal-kosten (TEUR)		Sach-kosten (TEUR)		Sonstige Kosten (TEUR)		Total-kosten (TEUR)		Kostentreiber »Anzahl der...«	Menge der Kosten-treiber pro Jahr	Kapazitäts-verbrauch pro Jahr in %	MA-Anteil	Teilprozess-kosten pro Jahr in EUR
				Plan	Ist	Plan	Ist	Plan	Ist	Plan	Ist	Plan	Ist					
Summe aller Imi Teilprozesse																		
Summe aller Imn Teilprozesse																		
Summe aller Teilprozesse																		

Abb. 36: Formular zur Teilprozesserfassung

- Welche Kostentreibermengen fallen durchschnittlich an und wie können diese aktuell ermittelt werden?
- Wie können Sie die Personal- und Sachmittelkapazitäten (Input) den Teilprozessen zuordnen bzw. wie können Sie die Leistungen Ihrer Kostenstelle mit den dafür aufgewendeten Personal- und Sachmittelkosten bewerten?

Darüber hinaus sind natürlich weitere Fragen denkbar, welche sich im Verlauf des Gespräches ergeben werden. Unbedingt sollte ein **Fragenkomplex bzgl. der Organisation** der bisherigen Abläufe integriert werden:
- Sind die ausgeübten Tätigkeiten wirklich erforderlich? Wozu?
- Wird vermeidbare Doppelarbeit in mehreren Kostenstellen geleistet?
- Sind Arbeitsablauf und Verfahrenstechnik wirtschaftlich (Eingabe, Ausführung, Weitergabe)? Welche Hilfsmittel werden eingesetzt (z. B. Workflow Management)?
- Sind die Abläufe überhaupt hinreichend bekannt?
- Wie lassen sich erkannte Mängel beseitigen?

Das Interview gliedert sich in drei Abschnitte, welche zusammen mit den o. g. Fragen der Reihe nach zu besprechen und zu klären sind (entsprechend der nun folgenden Kapitel 6.4.3.1, 6.4.3.2 und 6.4.3.3):
1. Identifizierung der Teilprozesse und ihrer Kostentreiber
2. Bestimmung der lmi Teilprozessmengen
3. Zuordnung der Ressourcen und Kosten

Die Teammitglieder führen die Interviews mit den Kostenstellenleitern als **Einzelgespräche** durch. Pro Interview sollten durchschnittlich zwei Stunden eingeplant werden. Dem zu interviewenden Kostenstellenleiter ist bereits vor dem Interview der Tätigkeitskatalog seiner Kostenstelle zur Verfügung zu stellen. Ebenso ist er vorab mit den oben formulierten Standardfragen schriftlich oder mündlich auf das bevorstehende Interview vorzubereiten, damit er weiß, welche Ziele das Interview bzw. die Teilprozessanalyse verfolgt. Das Interview selbst kann dann nach ein paar Tagen mithilfe des Tätigkeitskataloges, der Standardfragen sowie eines Erfassungsformulars durchgeführt werden. Die Abbildung 36 zeigt einen Vorschlag für den Aufbau eines solchen Formulars zur Teilprozesserfassung gemäß den nachfolgenden drei Interviewabschnitten.

6.4.3.1 Identifizierung der Teilprozesse und ihrer Kostentreiber

In diesem ersten Interviewabschnitt werden zusammen mit den Informationen des Kostenstellenleiters über die kostenstellenbezogenen Handlungsabläufe die in dessen Kostenstelle durchgeführten Teilprozesse analysiert und identifiziert. Die Ergebnisse der Selbstaufschreibung dienen hierfür als Grundlage. Ebenso müssen die vorläufig definierten Hauptprozesse Anhaltspunkte zur Strukturierung der Tätigkeiten in Teilprozesse liefern, weshalb diese Frage ebenfalls im Interview diskutiert werden sollte. So sind neue Anregungen zu gewinnen, die sich im vorläufigen Hauptprozesskatalog niederschlagen.

Analytisch besonders wertvoll wäre bereits hier der Einsatz arbeitswissenschaftlicher Funktionsanalysen, um herauszufinden, welche Kostenarten von welchen Kostentreibern abhängig sind. Zu bedenken ist allerdings der hierfür erforderliche Aufwand, der in Relation zu den gewünschten Anfangsergebnissen als beträchtlich anzusehen ist.

Empfehlenswert wäre grundsätzlich die Definition eines Teilprozesses pro Kostenstelle, weil durch eine solche Eins-zu-eins-Relation eine Verrechnungssatzbildung und die direkte Verwendung von Werten aus der Kostenstellenrechnung einfacher wäre. Diese Vorgehensweise ist aber wenig praktikabel. Entweder muss die Kostenstellenaufteilung sehr fein erfolgen (mittels Reorganisation der Kostenstellen nach teilprozessorientierten Gesichtspunkten) oder der einzig bestimmte Teilprozess gibt das Geschehen in der Kostenstelle nicht vollständig wieder. Ein Teilprozess setzt sich zudem i.d.R. aus mehreren Kostenarten anteilig zusammen (z. B. der Teilprozess »Angebote einholen« aus den Kostenarten Personal- und Büromaterialkosten sowie Abschreibungen für die DV-Anlage), sodass bei nur einem Teilprozess in diesem Fall dann auch anteilige »Restkosten« der Kostenstelle nicht prozessorientiert verrechnet werden müssten.

Zur **Identifizierung der Teilprozesse** werden sie i.d.R. aus verschiedenen, sachlich zusammenhängenden Tätigkeiten des Tätigkeitskataloges der Kostenstelle gebildet. Zu diskutieren ist die Möglichkeit der Zusammenfassung mit einheitlichen Kostentreibern und auch die Gliederungstiefe der einzelnen Teilprozesse. Diese Vorgehensweise wird wesentlich von der Bestimmung der entsprechenden Kostentreiber beeinflusst. Zudem sind die Schnittstellen (Anforderer und Abnehmer) der jeweiligen Teilprozessergebnisse anzugeben.

Neben den rein physischen Tätigkeiten, welche die Mitarbeiter bereits aufgeführt haben, können auch in Abhängigkeit ihrer Bedeutung wertmäßige Vorgänge wie z. B. Abschreibungen (Teilprozess »Kapital verzinsen«) oder die Verzinsung von Lagerbeständen (Teilprozess »Material verzinsen«) zu Teilprozessen zusammengefasst werden. Ebenso sind im Interview auch die Tätigkeiten des Kostenstellenleiters explizit zu berücksichtigen.

Grundsätzlich ist vor einer allzu feinen Teilprozessdifferenzierung zu warnen. Dies bedingt unter Umständen eine zu große Anzahl unterschiedlicher Kostentreiber, die in der praktischen Durchführung der Prozesskostenrechnung schwierig oder gar nicht mehr zu bewältigen ist. Für das Einführen der Prozesskostenrechnung reicht es deshalb aus, wenn die wichtigsten Teilprozesse im Gespräch mit den Verantwortlichen festgelegt werden.

Nachdem im Interview die Tätigkeiten zu Teilprozessen zusammengefasst wurden, sind diese nun – möglichst im selben Interview – gemeinsam dahingehend zu untersuchen, ob sie sich in Abhängigkeit von dem in der Kostenstelle zu erbringenden Leistungsvolumen mengenvariabel verhalten (lmi) oder davon unabhängig mengenfix und generell anfallen (lmn). Für die lmi Teilprozesse sind definitionsgemäß geeignete **Kostentreiber** zu bestimmen, mit deren Hilfe diese Teilprozesse mengenmäßig quantifizierbar sind. Diese Kostentreiber werden auch als »Dreh- und Angelpunkt« der Prozesskostenrechnung bezeichnet, da von ihnen die Qualität der verursachungsgerechten Kostenzuordnung abhängt. Die Zuordnung von Tätigkeiten zu Teilprozessen bereitet den Kostenstellenleitern i.d.R. kaum Probleme, jedoch wird Ermittlung von Bezugsgrößen zwischen den Teilprozessen und den Kostenträgern umso schwieriger. Die Identifizierung der Kostentreiber ist der kreativste Teil der Analysephase.

Zur Bestimmung der Kostentreiber bezieht man sich – wenn möglich – auf die bereits in der Tätigkeitsanalyse sinnvollerweise erhobenen Maßgrößen. Diese vom Mitarbeiter angegebenen Maßgrößen sind dahingehend zu prüfen, ob sie auch wirklich als Kostentreiber verwendet werden können. In diesem Zusammenhang wird auf die Ausführungen in Teil I verwiesen; hier nochmals eine kurze Zusammenfassung.

Kostentreiber müssen den quantitativen wertmäßigen Verbrauch von Ressourcen in der Form geleisteter Kostentreibereinheiten abbilden sowie die Verteilung der entsprechenden Kosten auf diese Kostentreiber ermöglichen. Die **Bildung der Kostentreiber** ist von den Faktoren

- Verständlichkeit,
- Verhaltenseffekt,
- Berechenbarkeit und automatisierte Erfassung und
- Proportionalität zum Kostenstellen-Output
  abhängig, die gegeneinander abzuwägen sind.

Klar formulierte Ziele der Prozesskostenrechnung helfen dem Projektteam auch, eine sinnvolle Erhebungstiefe festzulegen und dadurch zu viele Details zu verhindern.

Die **Anzahl der Kostentreiber** wird von verschiedenen Kriterien bestimmt. Diese Kriterien sind hier in Form einer Skalierung zusammengestellt; je weiter rechts Sie die Kriterien ankreuzen, umso höher wird die Anzahl der erforderlichen Kostentreiber.

- Geforderte Genauigkeit der Gemeinkostenverrechnung

  weniger genau ⬚⬚⬚⬚ sehr genau

Die angestrebte Genauigkeit des Prozesskostenrechnungssystems wird in der Zielsetzungsphase durch Management und Projektteam festgelegt.

- Unterschiedlichkeitsgrad der Prozesse

  wenig unterschiedlich ⬚⬚⬚⬚ sehr unterschiedlich

Unterschiedlichkeit bedeutet in diesem Zusammenhang, dass die Prozessarten in ihrer Zusammensetzung differieren. Hier sind auch unterschiedliche Prozessmengen wie z. B. verschiedene Auftrags-, Bestell-, Einlagervolumina etc. zu beachten.

- Relative Kosten der Teilprozesse

  relativ niedrig ⬚⬚⬚⬚ relativ hoch

Wenn ein Teilprozess einen relativ hohen Anteil an den Gesamtkosten hat, dann ist es auch erforderlich, diesen Teilprozess durch einen adäquaten (und evtl. zusätzlichen) Kostentreiber zu verrechnen.

- Unterschiedlichkeit der Bezugsobjekte

  kaum Unterschiede ⬚⬚⬚⬚ große Unterschiede

Je größer die Unterschiedlichkeit der Prozessinanspruchnahme durch Bezugsobjekte wie z. B. Produkte, Kunden, Aufträge etc., umso verzerrter würde die Kostenverrechnung bei nur wenigen Kostentreibern werden.

- Ungenauigkeit der Kostentreiber

genau ☐☐☐☐ ungenau

Bildet ein Kostentreiber das Prozessgeschehen nur ungenau ab, führt eine Erhöhung der Anzahl verwendeter Kostentreiber zu einer besseren Berücksichtigung vorhandener Abhängigkeiten und somit zu einer den tatsächlichen Gegebenheiten entsprechenden Kostenverteilung.

Nach Feststellung der Gliederungstiefe und der tendenziellen Aussage zur Anzahl der Kostentreiber können Sie im Interview mit dem Kostenstellenleiter die zugehörigen Teilprozesse und Kostentreiber identifizieren. Aus dem ursprünglichen Beispiel (vgl. Abbildung 35) lassen sich die Tätigkeiten Nr. 1 bis 6 zum Teilprozess »Bestellung durchführen« zusammenfassen; der Kostentreiber soll hier die »Anzahl der Bestellungen« ohne weitere Detaillierung hinsichtlich Rahmenvertrag oder Einzelbestellung sein.

Die Tabelle in Abbildung 37 zeigt als Anleitung weitere beispielhafte Teilprozesse verschiedener Kostenstellen mit den entsprechenden Kostentreibern. Weitere Detaillierungen sind gemäß den Erfordernissen denkbar.

Teilprozess	Mögliche Kostentreiber
Ware annehmen	Anzahl der Teilebeschaffungen
Material prüfen	Anzahl der Prüfteile
Material einlagern, auslagern	Anzahl der Lagerungspositionen
Material lagern	m³ Lagerraum
Angebot einholen	Anzahl der Angebote
Bestellung auslösen	Anzahl der Bestellungen oder Bestellpositionen
Eingangsrechnung prüfen	Anzahl der Wareneingänge oder Eingangsrechnungen
Produktkalkulation durchführen	Anzahl der Produkte
Reklamation bearbeiten	Anzahl der Retouren oder Reklamationen
Lieferantenkontakte pflegen	Anzahl der Lieferanten (oder lmn Teilprozess ohne Kostentreiber)
Auslandsauftrag abwickeln	Anzahl Zollsendungen
Abteilung leiten	lmn Teilprozess ohne Kostentreiber
...	...

(in Anlehnung an Küting, K./Lorson, P.: Überblick über die Prozesskostenrechnung – Stand, Entwicklungen und Grenzen, in: Männel, W. (Hrsg.): Prozesskostenrechnung – Methodik, Anwendung und Softwaresysteme, Kostenrechnungspraxis, Sonderheft 2, 1993, S. 34)

Abb. 37: Teilprozesse und deren mögliche Kostentreiber (Beispiele)

6.4.3.2   Bestimmung der lmi Teilprozessmengen

Den Teilprozessen und ihren Kostentreibern müssen in diesem zweiten Interviewabschnitt die entsprechenden Mengen zugeordnet werden. Die Arbeitsergebnisse der lmi Teilprozesse sind zählbar, weil sie sich aus repetitiven Tätigkeiten zusammensetzen. Da dies nicht auf lmn Teilprozesse zutrifft, gelten die Ausführungen dieses Abschnitts nur für die lmi Teilprozesse und analog für die später dargestellte Mengenbestimmung der Hauptprozesse.

Als Prozessmenge wird die zu einer Prozessgröße gehörende messbare Leistung bezeichnet. Diese stellt den Kapazitätsmaßstab der Kostenstelle dar und ist eine Art Produktivitätskennzahl für den indirekten Leistungsbereich. Als Kapazität ist hier grundsätzlich die Anzahl der maximal möglichen Leistungsabgaben anzusetzen. Da bei den untersuchten Kostenstellen oft die Personalkosten im Vordergrund stehen, wird eine Normalkapazität in Form der tariflichen Arbeitszeit zugrunde gelegt. Auf dieser Basis sind dann die möglichen Prozessmengen zu planen. Prozessmengen sind Schlüsselgrößen, mit denen der Verbrauch an Ressourcen und entsprechenden Kosten gemessen werden. Die Anzahl der Wiederholungen eines Prozesses stimmt mit der Anzahl der Einheiten seines Kostentreibers überein (oder verhält sich zumindest proportional zu ihr).

Das erforderliche Verfahren zur Mengenbestimmung wäre die **analytische Planung** der Prozessmengen nach den Leistungsanforderungen der Engpassbereiche. Dies ist eine Voraussetzung zur Planung und Kontrolle der Gemeinkosten. Der entsprechende Aufwand zur analytischen Planung würde aber zumindest den Rahmen der Einführung sprengen; erste Ergebnisse der Prozesskostenrechnung können dennoch erzielt werden. Eine analytische Planung kann deshalb auch nach dem Einführen der Prozesskostenrechnung angegangen werden. Hier wird die Berücksichtigung eines Kriteriums zur Auswahl und Anzahl der Kostentreiber deutlich: Mit zunehmendem Detaillierungsgrad der Teilprozesse und somit mit zunehmender Anzahl an Kostentreibern gestaltet sich die Erhebung der entsprechenden Mengenangaben umso schwieriger.

Die Möglichkeiten, die zur Mengenbestimmung bleiben, sind die **Übernahme von Vergangenheitswerten** kombiniert mit einer **Schätzung** durch den Kostenstellenleiter oder die betroffenen Mitarbeiter. Diese Vorgehensweise hat den Vorteil enormer Kosten- und Zeitersparnis mit dem Nachteil möglicher Fehlschätzung und daraus resultierenden schlechten Prozesskosteninformationen. Die Unwägbarkeiten dieser Vorgehensweise müssen demnach so gut wie möglich beachtet und ausgeglichen werden. Die Kostentreibermengen dürfen nicht als zufällige Ist-Zahl übernommen werden, sondern müssen die in der Kostenstelle unter Normalverhältnissen erzielbaren Kostentreibereinheiten für die Prozessdurchführung darstellen. Die Angaben der Mitarbeiter, zusammengefasst im Tätigkeitskatalog, dienen als Richtwerte.

Am sinnvollsten ist es, die Kostentreibermengen direkt aus bestehenden IT-Systemen zu entnehmen, wobei sie aber nicht unreflektiert übernommen werden sollten: Ausreißer eines Jahres oder »DV-Leichen« können enthalten sein, wodurch die Vorgaben und somit die Ergebnisse der Prozesskostenrechnung ebenfalls verfälscht werden würden. Auch hier bietet sich eine Rückkopplung mit den einzelnen Mitarbeitern zur Festlegung normalisierter Werte an.

Im Rahmen einer Vorstudie ist es zwingend, keinerlei manuelle Mengenerhebungen durchzuführen. Ansonsten laufen Sie Gefahr, dass die Vorabklärung an einem zu hohen Erfassungsaufwand scheitert.

6.4.3.3   Zuordnung der Ressourcen und Kosten

Nachdem nun die Teilprozesse identifiziert und die Mengen der lmi Teilprozesse bestimmt sind, gilt es, die differenzierten Kostenarten einer Kostenstelle auf die dort ablaufenden Teilprozesse zu verteilen. Im Rahmen der Interviews sind die Kosten den einzelnen Teilprozessen durch Bestimmung deren Ressourceninanspruchnahme zuzuordnen. Bei der Ressourcenzuordnung werden zumindest die Personal- und Sachkapazitäten entsprechend der Inanspruchnahme durch die Teilprozesse bestimmt. Zur Ermittlung der Ressourceninanspruchnahme und der entsprechenden Teilprozesskosten sind zwei grundsätzliche Möglichkeiten denkbar: die analytische Planung der Kosten oder die normalisierte Kostenermittlung. Es handelt sich hier um den aktiven Schritt zur erwähnten »Prozesskostenstellenrechnung«, indem überwiegend eine Umgliederung der Kosten aus den Kostenstellenbudgets des Basis-Kostenrechnungssystems auf die Teilprozesse erfolgt.

Idealerweise erfolgt eine **analytische Planung** der Kosten auf Teilprozessebene. Dabei wird untersucht, welche Kostenarten welchen Teilprozessen (mit welchem Anteil) zuzuordnen sind. Auf Basis gegebener Plan-Prozessmengen werden alle Ressourcen und Kostenarten der Kostenstelle mithilfe technisch-kostenwirtschaftlicher Analysen (z. B. Verbrauchsanalysen, Messungen und Berechnungen) den Teilprozessen originär zugeordnet. Diese Vorgehensweise setzt zum einen die »echte Planung« der Teilprozessmengen voraus, zum anderen ist sie für sich gesehen auch sehr aufwändig, sodass sie unter Kosten-Nutzen-Aspekten beim Einführen der Prozesskostenrechnung nur nachrangig infrage kommt.

Der Analyseaufwand kann bei Dominanz eines Kostenblocks – dies wird überwiegend der Personalkostenblock sein – reduziert werden, indem man die Planung sinnvollerweise nur auf diesen Kostenblock für jeden Teilprozess beschränkt. Die restlichen Kostenarten (z. B. Raum-, Strom-, Büromaterial-, Miet-, DV-Kosten etc.) werden proportional zu diesem Kostenblock auf die Teilprozesse verteilt. Bei anderen Kostenstrukturen sind natürlich andere Verteilungen zu verwenden. Dennoch sollte der wirtschaftliche Aufwand für die Genauigkeit einer analytischen Planung nicht unterschätzt werden.

Für eine schnellere Implementierung der Prozesskostenrechnung bietet sich deshalb eine weniger aufwändige Vorgehensweise an, nämlich die **Verteilung der Kostenstellenbudgets bzw. der normalisierten Kostenstellenkosten**. Die Kostenstellenleiter müssen im Interview nicht nur die in ihrer Kostenstelle ablaufenden Teilprozesse beschreiben, sondern auch die zu deren Erfüllung notwendigen Ressourcen und damit Kosten zuordnen.

Hierzu zieht man im Interview eine Übersicht der gesamten Kostenarten der betreffenden Kostenstelle heran und korrigiert einzelne Positionen manuell, um normalisierte Werte aus den Ist-Kosten zu erhalten. Bei dominierendem Personalkostenanteil werden die betreffenden Kosten auf die einzelnen Teilprozesse anhand der Ressource »Mannjahre« entsprechend der zeitlichen Beanspruchung auf die Prozesse verteilt. Im Interview mit den Kostenstellenleitern ist deshalb die zur Realisierung der (Plan-)Prozessmenge benötigte Mitarbeiterzahl zu bestimmen. Die restlichen (Sach-)Kosten werden im Wesentlichen nach dem Schlüssel zugeordnet, der sich aus dieser Verteilung nach Mitarbeitern ergibt.

Der Rückgriff auf Vorjahres- oder Budgetzahlen hat den Vorteil der weniger aufwändigen Ermittlung. Durch die Umgehung der analytischen Planung zur Kostenzuordnung ist die Prozesskostenrechnung für die Zwecke der Kostenvorgabe und -kontrolle aber (zunächst) ungeeignet. Dennoch reicht die Kostenzuordnung mit einem groben und einfachen Schlüssel (Mitarbeiteranteil/Mannjahre o. Ä.) für den Start der Prozesskostenrechnung völlig aus. Eine Verfeinerung ergibt sich aus den Lernprozessen nach Einführen der Prozesskostenrechnung durch nachträgliche Anpassungen.

6.4.4 Validierung der Daten durch Beobachtungen und Zeitaufnahmen

Sollten sich durch die Selbstaufschreibung oder die Angaben seitens des Kostenstellenleiters keine geeigneten Mengen- und/oder Zeiteinheiten ergeben, muss die Datenerhebung in Einzelfällen durch spezielle Beobachtungen ergänzt werden. Dieser Aspekt wird deshalb erst an dieser Stelle erläutert, weil die möglicherweise nicht ausreichenden Daten der Tätigkeitsanalyse evtl. im Interview mit dem Kostenstellenleiter nachträglich verbessert werden könnten. Erst wenn zu diesem Projektstand immer noch keine befriedigende Datenbasis geschaffen werden konnte, ist eine solche zusätzliche Untersuchung erforderlich. Diese Ergänzung gilt analog für die Pilotstudie; da diese üblicherweise nur Ausschnitte aus den Aufgabengebieten des Untersuchungsbereiches beleuchtet, ist es auch hier notwendig, »die dispositive Kostenverteilung analytisch zu validieren«, das heißt die Verteilungsschätzungen durch manuelle Messungen zu bestätigen.[49]

Das evtl. notwendige analytische Validieren dispositiv ermittelter Kapazitätsverteilungen bestätigt die Erfahrungen, dass der dispositive Prozesskostenrechnungsansatz sich nicht immer durchgehend in der Praxis anwenden lässt. Vielmehr ist ein ausgewogenes Maß von Ergebnisqualität (durch teilweise analytisches Vorgehen) und Durchführungsaufwand (niedriger beim dispositiven Ansatz) zu gewährleisten.

Zur Validierung eignet sich – in etwas abgewandelter Form – das Verfahren der **Multimomentaufnahme**. Diese Beobachtungstechnik kann auch bei der Kostentreiberbestimmung oder sogar bei der Teilprozessidentifikation Hilfestellung leisten. Beim Multimomentverfahren erfolgt die Beobachtung als unregelmäßige Stichprobe durch Rundgänge, bei denen in ein Erfassungsformular die jeweiligen Tätigkeiten, Abläufe, Mengen, Zeiten etc. notiert werden. Die anschließende Auswertung ergibt die gewünschten Informationen mit einer bestimmten statistischen Genauigkeit.

Das Multimomentverfahren hat eigentlich zur Bedingung, dass eine Tätigkeit durch bloße (anonyme) Beobachtung erkennbar sein muss. Die Tätigkeiten der indirekten Bereiche sind aber im Vergleich zum Fertigungsbereich oft nicht eindeutig erkennbar und zuordenbar, weshalb für die Zwecke der Datenerhebung in der Analysephase der Prozesskostenrechnung eine Abänderung dieses Verfahrens erforderlich ist. So ist es neben der reinen Beobachtung meist unerlässlich, die betroffenen Mitarbeiter auch persönlich zu befragen, um einzelne Tätigkeiten gegeneinander abgrenzen zu können. An den Beobachter sind also höhere Anforderungen zu stellen, die über das bloße »Ankreuzen« von Tätigkeitslisten hinausgehen.

Ziel der Zeitaufnahme ist die Ermittlung von Zeitstandards, die keine Wartezeiten enthalten dürfen, sondern nur die Zeiten, die direkt für die Ausführung eines Prozesses notwendig sind (aber incl. Neben- und Verteilzeiten). Daneben werden durch dieses Verfahren oft auch organisatorische Schwächen aufgedeckt.

Von wirtschaftlichen Aspekten her betrachtet wird die Phase der Tätigkeits- und/ oder Teilprozessanalyse dadurch natürlich deutlich länger und aufwändiger. Der Vorteil liegt aber darin, dass sie dann auch wirklich analytisch ermittelte und dadurch bessere Werte in Form von Zeitstandards ergibt, die im Soll-Ist-Vergleich eine gute Identifikation von Leerzeiten und damit von Einsparungspotenzialen ermöglichen.

Projekt Prozesskostenrechnung
Ihr Ansprechpartner: H. Remer, App. 486
09.04.2005

XY GmbH

Formular zur Teilprozesserfassung

Kostenstelle	123-3520 Einkauf
Verantwortliche/r	Herr Geiger
Kapazität	5 MA inkl. Verantwortliche/r=1.100 AT

Kopfzeile (Summenwerte):

	MA		Personalkosten (TEUR)		Sachkosten (TEUR)		Sonstige Kosten (TEUR)		Totalkosten (TEUR)	
	Plan	Ist	Plan	Ist	Plan	Ist	Plan	Ist	Plan	Ist
	5	5	540	553	100	85	10	23	650	661

Anforderer der Teilprozess-leistung	Teilprozessbezeichnung	Tätigkeiten (lfd. Nr.)	Abnehmer der Teilprozess-Leistung	Kostentreiber »Anzahl der...«	Menge der Kostentreiber pro Jahr	Kapazitätsverbrauch pro Jahr in %	MA-Anteil	Teilprozesskosten pro Jahr in EUR
Vertrieb, Disposition	Bestellungen durchf., ihren	1,2,3,4,5,6	Lager	Bestellungen	12.000	29,1	1,46	220.000,-
Fertigung	Lieferanten betreuen	18,34	Fertigung	Lieferanten	220	6,8	0,34	40.000,-
Vertrieb	Preise verwalten	23	Vertrieb, Rewe	untersch. Kaufteile	7.000	4,0	0,20	26.000,-
Kunde	Reklamationen bearbeiten	11,13	Kundendienst	Reklamationen	250	6,3	0,32	40.000,-
...	...	...	...	...	...	...	...	...
...	...	...	...	...	...	...	...	...
Summe aller lmi Teilprozesse						81,1	4,05	539.500,-
...	Verwaltungstätigkeiten durchführen	33,36	...			5,0	0,25	32.500,-
...	Abteilung leiten	37	...			13,9	0,70	78.000,-
Summe aller lmn Teilprozesse						18,9	0,95	110.500,-
Summe aller Teilprozesse						100,0	5,00	650.000,-

Abb. 38: Musterbeispiel zum Formular zur Teilprozesserfassung

6.4.5   Ergebnisse der Teilprozessanalyse

Die Abbildung 38 zeigt ein Musterbeispiel für das Formular zur Teilprozesserfassung, das in den drei Interviewabschnitten – Identifizierung der Teilprozesse und ihrer Kostentreiber, Bestimmung der lmi Teilprozessmengen und Zuordnung der Ressourcen und Kosten – und evtl. nach einer ergänzenden Validierung ausgefüllt wurde.

Je nachdem, ob eine Ist- oder Planrechnung durchgeführt wird, müssen natürlich entsprechend die Ist- oder Plan-Mengen und -kosten ermittelt werden und in die Betrachtung einfließen. Wie Sie erkennen können, wurden hier die Planwerte für Mitarbeiter und Kosten angesetzt. Die Teilprozesskosten wurden zum Teil gemäß der reinen Zeitverteilung ermittelt, also ohne individuelle Berücksichtigung z. B. unterschiedlicher Gehälter einzelner Mitarbeiter oder unterschiedliche Beanspruchung verschiedener Sachmittel (PC, Software, Netzleitungskosten, Büroausstattung etc.). Bei Kenntnis solch individueller Gegebenheiten wurden diese aber direkt mit den entsprechenden Kosten angesetzt und nicht geschlüsselt.

Ein weiteres Ergebnis der Interviews im Rahmen der Teilprozessanalyse wird neben den aufgezeigten Punkten auch ein überarbeiteter und ergänzter vorläufiger Hauptprozesskatalog sein. Hier wird auf diesen nicht mehr näher eingegangen, weil sich die Darstellungsform gegenüber Abbildung 29 nicht verändert hat.

Auf dieser Basis der vollständigen und erfassten Formulare lassen sich verschiedene Berechnungen und Zusammenfassungen durchführen, die in den nachfolgenden Kapiteln erläutert werden.

6.4.5.1   Teilprozesskostensätze

In Teil I haben Sie bereits die Grundlagen zur Bildung von Prozesskostensätzen kennen gelernt, die hier nun am konkreten Beispiel vertieft werden. Durch die in den Interviews durchgeführte Kosten- und Mengenzuordnung auf die einzelnen Teilprozesse lassen sich die durchschnittlichen Kosten für die einmalige Ausführung jedes Teilprozesses ermitteln, was sich in der Bildung von Teilprozesskostensätzen niederschlägt.

Die Beziehungen zwischen lmi Teilprozessmengen und den entstandenen Kosten für das Vorhalten der Prozesskapazitäten wird mittels der Kostentreiber hergestellt. Dagegen stellen die lmn Teilprozesse den restlichen Ressourcenverzehr einer Kostenstelle dar, für dessen Kostenverrechnung keine adäquaten Maßgrößen gefunden werden konnten. Die lmn Teilprozesskosten werden dabei getrennt ausgewiesen; grundsätzlich sind sie so weit wie möglich zu reduzieren. Für deren Zuordnung gibt es drei Möglichkeiten:
1. lmn Kosten könnten als periodenbezogen fixer, aber lebenszyklusbezogen variabler Anteil den Fixkosten en bloc zugewiesen werden.
2. lmn Kosten könnten als prozessunabhängige Kosten in eine spezielle Projektkostenrechnung einfließen.
3. lmn Kosten könnten auf die übrigen lmi Teilprozesskosten anteilig verteilt und als so genannte Teilprozessgesamtkosten verrechnet werden.

Aufgrund der fehlenden Kostentreiber bei lmn Teilprozessen dürften zur verursachungsgerechten Kostenzuordnung nur Kosten der lmi Teilprozesse verrechnet werden. Einer solchen Vorgehensweise widersprechen aber folgende Überlegungen:

- Es darf bei der Prozesskostenrechnung keine Gemeinkostenblöcke geben, die sich einer Einflussnahme entziehen und so als unabänderlich festgeschrieben werden.
- Trotz fehlender Kostentreiber ist über die Veränderbarkeit der Leistungsstrukturen der lmn Teilprozesse nachzudenken.
- Sofern die Prozesskostenrechnung als Vollkostenrechnung ausgelegt ist, sind alle Kostenblöcke zu berücksichtigen.

Eine Kostenrechnung muss der Vollständigkeit halber natürlich alle anfallenden Kosten verrechnen. Der entscheidende Aspekt ist aber die Ebene der Verrechnung. Die o. g. Möglichkeit 3 der Kostenverrechnung – die anteilige Zurechnung der lmn zu den lmi Teilprozesskosten in Gesamtprozesskostensätzen – hat aufgrund der leichten Anwendbarkeit durchaus Vorteile. Ein getrennter Ausweis von lmi und gesamten Kosten bzw. Prozessen ist zum Zwecke der Kosten- und Leistungstransparenz dennoch sinnvoll. Ebenso ist es auch für Kalkulationszwecke erst auf Hauptprozessebene erforderlich, Gesamtprozesskostensätze zu bilden. Deshalb sollten neben den Gesamtprozesskostensätzen immer auch lmi Prozesskostensätze separat ermittelt werden. Die lmi Prozesskostensätze sind dann so lange anzuwenden, bis die Ebene der lmn Prozesskosten erreicht wird.

Teilprozesskostensätze ergeben sich durch einfache Division der lmi Teilprozesskosten bzw. Teilprozessgesamtkosten durch die Menge der entsprechenden Kostentreiber; sie zeigen die **durchschnittlichen Kosten** für die einmalige Durchführung eines Teilprozesses auf. Die Berechnung der Teilprozesskostensätze soll anhand eines Beispiels dargestellt werden: Abbildung 39 zeigt einen Auszug aus dem obigen Musterbeispiel zum Formular zur Teilprozesserfassung mit einem lmi Teilprozess.

Teilprozessbezeichnung	Kostentreiber	Menge der Kostentreiber pro Jahr	Kapazitätsverbrauch pro Jahr		Teilprozesskosten pro Jahr
			in %	MA-Anteil	in EUR
Bestellungen durchführen	*Bestellungen*	*12.000*	*29,1*	*1,46*	*220.000,–*
...	...	...	...	...	...
Summe aller lmi Teilprozesse			*81,1*	*4,05*	*539.500,–*
Verwaltungstätigkeiten durchführen			*5,0*	*0,25*	*32.500,–*
Abteilung leiten			*13,9*	*0,70*	*78.000,–*
Summe aller lmn Teilprozesse			*18,9*	*0,95*	*110.500,–*
Summe aller Teilprozesse			*100,0*	*5,00*	*650.000,–*

Abb. 39: Auszug aus Musterbeispiel zum Formular zur Teilprozesserfassung

Die lmi Kosten des Teilprozesses »Bestellungen durchführen« sind abhängig vom Kostentreiber »Anzahl der Bestellungen«. Für diesen Teilprozess wurden bestimmte Kosten (220.000 EUR) im Interview direkt bzw. analytisch zugeordnet.

Ist eine solche direkte bzw. analytische Zuordnung von Personalkosten (und evtl. weiteren Kostenblöcken) nicht möglich, verteilt man die normalisierten Kostenstellenkosten mit geeignetem Schlüssel (siehe Teil II, Kapitel 6.4.3.3). Die geschlüsselten **lmi Teilprozesskosten** lassen sich dann wie folgt ermitteln:

$$\frac{\sum \text{ aller lmi Teilprozesskosten}}{\sum \text{ aller lmi MA-Anteile}} \times \text{lmi MA-Anteil des jeweiligen Teilprozesses}$$

Im Beispiel der Kostenstelle Einkauf könnten die geschlüsselten Kosten für den Teilprozess »Bestellungen durchführen« wie folgt errechnet werden:

$$\frac{539.500 \text{ EUR}}{4,05 \text{ gesamte lmi MA-Anteile}} \times 1,46 \text{ MA-Anteil}$$

= 133.210 EUR pro lmi Mitarbeiter × 1,46 MA-Anteil

= 194.487 EUR geschlüsselte lmi Teilprozesskosten

Die nach MA-Anteil geschlüsselten Kosten für den Teilprozess »Bestellungen durchführen« wären also 194.487 EUR gegenüber den direkt bzw. analytisch ermittelten Kosten i.H.v. 220.000 EUR. Die Differenz lässt sich aus der individuellen Berücksichtigung der Kosten dieses Teilprozesses im Rahmen des Interviews erklären: Der Kostenstellenleiter konnte in diesem Fall bestimmte Kostenarten und deren Anteile am Teilprozess diesem direkter und damit besser zuordnen, als es durch eine Schlüsselung über MA-Anteile erreicht werden kann.

Der **lmi Teilprozesskostensatz** errechnet sich im Beispiel der Kostenstelle Einkauf für den Teilprozess »Bestellungen durchführen« wie folgt:

$$\frac{\text{lmi Teilprozesskosten}}{\text{Teilprozessmenge}}$$

$$= \frac{220.000 \text{ EUR}}{12.000 \text{ Bestellungen}}$$

= 18,33 EUR lmi Kosten je Bestellung

Zur Ermittlung des entsprechenden Teilprozessgesamtkostensatzes ist die Summe aller lmn Teilprozesse zu bilden. Die Kosten des lmn Teilprozesses »Verwaltungstätigkeiten durchführen« wurden mangels direkter Bestimmung per MA-Anteil geschlüsselt. Dagegen konnten die Kosten für den Teilprozess »Abteilung leiten« direkt festgelegt werden. In der Summe fallen in dieser Kostenstelle 110.500 EUR an lmn Kosten an. Um diese Kosten weiter verrechnen zu können, kommen die o. g. Möglichkeiten in Betracht. Im Falle einer Weiterverrechnung in einem Gesamtprozesskostensatz ist zunächst die **lmn Umlage** zu errechnen. Da diese Kosten nicht von einem Kostentreiber abhängen, sollten sie über die anteilige Verrechnung mit dem Schlüssel MA-Anteil in die Teilprozessgesamtkosten einfließen (denkbar wäre aber auch z. B. eine anteilige Verrechnung entsprechend der lmi Teilprozesskosten).Die lmn Umlage je MA-Anteil wird folgendermaßen ermittelt:

$$\frac{\sum \text{ lmn Teilprozesskosten}}{\sum \text{ lmi MA-Anteile}}$$

$$= \frac{110.500 \text{ EUR}}{4,05 \text{ lmi MA-Anteile}}$$

= 27.284 EUR lmn Umlage pro lmi MA-Anteil

Diese lmn Umlagekosten bedeuten, dass jeder einzelne lmi Teilprozess zusätzlich zu seinen direkt verursachten oder geschlüsselten Kosten die Umlage für die lmn Teilprozesse i.H.v. 27.284 EUR pro lmi MA-Anteil tragen muss. Beim o.g. lmi Teilprozess »Bestellungen durchführen« ist diese Umlage entsprechend dem MA-Anteil von 1,46 zu verrechnen, woraus sich schließlich die **Gesamtkosten des Teilprozesses** und der entsprechende **Teilprozesskostensatz** ermitteln lassen:

$$\frac{\text{lmi Teilprozesskosten} + (\text{lmn Teilprozesskosten} \times \text{MA-Anteil})}{\text{Teilprozessmenge}}$$

$$= \frac{220.000 \text{ EUR} + (27.284 \text{ EUR} \times 1,46)}{12.000 \text{ Bestellungen}}$$

$$= \frac{220.000 \text{ EUR} + 39.835 \text{ EUR}}{12.000 \text{ Bestellungen}}$$

$$= \frac{259.835 \text{ EUR}}{12.000 \text{ Bestellungen}}$$

$$= 21,65 \text{ EUR Gesamtkosten je Bestellung}$$

Die **Aussage dieser Teilprozesskostensätze** ist folgende: Betrachtet man nur die verursachungsgerechten lmi Teilprozesskosten, so ermittelt man Durchschnittskosten i.H.v. 18,33 EUR für die Durchführung einer Bestellung. Bei Gesamt- bzw. Vollkostenbetrachtung erhöht sich dieser Teilprozesskostensatz um die lmn Umlage auf insgesamt 21,65 EUR je Bestellung. Diese Kosten werden durchschnittlich verursacht; der Prozesskostensatz repräsentiert einen gewogenen Durchschnitt aus unterschiedlichen Kostenarten und v.a. aus unterschiedlichen Personalkosten. Würde der Abteilungsleiter eine Bestellung durchführen, so würde dieser Prozesskostensatz zu einer Unterbewertung der tatsächlichen Prozesskosten führen – ebenso würde das Durchführen einer Bestellung durch den »einfachen« Sachbearbeiter überbewertet werden. Gerade dieser Aspekt führt beim Soll-Ist-Vergleich zu einer nicht absolut korrekt gezeigten Kostenabweichung.

Die diesbezüglichen Kostenfunktionen stellen sich wie folgt dar:

Kostenfunktion (lmi)
K(n) = 39.835 EUR + 18,33 EUR pro Bestellung × n Bestellungen

Kostenfunktion (gesamt)
K(n) = 21,65 EUR pro Bestellung × n Bestellungen
mit n = Anzahl der Bestellungen (Ist/Plan)

Grundsätzlich sollten die Teilprozesskostensätze bis zum Hauptprozess getrennt nach reinen lmi und lmn bzw. gesamten Teilprozesskosten geführt werden, um immer die Möglichkeit der Trennung nach kostentreiberabhängigen und nicht-kostentreiberabhängigen Kosten zu wahren.

Auf diese Art und Weise müssen Sie die Teilprozesse aller erfassten Kostenstellen verarbeiten und berechnen, wodurch Sie eine Vielzahl von Daten gewinnen. Lassen Sie sich nicht von dieser Fülle abschrecken, sondern nutzen Sie hierfür zumindest eine einfache Tabellenkalkulations- oder Datenbanksoftware. Deutlich vorteilhafter wäre bereits hier schon der Einsatz Ihrer Prozesskostenrechnungs-Software (sofern es sich nicht um eine Pilotstudie handelt).

Projekt Prozesskostenrechnung
Ihr Ansprechpartner: H. Remer, App. 486
07.05.2005

XY GmbH

Teilprozesskostenblatt

Kostenstelle: 123-3520 Einkauf
Verantwortliche/r: Herr Geiger
Kapazität: 5 MA incl. Verantwortliche/r = 1.100 AT

Kostenart	Plan	Ist
MA	5	5
Personalkosten (TEUR)	540	553
Sachkosten (TEUR)	100	85
Sonstige Kosten (TEUR)	10	23
Totalkosten (TEUR)	650	661

lfd. Nr.	Teilprozessbezeichnung	Tätigkeiten (lfd. Nr.)	Kostentreiber »Anzahl der...«	Menge der Kostentreiber pro Jahr	Kapazitätsverbrauch pro Jahr in %	MA-Anteil	Teilprozesskosten pro Jahr I_{mi}	Umlage I_{mn}	gesamt in EUR	Teilprozesskostensatz I_{mi} in EUR	gesamt in EUR
001	Bestellungen durchführen	1,2,3,4,5,6	Bestellungen	12.000	29,1	1,46	220.000	39.835	259.835	18,33	21,65
002	Lieferanten betreuen	18, 34	Lieferanten	220	6,8	0,34	40.000	9.277	49.277	181,82	223,99
003	Preise verwalten	23	untersch. Kaufteile	7.000	4,0	0,20	26.000	5.457	31.457	3,71	4,49
004	Reklamationen bearbeiten	11, 13	Reklamationen	250	6,3	0,32	40.000	8.731	48.731	160,00	194,92
...	...	...	...								
Summe aller I_{mi} Teilprozesse					81,1	4,05	539.500	110.500	650.000		
010	Verwaltungstätigkeiten	33, 36			5,0	0,25		(32.500)			
011	Abteilung leiten	37			13,9	0,70		(78.000)			
Summe aller I_{mn} Teilprozesse					18,9	0,95		(110.500)			
Summe aller Teilprozesse					100,0	5,00	539.500	0	650.000		

Abb. 40: Teilprozesskostenblatt (Beispiel)

Projekt Prozesskostenrechnung
Ihr Ansprechpartner: H. Remer, App. 486
07.05.2005

XY GmbH

Schnittstellenübersicht

Kostenstellen des Untersuchungsbereiches:
123-3520, 123-4000, 123-5000, 123-6000,
125-6500, 125-7400, 125-8000

	MA		Personalkosten (TEUR)		Sachkosten (TEUR)		Sonstige Kosten (TEUR)		Totalkosten (TEUR)	
	Plan	Ist	Plan	Ist	Plan	Ist	Plan	Ist	Plan	Ist
	35	38	3.670	3.894	970	1.012	90	98	6.730	5.004

Input (woher?)	lfd. Nr.	Kostenstelle	Bezeichnung	Kostentreiber »Anzahl der...«	Menge der Kostentreiber pro Jahr	Kapazitätsverbrauch pro Jahr MA-Anteil	Output (wohin?)
Vertrieb, Disposition	123-3520-001	Einkauf	Bestell. durchführen	Bestellungen	12.000	1,46	Disposition, Lager
Fertigung	123-3520-002	Einkauf	Lieferanten betreuen	Lieferanten	220	0,34	Fertigung
...	...	...	...	...	...	...	...
Vertrieb	123-5000-001	Buchhaltung	Rechnungen buchen	Rechnungen	30.000	4,00	Finanzwesen
...	...	...	...	...	...	...	...
Musterbau, Entwicklung	125-7400-001	Konstruktion	Zeichnungen für Neuteile anfertigen	Neuteile	70	3,00	Arbeitsvorbereitung, Musterbau
Kunde, Musterbau	125-7400-002	Konstruktion	Zeichnungen ändern	Teile-änderungen	350	3,50	Arbeitsvorbereitung, Musterbau
...	...	...	...	...	...	...	...

Summe MA-Anteile Imi Teilprozesse		**31,20**
Summe MA-Anteile Imn Teilprozesse		3,80
Summe MA-Anteile Imi+Imn Teilprozesse		**35,00**

Abb. 41: Schnittstellenübersicht (Beispiel)

6.4.5.2 Teilprozesskostenblatt und Schnittstellenübersicht

Die gesamte Datenfülle sollte für die weiteren Einführungsschritte sinnvoll aufbereitet werden, zumindest mit einer Datenbank- oder Tabellenkalkulationssoftware. Anhand der bislang erhobenen Daten und der Bildung der Teilprozesskostensätze ist eine Übersicht mit allen kostenstellenspezifischen und kostenrelevanten Daten zu erstellen. Diese Übersicht soll als **Teilprozesskostenblatt** (siehe Abbildung 40) bezeichnet werden und wird für jede Kostenstelle des Untersuchungsbereiches erstellt. Sie enthält einerseits Auszüge aus dem Formular zur Teilprozesserfassung und andererseits die für die jeweilige Kostenstelle maßgeblichen Teilprozesskostenberechnungen, die mit verschiedenen Plausibilitätsprüfungen verbunden werden wie z. B. Prüfung der Gesamtmitarbeiterzahl, Übereinstimmung der Kostensummen etc. Die mitwirkenden Kostenstellenverantwortlichen sollten zumindest ihr Teilprozesskostenblatt als Zwischenergebnis erhalten, um letztlich das Verständnis für die Prozesskostenrechnung weiter zu fördern.

Die Angaben zu den Anforderern und Abnehmern der Teilprozessleistungen werden in einem separaten Übersichtsblatt, der **Schnittstellenübersicht** der lmi Teilprozesse (siehe Abbildung 41) für alle betroffenen Kostenstellen zusammengefasst. Diese Schnittstellenübersicht dient später in der Hauptprozessanalyse zur übergreifenden Prozesshierarchiebildung.

In diesen Übersichten können – wie bereits in der Tätigkeitsanalyse – Doppelarbeiten und Überkapazitäten sichtbar werden, wodurch sich Maßnahmen zur Produktivitätssteigerung und Kosteneinsparung ableiten lassen.

6.4.5.3 Prozessdefinitionsblatt

Die ermittelten Teilprozesse müssen definitionsartig festgelegt werden, um Missverständnisse auszuräumen und Hilfestellungen für die beteiligten Mitarbeiter zu geben. Diese Ausführungen gelten ebenso für die später ermittelten Hauptprozesse.

Im Prozessdefinitionsblatt sind verschiedene Größen eindeutig zu formulieren, wie z. B. Prozessbezeichnung, Kostentreiber und -einheit, Plan-Prozessmengen und -kosten, Prozesskostensätze, Erfassungsmöglichkeiten, Verantwortlichkeiten etc. Danach müssen diese Prozessdefinitionen allen an der Prozesskostenrechnung teilnehmenden Mitarbeitern schriftlich bekannt gemacht werden. Die Abbildung 42 zeigt dies an einem Beispiel. Mit einer geeigneten Software können Sie diese Parameter schematisch erfassen und in der Anwendung verknüpfen, sodass Ihnen das Schreiben solcher Prozessdefinitionsblätter erspart bleiben kann. Der wichtigste Aspekt ist aber, dass die Mitarbeiter jederzeit diese Informationen abrufen oder eben nachlesen können.

Führen verschiedene Mitarbeiter den gleichen Teilprozess in unterschiedlichen Kostenstellen aus, so gewährleistet diese detaillierte Prozessdefinition die Vergleichbarkeit und Aggregierbarkeit der Prozesse. Andernfalls könnten unterschiedliche Auffassungen der einzelnen Mitarbeiter bzgl. der Prozesszuordnung die Ergebnisse der Prozesskostenrechnung verfälschen.

Projekt Prozesskostenrechnung
Ihr Ansprechpartner: H. Remer, App. 486
09.05.2005

Definitionsblatt für Teilprozesse

Teilprozess -Nr.	Teilprozessbezeichnung	Kostenstelle
123-3520-001	Bestellungen durchführen	Einkauf

Beschreibung
Der Teilprozess »Bestellungen durchführen« ist erforderlich zur Bestellung von
Produktionsmaterial und zur zeitgerechten Versorgung der Produktion. Dabei
muss die Vorratshaltung auf ein Minimum reduziert bleiben. Dieser Teilprozess hat
in dieser Kostenstelle absolute Priorität.

Tätigkeitsumfang
- Sichtung der Dispositionsmeldungen und Kundenabrufe per DV-System/Liste
- Abstimmung der Termine möglicher Lieferungen per DV-System/Liste
- Bestellungen (gem. Rahmen-/Einzelvertrag) erfassen und ausdrucken
- Unterschriften einholen: bei Bestellungen über Einzelvertrag ab 1.000 EUR
  bei Bestellungen über Rahmenvertrag ab 5.000 EUR
- Kopien der Bestellungen zur Buchhaltung schicken
- Freigabe im DV-System erteilen
- Termine überwachen, evtl. Mahnung einleiten

Besondere Anmerkungen
Neue Unterschriftenregelung gültig ab 01.05.2005

Ist-Daten
mittels SAP-Report ZEDB0091, monatlich

Verantwortlichkeiten
- für die monatliche Rückmeldung: H. Tritschler
- für die Optimierung der Prozessabläufe: Fr. Lange

Hauptprozesszuordnung
zu Hauptprozess Nr. 03 »Material beschaffen« mit 100%

Plandaten 2005

Mitarbeiteranteil pro Jahr   1,46

Kostentreiber	Menge	Einheit
Bestellungen	12.000	Stück

Teilprozesskosten (EUR)			Teilprozesskostensatz (EUR) pro Durchführung/Kostentreiber	
Imi	Imn	gesamt	Imi	gesamt
220.000	39.835	259.835	18,33	21,65

Abb. 42: Definitionsblatt für Teilprozesse (Beispiel)

6.4.5.4 Grafische Darstellungen

Die Ergebnisse der Teilprozessanalyse können mit grafischen Darstellungen besonders deutlich gemacht werden. Sie erkennen so die Schwerpunkte der Teilprozesse einer Kostenstelle, sowohl zeitlich als auch kostenmäßig. Durch solche Darstellungen werden die Strukturen und Kapazitäten der Kostenstellen sichtbar – die gewünschte **Transparenz** ist erreicht.

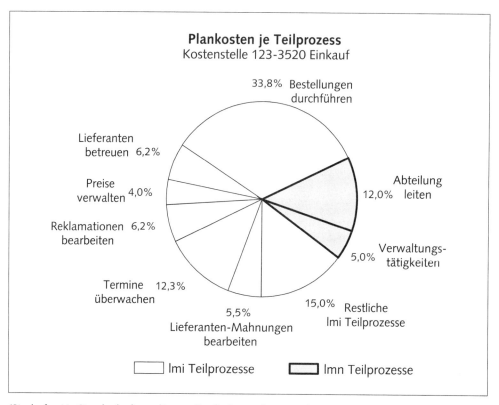

(Strohofer, N.: Standardsoftwarelösung für die Prozesskostenrechnung, in: Männel, W. (Hrsg.): Prozesskostenrechnung – Standpunkte, Branchen-Erfahrungen, Software-Lösungen, Kostenrechnungspraxis, Sonderheft 1, 1994, S. 108)

Abb. 43: Grafische Darstellung der Kostenanteile je Teilprozess (Beispiel)

Bei der Darstellung der Teilprozesskosten (siehe Abbildung 43) ergeben sich hier in diesem Beispiel etwas geänderte Verhältnisse gegenüber den Teilprozesskapazitäten (siehe Abbildung 44), weil die Kosten nicht nur entsprechend den Zeitanteilen verteilt wurden, sondern auch direkt ermittelt bzw. teilweise analytisch festgelegt wurden.

Darüber hinaus sind weitere Darstellungen hilfreich, wie z. B. der Prozesskostensätze, Vergleiche zwischen ähnlichen Kostenstellen (z. B. »Einkauf Ausland« und »Einkauf Inland«) etc. zur Übersicht, Einschätzung und für internes Benchmarking.

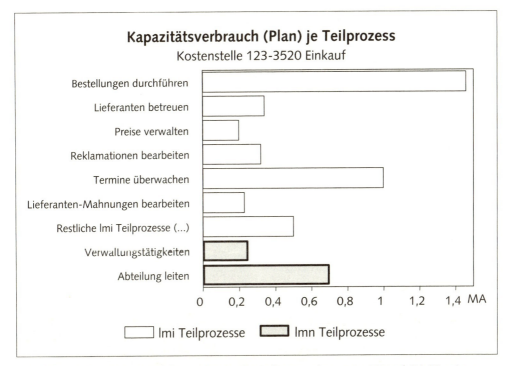

Kapazitätsverbrauch (Plan) je Teilprozess

Kostenstelle 123-3520 Einkauf

(Strohofer, N.: Standardsoftwarelösung für die Prozesskostenrechnung, in: Männel, W. (Hrsg.): Prozesskostenrechnung – Standpunkte, Branchen-Erfahrungen, Software-Lösungen, Kostenrechnungspraxis, Sonderheft 1, 1994, S. 108)

Abb. 44: Grafische Darstellung des Kapazitätsverbrauchs je Teilprozess (Beispiel)

6.5   Hauptprozessanalyse

6.5.1   Vorbemerkungen

In diesem letzten und zugleich schwierigsten Teil der Analysephase werden alle lmi Teilprozesse zu Hauptprozessen verdichtet. Dieser Verdichtungsschritt wird notwendig zur
- Schaffung eines gestrafften Überblicks über die Kostenstruktur und ihre gemeinkostentreibenden Einflussfaktoren (= Kostentreiber der Hauptprozesse),
- Vereinfachung der Kostenverrechnung und zur
- Kenntnis der Kosten bestimmter kostenstellenübergreifender Abläufe.

»Letztlich ist es die Konzentration auf wenige zentrale Hauptprozesse und die Zuordnung der korrespondierenden Kostentreiber, die das Leistungsvermögen und die Praktikabilität der Prozesskostenrechnung ausmachen.«[50]

Betrachtet man beispielsweise die Materialgemeinkosten beim Hauptprozess »Material beschaffen«, so richtet sich deren verursachungsgerechte Höhe nicht nach dem Wert der beschafften Materialien (als Zuschlagsbasis für die Materialgemeinkosten), sondern nach der Anzahl der durchgeführten Bestellungen, Lagerbewegungen, Dispositionsvorgänge etc. in den verschiedenen Kostenstellen.

In der Hauptprozessanalyse wird die Vielzahl einzelner betrieblicher Teilprozesse zu wenigen überschaubaren und kostenstellenübergreifenden Hauptprozessen zusammengefasst. Die Kostentreiber werden auf diese Weise reduziert und die indirekten Leistungsbereiche planbar gemacht. Es muss dabei eine **Prozesshierarchie** entstehen, aus der hervorgeht, welche Teilprozesse zur Erfüllung einer bestimmten Aufgabe (= Hauptprozess) notwendig sind. Eine solche Prozesshierarchie dokumentiert zunächst genau den Ist-Zustand der Abläufe. Verwenden Sie für die Darstellung Ihrer Hauptprozesse Ablaufdiagramme.

Im Rahmen des Gemeinkostenmanagements können später Verbesserungsmöglichkeiten im Arbeitsablauf gezielt durchgeführt werden, wobei Termineinhaltung und Qualität der Leistung als Output der Kostenstelle besonders wichtig sind. Das Ziel muss lauten: Senkung der Durchlaufzeiten sowie Beschleunigung und Optimierung der Prozessketten.

Es gibt natürlich auch Ausnahmen. Es kann sich in der Analysephase ergeben, dass eine weitere Verdichtung der Teilprozesse auf Hauptprozesse nicht weiter sinnvoll ist, wenn auf Ebene dieser Teilprozesse eine Kostenverrechnung im operativen System wie z. B. SAP R/3 aufwandsarm umsetzbar ist.

Die Prozessorientiertheit der Prozesskostenrechnung ermöglicht in dieser Phase die Zusammenfassung einzelner Vorgänge zu verbundenen Vorgängen (= **Prozessketten**). Sie orientiert sich dabei am Leistungs- und Wertschöpfungsfluss im Sinne einer Verfolgung und Abbildung der in der jeweiligen Prozesskette ablaufenden Teilprozesse. Die Teilprozesse müssen nach den wichtigsten Informations- und Materialflüssen zu Hauptprozessen zusammengefasst werden, um die Kosten dieser Hauptprozesse planen und kontrollieren zu können. Die Verdichtung zu Hauptprozessen kann beispielsweise den Materialfluss als solches, die Abwicklung eines Kundenauftrages oder die Großkundenbetreuung betreffen.

6.5.2   Relevante Daten

Die relevanten Daten der Hauptprozessanalyse sind:
* Zusammenfassung der Teilprozesse und Beschreibung der Hauptprozesse im Untersuchungsbereich,
* Kostentreiber der Hauptprozesse,
* Zweidimensionale Zuordnung der Teilprozesse auf Kostenstellen und auf Hauptprozesse mit entsprechendem Zurechnungsfaktor,
* Kostentreibermengen (Hauptprozessmengen),
* Zeitanteile bzw. Ressourcenverbräuche.

6.5.3   Hauptprozessbildung durch teaminterne Überlegungen

Die ersten aktiven Schritte bei der Durchführung der Hauptprozessanalyse werden im Projektteam durchgeführt. Hier sollen teaminterne Überlegungen durch verschiedene Methoden (Workshop, Brainstorming, Berater etc.) zur Prozesshierarchie gemacht werden. Sollten dabei keine befriedigenden Ergebnisse erzielt werden, sind bereits zu diesem Zweck

Besprechungen mit allen betroffenen Kostenstellenleitern durchzuführen (vgl. auch Teil II, Kapitel 6.5.4).

6.5.3.1 Grundlagen zur Vorgehensweise

Die im Rahmen der Teilprozessanalyse ermittelten und bewerteten, kostenstellenbezogen definierten Teilprozesse bilden zusammen mit den im vorläufigen Hauptprozesskatalog bereits gemachten Hypothesen über mögliche Hauptprozesse die Grundlage der Hauptprozessanalyse und -strukturierung. Bei der Durchführung der Tätigkeits- und der Teilprozessanalyse sind evtl. weitere Anregungen für Hauptprozesse entstanden, die in der Schnittstellenübersicht aus der Teilprozessanalyse zusammengestellt sind. Sie zeigt alle Teilprozesse und ihre Verbindungen zu anderen Kostenstellen.

Im Projektteam erfolgt die Hauptprozessanalyse auf dieser Basis, verbunden mit den Erfahrungen und Kenntnissen der Teammitglieder. Dabei sind technische und methodische Hilfsmittel einzusetzen (Tabellenkalkulationssoftware, Workflow Management, Prozessmodellierungssoftware, Grafik-/Organisationssoftware, Brainstorming etc.). Hier sind oft auch Erfahrungen externer Berater wertvoll und hilfreich, um rasch valide Ergebnisse zu erreichen. Bis zur endgültigen Festlegung der Hauptprozesse müssen zwischen Perfektionismus und Vernunft bzw. zwischen Genauigkeit und Aufwand Kompromisse gefunden werden. Die von manchen Vertretern der Prozesskostenrechnung vorgeschlagene Bottomup-Methodik stellt sich in der Praxis häufig als langwierig und als nicht sehr eindeutig dar. Sie wandelt sich deshalb in eine Art Gegenstromverfahren um, wo oft mehrere Schleifen zu durchlaufen sind, bis die endgültige Prozessstruktur und Prozesshierarchie gefunden ist.

Die mit der Prozessstrukturierung einhergehende Vereinfachung führt zwangsläufig zu Informationsverlusten. Wichtig ist, dass es sich dabei nicht um relevante Informationen handelt!

Bei der Frage nach der Bedeutung von Hauptprozessen zählen nicht nur die aktuellen Gegebenheiten, sondern vielmehr der Blick in die Zukunft. Gewisse Tätigkeiten, Teilprozesse und Hauptprozesse, welchen heute noch wenig Gewicht beigemessen wird, können in Zukunft zu zentralen Bereichen werden.

6.5.3.2 Identifizierung der Hauptprozesse und ihrer Kostentreiber

Teilprozesse, die immer abhängig voneinander und in bestimmbaren Mengenverhältnissen zueinander anfallen, werden zu abteilungsübergreifenden Hauptprozessen aggregiert. Für die Zuordnung von Teilprozessen zu einem oder mehreren Hauptprozessen ist ihre **sachliche Zugehörigkeit** – das gemeinsame Arbeitsergebnis – ausschlaggebend und nicht das bloße Vorhandensein identischer bzw. abhängiger Kostentreiber. Die Zuordnung der Teilprozesse auf die Hauptprozesse erfolgt im Verhältnis der beanspruchten Teilprozessmengen einer Kostenstelle durch einen Hauptprozess.

Die Voraussetzung für die Zusammenfassung von Teil- zu Hauptprozessen ist die kostenmäßige Abhängigkeit der Teilprozesse von gleichen oder miteinander korrelierenden Kostentreibern. Daraus lässt sich die Forderung an die Hauptprozessbildung ableiten, dass die einzelnen Teilprozesse eines Hauptprozesses von einem Kostentreiber abhängig gemacht werden müssen, nicht aber, dass die Kostentreiber der Hauptprozesse und die Kostentreiber der Teilprozesse von vornherein identisch sein müssen. In diesem Zusammenhang sei auch auf Teil I verwiesen, wo die Möglichkeiten der Zurechnung von Teilprozessen auf Hauptprozesse bereits erläutert wurden. Im Wesentlichen wird davon in der Praxis die vollständige Zurechnung mehrerer Teilprozesse auf einzelne Hauptprozesse vorkommen.

Die bereits in Teil I beschriebene Teile- und Variantenvielfalt sowie die Produkt- und Marktkomplexität können oft als unternehmensweite und bedeutsam wirkende Kostentreiber identifiziert werden. Ein Anhaltspunkt für den geeigneten Kostentreiber eines

Hauptprozess	Kostentreiber
Neuteile einführen	Neuteile
Teile verwalten	aktive Teilenummern
Neuprodukte einführen	Neuprodukte
Varianten betreuen	Varianten
Produktänderungen durchführen	Änderungen
Auftragsgewinnung	Anzahl Anfragen
Lieferanten betreuen	Lieferanten
Beschaffung Serienmaterial	Bestellungen
Beschaffung Gemeinkostenmaterial	Bestellungen
Fertigungsauftragskommissionierung	Stücklistenpositionen
Fertigungsauftragssteuerung	Arbeitsplanoperationen
Kundenauftragskommissionierung	Auftragspositionen
Auftragsabwicklung Inland	Aufträge
Auftragsabwicklung Ausland	Aufträge
Auslieferungen (eigener Fuhrpark)	Anzahl Paletten, Auslieferungen, m^3
Kunden betreuen	Kunden
Personal betreuen	Mitarbeiter
Lohn - und Gehaltsabrechnung	Abrechnungen/Mitarbeiter
Kostenplanung und -steuerung	Kostenstellen
...	...

(in Anlehnung an Horváth, P./Mayer, R.: Prozesskostenrechnung – Konzeption und Entwicklungen, in: Männel, W. (Hrsg.): Prozesskostenrechnung – Methodik, Anwendung und Softwaresysteme, Kostenrechnungspraxis, Sonderheft 2, 1993, S. 21)

Abb. 45: Hauptprozesse und ihre Kostentreiber (Beispiele)

Hauptprozesses ist sicherlich auch die Kostendominanz eines bestimmten Teilprozesses innerhalb des Hauptprozesses. Nun muss es Ihnen gelingen, die anderen Teilprozesskostentreiber in Korrelation zum dominierenden Kostentreiber zu bringen. Gelingt dies nicht, sind die Kostentreiber der einzelnen Teilprozesse dahingehend überprüfen, ob sie durch andere korrelierende oder sogar zum Hauptprozess identische Kostentreiber ersetzt werden können. Ebenfalls ist die Möglichkeit in Betracht zu ziehen, Teilprozesse mit nicht-korrelierenden Kostentreibern anderen, separaten Hauptprozessen zuzuordnen. Grundsätzlich gilt, dass mit zunehmender Komplexität des Untersuchungsbereiches dessen Prozesshierarchie zunächst gröber gebildet werden sollte, damit ein praktikables Handling des Prozesskostenrechnungssystems gewährleistet ist.

Sie werden also verschiedene Teilprozesse auf unterschiedliche Hauptprozesse verdichten müssen. Gemäß dem Grundsatz »So wenig wie möglich, aber so viel wie nötig« sollten als Richtwert nicht mehr als zehn verschiedene **Hauptprozesskostentreiber** gebildet werden, um den Aufwand für die Erfassung der Kostentreiber in Grenzen zu halten und v. a. um den Überblick zu behalten. Ebenso sollten bei Hauptprozessen mit geringem Ressourcenverbrauch solche Kostentreiber verwendet werden, die bereits für andere Hauptprozesse definiert sind. Wichtig ist auch hier die Verwendung von sinnvollen Kostentreibern und nicht Proportionalität um jeden Preis.

Die Tabelle in Abbildung 45 zeigt Beispiele für mögliche Hauptprozesse und deren Kostentreiber. Sie sind natürlich von Unternehmen zu Unternehmen verschieden, weshalb es der konsequenten Durchführung der Analysephase bedarf, um zur Prozesshierarchie in Ihrem Unternehmen zu kommen. Ganz wesentlich ist dabei auch die Eingrenzung des Untersuchungsbereiches; eine direkte Übertragung dieser Vorschläge auf Ihr Unternehmen macht daher wenig Sinn. In jedem Unternehmen müssen die Fragen nach den übergreifend ablaufenden Hauptprozessen sowie die zentrale Frage »Was treibt unsere Gemeinkosten wirklich?« individuell beantwortet werden.

6.5.3.3 Zweidimensionale Zuordnung der Teilprozesse

Jeder Teilprozess wird zweidimensional zugeordnet:

1. **Zuordnung des Teilprozesses auf die durchführende Kostenstelle**
   Diese Zuordnung erfolgte bereits in der Teilprozessanalyse, da dort die Teilprozesse jeder Kostenstelle separat ausgewiesen wurden. Beispiel: Teilprozess Nr. 123–3520–001 »Bestellungen durchführen« ist eindeutig als Teilprozess mit der laufenden Nummer 001 der Kostenstelle 123–3520 »Einkauf« zugeordnet.
2. **Zuordnung des Teilprozesses auf einen Hauptprozess (vollständige Zurechnung) oder auf mehrere Hauptprozesse (anteilige Zurechnung)**
   Die entsprechende Zurechnung wird durch einen so genannten Zurechnungsfaktor ausgedrückt, welcher prozentual anhand der Kostentreibermengen festzulegen ist. Hierzu ein Beispiel: Der Hauptprozess 03 »Material beschaffen« besteht u. a. aus dem Teilprozess 123–3520–001 »Bestellung durchführen«. Angenommen, dieser Teilprozess fällt nur im Rahmen dieses Hauptprozesses an, dann erfolgt die Zuordnung des Teilprozesses mit einem Zurechnungsfaktor von 100 %. Eine anteilige Verrechnung würde beispielsweise beim Teilprozess 123–6500–002 »Teileprüfung durchführen« vorgenommen werden, wenn dieser zu 80 % dem Hauptprozess 03 »Material beschaffen« und zu 20 %

dem Hauptprozess 06 »Produktänderungen durchführen« zuzurechnen wäre (siehe dazu das Beispiel zur Hauptprozessbildung in Abbildung 47). Würde im Untersuchungsbereich z. B. zwischen den Hauptprozessen »Vertriebsaufträge Inland direkt abwickeln«, »Vertriebsaufträge Inland über Vertriebspartner abwickeln« und »Vertriebsaufträge Ausland über Vertriebspartner abwickeln« unterschieden werden, dann müsste der Teilprozess »Kommissionierung« der Kostenstelle Versand anteilig diesen Hauptprozessen in der jeweiligen Menge zugeordnet werden, die für alle drei Hauptprozesse anfällt.

Durch diese zweidimensionale Zuordnung wird die Prozesshierarchie eindeutig festgelegt. Eine Abbildung des betrieblichen Leistungsgeschehens als Prozesshierarchie ist nun möglich (zur Betrachtung der Wertschöpfungsketten). Die Zuordnung der einzelnen Teilprozesse auf Hauptprozesse kann nun zunächst auf allen Teilprozesskostenblättern und/oder der Schnittstellenübersicht vermerkt werden, bzw. in Ihrer Prozesskostenrechnungs-Software entsprechend eingerichtet werden.

Im Beispiel (Abbildung 46) wird auf dem Teilprozesskostenblatt der Kostenstelle 123–3520 Einkauf die Zuordnung für jeden Teilprozess vermerkt, hier z. B. auf Hauptprozess 03 »Material beschaffen«.

lfd. Nr.	Teilprozessbezeichnung	Kostentreiber »Anzahl der...«	Menge der Kosten- treiber pro Jahr	Teilprozesskosten pro Jahr		in EUR	Zuordnung auf Hauptprozess	
				lmi	Umlage lmn	gesamt	Nr.	%
001	Bestellungen durchführen	Bestellungen	12.000	220.000	39.835	259.835	03	100
...	...	...		...	...	...	...	...	...

Abb. 46: Zuordnung Teilprozess auf Hauptprozess (Ausschnitt)

Als komfortablere Lösung bietet sich hier natürlich die direkte Erfassung in einer Datenbank oder besser noch in Ihrer Prozesskostenrechnungs-Software an. Hier sollen diese manuellen Zuordnungen zunächst genügen.

Die nachfolgende Abbildung 47 stellt anhand eines Beispiels die zweidimensionale Zuordnung sowie die anschließende Zusammenfassung mehrerer Teilprozesse unterschiedlicher Kostenstellen zu einem Hauptprozess anschaulich dar.

Sollte sich bei der Teil- und der Hauptprozessanalyse ein relativ großer Anteil von Prozessen herausbilden, die wenig oder überhaupt nichts zur Wertschöpfung beitragen, bietet sich hier eine interessante Abänderung der Zuordnung der Teil- zu den Hauptprozessen an. Diese wertschöpfungsneutralen bzw. wertschöpfungsmindernden Teilprozesse können als solche markiert und separat ausgewiesen werden. Wertschöpfungsneutral bzw. -mindernd heißt aber nicht automatisch leistungsmengenneutral! Die entsprechenden Teilprozesse wären bei der Identifizierung der einzelnen Hauptprozesse folgenden neuen Hauptprozessen zuzuordnen: »Wertschöpfungsneutrale Prozesse« und »Wertschöpfungsmindernde Prozesse«.

Abschließend eine weitere Darstellung einer Zusammenfassung von Tätigkeiten zu Teil- und Hauptprozessen, dieses Mal aus dem Qualitätsbereich (siehe Abbildung 48).

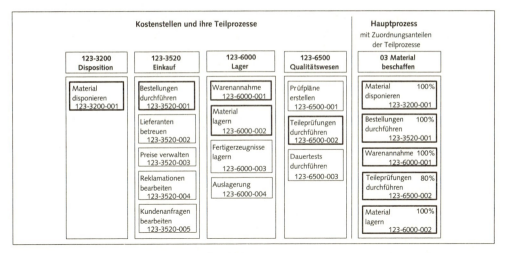

(in Anlehnung an Coenenberg, A. G./Fischer, T. M.: Prozesskostenrechnung – Strategische Neuorientierung in der Kostenrechnung, in: Die Betriebswirtschaft, 1, 1991, S. 27)

Abb. 47: Hauptprozessbildung »Material beschaffen«

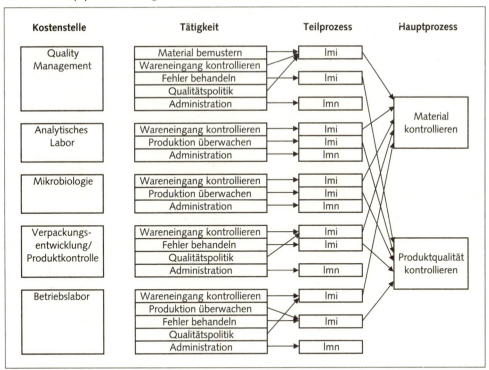

(Pfaff, D./Schneider, T.: Prozesskostenrechnung in der Nahrungsmittelindustrie, in: Kostenrechnungspraxis, Heft 4, 2000, S. 248)

Abb. 48: Zusammenfassung der Tätigkeiten im Qualitätsbereich zu Teil- und Hauptprozessen (Beispiel)

6.5.3.4   Bestimmung der Hauptprozessmengen und Kostenzuordnung

Ist der Kostentreiber eines Hauptprozesses nicht zugleich auch Kostentreiber eines zugeordneten Teilprozesses, dann muss für diesen anderen, evtl. auch neuen Kostentreiber die Hauptprozessmenge und die Kostenzuordnung neu festgelegt werden. Die Vorgehensweise läuft analog zur Bestimmung der Mengen und Kosten in der Teilprozessanalyse ab.

Dazu ein Beispiel: Der Teilprozess »Warenannahme« ist vom Kostentreiber »Anzahl der Bestellpositionen« originär abhängig. Dieser Teilprozess ist dem Hauptprozess 03 »Material beschaffen« zugeordnet, welchem aber der Kostentreiber »Anzahl der Bestellungen« anhaftet. Eine Möglichkeit zur Überbrückung dieses Zwiespalts wäre die Ermittlung der durchschnittlichen Bestellpositionen pro Bestellung, aufgrund derer der Kostentreiber »Anzahl der Bestellungen« neu festgelegt werden kann (z. B. 12.000 Bestellungen bei durchschnittlich 3 Bestellpositionen ergeben einen Faktor von 3, d. h. dass der Teilprozess »Warenannahme« bei jeder Durchführung des Hauptprozesses 03 »Material beschaffen« dreimal durchzuführen ist).

Bei der Kostenzuordnung ist darauf zu achten, dass keine Kosten verwendet werden, die entweder völlig prozessfremd (also nichts mit dem ausgewählten Hauptprozess zu tun haben) oder Sekundärkosten des betroffenen Bereiches sind, die bereits als Primärkosten verrechnet worden sind.

In den meisten Fällen können Sie sich bei der Bestimmung der Hauptprozessmengen und den entsprechenden Kosten nach der jeweiligen Kostentreibermenge desjenigen Teilprozesses richten, der mit dem gleichen Kostentreiber in den Hauptprozess einfließt, und zwar in der Höhe, die anteilig dem Hauptprozess zugerechnet wird. Dies wird am Beispiel des Hauptprozesses »Inlandsaufträge direkt abwickeln« gezeigt (siehe Abbildung 49).

Hauptprozess			Hauptprozesskosten in EUR		
Bezeichnung	Kostentreiber »Anzahl der...«	Menge	lmi	gesamt	
Inlandsaufträge direkt abwickeln	Inlandsaufträge/ direkt	1.200	615.000	692.500	
Teilprozesszuordnung			Teilprozesskosten in EUR		
Bezeichnung	Kostentreiber »Anzahl der...«	Menge	lmi	gesamt	Zuordnungs- anteil
Inlandsaufträge direkt abwickeln	Inlandsaufträge/ direkt	1.200	300.000	300.000	*100,0%*
Aufträge kommissionieren	Aufträge	1.800	360.000	420.000	*66,7%*
Inlandsversandpapiere erstellen	Inlandsaufträge	1.600	100.000	150.000	*75,0%*

Abb. 49: Mengen- und Kostenzuordnung bei der Hauptprozessbildung (Beispiel)

Die restlichen Anteile der letzten beiden Teilprozesse (33,3% und 25,0%) gehen in andere Hauptprozesse ein. Hier im Beispiel wären dies die weiteren Hauptprozesse »Inlandsaufträge über Vertriebspartner abwickeln« und »Auslandsaufträge über Vertriebspartner abwickeln«.

Die nachfolgende Abbildung 50 zeigt die Berechnungen der Hauptprozessmenge des obigen Beispiels.

Teilprozess			
Bezeichnung	Menge	Zuordnungs-anteil	auf den Hauptprozess zugeordnete Teilprozessmengen (Menge x Zuordnungsanteil)
Inlandsaufträge direkt abwickeln	1.200	100,0%	(1.200 x 100,0% =) 1.200
Aufträge kommissionieren	1.800	66,7%	(1.800 x 66,7% –) 1.200
Inlandsversandpapiere erstellen	1.600	75,0%	(1.600 x 75,0% =) 1.200

Abb. 50: Zuordnung der Kostentreibermengen auf einen Hauptprozess (Beispiel)

Die Hauptprozesskosten aus dem o.g. Beispiel werden anhand folgender Formeln ermittelt:

Berechnung der lmi Hauptprozesskosten

$$= \sum_{i=1}^{n} \text{lmi Teilprozesskosten}_i \times \text{Zuordnungsanteil}_i$$

n = Anzahl zugehöriger Teilprozesse

i = jeweiliger Teilprozess

$= 300.000 \text{ EUR} \times 100,0\% + 360.000 \text{ EUR} \times 66,7\% + 100.000 \text{ EUR} \times 75,0\%$

$= 300.000 \text{ EUR} + 240.000 \text{ EUR} + 75.000 \text{ EUR}$

$= 615.000 \text{ EUR}$

Berechnung der gesamten Hauptprozesskosten

$$= \sum_{i=1}^{n} \text{gesamte Teilprozesskosten}_i \times \text{Zuordnungsanteil}_i$$

n = Anzahl zugehöriger Teilprozesse

i = jeweiliger Teilprozess

$= 300.000 \text{ EUR} \times 100,0\% + 420.000 \text{ EUR} \times 66,7\% + 150.000 \text{ EUR} \times 75,0\%$

$= 300.000 \text{ EUR} + 280.000 \text{ EUR} + 112.500 \text{ EUR}$

$= 692.500 \text{ EUR}$

Die Summe der gesamten Hauptprozesskosten aller Hauptprozesse muss zwangsläufig der Kostensumme aller Kostenstellen des Untersuchungsbereiches entsprechen, da der Untersuchungsbereich neben der Kostenstelleneinteilung jetzt auch nach Prozessen differenziert ist:

$$\sum_{h=1}^{m} \left(\sum_{i=1}^{n} \text{gesamte Teilprozesskosten}_i \times \text{Zuordnungsanteil}_i \right)$$

$$= \sum_{i=1}^{n} \text{Kostenstellenkosten}_k$$

m = Gesamtzahl der Hauptprozesse h

n = Anzahl der zum Hauptprozess h zugehörigen Teilprozesse

u = Anzahl der zum Untersuchungsbereich zugehörigen Kostenstellen k

6.5.4   Kostenstellenübergreifende Erweiterung des Projektteams

Sollte sich aufgrund der Überlegungen und Anstrengungen im Projektteam keine befriedigende Prozessstruktur ermitteln lassen, müssen zumindest die betroffenen Kostenstellenleiter, wenn nicht gar weitere erfahrene Mitarbeiter des Untersuchungsbereiches und evtl. externe Beratung in die Hauptprozessanalyse eingebunden werden. Ein derartig erweiterter Kreis der Beteiligten kann einen Querschnitt aller Funktionen des Unternehmens repräsentieren, muss aber die Funktionen des Untersuchungsbereiches umfassen. Das so ermöglichte – und auch unbedingt notwendige – **kostenstellenübergreifende Denken** dient der endgültigen Bildung der Prozesshierarchie, fördert die Akzeptanz der Prozesskostenrechnung sowie die Motivation der Beteiligten und lässt Prozessziele gegenüber Abteilungszielen an Bedeutung gewinnen. Die erforderlichen Sitzungen sind bis zum gewünschten Ergebnis im Wochenturnus durchzuführen (i.d.R. werden es etwa zwei bis fünf Sitzungen sein).

Ungeachtet evtl. Schwierigkeiten bei der Ermittlung der Prozessstruktur sollten die Ergebnisse der Einführungsphase der Prozesskostenrechnung – wie sie in Teil II, Kapitel 6.5.5 beschrieben werden – einem solchen erweiterten Kreis vorgestellt werden, ebenso ist das Topmanagement hinzuzuziehen. So können noch offene Fragen gemeinsam erörtert und Fehler frühzeitig erkannt werden, bevor die Umsetzung verabschiedet wird.

6.5.5   Ergebnisse der Hauptprozessanalyse

Neben den in diesem Kapitel dargestellten Ergebnissen werden in der Hauptprozessanalyse auch Erkenntnisse über nicht notwendige oder ineffizient ausgeführte Prozesse gewonnen. Deren Behandlung erfolgt aber erst später in Teil II im Rahmen von Optimierungen.

6.5.5.1   Kostenverteilung und Prozesshierarchie

Die Bildung der Prozesshierarchie für den gesamten Untersuchungsbereich ist durch die Zuordnung der Teilprozesse auf entsprechende Hauptprozesse abgeschlossen. Dadurch werden die gesamten betrieblichen Abläufe des Untersuchungsbereiches strukturiert. Hier zunächst eine Matrix, welche die Kostenstruktur nach prozentualer Verteilung der einzelnen Kostenstellenkosten zeigt (Abbildung 51).

Projekt Prozesskostenrechnung
Ihr Ansprechpartner: H. Remer, App. 486
23.05.2005

Kostenverteilung

Kostenstellen des Untersuchungsbereiches:
123-3520, 123-4000, 123-5000, 123-6000, 125-6500, 125-7400, 125-8000

Verteilung für Hauptprozess 03 »Materialbeschaffung«	in Prozent von				Kosten-summen (in EUR)
	Disposition	Einkauf	Lager	Qualitäts-sicherung	
Material disponieren	100%				234.100
Bestellungen durchführen		40%			259.800
Warenannahme			30%		95.000
Teileprüfung durchführen				65%	310.000
Material lagern			15%		47.500
Zwischensummen	**100%**	**40%**	**45%**	**65%**	**946.400**
auf andere Hauptprozesse verteilt	0%	60%	55%	35%	731.300
Totalsummen	**100%**	**100%**	**100%**	**100%**	**1.677.700**

(in Anlehnung an Knöbel, U.: Was kostet ein Kunde? – Kundenorientiertes Prozessmanagement, in: Kostenrechnungspraxis, Heft 1, 1995, S. 10)

Abb. 51: Kostenverteilung auf die Teilprozesse eines Hauptprozesses (Beispiel)

Die Darstellung der Prozesshierarchie kann in der Form erfolgen, dass alle Abläufe des Untersuchungsbereiches als eine Art Pyramide abgebildet werden. An der Spitze stehen die Hauptprozesse, darunter liegt die tiefere Hierarchieebene der Teilprozesse und darunter wiederum die Ebene der Tätigkeiten. Die Abbildung 52 ist ähnlich aufgebaut wie Abbildung 7 (Schematische Darstellung zur Bildung von Prozesshierarchien) und bezieht sich auf das obige Beispiel aus Abbildung 47 (Beispiel zur Bildung des Hauptprozesses »Material beschaffen«).

Die Abbildung der Prozesshierarchie wird technisch natürlich per DV erfolgen, wobei die Prozessstrukturen bspw. mithilfe einer **Datenbank** verarbeitet werden können. In Abbildung 53 ist ein Auszug aus der Datenbank dargestellt, die alle Prozesse des dargestellten

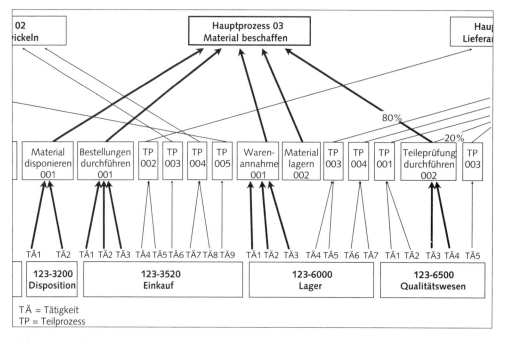

Abb. 52: Grafische Darstellung der Prozesshierarchie – Ausschnitt für den Hauptprozess »Material beschaffen« (Beispiel)

Hauptprozesses 03 »Material beschaffen« enthält. In einer kompletten Datenbank sind darüber hinaus auch die entsprechenden Ressourcen, Zuordnungsanteile, Kosten, Kostensätze etc. erfasst bzw. berechnet – eben alle relevanten Daten, die in der Analyse ermittelt wurden.

In diesem Stadium der Hierarchiestufenbildung ist bereits auch die künftige unabdingbare Umsetzung der Prozesskostenrechnung mit spezieller Software zu berücksichtigen. Zur eindeutigen Identifizierung ist es deshalb empfehlenswert, einen logischen Schlüssel für die Nummerierung der entsprechenden Hierarchiestufen zu verwenden.

Durch einen so genannten Verdichtungslauf kann man nun – mithilfe einer solchen Datenbank und der entsprechenden Zuordnung der Teilprozesskosten – die Kosten der einzelnen Hauptprozesse »erzeugen«.

Projekt Prozesskostenrechnung
Ihr Ansprechpartner: H. Remer, App. 486
28.05.2005

Prozesshierarchie

Kostenstellen des Untersuchungsbereiches:
123-3520, 123-4000, 123-5000, 123-6000, 125-6500, 125-7400, 125-8000

Datensätze für Hauptprozess-Nr.				**03 Material beschaffen**		
Hauptprozess		Teilprozess			Tätigkeiten	
lfd. Nr.	Bezeichnung *Kostentreiber*	lfd. Nr. *Kostenstelle*	Bezeichnung *Kostentreiber*		lfd. Nr.	Bezeichnung
03-1	Material beschaffen *Bestellungen*	123-3200-001 *Disposition*	Material disponieren *Bestellungen*		01	Bedarfsermittlung
03-2	Material beschaffen *Bestellungen*	123-3520-001 *Einkauf*	Bestellungen durchführen *Bestellungen*		01	Bestellung schreiben (R)
					02	Bestellung schreiben (E)
					03	Termine einholen
					04	Bestellung ausdrucken
					05	Bestellformulare kopieren
					06	DV-Freigabe erteilen
03-3	Material beschaffen *Bestellungen*	123-6000-001 *Lager*	Warenannahme *Bestellpositionen*		02	Ware abladen
					03	Ware transportieren
03-4	Material beschaffen *Bestellungen*	123-6500-002 *Qualitätssicherung*	Teileprüfungen durchführen *Bestellpositionen*		04	Stichproben entnehmen
					07	Materialtest durchführen
03-5	Material beschaffen *Bestellungen*	123-6000-002 *Lager*	Material lagern *m^3 Lagerraum*		12	Material lagern

Abb. 53: Prozesshierarchie als Datenbankstruktur (Beispiel, auszugsweise)

6.5.5.2 Hauptprozesskostensätze

Nachfolgend die Berechnungen der Hauptprozesskostensätze des obigen Beispiels aus Abbildung 47, die analog zur Berechnung der Teilprozesskostensätze durchgeführt werden (siehe Teil II, Kapitel 6.4.5.1). Die dort gemachten Aussagen sind hierfür zu übernehmen.

Berechnung lmi Hauptprozesskostensatz

$$\frac{\text{lmi Hauptprozesskosten}}{\text{Hauptprozessmenge}}$$

$$= \frac{615.000 \text{ EUR}}{12.000 \text{ Inlandsaufträge/direkt}}$$

$= 512$ EUR lmi Kosten je Inlandsauftrag/direkt

Berechnung gesamter Hauptprozesskostensatz

$$= \frac{\text{gesamte Hauptprozesskosten}}{\text{Hauptprozessmenge}}$$

$$= \frac{692.500 \ \text{EUR}}{12.000 \ \text{Inlandsaufträge/direkt}}$$

$= 577$ EUR Gesamtkosten je Inlandsauftrag/direkt

Hier im Beispiel bedeuten die ermittelten Hauptprozesskostensätze, dass die direkte und interne Abwicklung eines Kundenauftrages für eine Inlandslieferung mit lmi Kosten bewertet durchschnittlich rund 512 EUR und mit gesamten Kosten bewertet durchschnittlich rund 577 EUR kostet. Man erkennt hier auch den Vorteil der bis in die Hauptprozesse getrennt geführten Kosten (lmi und gesamt): Der Anteil der lmn Kosten (hier: 65 EUR) kann getrennt ausgewiesen werden. Je nach Entscheidungssituation legt man den lmi oder den gesamten Hauptprozesskostensatz zugrunde.

Die Darstellung des Hauptprozesses aus dem genannten Beispiel wird um diese Hauptprozesskostensätze ergänzt. Ebenso sind diese Kostensätze in der Datenbankstruktur nachträglich einzubinden bzw. werden automatisch errechnet (siehe als Beispiel Abbildung 54).

Hauptprozess			Hauptprozesskosten in EUR		Hauptprozess-kostensatz	
Bezeichnung	Kostentreiber »Anzahl der...«	Menge	lmi	gesamt	lmi	gesamt
Inlandsaufträge direkt abwickeln	Inlandsaufträge/direkt	1.200	615.000	692.500	512	577
Teilprozess			**Teilprozesskosten in EUR**			
Bezeichnung	Kostentreiber »Anzahl der...«	Menge	lmi	gesamt	**Zuordnungs-anteil**	
Inlandsaufträge direkt abwickeln	Inlandsaufträge/direkt	1.200	300.000	300.000	100,0%	
Aufträge kommissionieren	Aufträge	1.800	360.000	420.000	66,7%	
Inlandsversand-papiere erstellen	Inlandsaufträge	1.600	100.000	150.000	75,0%	

Abb. 54: Hauptprozessbildung incl. Hauptprozesskostensätze (Beispiel)

Das Ergebnis der Bildung der Hauptprozesskostensätze sind durchschnittlich richtige Kosten, die für die Durchführung eines (Haupt-)Prozesses anfallen, z. B. für Produktpflege, Artikelverwaltung, Lieferantenbetreuung, Kundenauftragsabwicklung etc. Grafische Darstellungen der Hauptprozesskosten bzw. -sätze, wie sie bereits bei den Teilprozessen gezeigt wurden, unterstützen die Übersicht bzgl. der Prozesshierarchie und der Ermittlung von Kostenschwerpunkten.

Neben diesen Betrachtungen können sich v. a. auch aus grafischen Darstellungen der Prozesse wichtige Informationen ergeben. Durch eine Darstellung der Prozesse werden bestehende Abhängigkeiten mit anderen Prozessen und Funktionen transparent. Mögliche Schwachstellen im Ablauf und im Aufbau können erkannt werden:[51]

- Ablaufschwächen durch bestimmte Leistungen, die aus Sicht des internen oder externen Kunden entbehrlich sind bzw. ohne einen Nachfrager erbracht werden (Non-Value Added Activities);
- Aufbauschwächen, wodurch bestimmte Tätigkeiten oder Aktivitäten im Unternehmen mehrfach ausgeführt werden oder bei der ausführenden Stelle »artfremd« zugeordnet sind.

6.5.5.3 Finale Prozessstruktur im Hauptprozesskatalog

Mit der Festlegung der Hauptprozesse in der Hauptprozessanalyse und der Bildung der Hauptprozesskostensätze ist der bislang »vorläufige« Hauptprozesskatalog (vgl. Abbildung 29) nun in einen finalen Hauptprozesskatalog übergegangen (siehe Abbildung 55). Die hier im Beispiel gezeigten Hauptprozesse »Wertschöpfungsneutrale Prozesse« und »Wertschöpfungsmindernde Prozesse« dienen lediglich der Darstellung des insgesamt in ihnen enthaltenen Kostenvolumens. Sie müssen natürlich in ihren einzelnen Teilprozessen betrachtet, analysiert, optimiert bzw. reduziert werden.

Der Hauptprozesskatalog dient der gestrafften Übersicht über den Untersuchungsbereich. Die oben gezeigte Prozesshierarchie enthält zwar mehr Informationen, wird aber ohne DV-Unterstützung unhandlicher – auch deshalb ist bei der Einführung der Prozesskostenrechnung die Verarbeitung mit entsprechender Software unerlässlich. Ein derart kompletter Hauptprozesskatalog übernimmt auch die Funktion eines Definitionsblattes, wie Sie es für Teilprozesse kennen gelernt haben, weshalb Sie hier darauf verzichten können (aber nicht müssen).

Projekt Prozesskostenrechnung
Ihr Ansprechpartner: H. Remer, App. 486
01.06.2005

Hauptprozesskatalog

Kostenstellen des Untersuchungsbereiches:
123-3520, 123-4000, 123-5000, 123-6000, 125-6500, 125-7400, 125-8000

lfd. Nr.	Hauptprozess	Kostentreiber »Anzahl der...«	Kostensatz in EUR lmi	gesamt
01	Produktänderungen durchführen	geänderten Produkte	243,52	288,05
02	Lieferanten betreuen	Lieferanten	2.113,87	2870,94
03	Material beschaffen	Bestellungen	70,51	77,90
04	Inlandsaufträge direkt abwickeln	Inlandsaufträge/direkt	512,50	577,08
05	Inlandsaufträge über Vertriebspartner abwickeln	Inlandsaufträge/indirekt	556,81	656,55
06	Auslandsaufträge über Vertriebspartner abwickeln	Auslandsaufträge/indirekt	720,76	832,12
...	...	...	...	...
	Hauptprozess	Kostentreiber	Hauptprozess-kosten in TEUR	
09	Wertschöpfungsneutrale Prozesse	verschiedene	802	1.320
10	Wertschöpfungsmindernde Prozesse	verschiedene	521	743

Abb. 55: Hauptprozesskatalog (Beispiel, auszugsweise)

6.6   Ergebnisse der Analyse- und Strukturierungsphase

In diesem ersten Abschnitt von Teil II haben Sie die notwendigen Kenntnisse zur Einführung der Prozesskostenrechnung angeeignet. Ebenso haben Sie anhand der Vorschläge und Beispiele Ihr Konzept erstellt und umgesetzt. Sie haben mittlerweile für den Untersuchungsbereich die relevanten Tätigkeiten analysiert und zu Teilprozessen zugeordnet, diese zu Hauptprozessen verdichtet und auf diese Weise die Prozessstruktur erarbeitet. Kostentreiber, Kostentreibermengen und Kostensätze wurden für Teil- und Hauptprozesse ermittelt und bilden die Basis für eine Bewertung der Prozesse. Diese sind gleichzeitig wesentliche Grundlage für das anschließende Anwenden zur Erreichung Ihrer Prozesskostenrechnungsziele.

Sofern Sie sich bereits im frühen Projektstadium für eine Prozesskostenrechnungs-Software entschieden haben, wurden die Strukturen und Projektergebnisse auch bereits in diesem System erfasst und stehen zur automatisierten Anwendung und permanenten Durchführung bereit.

Die bisherigen Erkenntnisse sollten Sie nun mit Ihren ursprünglichen Zielsetzungen abgleichen. Möglicherweise haben sich durch den bisherigen Projektverlauf und die Zwischenergebnisse Anpassungen ergeben, wodurch zusätzliche oder erweiterte Zielsetzungen erreicht oder aber ursprüngliche Zielsetzungen (teilweise noch) nicht erfüllt werden können. In diesen Fällen muss der Projektleiter mit dem Auftraggeber – und falls vorhanden mit dem Lenkungsausschuss – die Zielsetzungen für das Projekt anpassen. Ein hoher Zielerreichungsgrad ist selbstverständlich anzustreben.

Die von Ihnen ermittelten Prozesskostensätze können verschiedene Funktionen erfüllen. In der Kostenträgerzeitrechnung dienen die Prozesskostensätze insbesondere dem Gemeinkostenmanagement bzw. der kostenstellenübergreifenden Optimierung der Prozesse. In der Kostenträgerstückrechnung wird eine der Ressourceninanspruchnahme entsprechende Zurechnung der Gemeinkosten auf Kalkulationsobjekte wie z. B. die Produkte oder Kunden angestrebt. Den Nutzen der zugeordneten Prozesskosten bzw. Prozesskostensätze verdeutlicht die Abbildung 56.

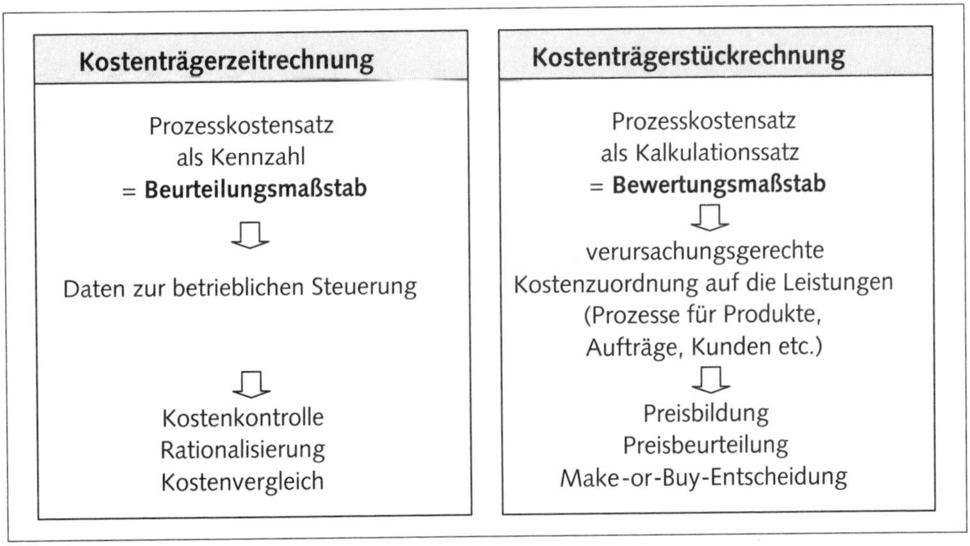

Kostenträgerzeitrechnung	**Kostenträgerstückrechnung**
Prozesskostensatz als Kennzahl = **Beurteilungsmaßstab** ⇩ Daten zur betrieblichen Steuerung ⇩ Kostenkontrolle Rationalisierung Kostenvergleich	Prozesskostensatz als Kalkulationssatz = **Bewertungsmaßstab** ⇩ verursachungsgerechte Kostenzuordnung auf die Leistungen (Prozesse für Produkte, Aufträge, Kunden etc.) ⇩ Preisbildung Preisbeurteilung Make-or-Buy-Entscheidung

(Coenenberg, A. G./Fischer, T. M.: Prozesskostenrechnung – Strategische Neuorientierung in der Kostenrechnung, in: Die Betriebswirtschaft, 1, 1991, S. 29)

Abb. 56: Funktionen der Prozesskostensätze

Die Ermittlung der Prozessstruktur und der Prozesskosten bzw. -sätze dient v. a. der Einbindung der Prozesskostenrechnung in das **Gemeinkostenmanagement** und in **Kalkulation** und **Ergebnisrechnung**.

Aber nicht nur die Prozesskosten bzw. -sätze an sich können im Mittelpunkt der Betrachtungen stehen, sondern beispielsweise auch die internen Kunden-Lieferanten-Beziehungen, bei der die internen Wege und Schnittstellen ebenfalls bzgl. Kosten, Qualität und Zeit zu analysieren und zu optimieren sind.

Unabhängig von einem noch herzustellenden Kalkulationsobjektbezug (für Kalkulationszwecke) ermöglicht die Bewertung der indirekten Leistungen mit Prozesskostensätzen die Planung und Kontrolle der Kostenstellenkosten derjenigen Bereiche, in denen vorwiegend repetitive Tätigkeiten ausgeführt werden. Darüber hinaus ist die Verwendung von

Prozesskostensätzen als unternehmensinterne Verrechnungspreise für die Inanspruchnahme indirekter Leistungen vorstellbar, beispielsweise für Profit-Center-Betrachtungen.

In den nun folgenden Kapiteln 7 und 8 (Teil II) werden Sie mit den Notwendigkeiten und Möglichkeiten einer (vorzugsweise permanenten) Etablierung der Prozesskostenrechnung vertraut gemacht. Sie können die Prozesskostenrechnung gegenüber anderen Gemeinkostenmanagementverfahren abgrenzen. Sie erhalten Tipps und Ideen zur Prozessoptimierung, Planung, Kontrolle und Steuerung und ebenso zur prozessorientierten Kalkulation sowie zur Deckungsbeitragsrechnung.

Die softwaremäßige Umsetzung und Integration der Prozesskostenrechnung in Ihre Systemlandschaft wird nun zur Pflicht!

7 Prozess- und Gemeinkostenmanagement

7.1 Vorbemerkungen

7.1.1 Situationsbetrachtung

Aufgrund veränderter Kostenstrukturen und bereits erfolgreich durchgeführter Rationalisierungsmaßnahmen im Fertigungsbereich bestehen in den Gemeinkostenbereichen die größeren Kostensenkungspotenziale. Die Ausnutzung dieser Potenziale erhält angesichts der heutigen Konkurrenzsituation für die Wettbewerbsfähigkeit von Unternehmen eine große Bedeutung, weshalb in der Praxis auch die Bedeutung eines effektiven Gemeinkostenmanagements permanent steigt.

Für die Kostenrechnung bedeutet dies, dass sich aktuelle Managementfragen weniger auf die direkten, sondern vielmehr auf die indirekten Produktionskosten beziehen. Es kann nicht die Hauptzielsetzung der Prozesskostenrechnung sein, die – immer mehr an Bedeutung verlierende – Produktorientierung der Kostenrechnung durch eine verfeinerte Produktkalkulation zu erhöhen. »Die Prozesskostenrechnung ist nicht zwangsweise und in jedem Fall ein Instrument verbesserter Kalkulation.«[52]

Die Erkenntnisse aus der Anwendung traditioneller Verfahren des Gemeinkostenmanagements müssen unter dem Aspekt der Dauerhaftigkeit und Langfristigkeit als unbefriedigend beurteilt werden. Entweder wurde zur notwendigen Kostensenkung im Gemeinkostenbereich die »Rasenmähermethode« angewandt, also die pauschale prozentuale Kürzung, oder der schmerzhafte Weg über das Zero-Base-Budgeting bzw. die Gemeinkosten-Wertanalyse beschritten.

Das eigentliche Ziel im Rahmen des Gemeinkostenmanagements ist die **Analyse der Prozesse** selbst und deren **Auswirkungen auf die Prozesskosten** als geeignetes Mittel zur Verbesserung des Gemeinkostenmanagements. Unter dieser Zielsetzung wird quasi als »Nebenprodukt« über die Zuordnung der Teilprozesse auf die Hauptprozesse und der Hauptprozesse auf die Erzeugnisse, den Kunden oder den Auftrag etc. eine verursachungsgerechtere Kalkulation und Ergebnisrechnung ermöglicht. Dies mag in der Konzeption der Prozesskostenrechnung selbst begründet sein. Der von ihr unterstellte Zusammenhang zwischen Gemeinkosten und Prozessen ist bei Betrachtung längerer Perioden durchaus nachvollziehbar, während der Zusammenhang zwischen Prozessen und Kalkulationsobjekten – wie später noch zu sehen sein wird – wesentlich schwieriger ist.

Das Management der Prozesse und damit das Management der Gemeinkosten stehen in der Praxis und auch in der Zielsetzung dieses Buches im Vordergrund und sollen deshalb als erste Anwendungsmöglichkeit der Prozesskostenrechnung aufgezeigt werden.

7.1.2   Aufgaben des Gemeinkostenmanagements

Gemeinkostenmanagement in den indirekten Leistungsbereichen beinhaltet die folgenden Aufgaben:
- Sicherstellen der Wirtschaftlichkeit von Prozessen,
- Identifizieren von Kostenschwerpunkten sowie darauf aufbauendes Planen und Unterstützen von Prozessoptimierungsmaßnahmen (Rationalisierungs- und Restrukturierungsmaßnahmen) und
- prozessorientierte Planung und Kontrolle.

7.1.3   Gestaltung des Kostenmanagements

(Gemein-)Kostenmanagement bedingt neben der Analyse von Wertschöpfung und Ressourceneinsatz die Initiierung von Maßnahmen zur Verbesserung des Wertschöpfungsprozesses. Die folgende Abbildung 57 zeigt die Gestaltungsbereiche eines Kostenmanagements, innerhalb derer konkrete Aktionen abzuleiten sind.

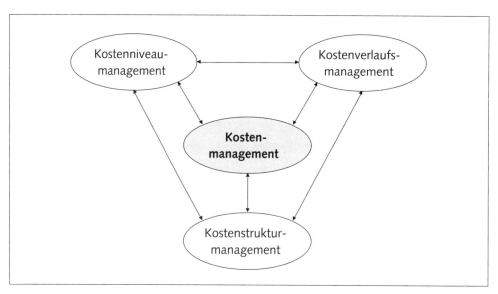

(Michel, R./Torspecken, H.-D./Jandt, J.: Neuere Formen der Kostenrechnung mit Prozesskostenrechnung, 5. Aufl., München/Wien 2004, S. 252)

Abb. 57: Gestaltungsbereiche des Kostenmanagements

Die Nachhaltigkeit eines erfolgreichen Kostenmanagements setzt folgende Punkte voraus:[53]
1. Mitarbeiter wie Führungskräfte des Unternehmens tragen weitgehend aktiv das Gedankengut eines Kostenmanagements in ihrem Denken und Verhalten mit. Kreativität, Initiative und Verhaltensbewusstsein sind die stützenden Faktoren. Konflikte sind offen und konstruktiv auszutragen.

2. Das Kostenmanagement durchdringt die gesamte Wertschöpfungskette des Unternehmens und deren strukturierte Prozesse. Die Verbundenheit und die Komplexität der wertschöpfungsrelevanten Aktivitäten ist der entscheidende Ansatzpunkt des Managements.
3. Das Kostenmanagement erfolgt kontinuierlich im Sinne des Kaizen, d.h. ist als fortgesetztes Bemühen um schrittweise bessere Problemlösungen zu verstehen. Verbesserte Leistungsprozesse und Geschäftsabläufe sind laufend zu erarbeiten und stets weiterzuentwickeln, einen beschreibbaren allgemeinen Endzustand gibt es nicht. Eine erreichte Verbesserung ist Antrieb und Beginn zur Suche neuer Verbesserungen.

7.1.4 Traditionelle Gemeinkostenmanagementverfahren versus Prozesskostenrechnung

7.1.4.1 Beschreibung der traditionellen Verfahren

Unter traditionellen bzw. klassischen Verfahren sind hier v.a. Gemeinkosten-Wertanalyse und Zero-Base-Budgeting zu verstehen, weil diese in der Praxis bevorzugt wurden. Beide Verfahren zeigen Unterschiede, aber auch Parallelen zur Prozesskostenrechnung, weshalb sie zunächst in diesem Kapitel kurz beschrieben werden.

Die Grundidee der **Gemeinkosten-Wertanalyse** (GWA) ist die Senkung der Gemeinkosten in einer Einmalaktion durch den Abbau von »unnötigen« Leistungen und die Anwendung wirtschaftlicher Verfahren. Man orientiert sich dabei stark an gegebenen Organisationseinheiten und Ist-Verhältnissen.

Der schematische Ablauf einer Gemeinkosten-Wertanalyse ist wie folgt:
- Untersuchungseinheiten bilden, Analyse der Kapazitäten und Mengen;
- Vorschläge zur Zeit- und Kosteneinsparung von 40% erarbeiten;
- Vorschläge prüfen, Realisierungsmöglichkeiten und Nutzen ermitteln;
- Vorschläge endgültig entscheiden (durch Geschäftsleitung oder Lenkungsausschuss);
- Vorschläge umsetzen (durch die Leiter der Untersuchungseinheiten).

Zur Durchführung bedient man sich – wie bei der Einführung der Prozesskostenrechnung – einer Projektorganisation: Untersuchungseinheiten mit jeweiligen Leitern, Analyseteams, methodische und fachliche Berater sowie ein Lenkungsausschuss. Die Vorteile der Gemeinkosten-Wertanalyse liegen im erheblichen Einsparungspotenzial und in der Einbeziehung der Führungskräfte. Nachteile sind wegen der starken Inanspruchnahme der Beteiligten, des negativen Images des Verfahrens an sich (i.d.R. Personalabbau) und der oft nur kurzfristigen Kostensenkung zu erwarten.

Bei der Gemeinkosten-Wertanalyse dominiert eindeutig das Ziel der Kosteneinsparung, die Erhöhung der Kosten- und Leistungstransparenz ist allenfalls ein sekundäres Ziel. Daraus resultiert das Problem, dass die abzubauenden Leistungen v.a. nach ihrem Kostensenkungspotenzial beurteilt werden und ihr Nutzen oft außer Acht gelassen wird. Der Aufwand zur Durchführung einer Gemeinkosten-Wertanalyse ist zudem relativ hoch, weshalb sie sich nicht zum kontinuierlichen Gemeinkostenmanagement eignet.

Im Gegensatz zur Gemeinkosten-Wertanalyse verfolgt das **Zero-Base-Budgeting** (ZBB) nicht vordergründig die Kostenreduzierung, sondern die effizientere Ressourcenallokation innerhalb des Gemeinkostenbereiches. Zero-Base-Budgeting bedeutet »Null-Basis-Analyse und -Planung«, weil man von der Basis Null-Euro-Budget ausgeht und die Gemeinkostenbereiche auf Notwendigkeit, Art und Umfang untersucht. Das Konzept besteht darin, dass zunächst die wesentlichen Aufgaben und deren Kosten – basierend auf dem Ist-Zustand – ermittelt werden.

Danach werden alle bestehenden Leistungen infrage gestellt. Jeder Kostenstellenleiter muss sein Budget vollständig und detailliert begründen. Es sollen nur solche Leistungen Budgets erhalten, die für das Unternehmen und für die Kunden wichtig sind. Nicht benötigte Leistungen sind abzubauen, damit die Produkte mit möglichst geringen Kosten hergestellt und abgesetzt werden können. Demgegenüber werden solche Leistungen, die bislang nicht den entsprechenden Stellenwert (mit entsprechender Budgetzuteilung) erhalten haben, in verstärktem Maße geplant.

Der schematische Ablauf des Zero-Base-Budgeting ist wie folgt:

- Identifizierung und Beschreibung aller Aktivitäten in so genannten Entscheidungseinheiten, Bildung von Entscheidungspaketen;
- Beurteilung der Entscheidungspakete nach Leistungsniveaus und Erstellung einer Rangordnung auf allen Stufen;
- Festlegung der so genannten Budgetschnittlinie und Allokation der Mittel.

Die Durchführung des Zero-Base-Budgeting obliegt einem Projektteam aus Beratern und Führungskräften. Die Vorteile liegen in der Einbindung der Führungskräfte, der Kombination von Kostensenkungsmaßnahmen und Budgetierung sowie der Infragestellung aller Ist-Leistungen. Nachteile sind dagegen die methodischen Unsicherheiten (Leistungsniveaus, Rangordnungen) und die starke Beanspruchung der Führungskräfte insbesondere in der Realisierungsphase. Massive Widerstände der Mitarbeiter sind auch hier an der Tagesordnung. Das Zero-Base-Budgeting kann wegen seiner hohen Arbeitsbeanspruchung nur unregelmäßig zum Einsatz kommen. Der Durchführungsaufwand ist hier noch höher als bei einer Gemeinkosten-Wertanalyse.

Insgesamt können die zur Verbesserung der Kosten- und Leistungstransparenz sowie zur Bekämpfung des Gemeinkostenanstiegs entwickelten Methoden der Gemeinkosten-Wertanalyse und des Zero-Base-Budgeting zwar Erfolge aufweisen, sie sind aber mit einer Reihe von Nachteilen verbunden, die in Teil II, Kapitel 7.1.4.2 durch einen Vergleich mit der Prozesskostenrechnung aufgezeigt werden.

7.1.4.2 Vergleich mit der Prozesskostenrechnung

Die Prozesskostenrechnung unterscheidet sich in Zielsetzung und Methodik wesentlich von den zuvor beschriebenen traditionellen Verfahren des Gemeinkostenmanagements. Doch zunächst einige Anmerkungen zu bestehenden **Parallelen**:

- Die traditionellen Verfahren weisen bei der Analyse der ablaufenden Vorgänge gewisse Gemeinsamkeiten mit der Analysephase der Prozesskostenrechnung auf. Besonders beim Zero-Base-Budgeting werden – wie bei der Prozesskostenrechnung – die Teilhandlungen untereinander einer tiefer gehenden Analyse unterzogen.
- Gerade die im Zero-Base-Budgeting verwendeten Kostenzuordnungsobjekte finden sich in Grundzügen der Prozesskostenrechnung. Die Bildung von Entscheidungspaketen steht der Prozessidentifizierung gegenüber, da auch sie betriebliche Vorgänge beinhalten. Die Kostenzuordnung auf Entscheidungspakete führt demnach prinzipiell auch zu Prozesskosten.

- Das Zero-Base-Budgeting zeigt – wie die Prozesskostenrechnung – durch die Aufdeckung und Eliminierung von Aktivitäten, die für eine Durchführung von Prozessen nicht notwendig sind und keine oder sogar negative Wirkungen auf die Prozessergebnisse ausüben, ein bedeutendes Potenzial zur Gemeinkostensenkung. Die Prozesskostenrechnung unterscheidet hier entsprechend bzgl. des Wertschöpfungsbeitrages der einzelnen Prozesse in wertschöpfende, wertschöpfungsneutrale und wertschöpfungsmindernde Prozesse (siehe Teil I).

Die Prozesskostenrechnung erhebt aber gerade aufgrund ihrer **Unterschiede** bzw. **Vorteile** gegenüber den traditionellen Verfahren den Anspruch zur Umsetzung eines kontinuierlichen und damit besseren Gemeinkostenmanagements:

- Durch die kostenstellenübergreifende Analyse der Prozessketten verschafft sich die Prozesskostenrechnung einen erweiterten Blickwinkel und unterscheidet sich daher positiv von den eher punktuellen Analysen der Gemeinkosten-Wertanalyse und des Zero-Base-Budgeting. Falls z. B. eine genaue Funktionsanalyse (bei der Gemeinkosten-Wertanalyse) unterbleibt, besteht die Gefahr, dass für den langfristigen Unternehmenserfolg bedeutsame Funktionen dem Kosteneinsparungsziel zum Opfer fallen, ohne dies zu wissen.
- Die Heranziehung der Erkenntnisse bereits durchgeführter traditioneller Verfahren als Grundlage für die Analysephase der Prozesskostenrechnung bedarf zumindest einer Überprüfung hinsichtlich des Grades der Prozessorientierung. In den meisten Fällen wurde aber aus anderen Zielsetzungen heraus analysiert, sodass die gewonnenen Informationen nicht für die Prozesskostenrechnung übernommen werden können.
- Die Ergebnisse der Prozesskostenrechnung können für weitere Anwendungsfelder genutzt werden, wie z. B. zur Verbesserung der Kalkulation oder Ergebnisrechnung. Solche Zielsetzungen fehlen bei den traditionellen Verfahren gänzlich.
- Die traditionellen Verfahren ermöglichen kaum die optimale Gestaltung der Prozesse.
- Die Erfahrungen mit den traditionellen Verfahren zeigen, dass die ermittelten detaillierten Mengengerüste bereits nach kurzer Zeit nicht mehr stimmen, weil sich die Strukturen rasch verändern. Diese Verfahren sind lediglich zur einmaligen Anwendung konzipiert, was in ihrer Zielsetzung, der massiven Gemeinkosteneinsparung, begründet ist. Die Prozesskostenrechnung ist dagegen auf Dauer angelegt. So wird sie zum permanenten Steuerungsinstrument.
- Bei der Prozesskostenrechnung wird für den permanenten Einsatz explizit eine Integration in das betriebliche Kostenrechnungssystem gefordert.
- Die regelmäßig wiederkehrenden Ergebnisse der Prozesskostenrechnung bleiben nicht in der Schublade liegen, sondern führen zu weiteren Maßnahmen. Gerade in der Regelmäßigkeit und Häufigkeit der Durchführung und Pflege liegt eben ihr Vorzug. Der den traditionellen Verfahren vorzuwerfende Einmaleffekt wird vermieden und die Daten bleiben aktuell.
- Die traditionellen Verfahren werden in der Unternehmenspraxis z. T. kritisch beurteilt. Sie gelten als zeitaufwändig und teuer und führen aufgrund ihres vorwiegenden Rationalisierungscharakters (Personalreduzierung) zu einer Verunsicherung der Mitarbeiter. Aus diesem Grund kann die zu beobachtende Distanzierung der Prozesskostenrechnung von diesen Verfahren eine Verbesserung ihrer eigenen Akzeptanz bewirken.

Die Vorteile der verbesserten und permanenten Analyse, Bewertung und Maßnahmenformulierung sind demnach ausschlaggebend für die Anwendung der Prozesskostenrechnung zum Gemeinkostenmanagement.

7.2   Gemeinkostenmanagement mit der Prozesskostenrechnung

In diesem Kapitel wird die Prozesskostenrechnung als Instrument des Gemeinkostenmanagements beschrieben. Effektives Prozess- und Gemeinkostenmanagement bedingt eine permanente Prozesskostenrechnung. Unter permanent ist hier die kontinuierliche Beschäftigung mit den Prozessen eines Unternehmens zu verstehen. Die Prozesskostenrechnung dokumentiert die Kosten- und Kapazitätswirkungen veränderter Ablaufstrukturen, veränderter Prozessvolumina und effizienterer Prozessdurchführungen.

7.2.1   Prozessoptimierung durch Prozesskostenmanagement

Prozesskostenmanagement bedeutet Analyse und Optimierung von funktionsübergreifenden Prozessen. Es geht darum, Prozesse über Abteilungsgrenzen hinweg neu zu gestalten oder zu verändern, um sie in Bezug auf die Kosten, Zeit und Qualität zu optimieren und somit Kosten steuernd in deren Zustandekommen nach Art, Höhe, Struktur durch entsprechende Ausgestaltung der maßgebenden kostentreibenden Faktoren zu beeinflussen. Es ist erfolgsentscheidend, systematisch und frühzeitig Kostensenkungs- und Leistungsverbesserungspotenziale zu finden und auszuschöpfen. Beim Kostenmanagement steht die Relation wertschöpfungsbezogener Aktivitäten zum kostenbewirkenden Ressourcenverbrauch im Vordergrund.

Es lässt sich ein Begriffswandel feststellen. So sprechen manche Unternehmensberater gerne von »Prozesskostenmanagement« oder »Prozessmanagement«, meinen aber konzeptionell nichts anderes als das kontinuierliche Anwenden der Prozesskostenrechnung. Diese begriffliche Abgrenzung ist unter einem Aspekt nachvollziehbar: Prozesskostenrechnung und Prozesskostenrechnungs-Software stellen vorwiegend Konzept und Technik zur Verfügung, beim Umgang mit diesen Ergebnissen im Sinne von Optimierung spricht man dann von »Prozesskostenmanagement«. Es gibt kein Prozesskostenmanagement ohne Prozesskostenrechnung.

Das Prozesskostenmanagement beinhaltet gemäß den in Teil II, Kapitel 7.1.2 genannten Aufgabenstellungen die drei Schwerpunkte Optimierung, Planung und Kontrolle. Diese Hauptaufgaben sind im Prozesskostenmanagement nicht isoliert voneinander zu betrachten, sondern bedingen sich gegenseitig und erfordern eine Art Kreislauf in ihrer Abfolge (siehe Abbildung 58).

Die **Optimierung** muss beim Prozesskostenmanagement an erster Stelle stehen, da auch eine Prozesskostenrechnung ohne Optimierung der Prozessabläufe und Ressourcen wenig Sinn macht. Erst danach können Planung und Kontrolle durchgeführt werden und über Steuerungsmaßnahmen erneut zu Optimierungen führen. Noch eine Anmerkung hierzu: Es gibt oft Situationen, bei denen die Prozesskostenrechnung quasi die Initialzündung für Prozessoptimierungen darstellt und somit das Prozesskostenmanagement erst ins Rollen bringt.

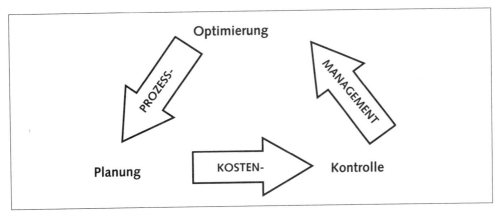

Abb. 58: Schematischer Ablauf des Prozesskostenmanagements

Gemeinkostensenkung kann durch kostengünstigere Gestaltung der Prozesse oder durch deren mengenmäßige Verringerung erfolgen, wobei die verbleibenden Prozesse zu optimieren sind. Die Prozesskostenrechnung liefert dazu die Kosten der einzelnen (Haupt-) Prozesse. Diese können im Rahmen der Gestaltung der Prozesse, dem so genannten **Prozessdesign**, benutzt werden, um unterschiedliche Gestaltungsvarianten dieser (Haupt-) Prozesse kostenmäßig zu bewerten. Hier sind integrierte Simulationsfunktionalitäten in Ihrer Prozesskostenrechnungs-Software sehr hilfreich.

Beim Prozessdesign sind grundsätzliche Fragen zu stellen, z.B. »Was passiert wirklich, wenn eine Tätigkeit wegfällt?«, »Wie sieht der Ablauf der bisherigen und der neu gestalteten Prozesse aus?«, »Welchen Output erbringen die Prozesse« etc. In einer derart angestrebten »Lean«-Struktur ist »lean« aber nicht als »mager« zu verstehen, sondern als besonders »fit, schnell, schlagkräftig« in allen Unternehmensbereichen.[54]

Im Vordergrund stehen kostenstellenübergreifende Prozesskostenoptimierungen und diese nicht nur unter dem Gesichtspunkt der reinen Kosten, sondern v.a. auch unter den Gesichtspunkten von Qualität und Zeit. Qualität und Zeit sind also die wesentlichen Ansatzpunkte für das Gemeinkostenmanagement, insbesondere die Verbesserung der Qualität und die Verkürzung der Durchlaufzeit.

Bezüglich des Qualitätsaspektes ist anzuführen, dass gerade die Konzentration auf die Verhinderung von Qualitätsmängeln in den Abläufen der indirekten Bereiche ein vernachlässigtes Reservoir zur Kostensenkung, Produktivitätserhöhung und somit zu verbesserter Kundenzufriedenheit eröffnet. Ebenso kann der Zeitaspekt genutzt werden, um Wettbewerbsvorteile durch kürzere Durchlaufzeiten und erhöhte Produktivitäten zu erzielen und Kostensenkungspotenziale aufzuzeigen; analytisch ermittelte Zeitstandards müssen als Maßstab für die Prozessdurchführungsdauer gelten. Die Abbildung 59 zeigt grundsätzlich die Möglichkeiten des Zeitmanagements zur Eröffnung beträchtlicher Produktivitätspotenziale.

Die Durchlaufzeiten eines Prozesses beinhaltet neben der reinen **Transaktionszeit** (Bearbeitungszeit) noch

- **Transferzeiten**, die durch den Transport von Waren und Informationen bedingt sind, sowie
- fallweise **Wartezeiten**, die am Anfang oder Ende eines Prozesses sowie an beliebigen Stellen während der Prozessbearbeitung auftreten können.

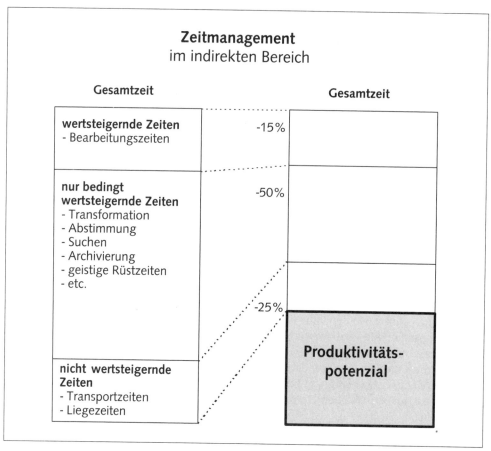

(Striening, H.-D.: Aufgaben und Instrumente des Gemeinkostenmanagements, in: Kostenrechnungs-praxis, Heft 1, 1996, S. 12 f.)

Abb. 59: Produktivitätspotenzial im indirekten Bereich

Im Allgemeinen steht die Minimierung der gesamten Prozesszeiten im Vordergrund. Diese These gilt jedoch nicht für alle Elemente der Durchlaufzeit eines Prozesses: So können z. B. sehr kurze Transaktionszeiten (z. B. für Bearbeitung, Kundenberatung, Auftragsdurchlaufzeit) beim internen oder externen Kunden Zweifel an der Qualität der Leistung und folglich Unzufriedenheit mit der Prozessleistung auslösen. Transfer- und Wartezeiten sollten dagegen grundsätzlich minimiert werden.

Im Rahmen des Prozesskostenmanagements sind vorrangig solche Prozesse zu untersuchen, die ein relativ hohes Einsparungspotenzial oder Ansatzpunkte für erhebliche Verbesserungen des internen und externen Kundennutzens erwarten lassen. Erste Anzeichen dafür sind ein wesentlicher Anteil der Prozesskosten an den Gesamtkosten, lange Bearbeitungs- oder Durchlaufzeiten und eine geringe Qualität des Prozessergebnisses.

7.2.1.1   Ansatzpunkte für Optimierungen

Die Erkenntnisse aus der Analysephase können und sollen nun gezielt für Optimierungsmaßnahmen herangezogen werden, die es dann im Team zu formulieren und zu realisieren gilt. So können im Rahmen eines Workshops die Ergebnisse der Prozesskostenrechnung für die weitere Gestaltung dieser neuen Aufgabe ausgearbeitet werden. Auch hierzu ist – wie bei der Einführung mehrfach gefordert – die Einbindung des Topmanagements zwingend erforderlich.

Die bereits angesprochene geänderte Zuordnung der Teil- zu den Hauptprozessen bzgl. des Wertschöpfungsbeitrages der Teilprozesse erfordert die (temporäre) Einführung zweier entsprechender neuer Hauptprozesse. Eine grafische Darstellung aller Hauptprozesse und deren Kosten zeigen nun deutlich die Potenziale für spätere Optimierungen (siehe Abbildung 60).

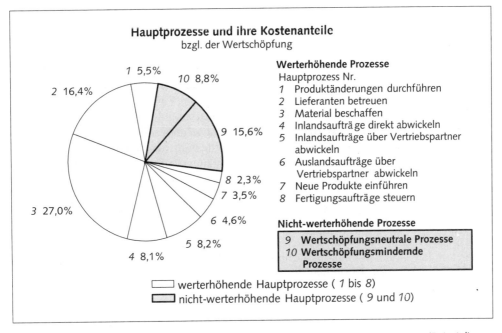

Abb. 60: Kostenanteile werterhöhender und nicht-werterhöhender Hauptprozesse (Beispiel)

Dieser separate Ausweis zeigt einerseits, dass die nicht-werterhöhenden Prozesse die Kosten und Kapazitäten der restlichen werterhöhenden Prozesse mindern. Andererseits werden die nicht-werterhöhenden Kosten und Kapazitäten deutlich sichtbar, sodass es sich bei entsprechender Höhe anbietet, Maßnahmen zur Reduzierung der dahinter stehenden Tätigkeiten und Teilprozesse zu erarbeiten und umzusetzen. »Eine im Hinblick auf den Kunden optimierte Prozessorganisation beinhaltet keine oder möglichst wenig Tätigkeiten, die für diesen nicht von Wert sind.«[55]

Werterhöhende Prozesse sind zu optimieren, während nicht-werterhöhende Prozesse zu minimieren sind.

Optimieren heißt »minimaler Zeiteinsatz bei der Abwicklung von Geschäftsprozessen. Dieser Zeiteinsatz darf nicht ausschließlich mit zeitbezogenem Ressourcenverbrauch gleichgesetzt werden, wie er sich als Bezugsgrößenmenge in der Kostenstellenrechnung ergibt«.[56] Eine Reduzierung dieses Zeiteinsatzes führt i.d.R. zwar zu geringeren Kosten, dies aber bei reduzierter Leistung. Der eigentliche Nutzen liegt in einer kürzeren Bearbeitungszeit bei gleichem Leistungsniveau. Typische Beispiele für hierfür sind die Verkürzung von Entwicklungszyklen, Durchlaufzeiten und Lieferterminen.

Die Prozessoptimierung hat nicht zum Ziel, eine »optimale Qualität im Sinne des Bestmöglichen anzustreben, sondern die Qualität sicher zu erreichen, die vom Abnehmer eines Produktes oder einer Dienstleistung erwartet und auch bezahlt wird«.[57] Die für ein Prozessergebnis geforderte Qualität ist demnach eine vorgegebene Größe, die bei der Prozessoptimierung ebenfalls beachtet werden muss.

Zielsetzung einer derartigen Prozessoptimierung muss es sein, Prozesse zu generieren, die eine effiziente Abwicklung aller werterhöhenden Tätigkeiten bei Reduktion nicht-werterhöhender Tätigkeiten durch Optimierung der Einflussfaktoren Kosten, Qualität und Zeitbedarf erlauben. Dabei führen die Kostenanteile der verschiedenen Hauptprozesse am Gesamt-Gemeinkostenvolumen zu einer Priorisierung für Fragen der Prozessoptimierung. »Maßnahmen zur Beeinflussung von Prozesskosten betreffen verschiedene Aspekte:

- Soll ein bestimmter Prozess weiterhin durchgeführt werden oder ist es sinnvoller diesen zu eliminieren?
- Falls der Prozess weiterhin durchgeführt wird, so ist zu unterscheiden, ob er im Unternehmen oder von einem externen Partner erbracht werden soll.
- Soll ein Prozess im Unternehmen weiterhin durchgeführt werden, so kann zur Kostenbeeinflussung dessen Prozessmenge (Output) verändert oder der Prozessablauf (Input) optimiert werden.

Die stärkste Kostenbeeinflussung resultiert in der Regel aus dem kombinierten Einsatz beider Möglichkeiten.«[58]

Diese Betrachtungsweise kann auch auf die Struktur der einzelnen Hauptprozesse übertragen werden. In der Abbildung 61 sind für den Hauptprozess 03 »Material beschaffen« die einzelnen Teilprozesse aufgeführt.

In diesem Beispiel sind die so genannten »Nebenprozesse« in der Weise definiert, dass sie nicht direkt zur Wertschöpfung innerhalb des Hauptprozesses 03 »Material beschaffen« beitragen und deshalb am ehesten reduziert werden könnten. Die »Kernprozesse« sind dagegen unabdingbar mit dem Hauptprozessergebnis verbunden. Der Anteil der flankierenden Nebenprozesse kann in dieser Höhe nicht akzeptiert werden. So sind v. a. die Schnittstellen zu anderen Abteilungen zu untersuchen. Hier ist oft der mangelnde Informationsfluss zwischen einzelnen Abteilungen oder Mitarbeitern ein bedeutsamer Ansatzpunkt. Bezüglich der Verwaltungsarbeiten ist der Einsatz sinnvoller technischer Hilfsmittel wie z. B. Textvorlagen, Musterbriefe, automatisierte Mailings, Workflow-Management-System, Zeitmanagement etc. zu prüfen oder es sind z. B. feste Regeln für die Durchführung von Besprechungen oder Mail-Kommunikation einzuhalten.

Die neuen Informationen der Prozesskostenrechnung sollen dazu führen, die Produkt- und Sortimentspolitik, die Teilevielfalt, die Beschaffungswege und -arten etc. neu zu überdenken und sie langfristig unter Beachtung der wesentlichen Kostentreiber neu zu gestalten. Die Reduzierung der Teilevielfalt wird z. B. als ein wichtiger Ansatzpunkt zur Redu-

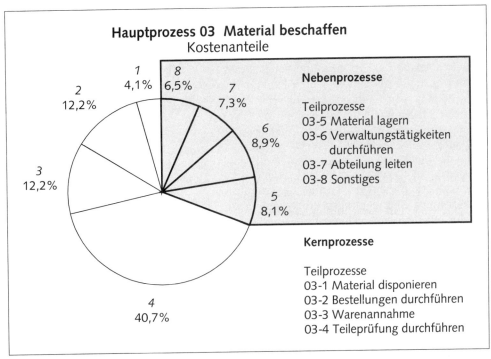

(Wäscher, D.: Qualitätskosten-, Gemeinkosten- und Produktivitätsmanagement durch Prozessanalysen und Prozesskostenrechnung, in: Männel, W. (Hrsg.): Prozesskostenrechnung – Standpunkte, Branchen-Erfahrungen, Software-Lösungen, Kostenrechnungspraxis, Sonderheft 1, 1994, S. 20)

Abb. 61: Kostenanteile des Hauptprozesses »Material beschaffen« bzgl. der Kern- und Nebenprozesse (Beispiel)

zierung der Gemeinkosten gesehen. Die Reduzierung der Anzahl verschiedener Teile und Materialien bedeutet gleichzeitig, dass bestimmte Prozessanteile entfallen und somit die damit verbundenen Kosten abbaubar sind.

Oft bringt auch die Überprüfung der nachfragegerechten Ausführung der Teilprozessleistungen neue Erkenntnisse für Optimierungspotenziale. Eine Ausrichtung dieser Teilprozessergebnisse auf die externen und internen Anforderungen (v. a. der Kundenanforderungen, aber auch der Anforderungen der Abnehmer-Kostenstellen oder der Mitarbeiter innerhalb derselben Kostenstelle) erspart zeitintensive Nachbesserungen und unnötige Leistungen. Die dadurch frei werdenden Kapazitäten sind durch Verlagerungen effizienter einzusetzen oder mittelfristig mit gemeinkostensenkender Wirkung abzubauen, sofern strategisch gewollt. Ein Hilfsmittel hierzu kann die im Rahmen der Analysephase erstellte Schnittstellenübersicht sein.

7.2.1.2   Durchführung der Optimierungsansätze

Optimierung muss zu effizienterer Prozessdurchführung und damit zu Prozessen mit höherer Qualität und/oder größerer Schnelligkeit führen. Hierzu ist – aufgrund der gestiegenen Komplexität der Prozesse und der dadurch notwendig gewordenen vielfältigen Abstimmvorgänge zwischen einzelnen Funktionseinheiten – eine Reintegration der Teilprozesse zu einer ganzheitlichen Lösung erforderlich. Die in Teil II, Kapitel 7.2.1.1 genannten Optimierungsansätze können bei ihrer Realisierung zum einen zu Ressourcenverlagerungen bis hin zur Reorganisation des Untersuchungsbereiches und zum anderen zu Eliminierungen von Ressourcen führen. Der mittel- bis langfristige Charakter der Prozesskostenrechnung soll in diesem Zusammenhang nochmals betont werden. Allerdings lassen sich auch nicht-werterhöhende Aktivitäten nicht immer problemlos eliminieren, sofern sie Teil eines falsch konzipierten Gesamtprozesses sind.

Gerade die Prozessorientierung der Unternehmensorganisation ist und bleibt das große Thema in der Organisationslehre und -praxis. Die **prozesskonforme Reorganisation** soll die funktionsorientierten – und wegen der zahlreichen Schnittstellen auch sehr langsamen und überkomplexen – Strukturen überwinden helfen. Die daraus abzuleitende Aufgabe für das Prozesskostenmanagement ist es, die sich hinter den Prozesskosten befindlichen Strukturen und Prozesse kostenorientiert zu gestalten, d. h. Personal und/oder Aufgaben zu verlagern und zu neuen Organisationseinheiten zusammenzufassen. Es bietet sich deshalb an, die Informationen der Prozesskostenrechnung als Grundlage zu verwenden, um eine prozessorientierte Organisationsumgestaltung vorzunehmen. Die relevanten Informationen sind hier primär die »physischen« Erkenntnisse der Analysephase (Hauptprozesse, Schnittstellen, Mitarbeitereinsatz, Prozessschwerpunkte, Kostentreiber etc.) und erst sekundär die reinen Kosteninformationen.

Bei den erwähnten Ressourceneliminierungen geht es um die Betrachtung und Verbesserung des Prozessverfügbarkeits-/Prozessnutzen-Verhältnisses, das sich in folgender Gleichung ausdrückt:

Verfügbare Prozesse = genutzte Prozesse + Überschusskapazitäten

Überschusskapazitäten sind nicht genutzte Ressourcen, die eliminiert – sprich: entlassen oder verkauft – werden müssen. Zuvor ist allerdings zu klären, ob »Überschusskapazitäten« tatsächlich eliminiert werden sollen oder ob sie nicht anders (besser) einsetzbar wären.

Drei unterschiedliche **Folgen der Eliminierung** sind vorstellbar:
* Echte Kostenreduzierung
  Die Kosten aller Prozesse werden in ihrer Gesamtheit reduziert.
* Kostenremanenz
  Aufgrund längerfristiger Bindungen wirkt die angestrebte Proportionalität zwischen Kostentreibermenge und Kostenhöhe verzögert.
* Volumen- und Kostenanstieg
  Es kann vorkommen, dass in einem anderen Prozess Volumen und Kosten ansteigen, z. B. wenn die Lagerkapitalkosten gesenkt würden, und dies zu einem Anstieg der Kosten im Einkauf durch häufigeres Bestellen kleinerer Mengen führen würde.

Die lmi Prozesskosten hängen zwar vom Mengenvolumen der Prozessdurchführung ab, der Kostenanfall jedoch variiert nicht ohne weiteres mit einer veränderten Menge der Prozessdurchführung. Folglich sind Optimierungen im indirekten Bereich i.d.R. dispositiv herbeizuführen, da Kostenänderungen v. a. wegen der Personalkosten nicht automatisch durch Änderungen in den Prozessabläufen bzw. in den Prozessmengen auftreten. Die Fristigkeit bzw. die Elastizität der entsprechenden Ressourcen (v. a. Mitarbeiter) ist immer zu beachten.

Folgende **Elastizitäten** lassen sich unterscheiden:

- automatisch veränderbare Ressourcen (Strom etc.);
- sofort veränderbare Ressourcen, die aber einer vorherigen Maßnahme bzw. Entscheidung bedürfen;
- relativ kurzfristig veränderbare Ressourcen, die sich aufgrund einer Entscheidung innerhalb einer Periode ändern bzw. abbauen lassen oder aufgrund einer geplanten Beschäftigung vorgehalten werden;
- mittelfristig variable Ressourcen, die sich nicht innerhalb einer Periode verändern, aber innerhalb eines Zeitraumes von bis zu fünf Jahren als veränderbar bzw. abbaubar anzusehen sind;
- fixe Ressourcen, die auch langfristig nicht veränderbar sind.

Diese Überlegungen können dazu führen, die Elastizität der eingesetzten Ressourcen mit dem jeweiligen Prozess zu verbinden und die Prozesse dementsprechend zu strukturieren, um einen Überblick über die evtl. abbaubaren Kosten gemäß ihrer Fristigkeit zu erhalten.

Zur **Erhöhung der Wertschöpfung** bzw. zum **Umgang mit Ressourcenverschwendung** sind nach Michel drei Fälle denkbar:[59]

1. Eine Verschwendung liegt dann vor, wenn ein Ressourceneinsatz vorgenommen wird, ohne dass damit eine Wertschöpfungserhöhung einhergeht. Dabei kann es sich um eine versteckte (z. B. Materialhandling, innerbetriebliche Transportvorgänge, Werkzeugwechselzeiten) oder eine offensichtliche (echte) Verschwendung handeln (z. B. Doppel-/ Parallelarbeiten, mangelhafte Leistungsqualitäten). Das Kostenmanagement setzt hier mit dem Ziel der Verschwendungsreduktion und schließlich der -vermeidung ein.

2. Es kann eine Steigerung der Wertschöpfung erreicht werden, ohne dass in gleichem Maße der Ressourceneinsatz erhöht werden muss. Hier existieren Leistungsreserven; in der Ausführung von Tätigkeiten werden Lücken bewusst oder unbewusst in Kauf genommen (z. B. mangelhafte Arbeitsplatzgestaltung, mangelnde Teambereitschaft, fehlende Führungs- oder Vorgesetztenfähigkeiten). Das Kostenmanagement hat die Aufgabe, diese Lücken auszumachen und zu analysieren, inwieweit diese Reserven in wertschöpfende Tätigkeiten transferiert werden können. Gefördert werden soll über das Kostenmanagement hier die Effizienz.

3. Die Wertschöpfung kann im gleichen Ausmaß aufrechterhalten werden, trotz Reduzierung des Ressourceneinsatzes. Tätigkeiten waren im Verhältnis zur Wertschöpfungserbringung nicht hinreichend aufeinander abgestimmt. Die Änderung des Ressourceneinsatzes ist in sachlicher oder zeitlicher Hinsicht möglich (z. B. lange Liegezeiten vor Weiterverarbeitung, Einzeleinkaufsverträge statt Rahmenverträge, fallweise statt genereller Regelungen). Im Rahmen des Kostenmanagements muss die Folge der Tätigkeiten im Unternehmen in Richtung auf die Wertschöpfungserzielung sachlich und zeitlich abgestimmt werden. Über das Kostenmanagement soll die Effektivität erhöht werden.

Nachfolgend noch ein kurzes Beispiel zur praktischen Umsetzung von Ablaufoptimierungen, hier aus der Öffentlichen Verwaltung:

»Ziel der Ablaufoptimierung war eine zunehmend verbesserte und vereinfachte Organisation der einzelnen Aktivitäten. Dies konnte erreicht werden durch

- die Verringerung der Arbeitsteilung durch Zusammenfassen von Aktivitäten (z. B. gemeinsame Entsorgung von Restmüll und Pflanzenabfällen)
- die Beschleunigung von einzelnen Arbeitsabläufen (z. B. durch überregionale DV-Vernetzung)
- die Reduktion von Liegezeiten zwischen den einzelnen Aktivitätsfolgen (z. B. Online-Erstellung von polizeilichen Führungszeugnissen)
- den Wegfall redundanter Tätigkeiten (z. B. nach Bestellung des Aufgebotes kein Aushang am Standesamt)
- die Veränderung der Reihenfolge einzelner Prozessschritte (z. B. Bezahlung von Gebühren vor Ausfertigung bestimmter Unterlagen).«[60]

7.2.2   Prozessorientierte Planung

Aufgabe einer prozessorientierten Planung ist es, auf Basis der notwendigen Prozesse Kenntnisse über die wahrscheinlichen Kosten der Planungsperiode im indirekten Leistungsbereich zu erlangen. Die geplanten Prozesskosten stellen die Grundlage für die beabsichtigte prozessorientierte Kontrolle und Steuerung dar.

Das bisherige Vorgehen bei der Budgetierung zur Gemeinkostenplanung wurde durch Machtposition und geschickte Argumentation der Kostenstellenleiter im Rahmen der Verhandlungen beeinflusst und geriet so zum »Spielball der Strategen«. Die prozessorientierte Planung zeichnet sich dagegen durch die Verwendung quantifizierbarer und somit auch nachvollziehbarer Planungsgrößen in Form von Kostentreibermengen aus und wird dadurch fundierter gestaltet.

Die Planung sollte auf der Ebene des Hauptprozesses top down ansetzen und auf die Teilprozesse heruntergebrochen werden, die bottom up die Ausführungsmodalitäten regeln. »Im Gegenstromverfahren sind die Planungen aufeinander abzustimmen und zu fixieren. Eine solchermaßen zu realisierende Planungsfolge bedingt allerdings, dass die Planung von Kapazitäten und Kosten auf Kostenstellengrundlage möglichst direkt teilprozessbezogen erfolgt, da sonst Brüche in der Abstimmung von Teil- und Hauptprozessen zu erwarten sind.«[61]

Die kostenstellenweise Planung der Teilprozesse kann auch dann Vorteile bringen, wenn die Planung der Hauptprozesse zu schwierig wird. Die Kostenstellenleiter können die Abläufe in ihrem Verantwortungsbereich besser beurteilen und mit der Basis-Kostenrechnung einfacher abstimmen, sodass die Planung auf Teilprozessebene durchaus Sinn macht. Im Anschluss daran werden sie gemäß der Prozesshierarchie auf die Hauptprozesse verdichtet. Neben der rein mengenorientierten Planung müssen aber weiterhin in Gesprächen mit den Kostenstellenleitern Sonderfälle berücksichtigt werden. Sonderfälle sind v. a. die nicht-repetitiven Prozesse, die nicht verursachungsgerecht erfasst und evtl. nicht eliminiert oder reduziert werden können. Die Budgets müssen um deren Kosten und Kapazitäten ergänzt werden.

Die **mengenorientierten Plan-Kosten** der einzelnen Prozesse ermitteln sich nach folgender Formel:

Plan-Prozesskosten$_i$ = Kostentreibermenge$_i$ × Prozesskostensatz$_i$

mit i = Hauptprozess bzw. Teilprozess

Die Festlegung der Kostenstellenbudgets erfolgt auf der Grundlage der beiden Größen »Teilprozesskostentreibermenge« und »Teilprozesskostensatz« mit nachfolgender Formel. Die ermittelten teilprozessspezifischen Budgets werden dabei zum Gesamtbudget der Kostenstelle aufsummiert.

$$\text{Kostenstellenbudget} = \sum_{i=1}^{n} \text{Kostentreibermenge}_i \times \text{Kostensatz}_i$$

mit n = Anzahl der Teilprozesse$_i$ der Kostenstelle

Die Plan-Prozessmengen sind auf der Grundlage einer Engpassplanung festzulegen und nicht aus den Maximal-, Normal- oder Optimalkapazitäten. Die Vorgehensweise erfolgt hierbei analog zur Plankostenrechnung. Dabei ist die auf längere Sicht angestrebte Produktionssituation bzw. Produkt-/Mengenstruktur zugrunde zu legen. Als Planperiode wird man zweckmäßigerweise ein Geschäftsjahr wählen, um Verzerrungen durch allzu kurzfristige Ereignisse ausschließen zu können.

Die mengenorientierte Planung stößt bei den Beteiligten oft auf ganz unterschiedliche Reaktionen. Das kann vom ablehnenden »Wir lassen uns nicht in die Karten schauen« bis zum unterstützenden »Endlich Transparenz in der Gemeinkostenplanung« reichen. Die Akzeptanzschwierigkeiten und der Aufwand einer erforderlichen analytischen Planung sind nicht von der Hand zu weisen. Sie werden auch kaum ohne Schätzungen auskommen. Die korrekte Bestimmung des effizienten Ressourcenverbrauchs im Rahmen von Soll-Ist-Vergleichen erfordert aber die Vorgabe präziser Standardwerte, die nur durch analytisches Vorgehen ermittelt werden können.

Die Gemeinkostenplanung wird durch die Berücksichtigung von Mengen und Preisen (in den Prozesskostensätzen) wesentlich nachvollziehbarer und sachlicher. Eine solche Vorgehensweise hat auch den Vorteil, dass die Budgets flexibel gestaltet werden können. Einer Budgetanpassung muss erst eine messbare Veränderung der Kostentreibermenge oder der Teilprozesse selbst vorausgehen, z. B. durch nachhaltige Auftragsschwankungen oder Aufgabenumverteilungen. Erst danach kann eine Budgetanpassung erfolgen.

7.2.3   Prozessorientierte Kontrolle und Steuerung

Über die mengenorientierte Gemeinkostenplanung verbessert sich in den indirekten Bereichen nicht nur die Qualität der Kostenplanung, sondern man erhält letztlich erst dadurch die Möglichkeit der Kontrolle und Steuerung bei ungleich besserer Transparenz und Qualität. Mit der prozessorientierten Kontrolle steht ein wirksames Instrument zur Verfügung, um aufzeigen zu können, wo Kapazitäten angepasst und Effizienzen verbessert werden können.

Die **Wirkungen der prozessorientierten Kontrolle** hängen im Wesentlichen ab von

- der Festlegung der wesentlichsten Kostentreiber,
- dem Anteil der kostentreiberabhängigen Kosten einer (Gemein-)Kostenstelle und
- der »richtigen« Anzahl der Kostentreibermengen für die zugrunde liegenden Gemeinkostenressourcen, d. h. der realistisch durchgeführten Planung vorhandener Kapazitäten für die tatsächlich durchführbare Anzahl von Prozessen.

7.2.3.1   Durchführung der prozessorientierten Kontrolle

Diskussionen gibt es immer wieder um die Frage der Art und Häufigkeit von Ermittlung und Analyse von Soll-Ist-Vergleichen. Eines ist vorweg klarzustellen: Ohne das Ermitteln von Ist-Prozessmengen und Ist-Prozesskosten ist eine auf Kostenkontrolle aufbauende Steuerung (Optimierung) nicht möglich.

Die Kostenkontrolle des indirekten Leistungsbereiches kann – analog der permanenten Vorgabe durch Planung der Kosten – auf zwei Arten erfolgen. Auf der einen Seite ist eine **kostenstellenbezogene Kontrolle** durch eine Gegenüberstellung von Soll- und Ist-Kosten möglich, auf der anderen Seite kann eine **(haupt-)prozessbezogene Kontrolle** vollzogen werden.

Mit Vorsicht sind während des Jahres umfassende Steuerungsmaßnahmen anhand eines laufenden Soll-Ist-Vergleiches zu ergreifen. Eine solche Berechnung würde dazu führen, dass allzu kurzfristige Schwankungen der Kostentreibermengen in den kurzfristigen Soll-Ist-Vergleich einbezogen werden. Kurzfristige Schwankungen in den Kostentreibermengen führen nur teilweise bzw. überhaupt nicht zu einer Veränderung der Ist-Kosten. Eine solche Betrachtung würde störend auf den kurzfristigen Soll-Ist-Vergleich wirken und kann deshalb nicht erwünscht sein.

Das soll nicht heißen, dass die Soll-Kosten nicht monatlich den Ist-Kosten gegenübergestellt und die Abweichungen ermittelt werden sollen. Allerdings sollen aus derart kurzfristigen Abweichungsanalysen noch keine Steuerungsmaßnahmen zwangsläufig überprüft bzw. eingeleitet werden.

Die Prozesskostenrechnung liefert die Daten, um die Effizienz laufender Prozesse überwachen zu können. Dazu werden die angefallenen Kosten auf die Anzahl von Einheiten des Kostentreibers verteilt, die der Kapazität des jeweiligen Bereiches entsprechen. Ist die tatsächliche Auslastung kleiner als die Kapazität, so wird nur ein Teil der Kosten den tatsächlichen Aktivitäten der Bereiche zugerechnet. Die verbleibenden Kosten stellen Kosten der bereitgestellten, aber nicht genutzten Kapazitäten dar. Ein hoher Anteil an Kosten für ungenutzte Kapazitäten sollte immer Anlass geben, darüber nachzudenken, wie die freien Kapazitäten produktiv genutzt werden können – das wird meist leichter fallen, als Kapazitäten abzubauen.

Zur Durchführung eines umfassenden Soll-Ist-Vergleiches bis auf die Ebene der Teilprozesse kommen die Ist-Kosten als Kostenartensummen aus der Kostenstellenrechnung, die Ist-Mengen der einzelnen Hauptprozesse bspw. aus der Materialwirtschaft, Auftragserfassung oder Logistik. Deshalb ist schon bei der Bildung von Hauptprozessen darauf zu achten, als Kostentreiber nur solche Größen zu definieren, die leicht messbar sind und aus vorhandenen IT-Systemen übernommen oder abgeleitet werden können. Die Mengenermittlung kann z. B. auch durch neu einzurichtende Kennzahlen im IT-System geschehen oder muss – im ungünstigsten Fall – durch Selbstaufschreibungen erfolgen.

Die Verarbeitung der Ist-Kostentreibermengen wird unabhängig einer jährlichen oder unterjährigen Abweichungsanalyse monatlich durchgeführt mit dem Ziel, Trends aufzeigen und verfolgen zu können. Die Analyse der Daten erfolgt am Monatsende durch das Prozessoptimierungsteam bzw. den Prozessverantwortlichen. Zeigen sich in der monatlichen Tendenz Soll-Ist-Abweichungen, dann können bereits während des Jahres steuernde Maßnahmen ergriffen bzw. »die Weichen gestellt« werden. Die **unterjährige Gemeinkostensteuerung** kann so im Wesentlichen mengen- und/oder wertorientiert über Kostentreiber erfolgen. Die Berechnung der Soll-Prozesskosten läuft wie folgt ab:

Soll-Teilprozesskosten

= Ist-Kostentreibermenge × Plan-Teilprozesskostensatz

Soll-Hauptprozesskosten

= Ist-Kostentreibermenge × Plan-Hauptprozesskostensatz

Die Ist-Kosten der Kostenstellen stammen aus der herkömmlichen Kostenrechnung (evtl. zusammengefasst in Kostenartengruppen »Personal«, Sachkosten«, »Abschreibungen« etc.), die Soll-Kosten je Teilprozess bzw. je Kostenstelle lassen sich per Prozesskostenrechnungs-Software anhand der gegebenen Prozesshierarchie herunterbrechen und führen so zum **kostenstellenbezogenen Soll-Ist-Vergleich**:

Ist-Kosten der Kostenstelle
./. Summe aller Soll-Teilprozesskosten der Kostenstelle

= (Beschäftigungs-)Abweichung der Kostenstelle
= Leerkosten
= nicht genutzte Ressourcen (Mitarbeiter/Sachmittel)

Die Zurechnung der Ist-Kosten einer Kostenstelle auf die durchgeführten Teilprozesse sollte möglichst direkt erfolgen, d. h. dass alle angefallenen Kosten direkt einem bestimmten Teilprozess zugeordnet werden müssten. Diese Forderung stellt aber in der Praxis ein großes Problem dar. So müssten beispielsweise die Personalkosten derjenigen Mitarbeiter, welche mit der Durchführung eines bestimmten Prozesses beschäftigt sind, in ihrer tatsächlichen Höhe (aktuelles Gehalt zzgl. aktueller Nebenkosten) auf diesen Prozess zugerechnet werden und nicht Durchschnittsgehälter der Kostenstelle. Noch schwieriger zu handhaben wäre die (realistischerweise anzunehmende) Tatsache, dass einzelne Mitarbeiter nur anteilig für mehrere Teilprozesse arbeiten. Ebenso müsste beispielsweise der Abschreibungsaufwand entsprechend der DV-Nutzungsdauer und der tatsächlich genutzten Hard- und Software einfließen etc.

Sie sehen, dass hier die Grenzen einer absolut exakten Prozesskostenrechnung liegen. Eine derartige Genauigkeit ist aber auch nicht zwingend erforderlich, denn die Prozesskostenrechnung arbeitet mit diesen durchschnittlicheren Kostensätzen einfach, verständlich, tendenziell richtig und wesentlich verursachungsgerechter als bisherige Gemeinkostenverrechnungen. Zudem wird die Kostenzuordnung mit fortschreitenden Erfahrungen genauer und besser als es die anfänglichen (Durchschnitts-)Prozesskosten noch sind.

Zur Ermittlung der Ist-Kosten der Teilprozesse muss demnach auf flexible Kostenverteilungsmethoden nach bestimmten Schlüsseln zurückgegriffen werden; eine Kontierung der Ist-Kosten direkt auf die Prozesse ist i.d.R. nicht möglich.

Mögliche Schlüssel zur Kostenverteilung sollten gemäß der Hauptkostenblöcke der jeweiligen Kostenstelle festgelegt werden. Bei dominierenden Personal- und Nebenkosten erfolgt die Verteilung entsprechend der zeitlichen Inanspruchnahme der Mitarbeiter (auf den jeweiligen Prozess bezogen). Andere Verteilungsschlüssel wären beispielsweise der o. g. Abschreibungsaufwand oder bestimmte Hilfs- und Betriebsstoffverbräuche je Teilprozess.

Bei der Ist-Kostenverteilung gemäß Mitarbeiterzeitanteilen ermitteln sich die Ist-Teilprozesskosten wie folgt:

Ist-Teilprozesskosten = Plan-Mitarbeiterzeitanteil × Ist-Kosten der Kostenstelle

Erfolgt die Abweichungsanalyse zwischen Ist- und Soll-Kosten auf Teilprozessebene, dann lassen sich die Kompensationseffekte erkennen, wie sie auf Hauptprozessebene vorkommen können. Diese Kontrolle auf Teilprozessebene ist demnach wesentlich effektiver als die Kontrolle auf Hauptprozessebene, welche sowieso leicht durch Aggregation von Mengen und Kosten der Teil- auf die Hauptprozesse erfolgen kann.

Daneben bietet sich **auf Hauptprozessebene der reine Mengenvergleich** zur späteren Steuerung der Kapazitäten an:

Plan-Hauptprozessmenge
./. Ist-Hauptprozessmenge

= Hauptprozessmengenabweichung

Ein Beispiel: Für den Hauptprozess »Beschaffung« (Disposition, Einkauf, Warenannahme etc.) sind 3.500 Bestellungen für das laufende Jahr geplant worden. In einer der beiden relevanten Kostenstellen (»Einkauf Team 2«) wurden für den Teilprozess »Bestellung durchführen« – entsprechend der Kostenstellenkapazität – 2.000 Bestellungen bei einem Teilprozesskostensatz von 190 EUR je Bestellung geplant, wodurch sich Plan-Teilprozesskosten von 2.000×190 EUR $= 380.000$ EUR ermittelten.

Am Jahresende stellt man fest, dass c. p. 1.600 Bestellungen durchgeführt worden sind. Die Soll-Teilprozesskosten belaufen sich auf 1.600×190 EUR $= 304.000$ EUR. Der auf diesen Teilprozess entfallende Plan-Mitarbeiteranteil war 2,2 bei einer Gesamtkapazität von 4 MA. Die Ist-Kosten der Kostenstelle waren 682.000 EUR. Aus dieser Konstellation lassen sich die Ist-Teilprozesskosten auf ca. 375.000 EUR ermitteln bei folgender Plan-Abweichung: 375.000 EUR ./. 304.000 EUR $= 71.000$ EUR.

Allein in dieser Kostenstelle sind demnach durchschnittlich 71.000 EUR zu viel an Kosten verursacht worden bzw., im Umkehrschluss, durch Analyse und Optimierung, Verlagerung und/oder Eliminierung könnten evtl. 71.000 EUR eingespart werden. Die Betonung liegt aber auf dem Wort »eventuell«. Diese Abweichungsanalyse zeigt lediglich das mögliche Einsparungspotenzial auf. Ähnliche Einsparungspotenziale könnten sich darüber hinaus auch in den Kostenstellen Disposition, Warenannahme etc. ergeben. Folgende Probleme bzgl. des ausgewiesenen Einsparungspotenzials sind grundsätzlich zu beachten:

- Die Prozesskosten für Teil- und somit auch für Hauptprozesse setzen sich aus Kostenarten zusammen, welche unterschiedlich auf Auslastungsänderungen reagieren, weshalb nicht die absolute Kostendifferenz als Einsparungspotenzial angesehen werden kann.
- Innerhalb einzelner Teilprozesse eines Hauptprozesses kann es zu Kompensationseffekten kommen, wenn z. B. der Teilprozess »Material disponieren« wirtschaftlicher und der Teilprozess »Bestellung durchführen« wesentlich unwirtschaftlicher als geplant durchgeführt wurde. Durch die Betrachtung der Abweichungen der Teilprozesse zeigt sich das Einsparungspotenzial innerhalb des gesamten Hauptprozesses noch höher als zunächst ausgewiesen.

Die gezeigten Abweichungen haben deshalb eine eingeschränkte Aussagekraft, können aber dennoch deutlich aufzeigen, wie sich die Effizienz der Prozesse entwickelt hat. Dies muss Einfluss auf die nächste Planperiode haben. Ebenso ist der Vergleich von Prozesskosten durchaus geeignet, Schwerpunkte der Kostenkontrolle und -steuerung zu setzen.

Die Kostenkontrolle bei monatlicher Soll-Ist-Analyse der Mengenabweichungen bringt folgende Vorteile mit sich:

- Aufzeigen von Ansatzpunkten zur Prozesskostenoptimierung,
- Präzise und quasi institutionalisierte Darstellung der Notwendigkeit zur Kapazitäts- und Personalanpassung,
- Information über mögliche Verschiebungen der Arbeitsbelastung innerhalb des indirekten Leistungsbereiches,
- Frühzeitiges Erkennen von Trends,
- Liefern von Basiswerten für die nächstjährige Planung.

7.2.3.2 Durchführung der prozessorientierten Steuerung

Die prozessorientierte Steuerung ergibt sich als Konsequenz aus der prozessorientierten Kontrolle und stellt prinzipiell nichts anderes dar als die Fortführung der eingangs des Prozesskostenmanagements erwähnten Optimierung. Insofern schließt sich hier der »Kreislauf« des Prozesskostenmanagements. Dennoch sind bei der laufenden Steuerung weitere Ansätze zu beachten, die in dieser Form bei der zunächst grundlegenden Prozessoptimierung nicht durchgeführt werden (können).

Die hauptprozessbezogene, kostenstellenübergreifende Kontrolle und Steuerung durch die Prozesskostenrechnung ist als neuartig anzusehen und geht mit organisatorischen Konsequenzen in Form der Einrichtung eines **Prozessverantwortlichen** (**Process Owner**) einher, welcher für die sachgerechte Ausführung »seines« Hauptprozesses verantwortlich ist.

Der Übergang von der bisher überwiegend üblichen Kostenstellenverantwortung hin zu einer Prozessverantwortlichkeit ist möglicherweise etwas »mühsam« zu vollziehen. Allerdings lassen sich die Rahmenbedingungen einer hierarchisch aufgebauten, an Abteilungsgrenzen ausgerichteten Aufbauorganisation nur schwer mit einer prozessorientierten Sicht vereinbaren. Anstelle einer Abteilungs- bzw. Bereichsverantwortung ist die Prozessverantwortung der Prozessverantwortlichen im Vordergrund zu sehen. Bereits vorhandene Verantwortlichkeiten müssen hierdurch nicht zwangsläufig ersetzt werden, sie sind eben nur in der Ausrichtung umzukehren. So kann sich aus der Prozessverantwortung die Verantwortung für die ausführenden Kostenstellen bzw. Bereiche ableiten. Auf Kostenstellenebene ist eine Zusammenarbeit des jeweiligen Leiters mit dem Prozessverantwortlichen absolut unerlässlich, und zwar als logische Konsequenz aus der Tatsache, dass ein Hauptprozess die Zusammenfassung von in Kostenstellen ablaufenden Teilprozessen ist.

Der Prozessverantwortliche ist vom Topmanagement aus dem Kreis der an einem Hauptprozess beteiligten Kostenstellenverantwortlichen zu benennen. Auswahlkriterium könnte z. B. die Höhe und damit die Bedeutung der von ihm kontrollierten Ressourcen für die Hauptprozessdurchführung sein.

Um bei der Etablierung eines Prozessverantwortlichen zur Ergänzung der bestehenden Grundorganisation eine hohe Akzeptanz des Prozessverantwortlichen zu erwirken, sollte der Prozessverantwortliche für wesentliche Teilprozesse des Hauptprozesses originär zuständig sein und Kostenstellenverantwortung besitzen.

Durch eine solche Organisation und Funktion kann die bislang übliche Optimierung isolierter Teilhandlungen auf Kostenstellenebene, die nicht zwangsläufig zu einem Gesamtoptimum führt, überwunden werden. Der Prozessverantwortliche ist für die Optimierung und auch für die Planung »seines« Hauptprozesses heranzuziehen.

Zusammenfassend stellen sich die **Aufgaben des Prozessverantwortlichen** wie folgt dar:

- Zuständigkeit für einen Hauptprozess,
- Sicherstellung der Prozessabläufe innerhalb dieses Hauptprozesses,
- Prozessdefinition,
- Verantwortung für die Planungsgrößen und deren Einhaltung,
- Schnittstellenidentifikation und -entstörung,
- Motivation funktional tätiger Mitarbeiter,
- Prozessdokumentation,
- Prozesskostenmanagement (Optimierung, Planung, Kontrolle und Steuerung).

In beiden Fällen des Soll-Ist-Vergleiches – (haupt-)prozessbezogen oder kostenstellenbezogen – ist der »Vollkostencharakter« der Prozesskosten zu beachten. Die ermittelten Abweichungen (Mengen- und/oder Kostenabweichungen) zeigen Auslastungsabweichungen und damit die Notwendigkeit von Kapazitätsanpassungen auf, die wiederum Eingang in die nächste Jahresplanung finden werden. Die entsprechende Umsetzung der prozesssteuernden Optimierung kann bereits unterjährig erfolgen.

Die Verantwortung für Prozesskosten- und -mengenabweichungen hat der Prozessverantwortliche (oder auch der Kostenstellenleiter) nur dann, wenn er Einfluss auf die entstandenen Kosten nehmen konnte, z. B. durch Verschiebungen im Personaleinsatz oder Anordnung von Überstunden etc. Das Topmanagement muss diese Verantwortungen übertragen und somit Einflussnahmen durch Prozessverantwortliche und Kostenstellenleiter gewährleisten.

Dies führt jedoch auch zu der Konsequenz, dass deren Zielerreichung nun auf Basis des Prozesserfolgs zu messen ist. Nur wenn die Prozessverantwortung über entsprechende Berichtssysteme überwacht werden kann, ist eine Übernahme der grundsätzlich erst einmal neuen Denkweise durch die Bereichsverantwortlichen zu erwarten.

Da die Kosten der indirekten Leistungsbereiche vorwiegend Fixkosten sind, besteht auch ein gravierender Unterschied zwischen Prozesskostenrechnung und Grenzplankostenrechnung: Die Prozesskosten nehmen nicht automatisch mit der Verringerung der Prozessmenge ab, wie dies die variablen Kosten mit der Verringerung der Beschäftigung tun. Die Verringerung der Prozessmenge führt zunächst nur zu einer Veränderung des Ressourcenverbrauchs durch die Prozesse.

Eine adäquate Verringerung der Gemeinkosten kann deshalb nur dispositiv herbeigeführt werden. Das o. g. Beispiel zur Kostenstelle »Einkauf Team 2« verdeutlicht diesen Sachverhalt: Wenn statt der geplanten 2.000 nur 1.600 Bestellungen durchgeführt werden, sinken die Prozesskosten. Dies bedeutet aber nicht, dass damit unmittelbar die entsprechenden Gemeinkosten auch um 20 % zurückgehen: Personalkosten, Abschreibungsaufwand etc. fallen unvermindert an. Eine Anpassung der Gemeinkosten an das geringere Arbeitsvolumen kann nur dispositiv über entsprechende Veränderungen des Personalbestandes bzw. der Sachmittel oder durch eine andere Aufgabenverteilung vorgenommen werden.

Die folgerichtige Konsequenz aus diesem Konsens ist die notwendige und dispositiv herbeizuführende Kostenänderung bei Veränderung der Kostentreibermenge. Erfüllen die Kostentreiber neben der Messbarkeit auch die Bedingung der unmittelbaren Beeinflussbarkeit, so eröffnen sich gute Ansatzpunkte für eine aktive Kostenbeeinflussung im Sinne des Prozesskostenmanagements. Sie erkennen, dass sich Abweichungslogik und -aussage-kraft der Prozesskostenrechnung wesentlich von der Grenzplankostenrechnung unterscheiden, wodurch Umdenkprozesse dringend erforderlich werden.

Eine Kapazitätsanpassung kann aufgrund des intervallfixen Charakters der Prozesskosten erst bei einer bestimmten Abweichungshöhe erfolgen und ist auch dann nur stufenweise möglich. Solche Kapazitätsveränderungen sollten deshalb nur unter mittel- bis langfristigen Aspekten erwogen werden: Ist-Prozessmengen, die erheblich umfangreicher als die (neu) festzulegenden Plan-Prozessmengen sind, müssen ausgeschlossen werden können. Andernfalls wären diese mittels der angepassten Kapazitäten nicht mehr in der erforderlichen Qualität und/oder Zeit realisierbar.

Die Managemententscheidungen zur Ausnutzung der Kostensenkungspotenziale können in wachsenden Unternehmen vergleichsweise einfach realisiert werden. Das Wachstum wird dabei ohne bzw. mit unterproportionalen Kapazitätszuwächsen unter Ausnutzung von Effizienzgewinnen realisiert. In stagnierenden oder schrumpfenden Unternehmen können Gemeinkostensenkungseffekte nur durch Kapazitätsanpassungen – sprich: Kapazitätsabbau – erreicht werden. Insgesamt wird von den Kostenstellenleitern bzw. Prozessverantwortlichen verlangt, dass sie »in Zukunft bereichsübergreifend und ganzheitlicher denken und handeln als bisher. Gefragt ist eine neue Qualität der Kooperationsbereitschaft und Zusammenarbeit unter Zurückstellung aller Bereichsegoismen«.[62]

Es gibt noch weitergehende organisatorische Vorschläge: Da für jeden Hauptprozess ein Prozessverantwortlicher benannt wird und die Hauptprozesse (nur) Ausschnitte der gesamten Wertkette sind, sollte einer der Prozessverantwortlichen für die Gesamtabsprache zwischen den Hauptprozessen zum **Process Champion** ernannt werden. Dieser ist bspw. für die Vereinheitlichung von Methoden, Anregung von Hauptprozessänderungen und für die Ansprache und Prozessberichterstattung gegenüber dem Topmanagement zuständig. Darüber hinaus wird er ganz allgemein das Prozessdenken im Unternehmen forcieren.

Als kurzes Fazit der prozessorientierten Kontrolle und Steuerung bleibt festzuhalten, dass die Kontrolle überwiegend monatlich und anhand der Prozessmengen und/oder der Prozesskosten vorgenommen wird. Eine dispositive Steuerung erfolgt i.d.R. aber erst, wenn die Abweichungen durch einen mehrmonatigen Trend bestätigt sind bzw. strukturelle Änderungen in der Prozessorganisation durchzuführen sind. Daraus folgen dann eine Anpassung in der Prozessstruktur, Neuplanung der Kostentreibermengen und damit geänderte Prozesskostensätze. Hierbei ist auch die Funktionalität Ihrer Prozesskostenrechnungs-Software entscheidend. Und noch eine grundsätzliche Anmerkung: Die Prozesskostenrechnung geht von der Prämisse aus, dass unter dem Aspekt unterschiedlicher Bindungsdauern und relativ zum jeweiligen Betrachtungszeitraum alle Kosten zumindest langfristig variabel sind.

7.2.3.3 Produktivität in den Gemeinkostenbereichen

Für die Prozesse des Gemeinkostenbereiches sind ähnlich wie in der Fertigung Produktivitätsverbesserungen zu vereinbaren und zu erzielen. Der Messung der Produktivität liegt folgender Zusammenhang zugrunde:

$$\text{Produktivität} = \frac{\text{Output}}{\text{Input}} = \frac{\text{Prozessmenge}}{\text{Prozesskosten}} = \frac{1}{\text{Prozesskostensatz}}$$

Prozesskostensätze stellen den Kehrwert der jeweiligen Produktivität dar: Mit steigendem Prozesskostensatz sinkt c. p. die Produktivität. Über Prozesskostensätze kann demnach eine Produktivitätsanalyse bei den innerbetrieblichen Vorgängen durchgeführt werden: Durch Zeitreihen von Produktivitätskennzahlen werden Hinweise auf Rationalisierungspotenziale bzw. Informationen über bereits erreichte Verbesserungen in der Abwicklung von Prozessen dokumentiert. Der Zeitvergleich zeigt auch, wie schnell produktivitätssteigernde Maßnahmen vom Entscheidungszeitpunkt bis zur Realisierung umgesetzt werden können.

Bei indirekten Leistungen wird sich im Zeitablauf nachweisen lassen, dass die im Produktionsbereich empirisch nachgewiesenen **Erfahrungskurven** in diesem Sektor ebenfalls Geltung besitzen. Solche Lernprozesse werden sich in Produktivitätsverbesserungen niederschlagen. Es ist zudem eine altbekannte Erfahrung, dass sich die Produktivität positiv entwickelt, sobald man die Prozesse zu messen beginnt und das Ergebnis publik macht. Die Vorgabe von Prozessmengen beim Prozesskostenmanagement stellt im Vergleich zur Vorgabe von Kostenwerten ohne Leistungsbezug beim klassischen Gemeinkostenmanagement eine verständlichere Orientierungsgröße für die Betroffenen dar. Es veranlasst die Mitarbeiter zu rationellerem Verhalten, welches sich in sinkenden Gemeinkosten niederschlagen kann. Sogar durch die bloße Ankündigung der Prozesskostenrechnung können bereits positive Verhaltenseffekte hervorgerufen werden.

Die Umsetzung von prozessorientierten Kosteninformationen in Verhaltensänderungen der Mitarbeiter benötigt zum einen i.d.R. längere Zeiträume und zum anderen sind die Wirkungen solcher Verhaltensänderungen moderater als die zum Teil massiven Einschnitte der klassischen Verfahren des Gemeinkostenmanagements. Die permanent eingesetzte Prozesskostenrechnung wird aber langfristig wirkungsvoller den Gemeinkostenanstieg im indirekten Bereich dämpfen als die nur in größeren Zeitabständen anwendbaren traditionellen Verfahren (siehe Abbildung 62).

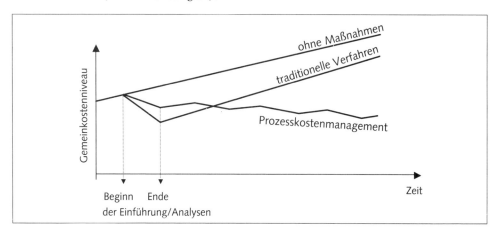

(Braun, S.: Die Prozesskostenrechnung – Ein fortschrittliches Kostenrechnungssystem?, Ludwigsburg-Berlin 1994, S. 143; Striening, H.-D.: Stellungnahme zum Beitrag von A. G. Coenenberg/T. M. Fischer: »Prozesskostenrechnung – Strategische Neuorientierung in der Kostenrechnung« [Die Betriebswirtschaft, 1, 1991, S. 21–38], in: Die Betriebswirtschaft, 3, 1991, S. 11)

Abb. 62: Unterschiedliche Verfahren und ihre tendenziellen Wirkungen auf das Gemeinkostenniveau

Die traditionellen Gemeinkostenmanagementverfahren haben gezeigt, dass selbst nach drastischen Einschnitten mit entsprechend deutlichen Kostensenkungen ein allgemeiner Anstieg der Kosten nach einer gewissen Zeit unvermeidlich ist. Solche Rationalisierungen haben sich oft als »Bumerang« erwiesen, weshalb die Alternative in der Umorientierung hin zu integrierten Strategien und zur Prozessoptimierung liegt. »Strategische Kostenkontrolle statt taktische Kostensenkung lautet das Gebot für die Zukunft.«[63]

8 Gemeinkostenverrechnung

8.1 Vorbemerkungen

In Teil I wurden die Mängel der traditionellen Kostenrechnungssysteme und v. a. der Zuschlagskalkulation mit ihrer zu pauschalen Gemeinkostenverrechnung dargestellt. Diesen Mängeln begegnet die Prozesskostenrechnung, indem sie in Vollkostenbetrachtung die Gemeinkosten verursachungsgerechter auf die zugrunde liegenden Prozesse verrechnet und dann die Produkte mit differenzierten Prozesskostensätzen kalkuliert. Somit wird die benötigte Informationsbasis geschaffen, um Kosten verursachungsgerechter in Produktkalkulationen und mehrstufigen Deckungsbeitragsrechnungen zu übernehmen.

Da bei der Kalkulation mit Prozesskosten ganz überwiegend fixe bzw. sprungfixe Kosten auf die Produkteinheiten verrechnet werden, stellt diese Kalkulation keine Informationen für kurzfristige, sondern für mittel- bis langfristige Entscheidungen über Produkte und damit über Kunden, Aufträge, Sortimente, Produktionsverfahren oder das relative Preisgefüge bereit. Eine solche Kalkulation wird deshalb häufig auch als »**strategische Kalkulation**« bezeichnet. Sie liefert frühzeitig schlüssige Daten für die Kosten alternativer Produktentwicklungen, wozu die traditionellen Kostenrechnungssysteme nicht in der Lage sind.

In der traditionellen Deckungsbeitragsrechnung findet die kurzfristige Preisuntergrenze starke Berücksichtigung bei Preisentscheidungen. Bei kürzer gewordenen Produktlebensdauern wird dabei die Gefahr nicht berücksichtigt, dass die über den Produktlebenszyklus kumulierten Markterlöse nicht zur vollständigen Deckung des Fixkostenblocks bzw. zur Realisierung eines angemessenen Gewinnes ausreichen könnten. Das Verrechnungsprinzip der Prozesskostenrechnung ermöglicht es, Fixkosten über die Zwischenschaltung von Prozessen und mithilfe neuer Bezugsgrößen (= Kostentreiber) auf Produkte, Aufträge, Kunden etc. zu verrechnen. In einer derart modifizierten Deckungsbeitragsrechnung können beispielsweise langfristige Preisuntergrenzen bestimmt und der Unternehmenserfolg gesichert werden. Die Deckungsbeitragsrechnung ist neben der Kalkulation eine weitere sinnvolle Anwendung der Prozesskostenrechnung bzgl. der Gemeinkostenverrechnung und gehört mit zu den meistverfolgten Zielen.

Grundsätzlich sollte die Kostenverrechnung immer so direkt wie möglich erfolgen, wobei die in Abbildung 63 gezeigten Prioritätsstufen gelten.

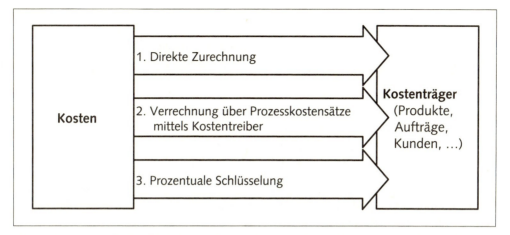

(Coenenberg, A. G./Fischer, T. M.: Prozesskostenrechnung – Strategische Neuorientierung in der Kostenrechnung, in: Die Betriebswirtschaft, 1, 1991, S. 35)

Abb. 63: Methoden der Kostenverrechnung mit entsprechenden Prioritätsstufen

8.2 Kalkulation mit Prozesskosten

8.2.1 Rahmenbedingungen

Die Kalkulation mit Prozesskosten ist insbesondere für Unternehmen vorteilhaft, deren Produkte oder Aufträge inhomogen sind bzw. die Ressourcen der indirekten Leistungsbereiche unterschiedlich beanspruchen. Solche Unterschiede wären beispielsweise:

- viele oder wenige verwendete Materialarten,
- weniger geringe oder geringe Fertigungstiefe,
- Großserienproduktion oder Produktion exotischer Varianten,
- groß- oder kleinvolumige Aufträge,
- aufwändige oder weniger aufwändige Vertriebswege.

Weitere Vorteile erzielt die verursachungsgerechtere Kalkulation z.B. bei hoch automatisierten Produktionen mit ihren hohen Fertigungsgemeinkosten sowie bei einem relativ hohem Kostenanteil für die der Produktion vor- und nachgelagerten Aktivitäten und für administrative oder koordinierende Aktivitäten.

Zu beachten ist auch, dass Prozesskostensätze nur für repetitive Prozesse gebildet werden können, weshalb nun auch nur die Kosten dieser repetitiven Prozesse auf Kostenträger verursachungsgerechter verrechnet werden können.

8.2.2 Kostenzuordnung

Bei der Kalkulation geht es um die Zurechnung der Kosten auf ein Kalkulationsobjekt (= Kostenträger), um für dieses die Kosten auszuweisen, deren Entstehung in einem plausiblen Zusammenhang mit dem zu kalkulierenden Kostenträger gebracht werden kann. Kostenträger oder Kalkulationsobjekte sind in erster Linie die Produkte eines Unternehmens, können aber auch Aufträge, Kunden, Verkaufsgebiete oder entsprechende hierarchische Zusammenfassungen als Produkt-, Auftrags-, Kunden- oder Verkaufsgebietsgruppen sein. Die Kostenzuordnung bei der Kalkulation innerhalb der Prozesskostenrechnung erfolgt – wie auch bei traditionellen Verfahren – in zwei Schritten:

1. Sammlung der relevanten Kosten
2. Zurechnung der Kosten auf die Kostenträger

Für die **Sammlung der relevanten Kosten** sind grundsätzlich drei Vorschläge zu machen:
- Gesonderte Abrechnung der Kosten für jeden relevanten Teilprozess entsprechend der festzulegenden Inanspruchnahme durch die Kostenträger. Dies führt zu einer hohen Verrechnungsgenauigkeit, ist aber auch sehr komplex und erfordert zudem einen hohen Erfassungsaufwand.
- Zusammenfassung der Teilprozesskosten mit gleichen Kostentreibern zu so genannten Kostensammelpositionen. Die Weiterverrechnung erfolgt ebenfalls unter Berücksichtigung des einfließenden Kostentreibers.
- Sammlung der Teilprozesskosten entsprechend ihrer Zugehörigkeit zu Hauptprozessen und Verrechnung über den Hauptprozesskostentreiber.

Die Prozesskostenrechnung sieht die Kostenentstehung in der Prozessdurchführung begründet und folgert eine Kostenzuweisung auf den Kostenträger nach Maßgabe der von dem betrachteten Kostenträger beanspruchten Prozesse. Je nach Ausgestaltung und Integrationsfähigkeit Ihrer Prozesskostenrechnungs-Software bzw. auch unter Kosten-Nutzen-Aspekten ist folgende Vorgehensweise zu favorisieren: Nicht die Einzelleistungen einer Kostenstelle – was einem oder mehreren Teilprozessen entspricht – werden in die Kalkulation übertragen, sondern lediglich Hauptprozesse. Die kostenstellenübergreifenden Hauptprozesse werden eben auch deshalb gebildet, um Überladung und Unüberschaubarkeit des Prozesskostenrechnungssystems zu vermeiden.

Eine Anmerkung bzgl. der lmn Teilprozesskosten: Die für sie vorgeschlagene Umlage auf die lmi Teilprozesskosten zur Gesamtkostenverrechnung kann einerseits mit der geringen Bedeutung der lmn Teilprozesskosten und andererseits mit dem »Vollkostencharakter« der Prozesskostenrechnung begründet werden. Vom betriebswirtschaftlichen Konzept her sind sie aber nicht in die Kalkulation einzubinden, da sie definitionsgemäß keinen mengenmäßigen repetitiven Charakter haben und oft auch kein Bezug zu Kostenträgern wie Produkte, Kunden oder Aufträgen hergestellt werden kann. Durch ihre Verrechnung würden daher Fehler einfließen. Wird der lmn Anteil zudem relativ groß, muss ebenfalls erwogen werden, diese Kosten getrennt zu verrechnen, z.B. als Projektkosten, oder sie werden überhaupt nicht in die Kalkulation, sondern nur in die Ergebnisrechnung eingebunden.

Bei der Prozesskostenrechnung werden die Kosten indirekter Leistungen über die ermittelten Prozesskostensätze unmittelbar den Kostenträgern entsprechend deren Prozessinanspruchnahme belastet. Hier zeigt sich aber ein in der Praxis großes Problem, nämlich die **Definition von Beziehungszusammenhängen** zwischen einem Kostenträger und den dafür notwendigen Prozessen des indirekten Leistungsbereiches. Ein Produktbezug ist für Bereiche wie z.B. Materialwirtschaft oder fertigungsunterstützende Aktivitäten noch ziemlich leicht zu definieren, weil sich diese Bereiche durch eine relative »Produktnähe« auszeichnen, was Voraussetzung für eine verursachungsgerechtere Produktkalkulation mit Prozesskostensätzen ist.

Diese Erkenntnis führt zur Überlegung, dass die Prozesskostenrechnung zwar Elemente einer Vollkostenrechnung aufweist, aber letztlich doch davon entfernt ist, auch die (gesamten) Vollkosten auf Kostenträger zu verrechnen. Sie verfolgt in diesem Zusammenhang **verschiedene Verrechnungsebenen**:

- Die Gemeinkosten werden zunächst entsprechend der Ressourceninanspruchnahme komplett auf Prozesse verrechnet (lmi und lmn Prozesse).
- Danach können sie aber nur teilweise auf Kostenträger verrechnet werden, z. B. die Kosten der Materialbeschaffung, Fertigungssteuerung etc. auf Produktebene oder die Kosten des Vertriebs auf Kundenebene. Diese so verrechneten Prozesskosten werden in gesonderten Kalkulationszeilen ausgewiesen, sodass für die jeweiligen Entscheidungsbetrachtungen die relevanten Kosten ersichtlich sind.

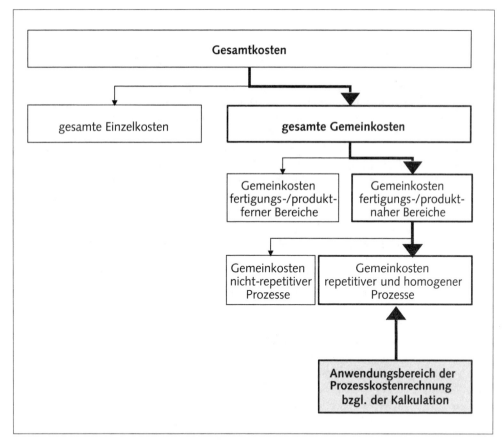

(Braun, S.: Die Prozesskostenrechnung – Ein fortschrittliches Kostenrechnungssystem?, Ludwigsburg-Berlin 1994, S. 84)

Abb. 64: Kostenvolumen bei Kalkulation mit Prozesskostensätzen

- Ein Teil der restlichen Prozesskosten geht in »tiefere« separate Zeilen der Ergebnisrechnung in Form einer mehrstufigen Deckungsbeitragsrechnung ein, z. B. als Produkt- oder Kundengruppenkosten hinsichtlich Änderungs- oder Betreuungsaktivitäten.
- Der letzte Teil der Prozesskosten fließt mangels Beziehungszusammenhängen nicht in die Kalkulation oder Ergebnisrechnung ein, sondern dient lediglich dazu, die Kosten bestimmter Aktivitäten wie z. B. Personalabrechnung oder Kostenrechnung etc. transparent und steuerbar zu machen.

Der Anteil der Kosten, der letztendlich überhaupt für eine Weiterverrechnung mittels der Prozesskostenrechnung infrage kommen kann, wird zusammenfassend in Abbildung 64 gezeigt. Die Gemeinkosten repetitiver und homogener Prozesse müssen demnach einen entsprechend großen Anteil am gesamten Kostenvolumen haben, um die Anwendung einer Prozesskalkulation nicht von vornherein an kostenwirtschaftlichen Betrachtungen scheitern zu lassen.

8.2.3   Formen der Prozesskalkulation

Analog zur Zuschlagskalkulation, die ausschließlich mit Zuschlägen arbeitet, wäre es nun bei der Prozesskostenrechnung denkbar, dass sie die Gemeinkosten ausschließlich über Prozesskostensätze zuordnet. Eine solche **prozessanaloge Kalkulation** ist in dieser Reinform nicht realisierbar und muss als theoretischer Modellfall bezeichnet werden. Eine prozessanaloge Kalkulation setzt die Verrechnung aller Gemeinkosten über Prozesskostensätze voraus.

Es ist nicht möglich, für alle Prozesse einen verursachungsgerechten Bezug zu einem Kalkulationsobjekt (Produkte, Kunden etc.) herzustellen. Gerade sehr produkt- bzw. fertigungsferne Bereiche können demnach nur schwer oder überhaupt nicht in der Kalkulation prozessanalog berücksichtigt werden, weil für sie kaum ein verursachungsgerechter Zusammenhang zwischen den in Anspruch genommenen Kostentreibermengen und Kalkulationsobjekten hergestellt werden kann.

Ein durchaus realisierbares Verfahren wäre die **prozessorientierte Zuschlagskalkulation**, bei der die Zuschläge im Vergleich der traditionellen Vollkostenrechnung nicht auf der Grundlage bekannter Wertgrößen (Lohn- und Materialeinzelkosten), sondern durch Orientierung an Prozessen bzw. deren Kostentreibern ermittelt werden. Dies kann z. B. die Anzahl der von einem Produkt durchlaufenden Prozesse oder die Anzahl der verbauten Einzelteile – sprich: Komplexität – sein. Hierfür sind Produktgruppen zu bilden, die dann entsprechend ihrer verursachten Prozesse wieder weitgehend homogen sind. Dafür wäre je Produktgruppe ein individueller Zuschlagssatz zu bilden. Produktgruppen, die mehr oder aufwändigere Prozesse verbrauchen, werden über einen relativ höheren prozessorientierten Zuschlagssatz mit höheren Gemeinkosten belastet.

Diese Vorgehensweise entspricht zwar in grober Form der Methodik der Prozesskostenrechnung. Bei der aber häufig anzutreffenden Heterogenität des Produktprogramms und der daraus erforderlichen großen Anzahl unterschiedlicher Zuschlagssätze ist dieses Verfahren unter Kosten-Nutzen-Aspekten kaum realisierbar. Wird aber andererseits auf eine starke Differenzierung der Zuschlagssätze verzichtet, sind verzerrte Kosteninformationen wahrscheinlich und der Vorteil gegenüber der traditionellen Zuschlagskalkulation ist nicht mehr auszumachen. Die Prozesskostenrechnung soll Ihnen ja nicht nur andere, sondern auch wirklich bessere Kosteninformationen liefern.

Als Konsequenz verbleibt als praktikable Alternative die so genannte **prozessorientierte Kalkulation**, bei der die Kosten von (kosten-)gewichtigen Hauptprozessen über Prozesskostensätze und Prozessinanspruchnahme auf die Kostenträger zugerechnet werden. Der überwiegende Teil der Gemeinkosten wird auf diese Weise über Prozesskostensätze auf Kostenträger verrechnet, die übrigen Kosten sind mit prozessorientierten oder traditionell wertorientierten Zuschlägen zu verrechnen. Dies stellt quasi eine Kombination aus prozessanaloger Kalkulation und (prozessorientierter) Zuschlagskalkulation dar.

Zu bedenken ist allerdings, dass eigentlich nicht die Wichtigkeit eines Prozesses für dessen Kostenverrechnung entscheidend ist, sondern ausschließlich Prozessmerkmale wie z. B. Wiederholungshäufigkeit, Homogenität und Ermittelbarkeit schlüssiger Bezugsgrößen ausschlaggebend sind. So kann es in Ausnahmefällen vorkommen, dass für diese gewichtigen Hauptprozesse dennoch kein befriedigender Beziehungszusammenhang zu Produkten hergestellt werden kann, wodurch sich die gerade für solche Hauptprozesse angestrebte prozessanaloge Kalkulation als nicht geeignetes Verrechnungsverfahren erweist und demnach auch nur für unbedeutende Prozesse mit geringen Kostenvolumen prinzipiell zu Verfügung steht. Die angesprochenen Vorzüge der Prozesskostenrechnung hinsichtlich einer verursachungsgerechteren Kalkulation sind deshalb an dieser Stelle zumindest infrage zu stellen.

8.2.4   Definition der Beziehungszusammenhänge

Die Kalkulation mit Prozesskosten will die Ressourceninanspruchnahme des Prozesses entsprechend den für eine Kostenträgereinheit anfallenden Prozessmengen abbilden.

Für die Verrechnung der Prozesskosten werden Prozessarbeitspläne benötigt. In den Prozessarbeitsplänen wurden die von den jeweiligen Kalkulationsobjekten beanspruchten Prozessmengen festgelegt, die so genannten **Prozesskoeffizienten**. Prozesse, deren Kostentreiber bspw. durch die Anzahl der Paletten festgelegt worden waren, wurden an die Kostenträger verrechnet, indem die benötigte Anzahl Paletten pro Produkt bzw. Fertigungsauftrag ermittelt und mit dem entsprechenden Prozesskostensatz multipliziert wurde.

Es muss eine lineare Beziehung zwischen der Prozessmenge des kostentreibenden Faktors und der Menge des jeweiligen Kostentreibers gefunden und festgelegt werden. Ein Prozesskoeffizient darf nur von kostenträgerbezogenen Bestimmungsgrößen abhängen:

$$\textbf{Prozesskoeffizient} = \frac{\text{Anzahl Prozessdurchführungen}}{\text{Menge Kalkulationsobjekt}}$$

Beispiel: Wird ein Prozess für eine Losgröße des Produktes von 100 Mengeneinheiten zehn Mal durchgeführt, dann hat der Prozesskoeffizient den Wert 0,1. Die Erstellung einer Produktmengeneinheit erfordert also anteilig ein Zehntel einer Prozessmengeneinheit des initiierten Prozesses.

Prozesskosten je Kalkulationsobjekt = Prozesskostensatz × Prozesskoeffizient

Fortsetzung des Beispiels: Der Prozesskostensatz je Los sei 210 EUR, dann fallen je Produkt 21 EUR an Prozesskosten an.

Die Bestimmung der Beziehungszusammenhänge bzw. der Prozesskoeffizienten stellt oft eine Hürde dar. Die Lösung kann auf drei Wegen erfolgen:

- **Einführung von Prozessplänen**
  Bestehende Arbeitspläne sind um die Prozesse des indirekten Bereiches zu ergänzen. Für jedes Kalkulationsobjekt muss in einem derart erweiterten Arbeitsplan hinterlegt werden, welche Hauptprozesse für die jeweiligen Arbeitsschritte im indirekten Bereich durchgeführt werden müssen. Darüber hinaus sind auch für Fremdteile solche Prozesspläne zu erstellen. Rechentechnisch erfolgt die Bewertung der genutzten Prozesse über die Verknüpfung mit einer fiktiven Kostenstelle, welche die Hauptprozesskosten enthält. Der Vorteil einer detaillierten und präzisen Kalkulation im Rahmen der Funktionalität des bestehenden Systems erfordert einen gewissen Einrichtungs- und Pflegeaufwand.

- **Rechenalgorithmus im Kalkulationsprogramm**
  Durch Integration verschiedener vordefinierter Rechenalgorithmen kann auf Prozesspläne verzichtet werden. Ein solcher Rechenalgorithmus wäre zum Beispiel: »Wenn es sich um ein Fremdteil handelt, dann addiere zu den Einstandskosten den Kostensatz ›Teile beschaffen/Bestellgröße‹ hinzu.«

- **Referenzkalkulationen**
  Für verschiedene Produkte, die in homogenen Produktgruppen zusammengefasst werden können, werden lediglich Musterkalkulationen erstellt. Den einzelnen, gleichartigen und lediglich gering abweichenden Produkten und Teilen wird für Kalkulationszwecke dann der Prozesskostensatz seines Referenzproduktes bzw. -teils zugeordnet.

Werden in einem Unternehmen nur wenig unterschiedliche Produkte produziert, dann kann man deren Prozessinanspruchnahme durch die Einführung von Prozessarbeitsplänen oder auch über Teilenummern, Ergänzung von Teilestammsätzen oder Stücklisten herstellen und dokumentieren. Aber gerade bei wenig unterschiedlichen Produkten bringt die Prozesskostenkalkulation auch keinen deutlichen Informationsvorsprung und wird deshalb wieder aus Kosten-Nutzen-Aspekten unterlassen. Bei Hunderten oder Tausenden von Produkten, Teilen und dementsprechend vielen Varianten wird zur besseren Handhabung, Verarbeitung und Pflege angestrebt, über Produkt- und/oder Kundengruppen und Referenzkalkulationen die prozessorientierte Kalkulation zu gestalten.

8.2.5   Prozessorientierte Kalkulation versus traditionelle Zuschlagskalkulation

8.2.5.1   Kalkulationsschemata

Eine prozessorientierte Ergänzung des Kalkulationsschemas ist insbesondere für solche Unternehmen relevant, deren Produkte oder Aufträge inhomogen sind bzw. die Ressourcen im Gemeinkostenbereich in unterschiedlichem Maße in Anspruch nehmen.

Je nach möglicher Ausgestaltung der Kalkulation werden die Gemeinkosten auf die Kostenträger neu und gerechter verteilt. In der Summe über alle Kostenträger verändern sie sich natürlich nicht. Die neu zu verrechnenden Gemeinkostenblöcke sind zunächst von den gesamten Kosten abzuziehen, um sie aus dem traditionellen Kalkulationsschema herauszunehmen. Diese Gemeinkosten sind anschließend in neuen Kostenpositionen des entsprechend erweiterten Kalkulationsschemas einzufügen. Nachfolgend werden Schemata für die traditionelle Zuschlagskalkulation (in Abbildung 65) und für eine um Prozessbestandteile erweiterte Kalkulation (in Abbildung 66) gezeigt.

Materialeinzelkosten
+ Materialgemeinkosten**zuschlag**

= **Materialkosten**

+ Fertigungslohn bzw. Maschinenkosten
+ Fertigungsgemeinkosten**zuschlag**
+ Sondereinzelkosten der Fertigung

= **Fertigungskosten**

Materialkosten
+ Fertigungskosten

= **Herstellkosten**

+ Vertriebsgemeinkosten**zuschlag**
+ Sondereinzelkosten des Vertriebs
+ Verwaltungsgemeinkosten**zuschlag**

= **Selbstkosten**

(Wöhe, G.: Einführung in die Allgemeine Betriebswirtschaftslehre, 17. Aufl., München 1990, S. 1259 ff.)

Abb. 65: Allgemeines Schema der differenzierenden Zuschlagskalkulation

8.2.5.2 Kalkulationsbeispiele

Bei den nachfolgenden Beispielen zur Zuschlagskalkulation und zur prozessorientierten Kalkulation wurde ein Produktprogramm von drei unterschiedlichen elektronischen Produkten zugrunde gelegt:
- Produkt A stellt einen Massenartikel mit relativ einfachen Funktionsmerkmalen dar und ist in großer Stückzahl geplant (2.000 St.).
- Produkt B enthält höherwertige Komponenten und wird in geringerer Stückzahl geplant (500 St.).
- Produkt C schließlich ist hinsichtlich Funktion und Qualität das Spitzenprodukt und wird kundenindividuell gefertigt, kann aber nur in geringer Stückzahl abgesetzt werden (50 St.).

Eine weitere Prämisse liegt darin, dass hier die einzelnen Zuschlagssätze in ihrer Höhe korrekt sind. Andererseits hätten Sie z. B. bei grob geschätzten Zuschlagssätzen eine schlechtere Vergleichsmöglichkeit beider Kalkulationsverfahren.

Materialeinzelkosten

+ Material**prozesskosten** .... z.B. für Einkauf, Wareneingang/-prüfung, Kreditorenbuchhaltung, Materiallager

+ Materialgemeinkosten**zuschlag** .... für restliche, nichtprozessbezogen verrechenbare Materialgemeinkosten

= **Materialkosten**

+ Fertigungslohn bzw. Maschinenkosten

+ Fertigungsunterstützungs**prozesskosten** für Entwicklung, Konstruktion, Arbeitsvorbereitung, Fertigungsplanung und -steuerung, Qualitätswesen, Logistik etc.

+ Fertigungsgemeinkosten**zuschlag** .... für restliche, nichtprozessbezogen verrechenbare Fertigungsgemeinkosten

+ Sondereinzelkosten der Fertigung

= **Fertigungskosten**

Materialkosten

+ Fertigungskosten

= **H erstellkosten**

+ Vertriebs**prozesskosten** .... für Marktforschung, Werbung, Verkaufsfürderung, Messen, Auflendienst, Verkaufsbüros, Kundendienst, Auftragsbearbeitung, Fakturierung, Debitorenbuchhaltung, Fertigwarenlager, Verpackung, Versand, Transport etc.

+ Vertriebsgemeinkosten**zuschlag** .... für restliche, nichtprozessbezogen verrechenbare Vertriebsgemeinkosten

+ Sondereinzelkosten des Vertriebs

+ Verwaltungsgemeinkosten**zuschlag** .... für Geschäftsführung, Controlling etc.

= **Selbstkosten**

(in Anlehnung an Warnick, B.: Prozesskostenrechnung – Sinnvolles Instrument auch für mittelständische Unternehmen, in: Männel, W. (Hrsg.): Prozesskostenrechnung – Standpunkte, Branchen-Erfahrungen, Software-Lösungen, Kostenrechnungspraxis, Sonderheft 1, 1994, S. 59)

Abb. 66: Vorschlag für ein prozessorientiertes Kalkulationsschema

Die geplanten Absatzmengen sind hier in den Kalkulationen der Stückkosten zunächst nicht relevant, sollen aber dennoch von vornherein gezeigt werden. Sie spielen erst bei der späteren Betrachtung der strategieorientierten Effekte der prozessorientierten Kalkulation eine Rolle.

Angaben in EUR/St.		A (2.000 St.)	B (500 St.)	C (50 St.)
Materialeinzelkosten		38,00	64,00	115,00
+ Materialgemeinkostenzuschlag	75,0%	28,50	48,00	86,25
= Materialkosten		**66,50**	**112,00**	**201,25**
+ Fertigungslohn bzw. Maschinenkosten		110,00	150,00	174,00
+ Fertigungsgemeinkostenzuschlag	180,0%	198,00	270,00	313,20
+ Sondereinzelkosten der Fertigung		4,50	5,00	6,25
= Fertigungskosten		**312,50**	**425,00**	**493,45**
Materialkosten		66,50	112,00	201,25
+ Fertigungskosten		312,50	425,00	493,45
= Herstellkosten		**379,00**	**537,00**	**694,70**
+ Vertriebsgemeinkostenzuschlag	40,0%	151,60	214,80	277,88
+ Sondereinzelkosten des Vertriebs		13,60	15,50	25,00
+ Verwaltungsgemeinkostenzuschlag	30,0%	113,70	161,10	208,41
= Selbstkosten (Stückkosten)		**657,90**	**928,40**	**1.205,99**

Abb. 67: Beispiel für eine differenzierende Zuschlagskalkulation

Angaben in EUR/St.		A (2.000 St.)	B (500 St.)	C (50 St.)
Materialeinzelkosten		38,00	64,00	115,00
+ Materialprozesskosten		17,00	17,00	50,00
+ Materialgemeinkostenzuschlag	35,5%	13,49	22,72	40,83
= Materialkosten		**68,49**	**103,72**	**205,83**
+ Fertigungslohn bzw. Maschinenkosten		110,00	150,00	174,00
+ Fertigungsunterstützungsprozesskosten		150,00	350,00	600,00
+ Fertigungsgemeinkostenzuschlag	13,7%	15,07	20,55	23,84
+ Sondereinzelkosten der Fertigung		4,50	5,00	6,25
= Fertigungskosten		**279,57**	**525,55**	**804,09**
Materialkosten		68,49	103,72	205,83
+ Fertigungskosten		279,57	525,55	804,09
= Herstellkosten		**348,06**	**629,27**	**1.009,92**
+ Vertriebsprozesskosten		120,00	139,00	200,00
+ Rest-Vertriebsgemeinkostenzuschlag	9,9%	34,46	62,30	99,98
+ Sondereinzelkosten des Vertriebs		13,60	15,50	25,00
+ Verwaltungsgemeinkostenzuschlag	30,0%	104,42	188,78	302,98
= Selbstkosten (Stückkosten)		**620,54**	**1.034,85**	**1.637,88**

Abb. 68: Beispiel für eine prozessorientierte Kalkulation

Die beiden Beispiele zur differenzierenden Zuschlagskalkulation (Abbildung 67) und zur prozessorientierten Kalkulation (Abbildung 68) sollen nun näher betrachtet werden:

- Die Materialprozesskosten (v. a. der Beschaffungsprozesse) sind für die Produkte A und B gleich hoch, während für Produkt C mehr bzw. aufwändigere Beschaffungsprozesse durchgeführt werden müssen. Die auf diese Weise prozessanalog verrechneten Materialgemeinkosten müssen von den gesamten Materialgemeinkosten abgezogen werden, der Rest wird über einen verringerten Zuschlagssatz von 35,5 % verrechnet (gegenüber 75,0 % bei der Zuschlagskalkulation).

- Entsprechend analoges Vorgehen bei den Fertigungsunterstützungsprozessen führt dort zu einem erheblich reduzierten Zuschlagssatz (13,7 % gegenüber 180,0 %), da für einen Großteil dieser Prozesskosten auch Produktbezug hergestellt werden kann. Zu beachten ist, dass die Prozesskosten der Fertigungsunterstützung für Produkt C aufgrund dessen Komplexität besonders hoch sind.

- Der Zuschlagssatz für die Vertriebsgemeinkosten verringert sich ebenfalls durch teilweise prozessanaloge Verrechnung bestimmter Vertriebsprozesse (9,9 % gegenüber 40,0 %).

- Lediglich der Zuschlagssatz für die Verwaltungsgemeinkosten bleibt unverändert (30,0 %), da hierunter Geschäftsführung, Controlling und weitere allgemeine Funktionen zusammengefasst wurden (hier in diesem Beispiel!).

Die Multiplikation der Stückkosten aller drei Produkte mit den jeweiligen Plan-Absatzzahlen führt zu den in Abbildung 69 gezeigten Kostensummen.

Angaben in EUR/St.	differenzierende Zuschlags- kalkulation A, B, C Gesamt	prozessorientierte Kalkulation A, B, C Gesamt
Materialkosten	199.063	199.132
Fertigungskosten	862.173	862.120
Herstellkosten	1.061.236	1.061.252
Selbstkosten (Stückkosten)	**1.840.301**	**1.840.392**

Abb. 69: Kostenblöcke bei differenzierender Zuschlagskalkulation bzw. prozessorientierter Kalkulation (Beispiel)

Die Unterschiede in den Kostensummen sind über alle Produkte hinweg kaum erwähnenswert (Rundungsabweichungen). Auch bei den einzelnen Kostenblöcken selbst sind kaum Unterschiede feststellbar. Dies war eine der o.g. Prämissen zur Herstellung der Vergleichbarkeit zwischen den einzelnen Produkten. Es ist aber wohl eher wahrscheinlich, dass sich zwischen einzelnen Kostenblöcken Verschiebungen ergeben. Beispielsweise wurden bislang die Kosten der Kreditorenabteilung (für »Rechnung kontieren, buchen, bezahlen und ablegen«) im Verwaltungsgemeinkostenzuschlag verrechnet. Jetzt werden diese Tätigkeiten als Prozess erfasst und in den Materialprozesskosten verrechnet. Die Verwaltungsgemeinkosten wurden demnach tendenziell als zu hoch und die Materialkosten als zu niedrig dargestellt.

Die Auswirkungen der Verrechnungsart (Zuschlags- bzw. prozessorientierte Kalkulation) auf die einzelnen Kostenanteile werden in den Abbildungen 70, 71 und 72 zusammenfassend gezeigt.

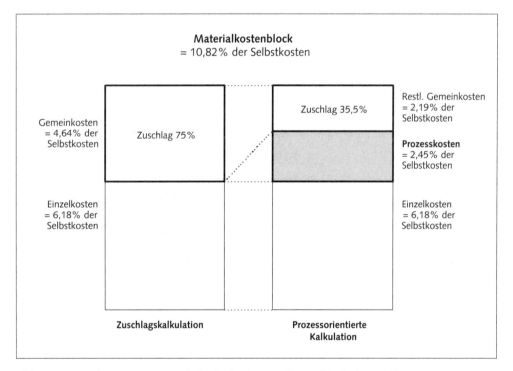

Abb. 70: Verrechnete Kostenanteile bzgl. des Materialkostenblocks (Beispiel)

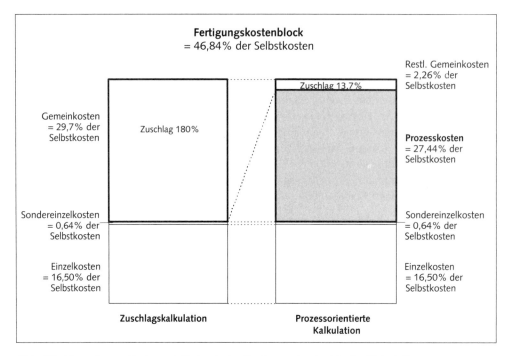

Abb. 71: Verrechnete Kostenanteile bzgl. des Fertigungskostenblocks (Beispiel)

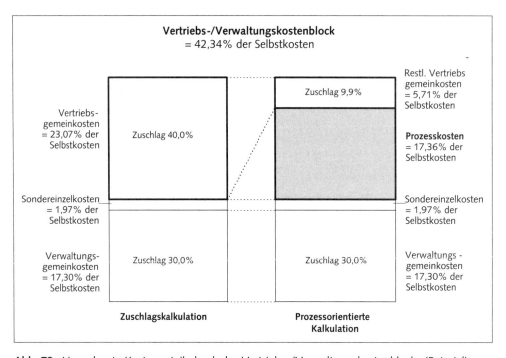

Abb. 72: Verrechnete Kostenanteile bzgl. des Vertriebs-/Verwaltungskostenblocks (Beispiel)

Ein Vergleich der Selbstkosten pro Stück zwischen Zuschlagskalkulation und prozessorientierter Kalkulation zeigt durch die Veränderungen bereits Tendenzen zur Produktmix-Steuerung (auf die später noch näher eingegangen wird, siehe Abbildung 73).

Selbstkosten bei EUR/St.	A	B	C
Zuschlagskalkulation	657,90	928,40	1.205,99
Prozessorientierte Kalkulation	620,54	1.034,85	1.637,88
Veränderung in EUR/St.	– 37,36	+ 106,45	+ 431,89
Veränderung in %	– 5,7%	+ 11,5%	+ 35,8%

Abb. 73: Vergleich der Selbstkosten pro Stück bei differenzierender Zuschlagskalkulation bzw. prozessorientierter Kalkulation (Beispiel)

Die prozessorientiert kalkulierten Kosten für Produkt A sind wesentlich geringer als bei der differenzierenden Zuschlagskalkulation. Demgegenüber sind die kalkulierten Kosten für Produkt C nun wesentlich höher. Die Folgerung aus diesen Kosteninformationen könnte beispielsweise sein, dass der Absatz bei Produkt A durch verstärkte Werbe- oder Verkaufsförderungsmaßnahmen, Preissenkungen o. Ä. weiter gesteigert werden sollte. Bei Produkt C könnte man an Preiserhöhungen denken, welche allerdings erst am Markt durchsetzbar sein müssten; zudem würde eine bloße Preiserhöhung die möglicherweise schlechte Effizienz der Prozesse überdecken. Deshalb müssen zunächst die Prozesse für Produkt C optimiert werden, um seine Rentabilität im Sortiment zu erhöhen.

Bei der Gesamtbetrachtung beider Kalkulationen über alle drei Produkte hinweg stellt sich die geänderte Kostenverrechnung in der Weise dar, dass bei der Zuschlagskalkulation der Gemeinkostenanteil an den Gesamtkosten i.H.v. 74,7% komplett per Zuschlag verrechnet wird. Nach der prozessanalogen Verrechnung eines Teils der Gemeinkosten, nämlich der Prozesskosten (47,2% der Gesamtkosten), beläuft sich der restliche Gemeinkostenanteil, der weiterhin per Zuschlag verrechnet wird, nur noch auf 27,5% der Gesamtkosten, also nur noch knapp ein Drittel der ursprünglichen Gemeinkosten der Zuschlagskalkulation. Die Kalkulation wird dadurch insgesamt deutlich verursachungsgerechter und hinsichtlich ihres Informationsgehaltes verbessert. Die Veränderung dieser Kostenanteile in Bezug auf die Gesamtkosten ist in Abbildung 74 dargestellt.

Für die Prozesskalkulation wird bzgl. der oft anzutreffenden großen Variantenzahl eine besondere Vorgehensweise vorgeschlagen, die sich im Wesentlichen durch die Aufspaltung der Prozessmengen bzw. -kosten in einen volumenabhängigen und einen variantenabhängigen Teil zeigt – die so genannte **Variantenkalkulation**. Die Weiterverrechnung erfolgt beim volumenabhängigen Anteil wie bei der prozessanalogen Kalkulation direkt auf die Produkte über die in Anspruch genommenen Prozesse, beim variantenabhängigen Anteil zunächst auf die gefertigten Varianten und dann innerhalb dieser Varianten auf die gefertigten Produkte. Dadurch soll die Variantenvielfalt als ein Kostentreiber verdeutlicht und in den Stückkosten berücksichtigt werden.

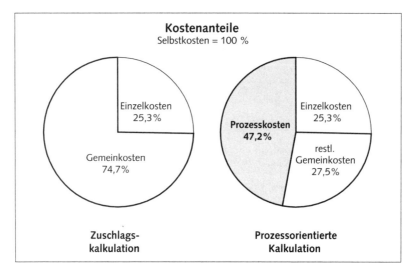

Abb. 74: Veränderung der verrechneten Kostenanteile bei Zuschlags- bzw. prozessorientierter Kalkulation (Beispiel)

Das Problem einer solchen Variantenkalkulation ist, dass bislang kein Verfahren existiert, mit dessen Hilfe die Trennung der Prozesskosten in volumenabhängige und variantenabhängige Anteile auf objektive Weise erfolgen kann. Die vorgenommene Festlegung der Anteile bleibt demnach willkürlich und es ist auch möglich, durch gezielte Manipulation in Entscheidungen über die Fortführung einzelner Varianten einzugreifen. So bleiben die Ergebnisse der Variantenkalkulation in jedem Fall fragwürdig, weshalb in diesem Konzept nicht weiter darauf eingegangen wird.

Wie Sie schon an mehreren Stellen erkannt haben, ist die Prozesskostenrechnung nicht zwingend als Vollkostenrechnung auszulegen. Wollen Sie in jedem Falle evtl. Nachteile einer Vollkostenrechnung vermeiden, beachten Sie folgende Tipps:[64]
- Bilden Sie wirklich nur solche Bereiche über Prozesskosten ab, die vorwiegend repetitive Tätigkeiten durchführen.
- Rechnen Sie nur solche Ressourcen zu, die ursächlich zur Prozessdurchführung notwendig sind; allozieren Sie keine Stabs- und Projektaufgaben.
- Ordnen Sie verschiedene Ressourcen- bzw. Kostenartengruppen (Personal, Sachkosten, Abschreibungen etc.) getrennt den Prozessen zu und weisen Sie diese auch aus. Ein derart differenzierter Prozesskostensatz lässt schnell auf die Kostenreagibilität schließen.
- Verrechnen Sie nur die unmittelbar von Produkten oder Objekten der Ergebnisrechnung (z. B. Kunden) in Anspruch genommenen Prozesse. Andere Prozesse (z. B. Monatsreporting durchführen) bleiben kostenträgerseitig Gemeinkosten.
- Rechnen Sie – wie bei der Plankostenrechnung – unterjährig immer mit Plan-Kosten(sätzen).

8.2.6   Strategieorientierte Effekte als Nutzen der prozessorientierten Kalkulation

Die Fülle an neuen Informationen, die von der Prozesskostenrechnung und insbesondere von der prozessorientierten Kalkulation zur Verfügung gestellt werden, lässt sich für eine strategieorientierte Gestaltung des Produktmixes und dessen Ausprägungen unter Berücksichtigung der in den drei folgenden Kapiteln gezeigten Effekte nutzen.

8.2.6.1   Allokationseffekt

Die Allokation der Gemeinkosten auf die Produkte erfolgt bei der prozessorientierten Kalkulation unabhängig von der Höhe traditionell wertorientierter Zuschlagsbasen (z. B. der Materialeinzelkosten). Der Aufwand für Beschaffung und Lagerung ist nicht abhängig von der wertmäßigen Höhe der Stückkosten, sondern wird durch die zur Abwicklung erforderlichen Prozesse bestimmt. Folglich werden die Gemeinkosten entsprechend der nachvollziehbaren Inanspruchnahme betrieblicher Ressourcen über Prozesskostensätze verrechnet. Ein Ausschnitt aus den in Abbildung 67 und 68 gezeigten Kalkulationsbeispielen soll den Allokationseffekt bzgl. der Materialgemeinkosten verdeutlichen (siehe Abbildung 75).

in EUR/St.	Material-einzel-kosten	Materialgemeinkostenverrechnung				Differenz = **Allokations-effekt**	
		Zuschlags-kalkulation	Prozessorientierte Kalkulation				
		Zuschlag 75,0%	Prozess-kosten-satz	Rest per Zuschlag 35,5%	**Summe**	EUR/St.	%
Produkt A	38,00	**28,50**	17,00	13,49	**30,49**	+ 1,99	+ 7,0%
Produkt B	64,00	**48,00**	17,00	22,72	**39,72**	– 8,28	– 17,3%

Abb. 75: Allokationseffekt bei Verrechnung der Materialgemeinkosten (Beispiel)

Die proportionale Zuschlagsverrechnung führt zu den gezeigten Kostenverzerrungen (Allokationseffekt). Produkt A müsste mit zusätzlichen Gemeinkosten i.H.v. 1,99 EUR (+ 7,0%) belastet werden, um die tatsächliche Inanspruchnahme der betrieblichen Ressourcen im Materialbereich zutreffender widerzuspiegeln. Bei Produkt B ergibt sich eine Fehlverrechnung von 8,28 EUR, d.h. dass dieses Produkt mit 17,3% Gemeinkosten zu viel belastet wird, welche es gar nicht verursacht hat. Betrachtet man den Ablauf der Zuschlagskalkulation bis zu den Selbstkosten, so führen die Vertriebs- und Verwaltungsgemeinkostenzuschläge letztlich zu noch größeren Abweichungen aufgrund des hier gezeigten Allokationseffektes bei den Materialgemeinkosten.

8.2.6.2 Degressionseffekt

Eine wesentliche Rolle – aufgrund des Vollkostencharakters – spielt der Degressionseffekt in der Prozesskostenrechnung. Die mengenbezogene Verrechnung von internen Dienstleistungen des indirekten Bereiches bewirkt einen degressiven Verlauf der Stückkosten, während die Zuschlagskalkulation konstante Stückkosten impliziert. So verursacht z. B. eine Kundenauftragsabwicklung immer die gleichen auftragsfixen Kosten, unabhängig von der Auftragsstückzahl. Insofern sinken die Auftragskosten pro Stück mit wachsender Auftragsmenge. Der Degressionseffekt wird durch die Prozesskostenrechnung bei allen vorgangsfixen Kosten berücksichtigt (Kunden- oder Fertigungsauftragsabwicklung, Bestellung etc.). Das obige Kalkulationsbeispiel (in den Abbildungen 67 und 68) soll nun wiederum ausschnittsweise für die Darstellung des Degressionseffektes bzgl. der Vertriebsgemeinkosten bei unterschiedlichen Auftragsstückzahlen herangezogen werden (siehe Abbildung 76).

in EUR	Vertriebsgemeinkostenverrechnung Produkt A						Differenz = Degressionseffekt	
	Zuschlags-kalkulation		Prozessorientierte Kalkulation					
Stückzahl pro Auftrag	Zuschlag 40%	**pro Stück**	Prozess-kosten-satz	Rest per Zuschlag 9,9%	Summe	**pro Stück**	**EUR**	%
1	151,60	**151,60**	120,00	34,46	154,46	**154,46**	+ 2,86	+ 1,9%
5	758,00	**151,60**	120,00	172,30	292,30	**58,46**	– 93,14	– 61,4%
25	3.790,00	**151,60**	120,00	861,50	981,50	**39,26**	– 112,34	– 74,1%

Abb. 76: Degressionseffekt bei Verrechnung der Vertriebsgemeinkosten (Beispiel)

Aufträge mit kleiner Stückzahl werden zu gering belastet, obwohl gerade deren Abwicklung die betrieblichen Ressourcen in Relation zu Aufträgen mit größeren Stückzahlen mehr belastet. Die Vertriebskosten von Aufträgen mit größeren Stückzahlen werden in der Zuschlagskalkulation zu hoch ausgewiesen; für den Kunden besteht kein Anreiz, das Produkt in größerer Stückzahl zu ordern. Die prozessorientierte Kalkulation schafft also den Anreiz, größere Stückzahlen nachzufragen, da sie nun mit entsprechend verursachungsgerechteren, niedrigeren Kosten kalkuliert und v. a. auch angeboten werden können. Für kleinere Stückzahlen müssen Mindermengenzuschläge verlangt werden.

Aufgrund des Degressionseffektes lässt sich ganz allgemein eine Mindestauftragsgröße errechnen, die bei der Auftragsakquisition anzustreben ist.

$$\textbf{Mindestauftragsgröße} = \frac{\text{(Vertriebs-)Prozesskostensatz}}{\text{Zuschlagssatz in EUR pro Stück}}$$

Überschreitet ein Kundenauftrag c. p. diese Mindestauftragsgröße, dann bringt dies für das Unternehmen zusätzliche Kostenvorteile und damit evtl. entscheidende Wettbewerbsvorteile.

8.2.6.3   Komplexitätseffekt

Mit dem in diesem Zusammenhang verwendeten Begriff der Produktkomplexität wird die Tatsache umschrieben, dass ein Produkt aus einer Vielzahl einzelner Teile und Baugruppen zusammengesetzt ist. Komplexitätskosten müssen verursachungsgerechter verrechnet werden, weil bei der Herstellung solcher komplexen Produkte gegenüber einfacheren Produkten ein deutlich höherer Bedarf an gemeinkostenverursachenden Prozessen wie z.B. Materialdisposition, Fertigungssteuerung, Qualitätssicherung erforderlich ist.

Diese Komplexität kann in stufenweisen Kalkulationen, in denen von Produktteilen über Baugruppen zum fertigen Produkt fortgeschritten wird, prozesskostenrechnerisch ausgedrückt werden. Auf Teileebene kann beispielsweise zwischen Zukaufteilen und Eigenteilen unterschieden werden. Den Zukaufteilen wird über ihre Teilenummer ein Prozesskostensatz für die Beschaffungskosten pro Teil zugeordnet. In diesen Beschaffungskosten sind die Kosten für die Prozesse Warenannahme, -kontrolle, Lagerung u.Ä. zusammengefasst. Besteht nun ein Produkt aus vielen Zukaufteilen, werden ihm verursachungsgerecht mehr Prozesskosten zugeordnet, unabhängig vom Teilewert. Entsprechend muss auf anderen Prozessebenen verfahren werden, z.B. bei den fertigungsunterstützenden Prozessen. Komplexere Produkte werden mit höheren, verursachungsgerechteren Prozesskosten »bestraft«.

Der Komplexitätseffekt soll anhand eines Ausschnittes aus obigem Kalkulationsbeispiel (in den Abbildungen 67 und 68) bzgl. der Fertigungsgemeinkosten verdeutlicht werden (siehe Abbildung 77).

in EUR/St.	Fertigungs-einzel-kosten	Fertigungsgemeinkostenverrechnung				Differenz = Komplexitäts-effekt	
		Zuschlags-kalkulation	Prozessorientierte Kalkulation				
		Zuschlag 180,0%	Prozess-kosten-satz	Rest per Zuschlag 13,7%	Summe	EUR	%
Produkt A	110,00	198,00	150,00	15,07	165,07	– 32,93	– 16,6%
Produkt C	174,00	313,20	600,00	23,84	623,84	+ 310,64	+ 99,2%

Abb. 77: Komplexitätseffekt bei Verrechnung der Fertigungsgemeinkosten (Beispiel)

Die Umsetzung der Kosteninformationen aus der prozessorientierten Kalkulation vermeidet Fehlsteuerungen im Produktmix: Die Selbstkosten für Standardprodukte (Produkt A) mit niedriger Wertschöpfung sinken im Vergleich zur Zuschlagskalkulation. Spezialprodukte oder Sonderausführungen (Produkt C) mit hoher Wertschöpfung werden erhöhte, verursachungsgerechtere Selbstkosten zugewiesen. Andernfalls werden Standardprodukte kaum nachgefragt und deshalb strategisch abgebaut, während bei Spezialprodukten die Nachfrage bei vermeintlich höheren Gewinnspannen steigt und sie strategisch begünstigt werden. Die Abbildung 78 verdeutlicht diese Zusammenhänge.

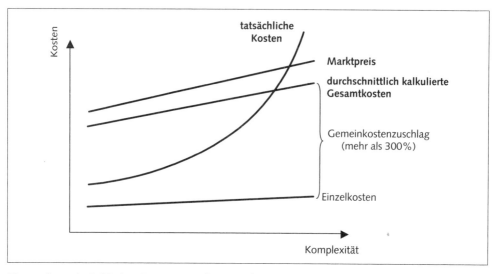

(Coenenberg, A. G./Fischer, T. M.: Prozesskostenrechnung – Strategische Neuorientierung in der Kostenrechnung, in: Die Betriebswirtschaft, 1, 1991, S. 33)

Abb. 78: Grafische Darstellung des Komplexitätseffektes

Daneben ist in diesem Zusammenhang noch ein weiterer Effekt der Prozesskostenrechnung im Allgemeinen anzuführen, der zwar schon an verschiedenen Stellen angesprochen wurde, der Vollständigkeit halber aber hier zusammenfassend dargestellt werden sollte. Der so genannte **Steuerungseffekt** zielt auf das ausgeprägtere Kosten- und Leistungsbewusstsein jedes einzelnen Mitarbeiters und insbesondere der Kostenstellenverantwortlichen ab. Durch die – teilweise – Abkehr vom »Gießkannenprinzip« der Produktkostenermittlung (durch Verwendung prozentualer Aufschläge auf Wertbasen) und der aus der Prozesskostenrechnung folgenden Transparenz einer verursachungsgerechteren Kalkulation wächst in den einzelnen Unternehmensbereichen das Verantwortungsgefühl für die dort entstandenen Kosten. Durch die Prozesskostensätze weiß man nun endlich, was innerbetriebliche Leistungen, die in Anspruch genommen werden, wirklich kosten – anstelle herkömmliche, pauschale Kostenumlagen anzusetzen, die wenig förderlich für das Kostenbewusstsein sind.

8.2.7 Beantwortung strategischer Fragestellungen

Alle Prozess-Steuerungsvorgänge, die repetitiver Natur sind, werden in der Kalkulation sichtbar. Dadurch ergeben sich völlig neue Erkenntnisse zur Unterstützung von Entscheidungen über die Produktpolitik, über die Preispolitik, über Eigenfertigung oder Fremdbezug sowie über konstruktive Alternativen etc. Auf Basis der gewonnenen Daten sollten beispielsweise
• Produktprogrammplanung,
• Produktionsplanung,

- Beschaffung/Logistik,
- Preisgestaltung,
- Marktbearbeitung, Marktauftritt,
- Vertriebsweg und
- Kundenbeziehung

überdacht werden.

Mittel- bis längerfristig lässt sich eine höhere Unternehmensrentabilität erzielen, indem die Produkte, deren Gemeinkostenstruktur trotz Prozessoptimierung unverändert hoch bleibt, bspw. zu höheren Preisen oder Mengen verkauft oder aus dem Programm genommen werden.

Die Anwendung der Prozesskostenrechnung und insbesondere der prozessorientierten Kalkulation und Ergebnisrechnung ermöglicht die Beantwortung verschiedenster strategischer – also längerfristiger – Fragestellungen. Als Grundlage für solche strategischen Entscheidungen unterstellt die Prozesskostenrechnung richtigerweise, dass Kapazitäten langfristig veränderbar und damit fast alle Kosten »variabel« sind. Sie hat erkannt und umgesetzt, dass der kurzfristige Entscheidungsspielraum für Kostenbeeinflussungsmaßnahmen in der Praxis gegen Null tendiert – ein ausschließlich operatives (kurzfristiges) Kostenmanagement ist über kurz oder lang zum Scheitern verurteilt!

Die unternehmerische Freiheit eines Managers bleibt dabei nach wie vor unberührt – nur weiß er jetzt konkret, was seine Entscheidungen kosten und wie sie zum Unternehmenserfolg beitragen. Bei traditionellen Kostenrechnungssystemen gingen Fragen nach Kostenschwerpunkten oder Personal- und Sachkostensenkungspotenzialen oft ins Leere, weil unklar war, wodurch die Kosten eigentlich entstanden sind. Durch die Prozesskostenrechnung werden nun **detaillierte Informationen als Entscheidungsgrundlagen** geliefert, je nach Strukturierung Ihrer Prozesskostenrechnung und Identifizierung der Kostentreiber:

- Was kostet eine Auftragsabwicklung von der Auftragsannahme bis zur Auslieferung?
- Was kostet die Betreuung eines Händlers oder eines Kunden?
- Um wie viel teurer ist eine exotische Variante eines Produktes im Vergleich zum Standardprodukt mit großen Stückzahlen?
- Wie viele Kosten verursacht ein Neuteil von der Konstruktion über die Pflege von Stücklisten bis zur Logistik?
- Ist ein teures Gleichteil letztlich doch billiger als ein scheinbar billigeres Neuteil?
- Welche Kosten verursacht eine zusätzliche Variante aufgrund eines Kundenwunsches?
- Bringen die vielen Kleinaufträge mit Kundensonderwünschen wirklich einen positiven Deckungsbeitrag, wenn wir die aufwändige Abwicklung einbeziehen?
- Bei welchen Teilen lohnt sich die Umstellung auf eine Just-in-time-Disposition?
- Wie hoch ist der Logistikkostenanteil jedes Produktes?
- Was kostet ein (selbst erstelltes) Produkt im Vergleich zu einem fremd bezogenen Produkt bei verursachungsgerechterer Zuordnung der indirekten Kosten?
- Welche Kostenwirkung hat der Tatbestand, für ein Einkaufsteil nicht zwei, sondern vier aktive Lieferanten zu haben?
- In welcher Höhe können wir Gemeinkosten einsparen, wenn die Entwicklungsabteilung die Anzahl von Produktänderungen um 20% reduziert?
- Welche Mehrkosten verursachen zehn neue Varianten, die der Vertrieb für notwendig hält?

- In welcher Höhe können wir Gemeinkosten einsparen, wenn durch Verringerung der Fertigungstiefe die Anzahl der zu koordinierenden Arbeitsplanpositionen um 10% zurückgeht?
- Welche Kostenwirkung geht von der Anzahl aktiver Teilestämme aus?
- Welche Kostenwirkung hat die Neueinplanung eines Fertigungsauftrages?

etc.

Sie können die jeweiligen Fragen durch Zusammenfassung und Bewertung der jeweils relevanten Prozesse beantworten. Wie gesagt: die entsprechende Strukturierung und Identifizierung der Prozesse und ihrer Kostentreiber sollte bereits bei der Einführung erfolgen, spätestens jedoch im Rahmen einer »Prozesspflege« bei der permanenten Anwendung.

Durch Managemententscheidungen kann die Anzahl benötigter Prozesse gesteuert werden. Anzustreben sind in diesem Zusammenhang z.B. Änderungen im Produkt- und/oder Kundenmix, Einführung von Mindestauftragsgrößen, Verringerung der Änderungsprozesse oder Optimierung der Produktentwicklung. Daneben können verschiedene ergänzende Maßnahmen zur Effizienzsteigerung der Prozesse durchgeführt werden wie z.B. Investitionen in verbesserte IT, Workflow Management, Schulung der Prozessbeteiligten.

Die **verstärkte Betrachtung echter Kostentreiber** kann zu neuen Strategien führen mit gestrafften Produktlinien bei reduzierter Anzahl von Teilenummern und Arbeitsgängen, geringerer Fertigungstiefe, weniger Maschinen und Anlagen, weniger Platzbedarf, höherem Volumen pro Teilenummer etc.

»Jedoch sind derart gewonnene Handlungsempfehlungen naturgemäß so lange wertlos, wie sie nicht in beständige Wettbewerbsvorteile umgesetzt werden können, um so die Existenz des Unternehmens langfristig am Markt zu sichern. Nur allzu oft ist zu beobachten, dass trotz der Verwendung ausgefeilter strategischer Konzepte nur unklare Zielvorstellungen darüber vorhanden sind, wer man ist, wo die eigenen Stärken liegen und was man besser bleiben lassen sollte.« Häufig handelte es sich bei den strategischen Plänen nur um Wunschvorstellungen, die sich in der Realität des Tagesgeschäfts nicht wieder finden ließen.[65]

Die Prozesskostenrechnung trägt mit ihrer permanenten Gemeinkostenverrechnung und -analyse, der Prozessstrukturpflege und Prozessoptimierung maßgeblich dazu bei, dass sich strategische Ziele und Wettbewerbsvorteile auch operativ umsetzen lassen. Für den Verantwortungsträger gibt es quasi keine Ausrede mehr: Verpasste Möglichkeiten zur Gewinnsteigerung werden nicht durch fixe Kosten an sich verursacht, sondern resultieren daraus, dass der Manager unfähig oder unwillig ist, die entstandenen Überschusskapazitäten auch wirklich zu managen. Dabei kann das Management durch Wachstumsstrategien dafür sorgen, dass die Überschusskapazitäten sinnvoll genutzt werden und dadurch höhere Deckungsbeiträge erreicht werden. Andernfalls müssten die Kosten der Ressourcen durch den Abbau der Überschusskapazitäten reduziert werden.

8.3   Ergebnisrechnung mit Prozesskosten

Eine Ergebnisrechnung hat – unabhängig von einer Prozesskostenrechnung – die Aufgabe, Ergebnisse bzw. Deckungsbeiträge je Ergebnisobjekt darzustellen.

Ziel der künftigen Ergebnisrechnung ist es, in einer prozessorientierten Deckungsbeitragsrechnung die prozentualen Zuschläge der traditionellen Deckungsbeitragsrechnung durch die in Anspruch genommenen Prozesskosten zu ersetzen, um die Cash Cows und die Rentabilitätsfresser zu ermitteln. Die Prozesskostenrechnung hat darin die Aufgabe, die relevanten Prozesse darzustellen und deren Kosten verursachungsgerecht zuzuordnen. Kalkulations- bzw. Ergebnisobjekte können dabei einzelne Produkteinheiten, Lose, Produktgruppen, Kundenaufträge, Kunden, Vertriebswege, -gebiete etc. sein. Die Berücksichtigung der restlichen Prozesskostenanteile erfolgt in der Ergebnisrechnung in Form einer modifizierten mehrstufigen Deckungsbeitragsrechnung in nachgelagerten Stufen, wodurch deren Aussagegehalt ähnlich der Kalkulation unter längerfristigen Aspekten wesentlich verbessert wird.

Üblicherweise werden Ergebnisrechnungen nach Produkten bzw. Produkthierarchien und/oder nach Vertriebsorganisation aufgebaut, um bspw. folgende Fragen beantworten zu können:
- Wie viel verdiene ich mit Sparte XY?
- Lohnt sich Produktgruppe YZ noch?
- Wie erfolgreich ist die Niederlassung A?
- Welchen Beitrag zum Unternehmensergebnis liefert Vertreter B?

Heute steht zusätzlich eine dritte Dimension, nämlich die Ergebnisse je Kunde bzw. Kundenhierarchie im Vordergrund:
- Wie viel verdienen wir mit Wiederverkäufern, wie viel mit Endverbrauchern?
- Welchen Beitrag liefern unsere Key Accounts?

Von besonderer Bedeutung sind in diesem Zusammenhang mehrdimensionale Ergebnisrechnungen, um die Ergebnisse in (beliebiger) Kombination dieser Dimensionen Produkt, Vertrieb, Kunde zeigen zu können. Eine mehrdimensionale Gliederung ist deshalb Bestandteil einer modernen Konzeption der Deckungsbeitragsrechnung.

Die Kostenrechnungssysteme (Kostenstellen -und Kostenträgerrechnung sowie die Prozesskostenrechnung) entlasten sich als Vorsysteme komplett in die Deckungsbeitragsrechnung. Entscheidend ist die Integration der Systeme, dass alle Schritte innerhalb eines einzigen Controllinginstruments, der Deckungsbeitrags- und Ergebnisrechnung, stattfinden und nicht etwa eine Ausgliederung der Prozesskostenrechnung zu parallelen Ergebnisdarstellungen führt, die eine Interpretation erschweren.

Die ebenfalls für solche Zwecke in Betracht kommende »Relative Einzelkostenrechnung« (nach Riebel) führt zu einem komplexen Rechenwerk und stellt hohe Anforderungen an Genauigkeit der Kostenerfassung und systemseitige Unterstützung. Deshalb wird dieses System in der Praxis trotz seiner unbestrittenen Vorteile kaum oder nur stark vereinfacht angewendet.

8.3.1   Schemata zur prozessorientierten Deckungsbeitragsrechnung

Zunächst werden Ihnen hier zwei Schemata für den Aufbau solcher prozessorientierter Deckungsbeitragsrechnungen gezeigt (Abbildungen 79 und 80).

Nettoerlöse
./. proportionale Materialkosten
./. proportionale Fertigungskosten
    = *proportionale Herstellkosten*

  = Deckungsbeitrag I

./. Prozesskosten Entwicklung und Konstruktion
./. Prozesskosten Qualitätsmanagement
./. Prozesskosten Beschaffung
./. Prozesskosten Logistik/Transport
./. restliche Materialgemeinkosten (Zuschlag)
./. restliche Fertigungsgemeinkosten (Zuschlag)
    = *Prozess- und Gemeinkosten*

  = Deckungsbeitrag II

./. restliche Vertriebsgemeinkosten (Zuschlag)
./. restliche Verwaltungsgemeinkosten (Zuschlag)
  = Deckungsbeitrag III

(Mülhaupt, E.: Rechnergestützte Bestimmung von Prozesskosten für eine genaue Kalkulation, in: Männel, W. (Hrsg.): Prozesskostenrechnung – Standpunkte, Branchen-Erfahrungen, Software-Lösungen, Kostenrechnungspraxis, Sonderheft 1, 1994, S. 89)

Abb. 79: Schema einer prozessorientierten, stufenweisen Deckungsbeitragsrechnung

Nettoerlöse
./. prozessorientiert ermittelte Herstellkosten
  = Deckungsbeitrag I (produktbezogen)

./. Hauptprozesskosten Auftragsabwicklung
./. Hauptprozesskosten Kundenauftragskommissionierung
  = Deckungsbeitrag II (abwicklungsbezogen)

./. Hauptprozesskosten Kundenbetreuung
  = Deckungsbeitrag III (kundenbezogen)

(Horváth, P./Mayer, R.: Prozesskostenrechnung – Konzeption und Entwicklungen, in: Männel, W. (Hrsg.): Prozesskostenrechnung – Methodik, Anwendung und Softwaresysteme, Kostenrechnungspraxis, Sonderheft 2, 1993, S. 27)

Abb. 80: Schema einer prozessorientierten Kundendeckungsbeitragsrechnung

8.3.2   Vergleiche zwischen traditioneller und prozessorientierter Deckungsbeitragsrechnung

Der Nutzen einer prozessorientierten Deckungsbeitragsrechnung wird am Beispiel des Vertriebskostenblocks näher aufgezeigt: Die Vertriebsgemeinkosten sind abhängig von der Dringlichkeit eines Auftrages oder vom Vertriebsweg etc. Es ist nicht ersichtlich, weshalb Produkte mit hohen Umsätzen oder Herstellkosten automatisch hohe Vertriebsgemeinkosten zugeschlüsselt bekommen sollen. Eine Analyse und Bewertung einzelner Kunden oder beispielsweise der Vertriebswege ist unter diesen Umständen sehr schwierig und birgt die Gefahr von Fehlentscheidungen. Im Vergleich zur herkömmlichen Kalkulation und Deckungsbeitragsrechnung erfolgt hier durch Prozesskostenrechnung eine verursachungsgerechtere Verrechnung der relevanten Kosten.

Die automatisierte Erfassung bzw. Übernahme der Kosten auf Teilprozessebene und die Verdichtung auf Hauptprozessebene erfolgt unter der Berücksichtigung der einzelnen Kunden oder Kundengruppen, d. h. dass möglichst viele Kostenanteile direkt oder über Kostentreibermengen den einzelnen Kunden oder Kundengruppen zugerechnet werden. Die entsprechende Auswertung führt in einer detaillierten Deckungsbeitragsrechnung zu differenzierten Aussagen über die Vorteilhaftigkeit einzelner Kunden oder Kundengruppen für das Unternehmen, woraus strategische Entscheidungen abgeleitet werden müssen.

Hierzu ein Beispiel: Ein Unternehmen hat drei »große« Kunden A, B, C und einige kleinere, welche unter »Sonstige Kunden« zusammengefasst werden. Da die Vertriebskosten einen Großteil der gesamten Gemeinkosten des Unternehmens ausmachen, soll die Prozesskostenrechnung eine verursachungsgerechtere Verrechnung dieses Kostenblocks gewährleisten; bislang wurde dieser Kostenblock (mit Ausnahme evtl. Vertriebseinzelkosten) per Umsatzschlüsselung auf die Kunden verteilt. Ausgehend vom DB I werden nun diese Kosten detailliert betrachtet, zunächst nach traditioneller stufenweiser Deckungsbeitragsrechnung (Abbildung 81) und danach per prozessorientierter stufenweiser Deckungsbeitragsrechnung (Abbildung 82).

Traditionelle stufenweise Deckungsbeitragsrechnung nach Kunden						XY GmbH
2. Quartal 2005		Kunden				
	(in TEUR)	A	B	C	Sonstige	Summen
...		...	...	...	...	...
DB I		7.100	4.100	2.500	690	14.390
Verteilung Vertriebsgemeinkosten	Verteilung nach: Umsatz	5.910	3.425	2.140	588	12.063
Summe Vertriebskosten		5.910	3.425	2.140	588	12.063
DB II (traditionell)		1.190	675	360	102	2.327
Verteilung Verwaltungskosten ...						
		...	...	...	...	...

Abb. 81: Vertriebskosten in einer traditionellen stufenweisen Deckungsbeitragsrechnung nach Kunden (Beispiel, auszugsweise)

Prozessorientierte stufenweise Deckungsbeitragsrechnung nach Kunden		Kunden				XY GmbH
2. Quartal 2005 (in TEUR)		A	B	C	Sonstige	**Summen**
...		...	...	...	...	...
DB I		**7.100**	**4.100**	**2.500**	**690**	**14.390**
Vertriebsprozesskosten:	Kostentreiber:					
• Auftragsabwicklung	Aufträge	1.300	1.300	150	240	2.990
• Verladung	Absatzeinheiten	600	250	180	18	1.048
• Auslieferung	Auslieferungseinheiten	1.400	1.500	700		3.600
• Techn. Kundenservice	Zeit pro Kunde	1.200	370			1.570
• Kundenbetreuung	Zeit pro Kunde	720	490	540	230	1.980
• Fertigprodukte lagern	Lagerdauer	110	220	10	2	342
Summe Vertriebsprozesskosten		**5.330**	**4.130**	**1.580**	**490**	**11.530**
Verteilung Rest-Vertriebsgemeinkosten:	Verteilung nach:					
• Werbung	Umsatz	230	100	110	50	490
• Gratislieferungen	Gratislieferungen (direkt)	11	12		1	24
• Reklamationen	Reklamationen (direkt)	14	1	4		19
Summe Rest-Vertriebsgemeinkosten		**255**	**113**	**114**	**51**	**533**
Summe Vertriebskosten		**5.585**	**4.243**	**1.694**	**541**	**12.063**
DB II (prozessorientiert)		**1.515**	**-143**	**806**	**149**	**2.327**
Verteilung Verwaltungskosten: ...		...	...	...	...	...

(in Anlehnung an Stoi, R./Giehl, M.: Prozesskostenrechnung im Vertriebsmanagement – Vorgestellt am Beispiel des Erfrischungsgetränkeherstellers Rhodius Mineralquellen und Getränke GmbH & Co. KG, in: Controlling, Heft 3 (Mai/Juni), 1995, S. 145)

Abb. 82: Vertriebskosten in einer prozessorientierten stufenweisen Deckungsbeitragsrechnung nach Kunden (Beispiel, auszugsweise)

Sie können eine sehr detaillierte Deckungsbeitragsrechnung prozessorientiert aufbauen: Machen Sie sich Gedanken über die Strukturen der Geschäftstätigkeiten Ihres Unternehmens und ermitteln Sie notwendige Schwerpunkte wie z. B. Kundengruppen, Produktgruppen, Auftragsarten, Vertriebswege und Beschaffungswege etc. Entsprechend dieser Schwerpunkte bauen Sie Ihre Deckungsbeitragsrechnung aus Ihrer individuellen Prozesskostenrechnung auf und lassen die von speziellen Kunden, Produkten, Aufträgen etc. verursachten Prozesskosten einfließen.

Der Vergleich beider Deckungsbeitragsrechnungen nach Kunden in Abbildung 83 zeigt einige Abweichungen.

Vergleich der Deckungsbeiträge II nach Kunden					XY GmbH
2. Quartal 2005 (in TEUR)	Kunden				Summen
	A	B	C	Sonstige	
...	...	...	...	...	...
DB I	7.100	4.100	2.500	690	14.390
Summe Vertriebskosten (traditionell)	5.910	3.425	2.140	588	12.063
Summe Vertriebskosten (prozessorientiert)	5.585	4.243	1.694	541	12.063
DB II (traditionell)	1.190	675	360	102	2.327
DB II (prozessorientiert)	1.515	-143	806	149	2.327
Veränderung im DB II (prozessorientiert ./. traditionell)	+ 325	- 818	+ 446	+ 47	0
in %	+ 27%	- 121%	+ 124%	+ 46%	

Abb. 83: Vergleich der Deckungsbeiträge II beider Verfahren (Beispiel, auszugsweise)

Diese Betrachtung zeigt eindeutig die Fehler der bisherigen Erfolgsrechnung auf: Kunde B ist in Wirklichkeit ein Verlustbringer, der Deckungsbeitrag DB II ist bereits negativ. Kunde C erwirtschaftet einen deutlich größeren DB II als bisher angenommen. In der traditionellen Betrachtung stand Kunde B mit seinem positivem DB II noch an zweiter Stelle, nach dem »Glanzlicht« Kunde A, der auch prozessorientiert den besten DB II erwirtschaftet. Selbst die »Sonstigen Kunden« leisten noch einen akzeptablen DB II.

Die bisherige Kostenverteilung führte zu Fehlsteuerungen und zu einer unzweckmäßigen Ressourcenallokation. Eine Analyse der relevanten Prozesse (bzgl. Kostentreiber, -mengen, Prozesskosten, -zeiten, -qualitäten etc.) muss nun die Schwachpunkte lokalisieren und die Prozesse müssen daraufhin optimiert werden. Ein schneller Ansatz wäre, den (schlechteren) Kunden die entsprechenden Kosten in Rechnung zu stellen bzw. den Verkaufspreis zu erhöhen. Dies gilt aber in der heutigen Wettbewerbssituation als nahezu utopisch. Zudem würden durch eine solche Praxis die unternehmensinternen Ineffizenzen auf die Kunden verlagert und somit die eigene Wettbewerbsposition sicherlich geschwächt werden. Und: Möglicherweise hat Kunde B ein enormes künftiges Potenzial, weshalb eine Verschlechterung oder gar Auflösung der Kundenbeziehung nicht tragbar wäre.

Sie dürfen keinesfalls die Schlussfolgerung ziehen, dass durch Reduzierung bestimmter Prozess- oder Serviceleistungen die Kundenprofitabilität erhöht werden kann. Dies ist nur rein rechnerisch richtig, das Unternehmen muss aber gerade durch wertsteigernde Leistungen den Kunden an das Unternehmen binden und nicht-wertsteigernde Prozesse beseitigen. So kann es dann später evtl. möglich werden, einen höheren Produktpreis zu rechtfertigen.

Grundsätzlich bleibt deshalb für die Prozessoptimierung nur ein Weg: Durch kundenorientiertes Prozessmanagement müssen die von den Kunden tatsächlich beanspruchten Prozesse einer strengen Kostenkontrolle unterzogen und kontinuierlich auf Rationalisierungs- und Kostensenkungspotenziale hin untersucht werden. Diese Potenziale müssen genutzt und mit entsprechenden Maßnahmen umgesetzt werden.

Sollten keine (weiteren) Optimierungspotenziale in den Einzelkosten und Prozessen vorhanden sein, d.h. sind die Prozesse zwingend notwendig, laufen sie bereits optimal und kostengünstig ab und lassen auch die Einzelkosten keine Reduzierung zu, dann gibt es langfristig nur die Möglichkeit, die Prozesse an kostengünstigere Fremdfirmen zu vergeben, um bessere Deckungsbeiträge erzielen zu können.

Die oben gemachten Aussagen betreffen immer noch die Prozessoptimierung! Die prozessorientierte Deckungsbeitragsrechnung kann darüber hinaus weitere Optimierungsansätze v.a. hinsichtlich der Sortimentssteuerung zur Erreichung besserer Deckungsbeiträge aufzeigen, z.B. für Bereinigungen im Produktportfolio oder in Produkt-Kunden-Kombinationen sowie zur Herleitung von Zielvorgaben für die Akquisition profitabler Kunden.

Unter anderem aufgrund der vielschichtigen Ansatzpunkte ist es erforderlich, solche Optimierungen sehr sorgfältig und weitsichtig durchzuführen. Im nächsten Kapitel, 8.4, lernen Sie hierzu pragmatische Vorgehensweisen im Detail kennen.

> Bevor Sie in die Phase der Bereinigung einsteigen, sollte Ihre prozessorientierte Ergebnisrechnung durch die Geschäftsführung formal verabschiedet werden. Dazu sollten Sie Ihre Ergebnisse »verkaufen« können. Sie überzeugen durch die Darstellung der gewonnenen Erkenntnisse und durch das Aufzeigen von Optimierungspotenzialen.

8.4 Optimierung im Produkt- und Kundenmix

8.4.1 Deckungsbeitrag als Entscheidungsbasis

Nach Verabschiedung der prozessorientierten Ergebnisrechnung gilt es, unter Einbeziehung der Ergebnisse eine Optimierung im Produkt- und Kundenmix voranzubringen.

Aus der prozessorientierten Ergebnisrechnung lässt sich beispielsweise die in Abbildung 84 folgende Übersicht zur Analyse der Kunden und des Produktportfolios nach absoluten Deckungsbeiträgen erstellen.

Produkt B hat insgesamt einen leicht negativen Deckungsbeitrag II, allerdings bei Kunde C einen positiven Deckungsbeitrag II. Für die »Sonstigen Produkte« ermittelt sich nur ein minimal positiver Deckungsbeitrag II. Für Kunde A liegt der Deckungsbeitrag II für diese »Sonstigen Produkte« aber deutlich im Plus, während Kunde B hier mit einem noch deutlicheren Minus beiträgt.

Das Erkennen von Produkten oder Kunden mit negativen Deckungsbeiträgen ist der Ausgangspunkt für eine Reihe von Entscheidungen und Maßnahmen. Als ein erster Schritt kann eine Preisüberprüfung für eine Preiserhöhung stattfinden. Es ist durchaus legitim und auch für den Kunden nachvollziehbar, wenn auf Basis der geleisteten Prozesse und der Wertsteigerung selektive Preiserhöhungen stattfinden. Dies kann bspw. durch Mindermengenzuschläge erreicht werden oder durch besondere Serviceleistungen, die getrennt in

DB II (prozessorientiert) nach Kunden und Produkten	Kunden				XY GmbH
2. Quartal 2005 (in TEUR)	A	B	C	Sonstige	**Summen DB II**
mit Produkt					
A	+ 114	+ 54	+ 256	+ 13	**+ 437**
B	– 44	– 37	+ 79	– 16	**– 18**
C	+ 342	+ 135	+ 117	+ 37	**+ 631**
D	+ 819	+ 130	+ 261	+ 57	**+ 1.267**
Sonstige	+ 284	– 425	+ 93	+ 58	**+ 10**
Summen DB II	**+ 1.515**	**– 143**	**+ 806**	**+ 149**	**+ 2.327**

Abb. 84: Deckungsbeitrag II nach Kunden und Produkten (Beispiel)

Rechnung gestellt werden. Sollten Sie durch diese Maßnahmen Erfolg haben, schlägt sich dies eins zu eins auf Ihren Deckungsbeitrag positiv nieder.

Die Ergebniswirkungen von Preiserhöhungen dürften allerdings in den meisten Fällen nicht ausreichen, um Produkt- oder Kundendeckungsbeiträge insgesamt positiv werden zu lassen.

8.4.2   Erweiterung der Kriterien

Bei der Durchführung einer Bereinigung in Produkt-Kunden-Kombinationen darf aber das Zahlenwerk der prozessorientierten Ergebnisrechnung nicht als einziges und möglicherweise auch nicht als wichtigstes Kriterium herangezogen werden; weitere umfassendere Kriterien müssen hierfür herangezogen werden.

Die Festlegung dieser Kriterien für die Bereinigung sollte – wie der gesamte Vorgang der Optimierung durch Bereinigung – in einem interdisziplinären Team mit Vertretern aller wichtigen (Haupt-)Prozesse erfolgen. So wird die Akzeptanz des gesamten Vorgehens gefördert, aufkommende bzw. schon bestehende Probleme in diesem Team können zumeist eigenständig gelöst werden. Das Verständnis füreinander wächst ebenso und hilft zusätzlich, künftige Probleme präventiv angehen zu können.

Bei der Wahl der Kriterien sollten sowohl die Unternehmens- und Marktsicht als auch die derzeitige und die künftige Umweltsituation beachtet werden. Eine mögliche Auswahl an Kriterien und deren Bewertung zeigt nachstehende Abbildung 85.

Für jedes Produkt bzw. jede Produktgruppe sind solche Kriterien festzulegen. Sie sehen, der Deckungsbeitrag II ist »nur« ein Kriterium bei der Bereinigung. Die Beurteilung der einzelnen Kriterien dient hier als Übersicht – die Analysen zur tatsächlichen Bereinigung müssen auch wertbasiert sein. So weisen bspw. Produkte mit dem höchsten negativen Selbstkostenergebnis den höchsten Handlungsbedarf auf.

Kriterien für die Bereinigung						XY GmbH
		Produkt				
		A	B	C	D	Sonstige
Kriterium	*Ausprägung*					
Marktvolumen (künftig)	groß	X			X	
	mittel			X		X st
	klein		X			
Marktanteil (derzeit)	groß		X		X si	
	mittel	X		X		–
	klein					
erzielbarer Marktpreis (derzeit)	gut	X si		X		X
	mittel				X si	
	schlecht		X			
sortimentsrelevant	ja	X		X		X
	nein		X		X	
Eigenproduktion	rationell	X				
	mittel		X si	X st	X	
	unrationell					X
Deckungsbeitrag II	positiv	X		X	X	X
	negativ		X			
Selbstkostenergebnis	positiv			X		
	negativ	X	X		X	X
					st = tendenziell steigend	
					si = tendenziell sinkend	

(Böhler, W./Wolf, K.: Prozessorientierte Produkt- und Kundenergebnisrechnung als Instrument der Sortimentssteuerung, in: Kostenrechnungspraxis, Heft 1, 2001, S. 42)

Abb. 85: Kriterien für die Bereinigung (Beispiel)

8.4.3   Durchführen der Bereinigung

Solche Kriterien lassen Plausibilitätsprüfungen zu. Beispielsweise wäre es bei folgender Konstellation indiskutabel, in eine Produktgruppe zu investieren:
- derzeitige Situation: geringer Marktanteil, schlechter Marktpreis, unrationelle Fertigung;
- künftige Situation: geringes Marktvolumen, schlechte Marktpreise.

Die Identifikation des Bereinigungspotenzials bzw. der konkreten Verlustbringer kann nun mittels der prozessorientierten Produkt- und Kundenergebnisrechnung einerseits für die Produktseite (z. B. Produktgruppen, Produkte) und andererseits über die Kundenseite (z. B. über Kundengruppe, Einzelkunden) als iterative Analyse top down erfolgen. So können beispielsweise nur wenige einzelne negative Produktergebnisse für schlechte Deckungsbeiträge in einer Produktgruppe verantwortlich sein. Ebenso müssen aber auch in einer insgesamt (deutlich) positiven Produktgruppe ein oder mehrere Verlustbringer identifiziert werden können, falls tatsächlich vorhanden.

Sofern das ersatzlose Eliminieren eines unrentablen Produktes kurzfristig nicht möglich ist, muss versucht werden, das betrachtete Produkt durch ein rentableres, bereits bestehendes Produkt zu ersetzen. Zu bedenken ist, dass Entscheidungen über die Bereinigung der Produktpalette nicht losgelöst von der **Auftrags- und Auslastungssituation** Ihres Unternehmens getroffen werden dürfen:

- Sind keine Kapazitätsengpässe vorhanden, muss die Eliminierung von Produkten parallel zum Forcieren von rentableren Produkten einhergehen, damit insgesamt keine Deckungsbeiträge entfallen.
- In einer Engpasssituation kann die Deckungsbeitragsrechnung unmittelbar dazu verwendet werden, um Prioritäten im Hinblick auf Produkte oder auch Kunden bzw. die Eliminierung von Verlustbringern zu setzen.

Auf der Kundenseite tut man sich naturgemäß schwerer, relevante Größen für Streichungen zu finden. Ein Kunde kann bspw. aufgrund bestimmter »Vorlaufkosten« wie Investitions- oder Marketingmaßnahmen momentan einen schlechteren Deckungsbeitrag haben und trotzdem durch zukünftig mögliche, größere Umsätze als wertvoll für das Unternehmen angesehen werden. Ein heute verlustbringender Kleinkunde könnte künftig zu einem Schlüsselkunden werden. Eine Prüfung im Einzelfall muss zeigen, welches langfristige Potenzial im jeweiligen Kunden steckt.

Darüber hinaus ist der Aspekt der **Beziehungen zwischen Kunden und Produkten** sehr wesentlich. Streichungen können nur in Betrachtung und Abwägung aller relevanten Produkt-Kunden-Kombinationen erfolgen. Hierzu bietet sich eine »Cross-Analyse« an: Welcher Kunde bzw. welche Kundengruppe kauft vorzugsweise welche Produkte bzw. Produktgruppen?

Deshalb müssen im Team für jede dieser relevanten Produkt-Kunden-Kombination Maßnahmen verabschiedet werden. Für jede Maßnahme ist ein Verantwortlicher sowie ein Endtermin zu bestimmen. Für die Produkte können bspw. folgende Maßnahmen durchgeführt werden:

- Streichung einzelner Produkte oder ganzer Produktgruppen,
- Fremdfertigung bzw. Nutzung der verlängerten Werkbank,
- Standardisierung, z. B. durch Anwendung des Baukastenprinzips.

8.4.4   Handlungsempfehlungen

Die Prozesskostenrechnung liefert bei der Bereinigung die betriebswirtschaftlich zutreffenden Produkt- und Kundendeckungsbeiträge, worauf sich unterschiedliche **Handlungsempfehlungen** stützen können.

Folgende Ziele können mit entsprechenden Maßnahmen erreicht werden:[66]

- Transparenz der Variantenvielfalt,
- Transparenz der Gemeinkostenprozesse bei inhomogener Auftragsstruktur,
- Identifikation von strategisch nicht-wertschöpfenden Unternehmensteilen,
- Fundierte Grundlage für Make-or-buy-Entscheidungen,
- Schlankes Produkt- und Kundenspektrum als Grundlage einer erfolgreichen Geschäftsentwicklung.

Gerade unter heutigen Wettbewerbsbedingungen kann es strategisch äußerst gefährlich sein, Kostenvorteile allein über den Produktmix erreichen zu wollen. Es geht nicht darum, den Kunden zu überreden, das zu kaufen, was ein Unternehmen gerade am günstigsten herstellen oder bereitstellen kann. Sondern umgekehrt geht es darum, als Unternehmen das günstig herzustellen bzw. bereitzustellen, was der Kunde wünscht und bereit ist, zu bezahlen: kleine oder große Stückzahlen, einfache oder komplexe Produkte, wenige oder viele Varianten!

Die Reduzierung der Gemeinkostenhöhe bleibt weiterhin eine dispotive Steuerungsmaßnahme. Durch das dargestellte Vorgehen können Kostentransparenz und Gemeinkostensteuerung erzielt werden. Unmittelbare Auswirkungen auf die Höhe der Kosten ergeben sich dadurch nicht. Jedoch werden die entsprechenden Angriffspunkte geschaffen, um Kosteneinsparungsmaßnahmen erfolgreich zu initiieren.

8.5 Umgang mit der Komplexität

Viele Unternehmen haben erkannt, dass der Erfolg strategischer und operativer Entscheidungen im Rahmen des Komplexitätsmanagements sehr stark von der Qualität der vorliegenden Informationen abhängt. Die Schaffung von Transparenz, die Durchführung von Prozessoptimierungen, das Ermitteln ertragreicher Produkt-Kunden-Kombinationen sind wichtige, ja erfolgsentscheidende Aufgaben. Hierzu eignen sich besonders die Konzepte und Werkzeuge der Prozesskostenrechnung wie bspw. konsequentes Prozesskostenmanagement und prozessorientierte Kalkulation und Ergebnisrechnung.

Für den Umgang mit der Komplexität gibt es nach Finkeißen/Teichert[67] grundsätzlich zwei Möglichkeiten, die miteinander in Verbindung verwendet werden können: Beherrschung der Komplexität oder Abbau der Komplexität.

Bei der ersten Möglichkeit, der **Beherrschung der Komplexität**, wird unterstellt, dass ein negativer Deckungsbeitrag einer identifizierten Kunde-Produkt-Kombination mindestens in einen ausgeglichenen Deckungsbeitrag gewandelt werden kann. Bei preisunelastischen Exoten des Randsortiments geschieht dies durch Umsatzsteigerungen, z. B. durch Preiserhöhungen. Im anderen Fall müssen kostensenkende Maßnahmen durchgeführt werden, z. B. durch Reduktion der Besuchsfrequenz eines Kleinkunden. Dies ist zwar theoretisch attraktiv, aber in der Praxis wiederum nur mit Einschränkungen realisierbar. Oft führt daher erst die zweite Möglichkeit, der **Abbau der Komplexität**, tatsächlich zum Ziel. Darin erfolgt eine Sortimentsbereinigung bzw. Kundenstraffung all derjenigen Artikel und Kunden, die einen negativen Erfolgsbeitrag unter Einbezug der Prozesskosten erwirtschaften. Je nach Branche können ca. fünf bis zehn Prozent des Umsatzes zur Disposition stehen. Wichtig ist dabei, dass alleine die Straffung der Sortimente noch nicht zur gewünschten Ertragsverbesserung führt, weil die in den Deckungsbeiträgen enthaltenen Fixkosten nur durch aktiven Ressourcenabbau bzw. ertragsverbessernden Einsatz reduziert werden können.

Vertriebsmitarbeiter haben aufgrund ihrer Umsatzprovisionen hier oft eine nicht unerhebliche Hürde, die aufgebauten Marktbeziehungen ebenfalls zu lösen. Jedoch ist es für die tatsächliche Ertragsverbesserung zwingend notwendig, »die Verlustbringer nicht nur zu ermitteln, sondern auch mit allen Konsequenzen zu eliminieren«.[68]

Thaens/Wasmer[69] zeigen in ihrer Veröffentlichung über die »Prozessorientierte Deckungsbeitragsrechnung« zur Unterstützung eines dauerhaften Komplexitätsmanagements, dass neben den o. a. Maßnahmen wie Preiserhöhung, Eliminierung oder Substitution von Produkten, Produktvarianten oder Kunden weitere Ansatzpunkte bestehen: »Sowohl die Optimierung der Lieferantenvielzahl auf der Beschaffungsseite als auch die Reduktion von Verpackungs- und Etikettvarianten in der Produktion können zur ergebniswirksamen Managementdisziplin werden.«[70]

Die Beherrschung einer gegebenen Variantenvielfalt und damit einer gegebenen Komplexität erfordert die Anpassung von Prozesse und Strukturen im Unternehmen entsprechend der Anforderungen: »Ein Prozess kann nicht für Produkte, die kundenspezifisch hergestellt und vertrieben werden, optimal gestaltet werden und gleichzeitig die Anforderungen einer Serienproduktion erfüllen.«[71] Ein denkbarer Ausweg ist die Trennung und Gestaltung von zwei Prozessen mit unterschiedlicher Leistungserstellung. Es kann möglicherweise aber auch wirtschaftlicher sein, einen Teil oder sogar den ganzen Prozess der Leistungserstellung fremd zu vergeben.

Als präventiven Ansatz zur Beherrschung der Komplexität sollte bereits bei der Entwicklung von Produkten ein modularer Aufbau und die Verwendung von Gleichteilen umgesetzt werden. »Als Grundregel gilt, dass die Variantenbildung möglichst weit am Ende der Wertschöpfungskette anzusiedeln ist.«[72]

8.6   Fazit zur Gemeinkostenverrechnung mit Prozesskosten

In den Ausführungen zur prozessorientierten Kalkulation wurde eine Reihe von Hürden aufgezeigt, welche beim Anwenden überwunden werden müssen. Die dargestellte Vorgehensweise kann zwar als vergröbernd kritisiert werden, aber dennoch gelingt es dadurch, Kosteninformationen mit einer ungleich höheren Aussagekraft als mit rein zuschlagsorientierten Verfahren zu ermitteln. Verrechnungsfehler werden durch die Wahl geeigneter Kostentreiber zumindest deutlich verringert bzw. prozessbezogen ausgeschlossen.

Der ursprüngliche Anspruch der Prozesskostenrechnung hinsichtlich einer verursachungsgerechten Kostenverrechnung muss allerdings relativiert werden. Verursachungsgerechtere Kostenverrechnungen sind möglich, absolut verursachungsgerechte Kostenverrechnungen können nicht durchgeführt werden, da der Untersuchungsbereich und somit das Einsatzgebiet der Prozesskostenrechnung nur einen Teil der gesamten Kosten der indirekten Bereiche darstellt. Und selbst bei umfassender Durchdringung mit der Prozesskostenrechnung kann ebenfalls nur ein Teil der Gesamtkosten über lmi Prozesskosten(-sätze) auf Ergebnisobjekte verrechnet werden.

Die Prozesskostenrechnung eignet sich als Instrument zur wertmäßigen Beurteilung heterogener Objekte. Hierfür ist allerdings eine zielgerichtete Gestaltung der Prozesshierarchie unabdingbar. Grundsätzlich können Kostenverrechnungen nur so genau sein wie die Erfassung der durch die Verrechnungsobjekte (Kunden, Produkte, Aufträge etc.) in Anspruch genommenen Leistungen. Eine wesentliche **Hürde** für die Prozessorientierung kann demnach in der Fähigkeit Ihrer Prozesskostenrechnungs-Software liegen, wie die in den wesentlichen Prozessketten der Erzeugniserstellung und Auftragsdurchsteuerung anfallenden Prozesse produkt-, auftrags- oder kundenbezogen erfasst und verrechnet werden können. Ein Hilfsmittel kann hier die Strukturierung nach homogenen Teile-, Auftrags- und Kundengruppen sein.

Ein wesentliches **Problem** muss zum Abschluss dieses Kapitels 8 »Gemeinkostenverrechnung« angesprochen werden. Die Prozesskostenrechnung unterstützt durch ihre Kosteninformationen strategische Entscheidungen. Dies ist der eine Aspekt, die tatsächliche Durchsetzbarkeit am Markt aber ein ganz anderer. Die Durchsetzung von Preiserhöhungen oder Produkteliminierungen beim Kunden ist eben auch insbesondere abhängig von der Marktstellung des Unternehmens, von der Höhe und Struktur der Nachfrage und von der Bedeutung sonstiger Verkaufsargumente wie z.B. Qualität, Service, Lieferbereitschaft, technische Zuverlässigkeit etc. Werden nun gewichtige Umsatzträger, die sich bei prozessorientierter Kalkulation als zu kostenintensiv darstellen, eliminiert und dafür umsatzschwache Produkte mit positiven – prozessorientiert ermittelten – Deckungsbeiträgen verstärkt angeboten, kann es sein, dass insgesamt schlechtere Betriebsergebnisse realisiert werden.

9 Projektende »Einführen der Prozesskostenrechnung«

9.1 Projektergebnisse präsentieren

In diesem zweiten Teil des Buches haben Sie Ihre Prozesskostenrechnung einführen und anwenden gelernt. Durch das Anwenden des Prozesskostenmanagements und/oder der prozessorientierten Verrechnungsmöglichkeiten von Gemeinkosten haben Sie Ihre Projektziele erreicht. Zudem hat das Projektteam viel über Ihr Unternehmen und die Abläufe gelernt.

Wichtig für Sie und Ihre Auftraggeber ist nun die Dokumentation und Präsentation dieser Ergebnisse. Daran schließt sich i.d.R. nahtlos der Auftrag – besser die permanente Aufgabe – an, die Ergebnisse der Prozesskostenrechnung für laufende Prozessoptimierungen zu nutzen, weshalb so aus dem Einführungsteam oft ein »Prozessoptimierungsteam« wird. Die Voraussetzungen dafür sind gut, sofern bereits zur Einführung ein interdisziplinäres Team gebildet wurde. Die Projektmitarbeiter haben mittlerweile den besten Überblick und die umfangreichsten Detailkenntnisse hinsichtlich der Prozessstrukturen und -kosten in Ihrem Unternehmen.

9.2 Projektübergabe und Projektabschluss

Die Prozesskostenrechnung ist eingeführt, die Projektziele wurden erreicht. Das Projekt zur Einführung der Prozesskostenrechnung muss nun beendet werden. Nach Stöger[73] wird leider nur selten über eine saubere Projektübergabe gesprochen, v. a. dann nicht, wenn ein Projekt gut gelaufen ist. Ich möchte Ihnen einen ordentlichen Projektabschluss nahe legen. Für das Projekt (jedes »Projekt«) sind abschließend die Projektübergabe und der Projektabschluss als letzte Aufgaben des Projektteams und des Projektleiters durchzuführen.

Insbesondere die präzise **Projektübergabe an die Linie** ist immer wieder mit Problemen behaftet. Der Projektleiter muss diesen zwar letzten, aber für die Zukunft der Projektergebnisse entscheidenden Schritt organisieren. Die Projektübergabe wird mit einem Abnahmeprotokoll mit folgenden Inhalten dokumentiert:
- Darstellung des Projektes (Ziel, Phasen, Termine, Beteiligte etc.),
- Aktuelle Situation mit Ende des Projektes,
- Projektergebnisse (Dokumentationen, Pflichtenheft, Lastenheft etc.),
- Übergabe an Linie (Aufgaben, Kompetenzen, Verantwortlichkeiten),
- Offene Punkte/»Aufräumarbeiten«,
- Folgekosten und -leistungen,
- Umsetzungscontrolling nach Projektübergabe.

Zudem muss ein Mitarbeiter als Ansprechpartner für die Zeit nach dem Projektabschluss zur Verfügung stehen. Dieser Ansprechpartner gibt den Erfahrungen – nicht zwangsläufig den Ergebnissen – aus dem Projekt auch künftig »ein Gesicht«, z. B. für Fragen der Projektdokumentation, Organisation oder Methodik.

Der **Projektabschluss** ist eine einfache und effektive Sache, wird aber oft nicht konsequent durchgeführt. Die Projektbeteiligten sollten in einer Feedback-Runde ihre Eindrücke und Erfahrungen diskutieren können. Themen können bspw. sein:

- Wie bewertet der Kunde die Ergebnisse?
- Haben wir immer auf das Projektziel hingearbeitet?
- Wo waren wir erfolgreich, wo nicht?
- Wie war unsere Zusammenarbeit?
- Kam es zu Abweichungen bzgl. Termine, Ressourcen? Warum?
- Waren Aufgaben, Kompetenzen und Verantwortlichkeiten immer klar geregelt und nachvollziehbar?
- War das Projekt zielgerichtet organisiert?
- Wie werden die Projektbeteiligten wieder in ihre »Heimatorganisation« integriert?

Die Projektdokumentation sollte um dieses Projektabschlussgespräch ergänzt werden. Die Ergebnisse sind sehr aufschlussreich für kommende Projekte. Zudem erhält man persönliches Feedback für die eigenen Leistungen im Projekt.

10 Exkurs: Prozesskostenrechnung in der Unternehmenspraxis nach Ergebnissen der Untersuchung von Stoi (Teil 2)

In diesem Kapitel erfahren Sie den zweiten Teil der Untersuchungsergebnisse aus der empirischen Untersuchung von Stoi. Diese Aspekte betreffen nun das permanente Anwenden der Prozesskostenrechnung.

Pflege der Prozessstrukturen

Wie Sie wissen, unterliegen die Prozesse eines Unternehmens einem ständigen Wandel. Nur die regelmäßige Pflege der Prozessstrukturen sichert die Relevanz und damit auch die Akzeptanz der Informationen des Prozesskostenmanagements. Der dauerhafte Erfolg ist durch eine regelmäßige Pflege sicherzustellen; eine jährliche Aktualisierung der Prozessstruktur sollte i.d.R. ausreichend sein. Der hierfür erforderliche Pflegeaufwand liegt bei durchschnittlich 15 Manntagen pro abgebildetem Funktionsbereich.

Prozessverantwortung

Einer der wichtigsten Systembestandteile des Prozesskostenmanagements ist die Einrichtung von »Prozessverantwortung«. Für die Optimierung der Unternehmensprozesse ist ein Prozessverantwortlicher von großer Bedeutung. Eine rein beratende Funktion ohne entsprechende Promotorenunterstützung ist dagegen keine Erfolg versprechende Lösung. Die Einrichtung von Prozessverantwortung verbessert entscheidend die Möglichkeit zur Senkung des Gemeinkostenanteils und des erfassten Gemeinkostenblocks. Deshalb sollte sie erwogen werden, wenn auf diese Größen Einfluss genommen werden soll.

Auswirkungen der prozessorientierten Kalkulation

46 % der Unternehmen setzt rein prozessorientierte Kalkulationen ein, 35 % verrechnet die Kosten gewichtiger Prozesse über eigene Kalkulationszeilen und 24 % verwenden aus den Ergebnissen der Prozesskostenrechnung entwickelte Zuschlagsätze an.

Bei den Auswirkungen wurde bestätigt, dass die prozessorientierte Kalkulation vor allem eine stärkere Kostenbelastung bei exotischen Produkten mit geringer Ausbringungsmenge und dementsprechend eine Kostenentlastung bei Standardprodukten mit hoher Ausbringungsmenge zeigt (siehe Abbildung 86). Ein Viertel der Unternehmen hat mit den Ergebnissen Preisanpassungen vorgenommen, ebenfalls bei einem Viertel wird die prozessorientierte Kalkulation bereits in der Produktentwicklung berücksichtigt (in Verbindung mit Target Costing).[74]

Ergebnisse und Verbesserungen durch Prozesskostenmanagement

Durch das Prozesskostenmanagement wurden vielfältige Verbesserungen erreicht (vgl. Abbildung 87). Dies gilt insbesondere für die Transparenz der Kosten- und Leistungen und die Qualität der Produktkalkulation. Deutliche Verbesserungen wurden außerdem bei der

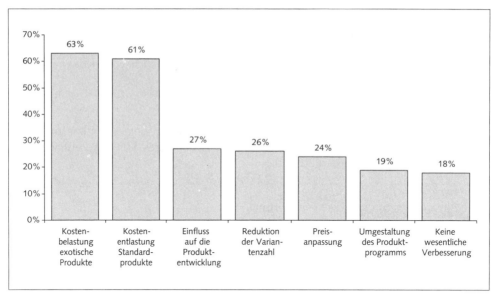

(Stoi, R.: Prozesskostenmanagement erfolgreich eingesetzt, in: Kostenrechnungspraxis, Heft 2, 1999, S. 94)

Abb. 86: Auswirkungen der prozessorientierten Kalkulation

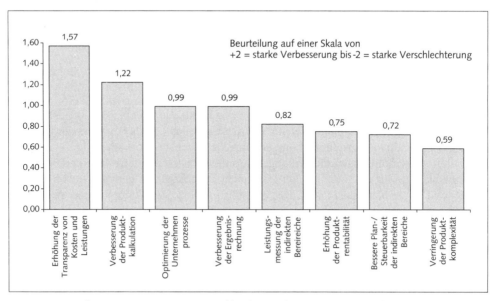

(Stoi, R.: Prozesskostenmanagement in Deutschland – Ergebnisse einer empirischen Untersuchung, in: Controlling, Heft 2, Februar 1999, S. 57)

Abb. 87: Erzielte Auswirkungen des Prozesskostenmanagements

Optimierung der Unternehmensprozesse und in der Ergebnisrechnung erzielt. Ein Blick auf die ursprünglichen Ziele der Einführung (vgl. Abbildung 19, Teil II Kapitel 4) zeigt, dass die vier wichtigsten Zielsetzungen auch erreicht wurden. Dagegen waren die Auswirkungen auf Vertriebskomplexität (0,34) und Beschaffungskomplexität (0,31) sowie die Mitarbeitermotivation (0,31) nur gering; diese Ziele hatten aber auch zur Einführung nur wenig Bedeutung.[75]

Erfolgsfaktoren

Die wesentlichen Erfolgsfaktoren des Einsatzes des Prozesskostenmanagements sind
- ein möglichst breiter, laufender Einsatz,
- ein hoher abgebildeter Anteil der Gesamt- und Gemeinkosten,
- intensive Mitarbeiterschulung und
- die Einrichtung von Prozessverantwortung.

Soll zudem die Höhe der Gemeinkosten beeinflusst werden, so empfiehlt sich der Einsatz einer prozessorientierten Budgetierung bei einem hohen erfassten Kostenanteil und der Einrichtung von Prozessverantwortung.[76]

Höhe des prozessorientiert erfassten Kostenanteils

Soll die Gemeinkostensituation beeinflusst werden, dann muss auch ein ausreichend hoher Anteil der Gemeinkosten an den Gesamtkosten prozessorientiert abgebildet werden. Als ausreichend wird ein abgebildeter Gesamtkostenanteil von 50% angesehen.[77]

Bei Unternehmen, die eine Senkung der erfassten Gemeinkosten bzw. des Gemeinkostenanteils erzielt haben, ist die dies zu einem mittleren bis hohen Anteil auf die Einführung des Prozesskostenmanagements zurückzuführen.[78] Dies war bei etwas mehr als ein Drittel der Unternehmen (38%) der Fall.

Die bei den Befragten erzielten Verbesserungen sind stark von den Einsatzfeldern des Prozesskostenmanagements abhängig.[79]

Aus einer höheren Transparenz der Kosten und Leistungen der indirekten Bereiche folgt nicht zwangsläufig eine Verringerung der Gemeinkosten. Es lassen sich aber dadurch Ineffizienzen und Verbesserungspotenziale erkennen, aus denen Maßnahmen zur Gemeinkostensenkung und Komplexitätsreduktion abgeleitet werden können. Begünstigt wird dies zusätzlich durch die Möglichkeit, die Leistungen der direkten Bereiche besser planen, steuern, messen und beurteilen zu können.[80]

Prozessoptimierung

Der Einsatz des Prozesskostenmanagements trägt v.a. zur Optimierung der Unternehmensprozesse und zur Verringerung der Produkt- und Produktionskomplexität bei. Basis der Prozessoptimierungen sind die Verbesserungen der internen Koordination und Steuerung, durch die Verbesserungspotenziale erkannt und umsetzbar werden.[81]

Die Prozessoptimierung sollte langfristig den Abbau ungenutzter Kapazitäten und auf diese Weise Gemeinkostensenkungen ermöglichen. Aus der verursachungsgerechteren Zurechnung der Gemeinkosten auf die Produkte bzw. Teile und Baugruppen folgt die Verringerung der Produkt- und Produktionskomplexität. Dies hat wiederum positiven Einfluss auf die Produktrentabilität sowie die Höhe der Gemeinkosten.[82]

Optimierung durch prozessorientierte Produktkalkulation

Die Erkenntnisse aus der prozessorientierten Produktkalkulation führen langfristig zu einer Förderung der in größeren Stückzahlen gefertigten Standardprodukte und zu einer Reduktion der Produktvariantenzahl und ermöglichen dadurch eine Steigerung der Produktrentabilität. Die Erhöhung der Kundenrentabilität steht ebenfalls im Zusammenhang mit der Verbesserung der Produktkalkulation und der Ergebnisrechnung sowie mit der Verringerung der Vertriebskomplexität. Der Einsatz einer prozessorientierten Kundenrentabilitätsanalyse zeigt besonders die Unrentabilitäten in Kundengruppen auf und liefert so Hinweise für die zu wählende Marktstrategie und Möglichkeiten zur Steigerung der Kundenrentabilität.[83]

»Die Optimierung der Prozesse sowie die Verringerung der Beschaffungs-, Produktions- und Vertriebskomplexität ermöglicht langfristig eine Senkung der erfassten Gemeinkosten und die Reduktion des Gemeinkostenanteils an den Gesamtkosten eines Unternehmens bzw. zumindest eine Vermeidung des weiteren Anstiegs der Kosten aus den indirekten Bereichen.«[84]

Fazit

Stoi kommt in seiner Untersuchung zum Fazit, dass »festgestellt werden kann, dass der Einsatz eines Prozesskostenmanagementsystems sehr wohl positive Auswirkungen auf den Unternehmenserfolg ausüben kann«. Verantwortlich dafür sind »insbesondere die verbesserte Planung und Steuerung der indirekten Bereiche sowie Prozessoptimierungen und Komplexitätsreduktionen . . ., die zu einer Verbesserung der Produkt- und Kundenrentabilität beitragen. Der Umfang der möglichen Auswirkungen auf den Unternehmenserfolg hängt jedoch stark von der Gestaltung des Prozesskostenmanagementsystems und dessen Einsatz im Unternehmen ab.«[85]

Ein versuchsweiser und begrenzter Einsatz der Prozesskostenrechnung bringt keine großen Auswirkungen: »Das Potenzial des Prozesskostenmanagements erschließt sich dem Anwender erst mit einem in das Rechnungswesen und die DV-Landschaft integrierten, laufenden Einsatz mit entsprechender Einsatzbreite. Dies gilt insbesondere für die Beeinflussung der Gemeinkostensituation.«[86]

»Ein möglichst breiter, laufender Einsatz, ein hoher abgebildeter Anteil der Gesamt- und Gemeinkosten, intensive Mitarbeiterschulung und die Einrichtung von Prozessverantwortung sind die wesentlichen Erfolgsfaktoren des Einsatzes des Prozesskostenmanagements.«[87] Nur auf diese Weise wird sich dem Anwender auch das gesamte Potenzial eines Prozesskostenmanagementsystems erschließen; mit einem lediglich versuchsweisen und begrenzten Einsatz können keine großen Auswirkungen erzielt werden.

> »Aus den Ergebnissen der Studie kann insgesamt ein positives Fazit über die Anwendung des Prozesskostenmanagements in deutschen Großunternehmen gezogen werden. Die überwiegende Zahl der Befragten ist mit dem eingeführten System zufrieden und profitiert von den erzielten Ergebnissen. Richtig eingesetzt hält das Prozesskostenmanagement somit auch das, was es verspricht: Eine verbesserte Abbildung und Steuerung der indirekten Bereiche eines Unternehmens.«[88]

11 Zusammenfassung

11.1 Checkliste für die Einführungsschritte

Die nachfolgende Checkliste gibt Ihnen einen chronologischen Überblick über alle für die Einführung notwendigen und im Konzept angesprochenen Schritte. Eine solche Übersicht ist eine gute Orientierungshilfe v. a. für die Projektarbeit. Durch eine Ergänzung um die Spalten »Dauer in Wochen«, »Starttermin« und »Endtermin« können Sie einen Projektablaufplan entwickeln. Aber bedenken Sie, dass diese Schritte nicht immer separat und in dieser Reihenfolge durchgeführt werden (müssen). Gleichzeitig können Sie diese Checkliste als eine Art der Zusammenfassung des ersten Abschnitts von Teil II »Einführung der Prozesskostenrechnung« betrachten.

Einführungsschritte	Unterstützung/Formular/Beispiel
Sie als Initiator sind zunächst verantwortlich für	
Überzeugung des Topmanagements	qualifizierte Mitarbeiter oder externe Berater
Entscheidungsvorlage für die Prozesskostenrechnung – Zielformulierung – Projektauftrag	
Präsentation für die Abteilungsleiterebene	qualifizierte Mitarbeiter oder externe Berater
Projektleitung, Projektorganisation Bildung des Projektteams zur Einführung	
Projektteambezogene Schritte	
Methodenplanung, Schulung der Teammitglieder	
Zeitplan aufstellen, Meilensteine festlegen	
Pilotprojekt voranstellen?	

Einführungsschritte	Unterstützung/Formular/Beispiel
Grundsätzliche Informationen für alle Mitarbeiter	Info-Mail, Rundschreiben etc.
Softwareauswahl durchführen?	Abhängig vom Zeitpunkt des Softwareeinsatzes Checklisten, funktionale und sonstige Anforderungen
Einsatz externe Beratung?	in Zusammenhang mit Software oder separat
Untersuchungsbereich bestimmen	
Vorläufige Hauptprozesse definieren	vorläufiger Hauptprozesskatalog Kostenstellenübersicht
Betroffene Mitarbeiter vorab informieren	Einführungsschreiben
Tätigkeitsanalyse: Durchführung der Datenerhebung als Selbstaufschreibung durch die einzelnen Mitarbeiter	Formular zur Tätigkeitserfassung Begleitschreiben zur Tätigkeitserfassung Musterbeispiel zum Formular zur Tätigkeitserfassung
DV-Erfassung und Prüfung der Tätigkeitsformulare	
Rückmeldung an die betroffenen Mitarbeiter	DV-Auszug der erfassten Daten
Rückfragen klären	
Übersicht aller (relevanten) Tätigkeiten je Kostenstelle erstellen	Tätigkeitskatalog
Teilprozessanalyse: Durchführung der Datenerhebung in Form von Interviews der Kostenstellenleiter	Formular zur Teilprozesserfassung Musterbeispiel zum F ormular zur Teilprozesserfassung
Standardfragen zur Strukturierung der Interviews	

Einführungsschritte	Unterstützung/Formular/Beispiel
Identifizierung der Teilprozesse/Kosten-treiber	
Bestimmung der lmi Teilprozessmengen	
Zuordnung der Ressourcen und Kosten	
Bei unbefriedigenden Daten: Zeit-aufnahme	(modifiziertes) Multimoment-verfahren
DV-Erfassung	
Bildung von Teilprozesskostensätzen	
Rückmeldung an Kostenstellenleiter, Rückfragen klären	
Übersicht der Teilprozesse/ Kosten je Kostenstelle	Teilprozesskostenblatt
Übersicht der Verbindungen innerhalb aller Kostenstellen bzw. zu externen Bereichen	Schnittstellenübersicht
Festlegen der Prozessrahmendaten	Prozessdefinitionsblatt
Grafische Darstellungen	
Verdichtung der Teilprozesse zu Haupt-prozessen	Basis: Schnittstellenübersicht und vorläufiger Hauptprozesskatalog
Festlegen der Prozesshierarchie durch Zuordnung aller Teilprozesse auf Hauptprozesse	
Hauptprozessmengen bestimmen und Kosten zuordnen	
Bei unbefriedigenden Daten: kostenstellenübergreifende Erweiterung des Teams	Alle Kostenstellenleiter des Untersuchungsbereiches
Abbildung der Prozesshierarchie	Grafisch und als Datenbankstruktur

Einführungsschritte	Unterstützung/Formular/Beispiel
Präsentationen für Topmanagement/ Kostenstellenleiter/Mitarbeiter	
Bildung von Hauptprozesskostensätzen	
Übersicht über Hauptprozesse und Kosten	Hauptprozesskatalog

11.2   Einzelschritte bei der Einführung der Prozesskostenrechnung

Grundsätze des Projektmanagements

- Klares Bekenntnis der Führung einer Organisation zum Projekt
- Mitwirkung der besten Leute
- Anwendung einer klaren Methodik
- Ergebnisorientierung

Aufgaben des Projektleiters
= Verantwortung für das Projektmanagement und seine Ergebnisse

»Geheimnisse« einer guten Projektleitung
- für Ziele sorgen
- Aufgaben der Projektmitarbeiter gestalten
- Projektorganisation
- Entscheidungen treffen (können)
- Kontrollieren und beurteilen (Zwischenbilanzen)

Grundsatz: Akzeptanz → Initiierung → Unterstützung

Überzeugungsarbeit leisten durch
- Präsentation
- Projektteam
- Ansprechpartner
- Information

Aufgaben des Projektteams

- Konzeptionelle Vorarbeiten
- Funktion einer zentralen Anlaufstelle für Mitarbeiterfragen
- Mitarbeiter informieren und gleichzeitig motivieren
- Realisierung und aktive Unterstützung der erforderlichen Einführungsschritte (z. B. Datensammlung, Softwareauswahl, Schnittstellenbeschreibung)
- Schulungen vorbereiten und durchführen

Untersuchungsbereich auswählen (evtl. Pilotstudie voranstellen)

- Überschaubar, aber groß genug
- Übergreifende Strukturen (Prozessketten) müssen möglich werden
- Besonders den Aspekt der Wirtschaftlichkeit berücksichtigen
- Bereiche, die eng mit dem Produkt verbunden sind
- Bereiche mit vermutlich hohem Rationalisierungspotenzial
- Bereiche mit hohem Gemeinkostenvolumen

Softwareeinsatz

- Bürosoftware (Datenbank- oder Tabellenkalkulationsprogramme) genügt oft nur für Pilotstudie und evtl. noch in der Analysephase
- von Eigenentwicklungen ist abzusehen
- Prozesskostenrechnungs-Software ist grundsätzlich so früh wie möglich einzusetzen

Softwareauswahl

- Definition der Rahmenparameter = K.o.-Kriterien
- Funktionale Anforderungen an die Software (evtl. auch an die Hardware)
- Sonstige Anforderungen an die Software und an den Anbieter
- Referenzen
- Herstellerbesuch
- Erfüllungsgrad der Ausschreibungsunterlage
- Sie setzen den Vertrag auf!

Überblick über die Analysephase

Tätigkeitsanalyse

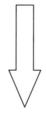

Selbstaufschreibungen
durch die einzelnen
Mitarbeiter

Ergebnis: Tätigkeitskatalog

Teilprozessanalyse

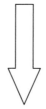

Interview der
Kostenstellenleiter

Ergebnis: Teilprozesse
Teilprozesskostenblatt
Schnittstellenübersicht

Hauptprozessanalyse

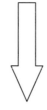

(erweiterte)
Teamsitzungen

Ergebnis: Hauptprozesskatalog
Prozesshierarchie

Tätigkeitsanalyse

= Ist-Analyse der Tätigkeiten einzelner Mitarbeiter

Beschreibung

Hypothesen über mögliche Hauptprozesse aufstellen.

Erstellen eines vorläufigen Hauptprozesskataloges.

Relevante Daten
- Tätigkeitsbeschreibung
- Maßgrößen/-mengen
- Zeitanteile

Durchführung

 Datenerhebung in Form von Selbstaufschreibungen durch die einzelnen Mitarbeiter.

Einführungsschreiben bzgl. des gesamten Projektes zur Prozesskostenrechnung vorab an die Mitarbeiter senden.

Datenerhebung mittels Formular zur Tätigkeitserfassung mit Begleitschreiben zur Erläuterung der Datenerhebung und Musterformular.

Aufgaben

Rücklaufende Tätigkeitsformulare werden einer
- Fehlerkorrektur
- Vollständigkeitsprüfung
- Plausibilitätsprüfung

unterzogen und erfasst.

Rückmeldungen an die einzelnen Mitarbeiter und evtl. Klärung von Rückfragen.

Ergebnis

Tätigkeitskatalog als Übersicht aller Tätigkeiten und Maßgrößen der Mitarbeiter jeder Kostenstelle des Untersuchungsbereiches.

Teilprozessanalyse
= Zusammenfassung von Tätigkeiten zu kostenstellenbezogenen Teilprozessen

---

Beschreibung

Der Tätigkeitskatalog und der vorläufige Hauptprozesskatalog bilden die Grundlage.

Relevante Daten
- Teilprozessbezeichnung
- interne/externe Abnehmer und Anforderer
- Kostentreiber/-mengen
- Zeitanteile
- Zuordnung der Kosten

Bedingung der Zusammenfassung: Jeder Teilprozess muss mit einem Arbeitsergebnis abschließen, bei einheitlichem Kostentreiber.

Durchführung

Datenerhebung in Form von
Einzelinterviews der Kostenstellenleiter

Durchführung

1. Identifizierung der lmi und lmn Teilprozesse und ihrer Kostentreiber
2. Bestimmung der lmi Teilprozessmengen
3. Zuordnung der Ressourcen und Kosten mittels Formular und Musterformular zur Teilprozesserfassung

---

Aufgaben
- Erfassung der Daten
- Evtl. Ergänzung durch Zeitaufnahme bei unbefriedigenden Daten
- Bildung von Teilprozesskostensätzen
- Rückmeldungen an die einzelnen Kostenstellenleiter und evtl. Klärung von Rückfragen

---

Ergebnis

Teilprozesskostenblatt und Schnittstellenübersicht

Hauptprozessanalyse

= Verdichtung der Teilprozesse zu kostenstellenübergreifenden Hauptprozessen

---

Beschreibung

Grundlage bilden v. a. die Schnittstellenübersicht, der vorläufige Hauptprozess-katalog und die Berufserfahrung der Teammitglieder.

Relevante Daten
- Hauptprozessbezeichnung
- Zuordnung der Teil- auf Hauptprozesse mit Zurechnungsfaktor
- Kostentreiber/-mengen
- Zeitanteile

Orientierung an den betrieblichen Prozessketten: Die Betrachtung und Abbildung des Leistungs- und Wertschöpfungsflusses steht im Vordergrund.

Durchführung

   Hauptprozessbildung durch teaminterne
Überlegungen (in mehreren Schleifen)

Verwendung technischer und methodischer Hilfsmittel

Durchführung
1. Identifizierung der Hauptprozesse und ihrer Kostentreiber aufgrund sachlicher Zugehörigkeit
2. Zuordnung der Teil- auf die Hauptprozesse mit Zurechnungsfaktor
3. Bestimmung der Hauptprozessmengen und Kostenzuordnung → Festlegung der Prozesshierarchie

---

Aufgaben
- Evtl. Ergänzung durch kostenstellenübergreifende Erweiterung des Teams bei unbefriedigenden Daten
- Erfassung der Daten
- Präsentation der Prozesshierarchie, Diskussion, Korrektur
- Bildung von Hauptprozesskostensätzen

Ergebnis

Transparente Prozesshierarchie mit Datenbank und Hauptprozesskatalog
Umsetzung mit Prozesskostenrechnungs-Software

Prozess- und Gemeinkostenmanagement

Aufgabe
Optimierung → Planung → Kontrolle und Steuerung der Prozesse

Optimierung
- Prüfung, welche Prozesse bzw. Bestandteile wirklich notwendig sind
- Verbesserung der Abläufe
- Kostengünstigere Gestaltung der Prozesse
- Mengenmäßige Reduzierung der Prozessdurchführungen
- Prüfung besonders der nicht-werterhöhenden Prozesse auf Rationalisierungspotenziale
- Konzentration auf die Kerntätigkeiten der wirklich notwendigen Prozesse
- Ressourcenverlagerung, prozesskonforme Reorganisation, Eliminierung der Überschusskapazitäten

Planung
- Ersetzen der pauschalen durch vorwiegend mengenorientierte Budgetierung
- Planung und Bewertung der Hauptprozess- oder der Teilprozessmengen zwecks Abstimmung mit der Kostenstellenplanung
- Anstreben einer analytische Vorgehensweise

Kontrolle und Steuerung
- Kostenstellenbezogene Kontrolle
- Hauptprozessbezogene Kontrolle
- Einsatz von Prozessverantwortlichen
- Soll-Ist-Vergleich zumindest jährlich durchführen
- Dispositiv herbeizuführende Steuerung der Prozessmengen und -kosten
- Produktivität anhand der Prozesskostensätze messen und verbessern

Gemeinkostenverrechnung

Anspruch

Kosteninformationen für mittel- bis langfristige Entscheidungen bzgl. des Sortiments, der Preise, der Organisation etc. durch verursachungsgerechtere Gemeinkostenverrechnung bereitstellen.

Vorgehensweise

- Sammlung der Kosten möglichst auf Hauptprozessebene
- Zurechnung der Kosten auf Produkte, Kunden, Aufträge etc. mittels zu definierender Beziehungszusammenhänge (Prozesskoeffizienten)
- Anwendung der prozessorientierten Gemeinkostenverrechnung vorzugsweise für Gemeinkosten repetitiver und homogener Prozesse der entsprechenden Unternehmensbereiche

Möglichkeiten der Kalkulation

- prozessanaloge Kalkulation ist in Reinform nicht realisierbar
- prozessorientierte Zuschlagskalkulation
- prozessorientierte Kalkulation als praktikable Kombination aus prozessanaloger Kalkulation und (prozessorientierter) Zuschlagskalkulation

Erweiterung der Kalkulationsschemata um Prozessbestandteile

Ergebnis: Möglichst hohe Anteile der in der Zuschlagskalkulation geschlüsselten Gemeinkosten können als Prozesskosten direkt den Kalkulationsobjekten zugerechnet werden.

Gemeinkostenverrechnung

Strategischer Nutzen
- Allokationseffekt: Zuordnung der Gemeinkosten in Abhängigkeit der Prozessinanspruchnahme
- Degressionseffekt: Verringerung der Stückkosten für interne Abwicklungen bei steigenden Auftragsstückzahlen
- Komplexitätseffekt: Selbstkosten der Produkte entsprechen ihrem Wertschöpfungsanteil
- Beantwortung detaillierter strategischer Fragestellungen zur mittel- bis längerfristigen Kostenbeeinflussung

Ergebnisrechnung
Erweiterung der Deckungsbeitragsrechnung um Prozessbestandteile

Verursachungsgerechtere Darstellung der Ergebnisse nach Betrachtungsobjekten (z. B. Kunden, Produktgruppen, Vertriebswege etc.)

Optimierung im Produkt-Kunden-Mix
- Erweiterung der Kriterien über den Deckungsbeitrag hinaus
- Maßnahmen zur Bereinigung hinsichtlich Produkt und Kunde unter Berücksichtigung der Produkt-Kunden-Beziehungen im Team finden und durchführen

Umgang mit der Komplexität
- Beherrschung der Komplexität
- Abbau der Komplexität
- Verankern eines dauerhaften Komplexitätsmanagements
- Gestaltung getrennter Prozesse

Fazit
- Es ist eine verursachungsgerechtere, aber keine völlig verursachungsgerechte Gemeinkostenverrechnung möglich.
- Die wertmäßige Beurteilung heterogener Objekte wird ermöglicht.
- Je nach Marktstellung des Unternehmens bzw. der Produkte wird es bei der Durchsetzbarkeit von Preis-, Produkt- oder Kundenentscheidungen aufgrund der neuen Kosteninformationen unüberwindbare Probleme geben.

Projektende

- Ergebnispräsentation
- Projektübergabe in die Linie
- Evtl. Einrichtung eines »Prozessoptimierungsteams«
- Projektabschluss

Teil III
Anwenderbericht der TIKO GmbH

Der folgende, in sich geschlossene Anwenderbericht schildert die konkreten Erfahrungen und Probleme der mittelständischen TIKO GmbH, einem Produktionsunternehmen aus der Ernährungsindustrie, mit der Einführung der Prozesskostenrechnung und einer integrierten Prozesskostenrechnungs-Software.

Selbstverständlich müssen Sie beachten, dass dieser unternehmensindividuelle Erfahrungsbericht nicht ohne weiteres auf andere Unternehmen übertragen werden kann. Allerdings können Sie sicherlich einiges daraus für Ihre Projektarbeit und die Einführung Ihrer Prozesskostenrechnung lernen und verwenden.

Anwenderbericht der TIKO GmbH

Einsatz der Prozesskostenrechnung in einem Unternehmen der Ernährungsindustrie

1 Einleitung

Der nachstehende Anwenderbericht gibt Ihnen einen Einblick in die pragmatische Einführung einer in die Kostenstellen- und Ergebnisrechnung integrierten Prozesskostenrechnung eines mittelständischen Industriebetriebes.

Erfahrungen aus unserem Unternehmens- und Projektalltag zeigen Ihnen auf, dass die Prozesskostenrechnung ein modernes und kostengünstiges Instrument der Unternehmensführung ist.

Der vorliegende Bericht ist für den Praktiker geschrieben. Er ist ein Leitfaden zur Vorgehensweise bei der Einführung einer Produkt-Ergebnisrechnung und der Prozesskostenrechnung in einem Mittelstandsunternehmen. Gleichzeitig soll dieser Erfahrungsbericht dazu animieren und motivieren, nicht vor der Einführung einer Prozesskostenrechnung zurückzuschrecken. Entsprechend dem Ansatz des beschriebenen Projektes bestimmen Sie den Umfang und die Komplexität der Anwendung und vermeiden gleichzeitig Budgetüberschreitungen oder unerfüllte Projekterwartungen.

2   Unsere Ausgangssituation

Die TIKO GmbH ist ein mittelständisches Produktionsunternehmen der Ernährungsindustrie mit ca. 200 Beschäftigten. Die Produktpalette teilt sich in drei Sparten ein, die in drei Produktionsstätten gefertigt werden. Wir nennen die Sparten in diesem Bericht A, B und C. Die verwendeten Rohstoffe für die Produktion unterliegen höchsten Qualitätsstandards. Sie werden gewogen, gemischt und in verschiedenster Weise veredelt, bevor sie portioniert, abgepackt und versandt werden.

Wir sind zertifiziert nach ISO 9001:2000, HACCP (Zertifikat nach Überprüfung interner Unternehmensabläufe und Einrichtung eines Systems zur Beherrschung der Risiken für Nahrungsmittel) sowie nach diversen anderen branchenspezifischen Qualitätsprogrammen. Dieser in der Unternehmensphilosophie verankerte und an oberster Stelle stehende Qualitätsgedanke zeigt sich u. a. in einem eigenen Labor. Hier werden sämtliche Rohmaterialien und Fertigwaren für die drei Sparten fortwährend analysiert. Die Zentrale befindet sich an einem der drei Produktionsstandorte. Zur Zentrale gehören die Abteilungen Verwaltung, Einkauf, EDV, Finanzbuchhaltung, Personal, Controlling, Qualitätsmanagement sowie Forschung und Entwicklung. Die Zentrale erbringt diese Leistungen für alle drei Sparten.

Charakteristisch ist die Fertigung aller Produkte auf Lager. Verwaltet werden die Fertigprodukte auf Paletten in einem automatischen Hochregallager, aus dem die Kommissionierung auf Voll- und Mischpaletten erfolgt. Die Verladung ist hoch automatisiert und erfolgt durch eine IT-gestützte Versand- und Tourenplanung direkt an externe Spediteure.

Bisher ermittelte die Finanzbuchhaltung einen Vollkostensatz, mit dem in der Sparte A kalkuliert wurde. Für die Sparte B und C wurden zusätzliche Kostensätze ermittelt, die das aufwändigere Produktionsverfahren kostenmäßig abdecken sollten. Dadurch wurde die Kostenartenrechnung in der Finanzbuchhaltung immer komplexer. Zusätzlich mussten umfangreiche Nebenrechnungen über Excel-Tabellen erstellt werden, um die nötigen Informationen zu erhalten.

Unsere Produkte zeichnen sich durch eine hohe Sortiments- und Variantenvielfalt aus. Hinzu kommen die Auftragsvielfalt und die Kundenstruktur in den verschiedenen Sparten:

Sparte A	Sparte B	Sparte C
30 Produktgruppen	15 Produktgruppen	20 Produktgruppen
200 Erzeugnisgruppen	70 Erzeugnisgruppen	106 Erzeugnisgruppen
600 Artikel	290 Artikel	400 Artikel
2.600 Kunden	1.700 Kunden	9.500 Kunden

Im Warenwirtschaftssystem waren die Fertigwaren bereits so angelegt, dass sich über den Artikelstamm, ausgehend vom einzelnen verkaufsfähigen Artikel, eine Verdichtung über die Erzeugnisgruppe und Produktgruppe bis zur Sparte vornehmen ließ. Das ist wichtig, um die Ergebnisse auf jeder Ebene bis hin zum Spartenergebnis (Profit-Center-Rechnung) darstellen zu können.

> Für eine transparente und aussagefähige Kostenträger- und Ergebnisrechnung ist es wichtig, entsprechende **Erzeugnis- und Produktgruppenhierarchien** aufzubauen.

Die Kundenstruktur bzw. die Vertriebswege in den Sparten A und B waren relativ homogen, während die Artikel der Sparte C bereits in verschiedene Vertriebskanäle mit sehr unterschiedlicher Kundenzahl und damit sehr unterschiedlicher Anzahl an Aufträgen bzw. Auftragspositionen verkauft wurden (siehe Abbildung 88).

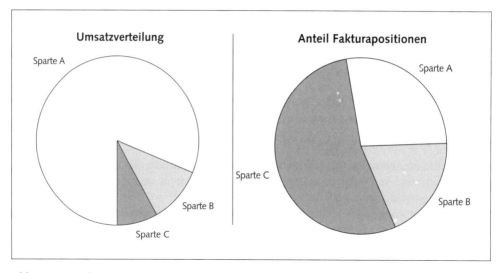

Abb. 88: Verteilung Umsätze und Fakturapositionen nach Sparten

In unserem Unternehmen ist die Vielfalt der Produkte, der Vertriebskanäle sowie der Auftrags- und Kundenstruktur ein wesentlicher Komplexitätstreiber, der durch die verfolgte Wachstumsstrategie noch verstärkt wird.

Wichtige und richtige Entscheidungen konnten aufgrund der vorliegenden Kennzahlen, Informationen und deren verspäteter Bereitstellung nur noch begrenzt getroffen werden. Eine neue Kostenrechnung musste somit aufgebaut und eingeführt werden.

3 Prozesskostenrechnung als erforderliche Lösung

3.1 Zielbestimmung und Entscheidungsfindung

Das Unternehmenswachstum sowie die Ausweitung der Unternehmenstätigkeit in den unterschiedlichen Sparten brachte die Notwendigkeit mit sich, zeitnah aussagefähige Kennzahlen zur Beurteilung der Rentabilität der einzelnen Sparten zu ermitteln.

Um zukünftig richtig steuern zu können, war die Schaffung von Transparenz der Kosten und Ergebnissen sowohl auf Artikel- als auch auf der Kundenebene unbedingte Voraussetzung.

Eine Wirtschaftlichkeitskontrolle ausschließlich für die Fertigung reichte nicht aus, da der Kostenschwerpunkt im Gemeinkostenbereich zu finden war. Die Verrechnung der Gemeinkosten durch sehr hohe Zuschlagsätze quasi nach dem »Gießkannenprinzip« sollte durch eine verursachungsgerechte Kostenverrechnung ersetzt werden. Als Beispiel sei hier genannt, dass ca. 15 % der Personalkosten die Fertigung belasten, aber 85 % in den Gemeinkostenbereichen anfallen.

Als ersten Lösungsansatz wollten wir eine Grenzplankostenrechnung einführen, welche die nötige Transparenz in Form diverser Deckungsbeitragsstufen bringen sollte. Die traditionelle Grenzplankostenrechnung stößt hier allerdings an ihre Grenzen.

Um eine verursachungsgerechte Zurechnung der Gemeinkosten unter Berücksichtigung der Artikel-, Kunden- und Auftragsvielfalt zu gewährleisten, versprach nur die Prozesskostenrechnung Abhilfe.

Die große Variantenvielfalt verursacht natürlich unterschiedlichste Prozesse in den Bereichen Forschung und Entwicklung, Einkauf, Rohwarenannahme, Labor und Qualitätsmanagement sowie der Kundenauftragsabwicklung, Kommissionierung und Tourenplanung. Es gab jedoch keine Alternative, wenn in die genannte Komplexität Transparenz kommen sollte, um damit die wirklichen »Cash Cows« unter den Artikeln herauszufinden.

Nur die Prozesskostenrechnung ermöglicht es, die in den Gemeinkostenbereichen für Produkte und Kunden anfallenden Kosten verursachungsgerecht auf die Kostenträger zu verrechnen. Denn erst durch die Bildung von Prozesskostensätzen für die wichtigsten Geschäftsprozesse können Fehleinschätzungen aufgedeckt und die wirklichen Kostenverursacher erkannt werden.

Damit die erwarteten Vorteile der Prozesskostenrechnung nicht von befürchteten Nachteilen wie z. B. lange Projektlaufzeit, hohe Projektkosten und hohe Folgekosten für die ständige Pflege aufgezehrt werden, wurden bereits frühzeitig hohe Anforderungen an die Software zur Integration in die bestehende Kostenrechnung gestellt:

- der Pflegeaufwand sollte gering sein,
- der Aufbau sollte schnell erfolgen,
- die Implementierung sollte in Verbindung mit der Kostenstellenrechnung und der Kostenträger- und Ergebnisrechnung erfolgen.

Die grundsätzlich zu stellende Frage »Soll sich ein Mittelständler an der Prozesskosten-rechnung versuchen, die doch den Großunternehmen vorbehalten schien?« war für uns nicht mehr relevant. Wir brauchten und wollten eine Prozesskostenrechnung, also ging es bei uns nur noch um die möglichst optimale Systemausgestaltung und Projektdurchfüh-rung.

3.2   Projektstart

Die Entscheidung zur Einführung einer neuen Kostenrechnungsorganisation mit voller In-tegration der Prozesskostenrechnung wurde auf Vorschlag des Controllings von der Ge-schäftsleitung getroffen. Der Controller wurde zum Projektleiter bestimmt und mit der Durchführung des Projektes beauftragt.

Eine Analyse der Kostenstruktur zu Beginn der Einführung ergab, dass lediglich ein geringer Teil der Gemeinkosten direkt dem Fertigungsbereich zuzuordnen war. Ebenso schienen die Kosten der Bereiche, welche der Fertigung vor- und nachgelagert waren, nicht all zu hoch zu sein. Genaue Aussagen konnten mit den zur Verfügung stehenden Auswer-tungen nicht gemacht werden. Ein Anhaltspunkt war die Personalstatistik, die bestätigte, dass nur ein geringer Teil unserer Mitarbeiter (ca. 30) in der weitgehend automatisierten Fertigung arbeitete, während der überwiegende Teil der Mitarbeiter (ca. 170) in den Ge-meinkostenbereichen tätig war.

4 Erstellung des Software-Anforderungskatalogs

4.1 Vorbemerkungen

Wir suchten eine Software, welche die Vorteile der Grenzplankostenrechnung und der Prozesskostenrechnung vereint und die ermittelten Prozesskosten auf die Kostenträger verrechnen kann.

Vorteilhaft war in unserem Fall, dass wir ein völlig neues Controllingsystem aufbauen wollten. Es musste sich jedoch lückenlos in die bestehende Softwareumgebung mit der Produktionsplanung und -steuerung, der Materialwirtschaft, dem Qualitätsmanagement, der Kundenauftragsabwicklung mit Tourenplanung sowie der Finanzbuchhaltung, Anlagenbuchhaltung und Lohn- und Gehaltsabrechnung integrieren.

Wir brauchten folglich ein operatives System, das einerseits die Prozesskostensätze automatisch aus der Kostenstellenrechnung ableitet und diese andererseits auf die von den Produkten und ggf. von den Kunden angestoßenen, wiederkehrenden Prozesse in der Ergebnisrechnung verrechnet.

Selbstverständlich sollte die Software auch zu vertretbaren Kosten angeschafft und eingesetzt werden können; ebenso spielten Beratungs- und Umsetzungskosten eine entscheidende Rolle.

Um unser Idealziel darzustellen und eine fundierte Wahl treffen zu können, haben wir als ersten Schritt einen **Anforderungskatalog** für die folgenden Systemkomponenten erarbeitet, welche in den folgenden Kapiteln 4.2 ff. näher beschrieben werden:
- Kostenarten- und Kostenstellenrechnung,
- Kostenträger- und Ergebnisrechnung,
- Prozesskostenrechnung,
- Spezifische Anforderungen an die Prozesskostenrechnung,
- Prozesskostenverrechnung in der Angebotskalkulation, Kostenträger- und Ergebnisrechnung,
- Definition des Datenimports aus den Vorsystemen,
- Definition des Datenexports an zusätzliche Auswertungssysteme.

4.2 Kostenarten- und Kostenstellenrechnung

- Kostenstellenrechnung als Grenzplankostenrechnung
- Monatlich automatischer Soll-Ist-Kostenvergleich
- Monatlicher Ausweis der Über-/Unterdeckung der Kostenstellenrechnung im Verhältnis zur Kostenträger- und Ergebnisrechnung

4.3   Kostenträger- und Ergebnisrechnung

- Produkt- und Angebotskalkulation
- Artikel- und Kundenergebnisrechnung für Planwerte und als Nachkalkulation nach Umsatzkostenverfahren
- Sparten- und Profit-Center-Rechnung

4.4   Prozesskostenrechnung

4.4.1   Allgemeine Anforderungen

- Integrierte Anwendung der Prozesskostenrechnung in der Kostenstellenrechnung zur automatischen Ermittlung der Prozesskostensätze
- Automatische Verrechnung der Prozesskosten in der Kalkulation und der Ergebnisrechnung
- Transparenter Aufbau der Haupt- und Teilprozesse mit Ausweis der einzelnen Tätigkeitsfolgen als Grundlage einer permanenten Prozessoptimierung.

4.4.2   Spezifische Anforderungen

- Automatische Ableitung der Prozesskosten kostenstellenübergreifend
- Getrennte bzw. kombinierte Abrechnung der Prozesskosten nach leistungsmengeninduzierten (lmi) und -neutralen (lmn) Kostenanteilen
- Prozesshierarchie nach Tätigkeiten, Teilprozessen und Hauptprozessen
- Transparenz und leichte Anpassungsfähigkeit des Systems an geänderte Prozessstrukturen
- Möglichkeit der sukzessiven Einführung, indem zunächst nur die wichtigsten, kostenintensiven Prozesse definiert und abgerechnet werden können
- Die nicht durch die Prozesse beanspruchten Kosten müssen auf den Kostenstellen verbleiben können
- Parallelverrechnung der nicht auf Prozesse verrechneten Gemeinkosten in der Kalkulation und der Ergebnisrechnung in Form von Zuschlägen
- Errechnung der Plan-Prozesskostensätze aus der Plankostenrechnung
- Parallele Abrechnung der Ist-Prozesskosten auf Basis der aus dem ERP-System bzw. aus der Kostenträger- und Ergebnisrechnung zurückfließenden Kostentreibermengen als Voraussetzung für den Plan-Ist-Kostenvergleich
- Automatischer Plan- bzw. Soll-Ist-Vergleich auf jeder Ebene der Prozesshierarchie

4.4.3   Verrechnung in Angebotskalkulation, Kostenträger- und Ergebnisrechnung

- Verwaltung von Prozessen (evtl. Prozessplänen) im Artikelstamm (Kostenträger) und ggf. auf der Ebene von Artikelgruppen

- Automatische Verrechnung kundenspezifischer Prozesse auf Kostenträger
- Kostentreibergesteuerte Verrechnung aufgrund der wiederkehrenden Geschäftsprozesse in der Kostenträger- und Ergebnisrechnung
- Generierung der Kostentreibermengen in der Kostenträger- und Ergebnisrechnung (Anzahl Kundenaufträge, Bestellungen, Fertigungsaufträge, Kundenauftragsmenge, fakturierte Artikelstückzahlen etc.)
- Ausweis der lmi und lmn Anteile in der Kalkulation und Kostenträger- und Ergebnisrechnung je abgerechneter Prozessposition
- Aggregation der Prozesskosten und -mengen auf jeder Ebene der Produkt- und Kundenergebnisrechnung
- Sammlung der monatlich automatisch errechneten Ist-Kostentreibermengen und Verbuchung im Prozesskostenmodul der Kostenstellenrechnung zur Ableitung der Ist-Prozesskostensätze

4.5   Definition des Datenimports aus Vorsystemen

Das Kostenrechnungssystem muss folgende Daten aus Vorsystemen übernehmen:
- Automatische Übernahme der Kostenbuchungen aus der Finanzbuchhaltung
- Automatische Abgrenzung, wie z.B. die Normalisierung von Versicherungsprämien, und Verrechnung wiederkehrender Kosten, z.B. Miete und automatische Verteilung auf mehrere Kostenstellen
- Übernahme und Verrechnung kalkulatorischer Kosten (Abschreibungen und Zinsen) auf Kostenstelle bzw. Fertigungseinheiten aus der Anlagenbuchhaltung
- Übernahme der Löhne und Gehälter mit den Produktiv- und Anwesenheitszeiten pro Kostenstelle aus der Lohn- und Gehaltsabrechnung bzw. Zeiterfassung/BDE
- Fertigungszeiten und Leistungsdaten pro Auftrag/Produkt aus dem PPS-System
- Materialverbräuche und -preise aus dem Materialwirtschaftssystem
- Übernahme der Kommissioniereinheiten (Voll- und Mischpaletten) aus der Tourenplanung in die Kostenträger- und Ergebnisrechnung
- Fakturierte Artikelpositionen mit Menge und Wert je Rechnung mit Rechnungs-, Auftrags- und Kundennummer sowie Vertreter und Vertriebsweg in die Kostenträger- und Ergebnisrechnung

4.6   Definition des Datenexports an zusätzliche Auswertungssysteme

- Einfache Integration in die MS-Office-Umgebung
- Weiterverarbeitung der Artikelerlöse, -kosten und -mengen in einem Vertriebs-Informations-System, z.B. zur Ermittlung der Vertreterrentabilität

5   Auswahlverfahren

5.1   Vorgehensweise

Neben den Kriterien im Software-Anforderungskatalog, welche im Wesentlichen auf die Funktionalitäten der Software zielen, wurden weitere Kriterien abgerufen, die vor allem den Anbieter, dessen Kompetenz und die Kosten der Systemeinführung betrafen:

- Erfahrung und Stellung am Markt,
- Anzahl erfolgreicher Installationen und Referenzen,
- Beratungskompetenz, insbesondere bezüglich der Prozesskostenrechnung,
- Lizenz- und Wartungsbedingungen,
- Onlinehilfe und Kundenbetreuungsfrequenz,
- Feste Beratungspartner im Arbeitsteam während der gesamten Einführungsphase,
- Detaillierter Projektplan,
- Kosten dieser Kriterien.

Der erstellte Anforderungskatalog wurde zusammen mit diesen Kriterien an eine Auswahl von Anbietern integrierter Controlling-Softwaresysteme versandt. Die Anbieter haben wir hauptsächlich über das Internet und Fachzeitschriften ausgewählt. Bei unseren intensiven Recherchen mussten wir feststellen, dass es leider nur wenige operative Applikationen am Markt gibt.

Die Ausschreibung wies eine einheitliche Struktur und alle Bewertungskriterien aus, um die eingehenden Angebote vergleichen zu können. Für den Rücklauf der schriftlichen Angebote baten wir uns einen Zeitraum von vier Wochen aus.

> Scheuen Sie sich nicht vor dieser Detailfülle. Sie müssen diese Details abfragen und v. a. auch dokumentiert haben, wenn es zur Erfüllung Ihrer Erwartungen und des geschlossenen Vertrags kommen soll.

5.2   Entscheidung

Nach Ablauf der Frist haben wir die eingegangenen Angebote gesichtet und bewertet. Die zwei interessantesten Anbieter wurden zur Systempräsentation eingeladen.

Lösungen aus großen Softwarehäusern waren für uns in Anschaffung, Implementierung und Unterhalt zu teuer und zu unflexibel. Die Lösungen kleinerer Softwareanbieter entsprachen zumeist entweder nicht dem gesuchten operativen System oder die Anbieter hatten wenig oder keine Erfahrung mit der Prozesskostenrechnung.

Aufgrund der durchgeführten Bewertung der Funktionalitäten der Software, der Referenzen und der Beratungserfahrungen haben wir uns für die Beratung und Software aus einer Hand entschieden, wie sie die Firma CORAK Unternehmensberatung GmbH in Freiburg anbietet.

Maßgebend für unsere Entscheidung waren letztlich:

- Kenntnis der Aufgaben und Problemstellungen des Mittelstandes
- hohe Übereinstimmung der Lösung mit unserem Anforderungskatalog
- überzeugende Standardsoftware, mit welcher die Prozesskostenrechnung als integriertes Anwendungsmodul in der Kostenstellen- sowie der Kostenträger- und Ergebnisrechnung eingesetzt werden kann
- sehr gute Referenzen

Unser Hauptanliegen war, dass der Softwarelieferant Erfahrung in der Analyse und der Umsetzung der Prozesskostenrechnung in die Praxis mitbringt. Die einfache Integration der erforderlichen Controlling- und Kostenrechnungsanwendung in die bestehende Systemumgebung war ebenfalls eine wichtige Voraussetzung für unsere Entscheidung.

6 Entwicklung eines gemeinsamen Detailkonzeptes

Nachdem die Entscheidung gefallen war, wurde das Arbeitsteam gebildet. Es bestand aus unserem Controllingleiter und einem Senior-Berater des Softwarelieferanten. Die Bereichsleiter unserer Produktsparten ergänzten das Team je nach Aufgabenschwerpunkt. Insbesondere wurden die wichtigsten und kostenintensivsten Haupt- und Teilprozesse gemeinsam erarbeitet.

Auf der Grundlage des uns vorliegenden detaillierten Angebotes der CORAK Unternehmensberatung und einer tiefer gehenden Klärung aller technischen und organisatorischen Gegebenheiten unseres Unternehmens wurde im Arbeitsteam die Konzeption und ein detaillierter Zeitplan für die Einführung des Controllingsystems festgeschrieben.

Folgende Anwendungsbereiche sollten auf der Basis des gemeinsam erstellten Projekt- und Zeitplanes nacheinander eingeführt werden:
* Bereinigung der Kostenartenrechnung,
* Aufbau der Kostenstellenrechnung und der Prozesskostenrechnung,
* Ableitung der Prozesskosten aus der Kostenstellenrechnung,
* Aufbau der Kostenträger- und Ergebnisrechnung,
* Aufbau der Prozesspläne für die Prozesskostenverrechnung auf die Kostenträger,
* Datenexport zur Vertriebsergebnisrechnung als OLAP-Datenbank-Anwendung.

Folgende Softwaremodule wurden bei uns eingesetzt:
1. Kostenstellenrechnung (CORAK-BAB),
2. Prozesskostenrechnung (CORAK-PROZESS),
3. Kostenträger- und Ergebnisrechnung (CORAK-ER).

6.1 Kostenarten- und Kostenstellenrechnung

Die Kostenarten wurden weitgehend von der Finanzbuchhaltung übernommen. Durch die Einführung einer Kostenstellenrechnung wurde der aufgeblähte Kostenartenstamm drastisch zurückgefahren. Es wurden Kontierungsvorschriften erstellt, um für die Verbuchung der Kosten Eindeutigkeit und damit Klarheit zu schaffen.

> Sollten Sie bereits eine Kostenstellenrechnung einsetzen, ist auf eine klare Kostenarten- und Kostenstellenstruktur zu achten. Die Kostenarten sollten entweder eins zu eins aus der Finanzbuchhaltung übernommen bzw. in eindeutigen Kostenartengruppen zusammengefasst werden.
>
> Das künftige Kalkulationsschema bzw. das Schema der Deckungsbeitragsrechnung ist bereits bei der Bildung des Kostenstellenplanes heranzuziehen.

6.2 Zusammenspiel der Kostenstellen-, Prozesskosten- und Kostenträgerrechnung

Die Grundlage für die Kostenkontrolle und die Kostensatzrechnung ist die Kostenstellenrechnung. Ihre Strukturierung wird stark durch die erforderliche Transparenz und Aussage der Produktkalkulation und der Deckungsbeitragsrechnung beeinflusst.

So sollte je Fertigungsoperation in der Kalkulation und Ergebnisrechnung eine Kostenstellenposition stehen, um die Fertigungszeit, den Kostensatz und die Kosten ausweisen zu können. Deshalb ist es wichtig, zunächst den Aufbau der Kalkulation und die Struktur der Deckungsbeitragsrechnung zu entwickeln, um auch die relevanten Material-, Fertigungs- und Prozesskostenblöcke zu definieren. Erlauben Sie uns an dieser Stelle einen Blick auf die geplante Struktur der Ergebnisrechnung in Abbildung 89 bzw. 102.

> Bei der Entwicklung der Abrechnungsstrukturen für die Produktkalkulation und die Ergebnisrechnung sollten Sie die Gemeinkostenzuschläge konsequent durch die Anwendung von Prozesskosten ersetzten. Je größer Ihr bisheriger Gemeinkostenblock, desto notwendiger und effektiver wird der Einsatz der Prozesskostenrechnung.
>
> Einer der wesentlichen Aspekte für die Anwendung der Prozesskostenrechnung und die Auswahl der Geschäftsprozesse ist neben der Kostenintensität die transparente und verursachungsgerechte Abrechnung auf die Artikel, Artikelgruppen, Vertriebswege und Kunden.

Die Kostenstellenrechnung ist auch Voraussetzung für die integrierte Anwendung der Prozesskostenrechnung. Aus der Kostenstellenrechnung werden zunächst die Plan-Prozesskostensätze errechnet, um sie in der Kostenträger- und Ergebnisrechnung anzuwenden.

Der Kostenstellenplan wurde so aufgebaut, dass sich im Bereich der Fertigung die Struktur der Kalkulation und Ergebnisrechnung widerspiegelte. Auch die Einteilung der Kostenstellen in den Gemeinkostenbereichen sollte einem optimalen Ablauf der Geschäftsprozesse folgen.

> **Hinweise zur Kostenumlage bei Anwendung der Prozesskostenrechnung**
>
> Auch bei Einsatz der Prozesskostenrechnung ist in der Kostenstellenrechnung der Aufbau einer innerbetrieblichen Leistungsverrechnung (IBL) sinnvoll, um eine möglichst genaue und verursachungsgerechte Zurechnung dieser Kosten auf die Fertigungskostenstellen zu gewährleisten.
>
> Alle Hilfs- und Vorkostenstellen sind dahingehend zu untersuchen, ob sie Aktivitäten für die Prozesskostenrechnung leisten. Das kann insbesondere für Kostenstellen der Beschaffung, der Materialwirtschaft, des Qualitätsmanagements und des Labors aber auch für die Arbeitsvorbereitung, die Entwicklung und den Werkzeugbau gelten.
>
> Hilfskostenstellen in den Gemeinkostenbereichen sind nicht mittels Umlage zu verrechnen, wenn ihre Kosten direkt in die Prozesskosten eingehen.

TIKO GmbH

TIKO GmbH	**Vertriebsergebnis**	Zeitraum: Menge kg:	**01.01.2004-31.01.2004** **100**

Artikelnummer:	003 0015 000		
Bezeichnung:	Testartikel	**Euro** **Gesamt**	**Euro** **pro 100kg**
Verkaufserlöse brutto		0,00	0,00
Erlösschmälerung 1		0,00	0,00
Erlösschmälerung 2		0,00	0,00
Verkaufserlöse netto		**0,00**	**0,00**
Materialkosten		0,00	0,00
Prop. Fertigungskosten		0,00	0,00
Grenzertrag		**0,00**	**0,00**
fixe Fertigungskosten		0,00	0,00
Deckungsbeitrag I - Produktion		**0,00**	**0,00**
% v. Nettoerlös		**0,00**	**0,00**
Prozesskosten Beschaffung		0,00	0,00
Prozesskosten Labor		0,00	0,00
Deckungsbeitrag II - Artikel		**0,00**	**0,00**
% v. Nettoerlös		**0,00**	**0,00**
Prozesskosten Kundenauftrag		0,00	0,00
Prozesskosten Verladung		0,00	0,00
Deckungsbeitrag III Kunden vor Fracht		**0,00**	**0,00**
% v. Nettoerlös		**0,00**	**0,00**
Frachtkosten		0,00	0,00
Deckungsbeitrag III Kunden nach Fracht		**0,00**	**0,00**
% v. Nettoerlös		**0,00**	**0,00**
Werbeanzeigen		0,00	0,00
Produktmanagement		0,00	0,00
Deckungsbeitrag IV - Produktgruppe		**0,00**	**0,00**
% v. Nettoerlös		**0,00**	**0,00**
Kosten Vertretergebiet		0,00	0,00
Deckungsbeitrag V - Vertreter/Gebiet		**0,00**	**0,00**
% v. Nettoerlös		**0,00**	**0,00**

Abb. 89: Entwurf der Ergebnisrechnung als Deckungsbeitragsrechnung

Die Kostenspaltung wird für die beschäftigungsabhängigen Kostenarten der Fertigungsendkostenstellen angewandt. Die Teilung der Kosten in ihre proportionalen und fixen Bestandteile ist Voraussetzung für die Grenzkosten- bzw. Deckungsbeitragsrechnung und den Ausweis der Verbrauchsabweichungen je Kostenart in der Kostenstellenrechnung.

In unserem Fall sind lediglich 12 % der betrieblichen Kosten direkt von der Fertigung bzw. den Fertigungskostenstellen verursacht. Die direkten Fertigungseinzelkosten werden durch die Bildung eines Fertigungskostensatzes pro kg auf die Kostenträger verrechnet. Die Fertigungsgemeinkosten werden entsprechend der Inanspruchnahme der Fertigungsaggregate in Form eines Kostensatzes auf das Produkt verrechnet. Alle anderen Kosten befinden sich im Gemeinkostenbereich (siehe Abbildung 90).

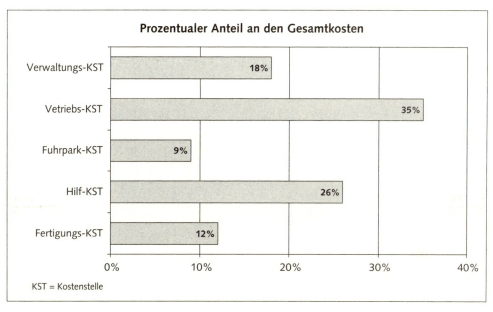

Abb. 90: Prozentualer Anteil der Gemeinkostenbereiche an den Gesamtkosten

7 Aufbau der Prozessstrukturen

Zunächst wurde der Schwerpunkt der Analyse auf die kostenintensivsten Geschäftsprozesse und ihre Bedeutung für die Produktkalkulation und die Artikel- und Kundenergebnisrechnung gelegt.

> Im Hinblick auf eine schlanke, kostengünstige Lösung sollten zunächst nur die »wichtigsten« Prozesse, d. h. die Artikel und Kunden bezogenen Prozesse näher untersucht und abgerechnet werden. Erst bei Bedarf sollte eine tiefer gehende Prozessanalyse durchgeführt werden.

Parallel zur Untersuchung durch das Arbeitsteam, die kostenintensivsten Geschäftsprozesse festzustellen, wurden die Abteilungsleiter gebeten, aus Ihrer Sicht die wichtigsten und kostenintensivsten Arbeitsabläufe zu ermitteln.

In einer ersten Sitzung mit den Bereichs- und Abteilungsleitern wurden die Analyseergebnisse verglichen und auf einen gemeinsamen Nenner gebracht.

So konnten bereits am grünen Tisch die wichtigsten Hauptprozesse und ihre Tätigkeiten im Groben aufgeschrieben und in einem zweiten Schritt dem Arbeitsablauf entsprechend in den Fachabteilungen verifiziert werden. Durch die frühe Beteiligung wurden das Interesse und die Mitarbeit am gemeinsamen Ziel sehr gefördert.

7.1 Bestimmung der Geschäftsprozesse

Aus den relevanten Geschäftsvorfällen wurden die Hauptprozesse bestimmt und in einer Übersicht zusammengefasst (siehe Abbildung 91).

Ein Hauptprozess kann unterschiedliche Kostentreiber und Bezugsgrößen haben, mit denen er verrechnet wird. Selbstverständlich sind Varianten für den gleichen Hauptprozess durch die unterschiedliche Inanspruchnahme seiner Teilprozesse möglich.

Deshalb war es notwendig, im Arbeitsteam die möglichen Varianten jedes Hauptprozesses zu untersucht und eine Liste der Tätigkeiten jedes Prozesses zu erarbeiten. Im Mittelpunkt der Betrachtung stand immer die verursachungsgerechte Verrechnung der Gemeinkosten über Hauptprozesse auf die Artikel und ggf. Kunden.

7.2 Tätigkeitsanalyse in den Fachbereichen

Die Liste der Hauptprozesse stellte den »vorläufigen« Katalog der kostenrelevanten Abläufe dar, die in den Fachabteilungen näher untersucht wurden.

Katalog der Hauptprozesse

TIKO GmbH

HP.-Nr.:	Bezeichnung	Kostentreiber	Bezug
	Sparte A und B		
HP10	Entwicklung neuer Produkte	Projekt	Vorgang
HP11	Produktionsumsetzung	Projekt	Vorgang
HP30	Beschaffung Rohstoffe/HW Sparte A	Beschaffung RW/HW	kg
HP50	Bearbeitung Kundenauftrag Sparte A+B	Kundenauftrag	Auftragsposition
HP60	Verladung Vollpaletten	Kundenauftrag	Paletten
HP61	Verladung Mischpaletten	Kundenauftrag	Paletten
HP79	Reklamationsbearbeitung Sparte A+B	Kunden-Reklamation	Vorgang
HP81	Kundenbetreuung Verk.-Ltg. Sparte A	Kundenauftrag	Vorgang
HP82	Kundenbetreuung Verk.-Ltg. Sparte B	Kundenauftrag	Vorgang
HP90	Labor Eingangskontrolle	Beschaffung	WE-Charge
HP91	Labor Ausgangskontrolle	Kundenauftrag	Auftragsposition
	Sparte C		
HP40	Beschaffung Rohstoffe/HW	Beschaffung RW/HW	kg
HP55	Bearbeitung Kundenauftrag	Kundenauftrag	Auftragsposition
HP89	Reklamationsbearbeitung	Kunden-Reklamation	Vorgang
HP95	Labor Eingangskontrolle	Beschaffung	WE-Charge
HP96	Labor Ausgangskontrolle	Kundenauftrag	Auftragsposition
	Allgemeine Prozesse		
HP21	Beschaffung von Maschinen	Beschaffungsvorgang	Stück
HP22	Beschaffung von Ersatzteilen	Beschaffungsvorgang	Stück
HP23	Beschaffung div. Verbrauchsmaterial	Beschaffungsvorgang	Stück

Abb. 91: Übersicht der aufgenommenen Hauptprozesse

Um die erforderliche Sicherheit bezüglich der tatsächlichen Prozessstrukturen und der durchlaufenen Stationen zu erhalten, führten die Sachbearbeiter eine Aufschreibung aller Tätigkeiten jedes Hauptprozesses durch.

Zur Ermittlung der benötigten Zeiten je Tätigkeit pro Hauptprozess wurden Erfassungsbögen an die Sachbearbeiter verteilt. Die Sachbearbeiter notierten über zwei Wochen hinweg täglich den jeweiligen Zeitbedarf pro Tätigkeit und die dazugehörige Maßgrößenmenge (MGM). Die am grünen Tisch entstandenen Tätigkeitskataloge wurden ggf. ergänzt bzw. korrigiert.

Die Hochrechnung der Häufigkeiten auf die Monate und das gesamte Jahr erfolgte gemeinsam mit den Sachbearbeitern im Rahmen von Interviews, die auch das Ziel hatten, eventuelle Missverständnisse bei der Datenerhebung zu klären.

Sehr wichtig ist die Information der Mitarbeiter über die Ziele für den Einsatz der Prozesskostenrechnung. Es geht dabei nicht um die Kontrolle der Arbeitsintensität, sondern allein um eine transparentere Produktkalkulation und Beurteilung des zeitlichen Aufwandes, den der Kunden durch Sonderwünsche verursacht.

Selbstverständlich ist der Betriebsrat über die Ziele und die Zeitaufschreibung zu informieren.

Der Zeitraum von zwei Wochen für die Zeitaufschreibung hat sich als ausreichend erwiesen, da durch die spätere Prozessabrechnung die Inanspruchnahme der Kostenstellen deutlich wird und eventuelle Fehler bei der Zeitaufschreibung erkannt werden.

Für die Selbstaufschreibung ist von großer Bedeutung, einheitliche Begriffe für die Tätigkeiten zu erarbeiten und vorzugeben. Diese Terminologie sollte möglichst in die Erfassungsformulare einfließen.

Zur Bestimmung der Kostentreiber und Bezugsgrößen ist der »Auslöser« oder Anstoß für die Teilprozesse und den Hauptprozess maßgebend.

7.3   Strukturierung der Teilprozesse

Die Prozesskostenrechnung fasst alle sich wiederholenden Tätigkeiten in den Gemeinkostenbereichen als Teilprozesse zu kostenstellenübergreifenden Hauptprozessen zusammen und bildet auf dieser Ebene Prozesskostensätze.

Bei der Bildung der Teilprozesse haben wir untersucht, ob sie sich zum Leistungsvolumen variabel (leistungsmengeninduziert = lmi) oder fix (leistungsmengenneutral = lmn) verhalten. Leistungsmengeninduzierte Teilprozesse wurden einem Hauptprozess direkt zugeordnet. Ein Faktor bestimmt die Häufigkeit, die der Teilprozess gegenüber der Kostentreibermenge des Hauptprozesses aufweist.

Alle lmi Prozesse müssen wiederholbar (repetitiv) sein, sodass sich die Haupt- und Teilprozessstrukturen standardisieren lassen.

Im Rahmen unserer Zertifizierung nach ISO 9001:2000 lagen Verfahrensanweisungen vor, die nahezu den Ablauf eines Geschäftsprozesses im Unternehmen so widerspiegeln, wie er für die Prozesskostenrechnung benötigt wird. Für unser Projekt konnten wir diese Aufschreibungen nutzen.

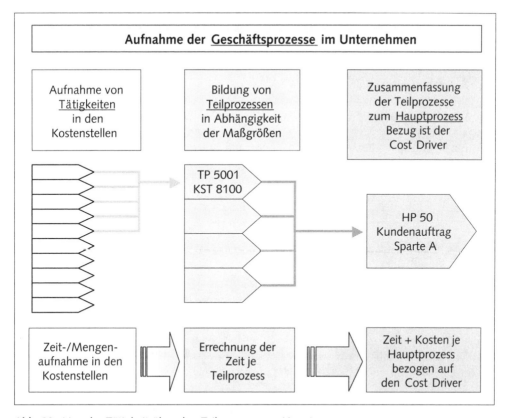

Abb. 92: Von der Tätigkeit über den Teilprozess zum Hauptprozess

Das Vorgehen zur Prozessstrukturierung wird nachfolgend an dem Hauptprozess »Kunden-Auftragsbearbeitung der Sparte A« schematisch dargestellt (siehe Abbildung 92).

Softwarevoraussetzung für das beschriebene Vorgehen

Von äußerster Wichtigkeit für diese **zielgerichtete** Anwendung der Prozesskostenrechnung ist die Möglichkeit, nur bestimmte Geschäftsprozesse – nämlich die wichtigsten, kostenrelevanten – auswählen und abbilden zu können.

Die nicht von den Prozessen in Anspruch genommenen lmi und lmn Anteile der Kosten müssen auf der Kostenstelle verbleiben.

Ist das systemseitig nicht vorgesehen, sind Sie gezwungen, eine Komplettanalyse jeder Kostenstelle, der für die Anwendung der Prozesskostenrechnung ausgewählten Gemeinkostenbereiche durchzuführen, weil alle Kosten auf Prozess verteilt werden müssen. Das ist u. U. so aufwändig, dass sich die Umsetzung aus Kostengründen verbietet.

Die auf der Kostenstelle verbleibenden Rest-Gemeinkosten sind dann in der eventuell angewandten Parallelabrechnung von Teil- und Vollkosten weiterhin als Gemeinkostenzuschlag zu verrechnen.

8 Integration der Prozesskostenrechnung

Die Abbildung 93 zeigt die Integration der Prozesskostenrechnung in die Kostenstellen-
und Kostenträger und Ergebnisrechnung in einem operativen System. Die aus der Kostenplanung der Kostenstellenrechnung resultierenden Prozesskosten werden »ereignisgesteu-
ert« in der Kostenträger- und Ergebnisrechnung auf die Artikel und ggf. Kunden verrechnet. Mit jeder fakturierten Artikelposition wird die automatische Verrechnung der Prozesskosten angestoßen.

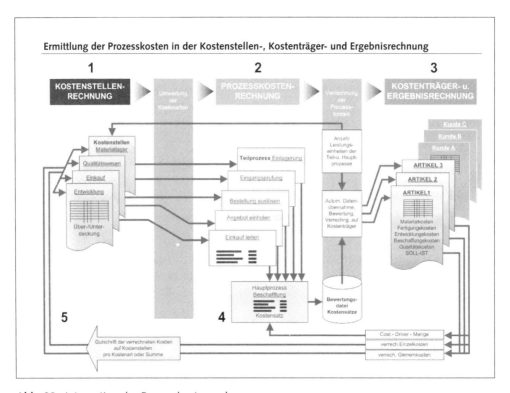

Abb. 93: Integration der Prozesskostenrechnung

Anhand der Ziffern in Abbildung 93 sollen nun Ablauf und Zusammenhang der einzelnen Module erläutert werden:

Die für die differenzierende Kalkulation und Ergebnisrechnung relevanten Prozesse
werden im Modul »Prozesskostenrechnung« strukturiert (2).

Aus den Kosten, die in den Kostenstellen des Gemeinkostenbereiches geplant wurden,
werden die Kostenanteile herausgerechnet, die durch die definierten Prozesse verursacht
werden (1).

Die errechneten Plan-Prozesskostensätze werden über so genannte Prozesspläne in der Angebotskalkulation bzw. der Ergebnisrechnung auf die Produkte verursachungsgerecht verrechnet. Diese Verrechnung erfolgt aufgrund der für die jeweiligen Prozesse definierten Kostentreibermengen (3).

Die Kostentreibermengen werden in der Ergebnisrechnung vom System automatisch errechnet. So werden z. B. für jede aus der Fakturierung in die Ergebnisrechnung übernommene Artikelposition die Kostentreiber Artikel (Stückzahl), Auftrag (Anzahl) errechnet. Außerdem stehen die Kundenauftragsmenge, die Fertigungslosgröße und ggf. die Produktionsmenge zur Verfügung. Eine laufende und aufwändige Datenerfassung entfällt. Jeder Kostentreiber gibt den Anstoß zur Verrechnung der Prozesse laut Prozessplan.

Durch die Übergabe der Ist-Kostentreibermenge an die Prozesskostenrechnung werden die in der Kostenstelle monatlich ankommenden Ist-Kosten über alle Prozessebenen verrechnete und dem Plan gegenübergestellt (4). So werden Abweichungen im Soll-Ist-Vergleich sofort sichtbar, um Maßnahmen und Korrekturen einzuleiten.

Die auf die Produkte verrechneten Material-, Fertigungs-, Prozesskosten und evtl. parallel belasteten Gemeinkostenzuschläge werden automatisch an die Kostenstellen zur Ermittlung der Über-/Unterdeckung zurückgebucht (5).

9 Einsatz der Prozesskostenrechnungs-Software

In diesem Kapitel werden die Umsetzung der Lösungskonzeption und der Aufbau der DV-Lösung veranschaulicht.

9.1 Erfassung der Aktivitäten

Die durch Selbstaufschreibung der Sachbearbeiter in den Fachbereichen erhobenen Tätigkeiten, Bearbeitungszeiten und Häufigkeiten wurden in das Prozesskostenrechnungssystem erfasst.

Zunächst wurden in einem Aktivitätenstamm die Häufigkeit (Menge), der Zeitbedarf pro Vorgang, die Maßgröße und die Hauptprozesszugehörigkeit sowie die ausführende Kostenstelle eingegeben (siehe Abbildung 94).

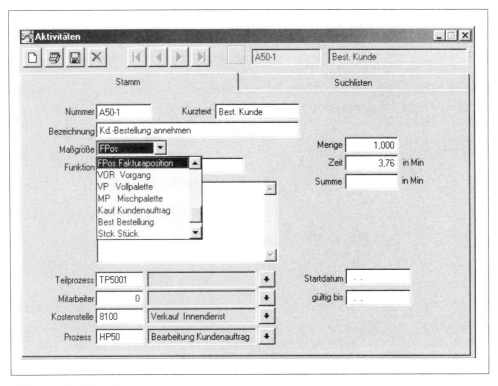

Abb. 94: Aktivitätenstamm

In der Softwarelösung wird bewusst zwischen Tätigkeit und Aktivität unterschieden. Um den Verwaltungsaufwand zu reduzieren, kann eine Aktivität mehrere Tätigkeiten zusammenfassen.

Es besteht die Möglichkeit, den einzelnen Aktivitäten neben der Kostenstelle auch den ausführenden Mitarbeiter bzw. seine Funktion zuzuordnen, um Stellen- bzw. Funktionsbeschreibungen zu erhalten.

9.2 DV-gestützte Prozessoptimierung

Als Ergebnis der Erfassung der Aktivitäten liefert das System das nachfolgende Ablaufdiagramm als Ist-Arbeitsablauf und Tätigkeitsfolge (siehe Abbildung 95).

Durch die kostenstellenübergreifende Darstellung der Tätigkeiten werden Doppelarbeiten ersichtlich. Unnötige Verweilzeiten und Arbeitsengpässe wurden in den Erfassungsblättern festgehalten. So konnten wir bereits in dieser Phase des Projektes längere Bearbeitungs- und Durchlaufzeiten in den einzelnen Abteilungen untersuchen und eine deutliche Informationsverbesserung der Abläufe in den Abteilungen erreichen.

9.3 Bildung der Teilprozesse und des Prozesstyps

Alle aufeinander folgenden Tätigkeiten der gleichen Kostenstelle bilden Teilprozesse. Durch Zuordnung der Teilprozessnummer je Aktivität werden die Teilprozesse gebildet.

Die Zeiten werden durch die Zuordnung der Aktivitäten auf Teilprozesse addiert. Jedem Teilprozessstamm werden die leistende Kostenstelle und der Hauptprozess zugeordnet.

Durch die Zusammenstellung der Aktivitäten je Kostenstelle wird folglich der Teilprozess bestimmt. Unter Umständen ist es dennoch sinnvoll, eine Abfolge von Tätigkeiten derselben Kostenstelle in zwei Teilprozesse zu unterteilen, wenn evtl. eine Hauptprozessvariante nicht alle Aktivitäten beinhaltet.

Der Faktor im Teilprozessstamm bestimmt die Gewichtung des Teilprozesses im Verhältnis zum Hauptprozess. So kann zum Beispiel im Hauptprozess »Beschaffung« berücksichtigt werden, dass für einen Bestellvorgang drei Angebote eingeholt werden.

Die Abbildung 96 zeigt die Auswahlmöglichkeiten für den »Prozesstyp«. Die Wahl des Prozesstyps »lmi« oder »lmn« bestimmt die Art der Verrechnung des Teilprozesses auf den Hauptprozess und die Inanspruchnahme der Ressourcen in der Prozesskostenstelle.

Aufgrund der Häufigkeit jedes Teilprozesses und der Gesamtzeit, mit der er die Ressourcen der Kostenstelle in Anspruch nimmt, können die Kostenanteile errechnet werden.

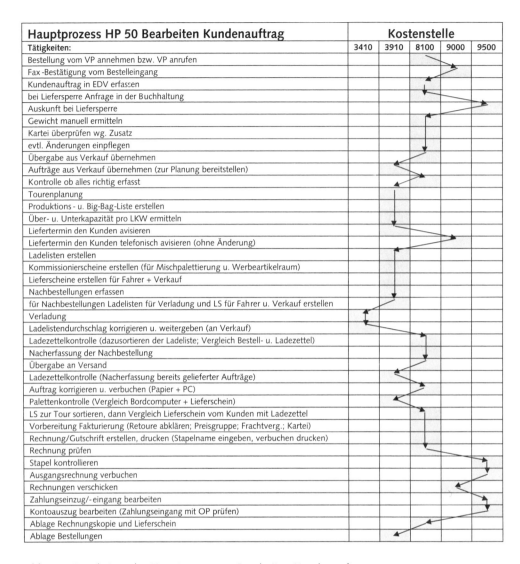

Hauptprozess HP 50 Bearbeiten Kundenauftrag	Kostenstelle				
Tätigkeiten:	3410	3910	8100	9000	9500
Bestellung vom VP annehmen bzw. VP anrufen					
Fax-Bestätigung vom Bestelleingang					
Kundenauftrag in EDV erfassen					
bei Liefersperre Anfrage in der Buchhaltung					
Auskunft bei Liefersperre					
Gewicht manuell ermitteln					
Kartei überprüfen wg. Zusatz					
evtl. Änderungen einpflegen					
Übergabe aus Verkauf übernehmen					
Aufträge aus Verkauf übernehmen (zur Planung bereitstellen)					
Kontrolle ob alles richtig erfasst					
Tourenplanung					
Produktions- u. Big-Bag-Liste erstellen					
Über- u. Unterkapazität pro LKW ermitteln					
Liefertermin den Kunden avisieren					
Liefertermin den Kunden telefonisch avisieren (ohne Änderung)					
Ladelisten erstellen					
Kommissionierscheine erstellen (für Mischpalettierung u. Werbeartikelraum)					
Lieferscheine erstellen für Fahrer + Verkauf					
Nachbestellungen erfassen					
für Nachbestellungen Ladelisten für Verladung und LS für Fahrer u. Verkauf erstellen					
Verladung					
Ladelistendurchschlag korrigieren u. weitergeben (an Verkauf)					
Ladezettelkontrolle (dazusortieren der Ladeliste; Vergleich Bestell- u. Ladezettel)					
Nacherfassung der Nachbestellung					
Übergabe an Versand					
Ladezettelkontrolle (Nacherfassung bereits gelieferter Aufträge)					
Auftrag korrigieren u. verbuchen (Papier + PC)					
Palettenkontrolle (Vergleich Bordcomputer + Lieferschein)					
LS zur Tour sortieren, dann Vergleich Lieferschein vom Kunden mit Ladezettel					
Vorbereitung Fakturierung (Retoure abklären; Preisgruppe; Frachtverg.; Kartei)					
Rechnung/Gutschrift erstellen, drucken (Stapelname eingeben, verbuchen drucken)					
Rechnung prüfen					
Stapel kontrollieren					
Ausgangsrechnung verbuchen					
Rechnungen verschicken					
Zahlungseinzug/-eingang bearbeiten					
Kontoauszug bearbeiten (Zahlungseingang mit OP prüfen)					
Ablage Rechnungskopie und Lieferschein					
Ablage Bestellungen					

Abb. 95: Tätigkeiten des Hauptprozesses »Bearbeiten Kundenauftrag«

Durch die Verrechnung der geplanten Kostentreibermengen für jeden Hauptprozess werden im System für alle Teilprozesse die Kosten ermittelt. Damit stehen für jeden Hauptprozess die Plan-Prozesskostensätze lmi und lmn zur Verfügung.

Durch die Zuordnung der Kostenarten bzw. Kostenartengruppen zu so genannten »Ressourcen« erfolgt der differenzierte Ausweis der Prozesskosten je Ressource. Andererseits können durch diese Funktion auch bestimmte Kostenarten aus der Kostensatzberechnung der Prozesse ausgeschlossen werden.

Im vorliegenden Fall werden z. B. die Werbeanzeigen auf der Kostenstelle »8100 Verkauf-Innendienst« verbucht. Würde diese Kostenart nicht über die Ressourcenzuordnung ausge-

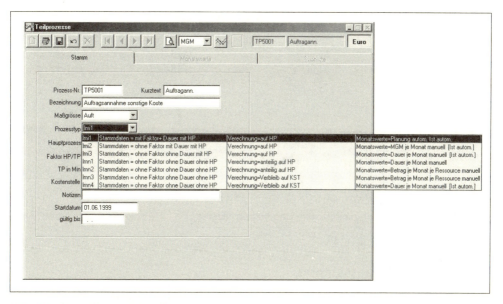

Abb. 96: Prozesstypen lmi und lmn

schlossen, hätte dies zur Folge, dass sämtliche Anzeigenkosten über den Hauptprozess auf die infrage kommenden Kostenträger verrechnet werden. Da nun aber verschiedene Produktgruppen in unterschiedlicher Höhe beworben werden, wurden diese aus der Kostensatzberechnung für den Hauptprozess ausgeschlossen und direkt in die Deckungsbeitragsstufe der Produktgruppe verrechnet. Ein Beispiel, das belegt, dass in der Prozesskostenrechnung die Fehler der traditionellen Zuschlagskalkulation vermieden werden.

9.4   Darstellung der Verrechnungskette

Die Abbildung 97 zeigt den direkten Bezug der Tätigkeiten bzw. des Teilprozesses zur Kostenstelle, aus der aufgrund der Häufigkeiten (Maßgrößenmengen) und dem Zeitbedarf die Kosten verrechnet werden. Der Teilprozess steht zum Hauptprozess über die Maßgrößenmenge und die Gesamtzeit in Beziehung.

Über die Haupt- und Teilprozessstrukturen wird die zeitliche Inanspruchnahme der Prozesskostenstellen zunächst im Plan (Plan-Beschäftigung) vom System errechnet. Entsprechend der Inanspruchnahmezeit je Teilprozess werden im gleichen Vorgang die Kosten der leistenden Kostenstelle auf Teil- und Hauptprozesse verrechnet.

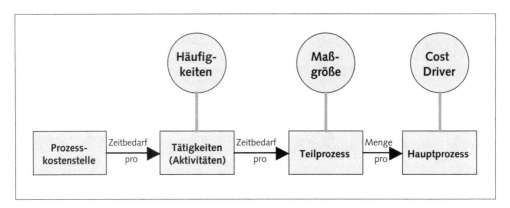

Abb. 97: Struktur der Tätigkeiten, Teil- und Hauptprozesse

9.5   Hauptprozessstamm

Die nachstehende Abbildung 98 zeigt, wie im Hauptprozess »Bearbeiten Kundenauftrag« die Plan- und Ist-Kostentreibermengen parallel zu den Kosten verwaltet werden. Neben den Gesamtkosten können in den mittleren Spalten die verschiedenen Ressourcen-Werte angezeigt werden.

Die Maske des Hauptprozesses in Abbildung 99 zeigt nach der Plan-Kostenabrechnung die Plan-Prozesskostensätze des Hauptprozesses »Bearbeiten Kundenauftrag« pro Rechnungsposition, die nun für die Verrechnung auf die Kostenträger zur Verfügung stehen. Die Ist-Kostensätze werden nach der Übernahme der Ist-Kostentreibermengen aus der Ergebnisrechnung errechnet.

Monat	Cost-Driver-Menge Plan	Cost-Driver-Menge Ist	Personalkosten Plan	Personalkosten Ist	Gesamt Plan	Gesamt Ist
Jan	10316,67	10812,00	14076,72	14366,35	64832,94	50786,72
Feb	10316,67	8635,00	14076,72	14318,59	64752,84	45913,68
März	10316,67	10443,00	14076,72	14400,02	63746,57	63532,53
April	10316,67	9903,00	14076,72	14833,15	64852,81	91699,73
Mai	10316,67	8358,00	14076,72	14245,31	64540,38	69715,79
Juni	10316,67	9006,00	14076,72	14666,71	64854,65	58147,74
Juli	10316,67	9386,00	14076,72	15289,78	64886,28	51212,25
August	10316,67	8851,00	14076,72	15588,76	65695,77	48520,15
Sept	10316,67	9892,00	14076,72	15248,52	64556,27	47581,50
Okt	10316,67		0,00	0,00	0,00	0,00
Nov	10316,67		0,00	0,00	0,00	0,00
Dez	10316,67		0,00	0,00	0,00	0,00
gesamt	123800,04	85286,00	126690,48	132957,19	582718,51	527110,09

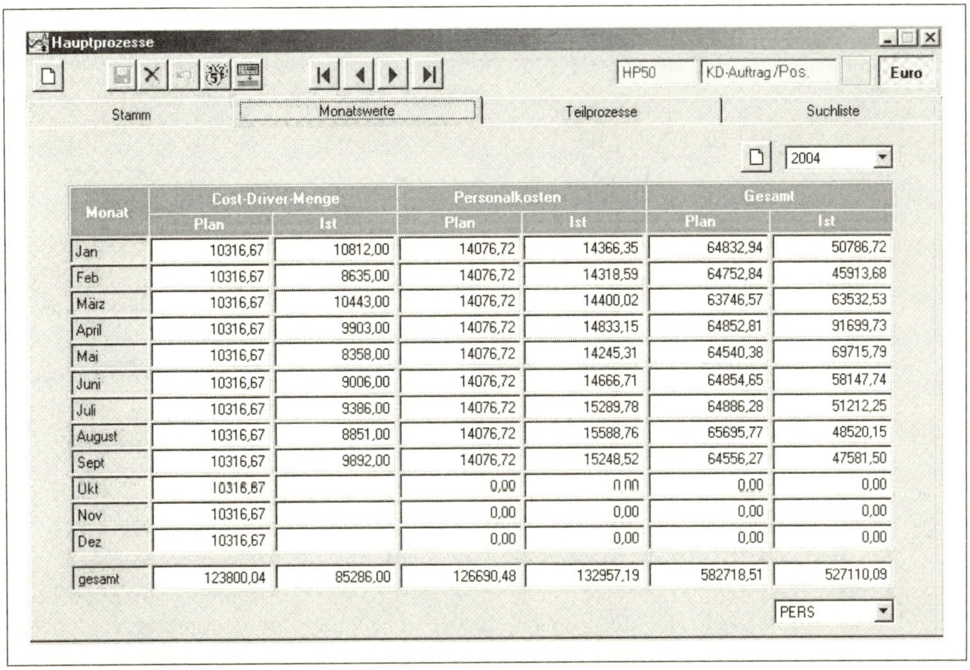

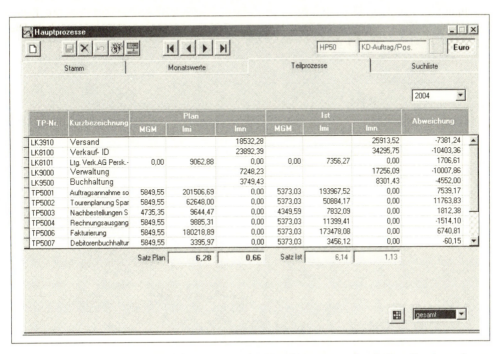

Abb. 98: Hauptprozess »Bearbeiten Kundenauftrag«

TP-Nr.	Kurzbezeichnung	Plan MGM	Plan lmi	Plan lmn	Ist MGM	Ist lmi	Ist lmn	Abweichung
LK3910	Versand			18532,28			25913,52	-7381,24
LK8100	Verkauf- ID			23892,39			34295,75	-10403,36
LK8101	Ltg. Verk.AG Persk.-	0,00	9062,88	0,00	0,00	7356,27	0,00	1706,61
LK9000	Verwaltung			7248,23			17256,09	-10007,86
LK9500	Buchhaltung			3749,43			8301,43	-4552,00
TP5001	Auftragsannahme so	5849,55	201506,69	0,00	5373,03	193967,52	0,00	7539,17
TP5002	Tourenplanung Spar	5849,55	62648,00	0,00	5373,03	50884,17	0,00	11763,83
TP5003	Nachbestellungen S	4735,35	9644,47	0,00	4349,59	7832,09	0,00	1812,38
TP5004	Rechnungsausgang	5849,55	9885,31	0,00	5373,03	11399,41	0,00	-1514,10
TP5006	Fakturierung	5849,55	180218,89	0,00	5373,03	173478,08	0,00	6740,81
TP5007	Debitorenbuchhaltur	5849,55	3395,97	0,00	5373,03	3456,12	0,00	-60,15
		Satz Plan	6,28	0,66	Satz Ist	6,14	1,13	

Abb. 99: Plan- und Ist-Teilprozesskostensätze des Hauptprozesses »Bearbeiten Kundenauftrag«

10 Kostenträger- und Ergebnisrechnung mit Prozesskosten

Die Kostenträgerrechnung beinhaltet die prozessorientierte Kalkulation der Produkte, die als Stück- bzw. Angebotskalkulation und fertigungskonforme Nachkalkulation anwendbar ist.

In der Ergebnisrechnung werden den aus dem Warenwirtschaftssystem übernommenen Fakturapositionen alle Einzel- und Prozesskosten automatisch gegenübergestellt. Die auf den Gemeinkostenstellen verbliebenen Restkosten können als Zuschlagssätze verrechnet werden, um parallel die Vollkosten auszuweisen. In diesem Beitrag soll näher auf die Ergebnisrechnung und ihren Nutzen für unser Unternehmen eingegangen werden.

10.1 Verrechnung der Kosten auf die Kostenträger

Die Materialeinzelkosten und die Verpackungskosten werden vom Warenwirtschaftssystem errechnet und in einer Exportdatei monatlich an die Ergebnisrechnung übergeben.

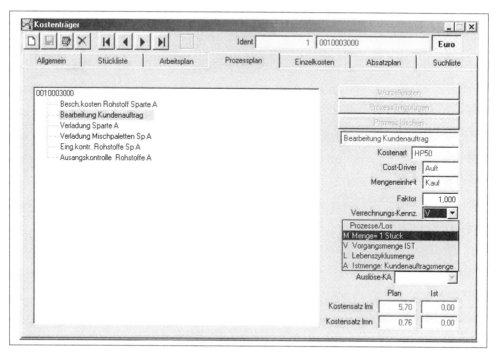

Abb. 100: Prozessplan im Artikelstamm

Die Verrechnung der Fertigungs- und Prozesskosten erfolgt in der Kostenträger- und Ergebnisrechnung. Da das in unserem Hause eingesetzte Produktionsplanungs- und Steuerungs-System (PPS) keine Fertigungskosten errechnen kann, werden in der CORAK-Software Arbeitspläne und Prozesspläne in den Artikelstämmen (Kostenträger) verwaltet.

Die Prozesspläne können wahlweise auch Produktgruppen zugeordnet sein. Sie wurden so gestaltet, dass die vorgangs- bzw. stückbezogenen Kostentreiber der Hauptprozesse automatisch durch die Kostenrechnungssoftware errechnet werden (siehe Abbildung 100). Damit war sichergestellt, dass hierfür kein Pflegeaufwand entsteht.

10.2   Verhältnis der Prozesskosten zu den Einzelkosten

Die schematische Darstellung der Material- und Fertigungseinzelkosten in Abbildung 101 soll verdeutlichen, welchen Anteil die prozessbedingten produktabhängigen Kosten ausmachen. Die Prozesskostenrechnung stellt die verursachungsgerechte Kostenverrechnung auf die jeweiligen Kostenträger sicher.

Übrigens würden sich in unserem Haus auch aus den Fertigungskostenstellen Prozesskosten ableiten und auf die Kostenträger verrechnen lassen. Wir haben in der ersten Phase des Projektes jedoch darauf verzichtet.

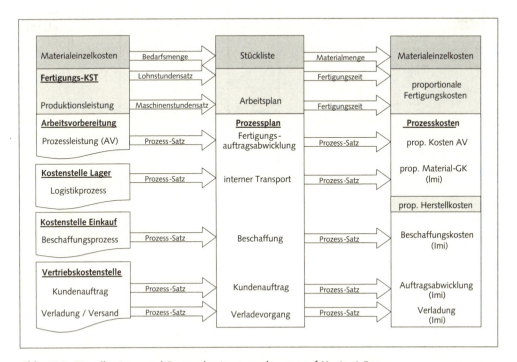

Abb. 101: Einzelkosten- und Prozesskostenverrechnung auf Kostenträger

10.3   Artikel- und Kundenergebnisrechnung

10.3.1   Darstellung und Erläuterung eines Beispiels

Die Abrechnung kann für einzelne Artikel (siehe Abbildung 102), Produktgruppen und -sparten sowie für Kunden, Vertreter oder Vertriebswege als reine Ist- und Plan-Abrech-

TIKO GmbH   **IST-Ergebnisrechnung**   Seite 1

| Artikel: | SAX 1340 | | Währung : | Euro | |
| Zeitraum: | 01.10.2004–31.10.2004 | | Datum: | 01.11.2004 | |

Bezeichnung	Kostenart	Menge	Kostenatz	Wert	% vom Umsatz
UMSATZERLÖSE gesamt (100 kg)		130,98	132,75	17.387,60	
Verpackung (pro kg)		13.098	0,09	1.178,82	
Materialeinzelkosten (pro kg)	VERP	13.098	0,84	11.002,32	
Materialschwund 2 %	MEK	0	0,00	220,05	
Materialkosten gesamt		130,98	94,68	12.401,19	
Fertigungskosten	K5720	0,07	137,27	9,61	
Manuelles Abfüllen	M2000	97,41	23,01	2.241,40	
Fertigungskosten gesamt		97,48	23,09	2.251,01	
Herstellkosten proportional		130,98	111,87	14.652,20	
GRENZERTRAG		130,98	20,88	2.735,40	
Fertigungskosten-fix		130,98	0,06	7,86	
Herstellungskosten gesamt				14.660,06	
DB I - PRODUKTION (100 kg)		130,98	20,82	2.727,54	15,69
Beschaffungskosten	HP3021	100,82	1,44	145,18	
Wareneingangsprüfung	HP9001	1,01	40,29	40,69	
Warenausgangsprüfung	HP9101	1,01	45,97	46,43	
Summe der Beschaffungsprozesse				232,30	
DB II ARTIKEL-DB (100 kg)		130,98	19,05	2.495,23	14,35
Bearbeitung Kundenauftragspositionen	HP52	266	8,60	2.287,60	
Verladung Vollpaletten	HP60	434	1,24	538,16	
Frachtkosten					
Summe der Kundenprozesse				2.825,76	
DB III Kunden-DB nach Fracht		130,98	-2,52	-330,53	
DB IV GVL-VERTRIEB-DB (100 kg)		130,98	-2,52	-330,53	-1,90
DB V PRODUKTGRUPPEN-DB (100 kg)		130,98	-2,52	-330,53	-1,90
Vertriebs-/Verwaltungs-GK (100 kg)		130,98	0,00	0,00	
** Selbstkosten (100 kg)		130,98	135,27	17.718,12	
VOLLKOSTENERGEBNIS (100 kg)		130,98	-2,52	-330,53	-1,90

Abb. 102: Artikel-Ergebnisrechnung

nung oder auch mit Soll- und Ist-Kosten mit Abweichung der Mengen und Werte pro Kostenartenzeile erfolgen.

Nach den Material- und Fertigungskosten (Deckungsbeitrag I) werden die Beschaffungsprozesskosten sowie die Laborkosten auf den Artikel bis zum Deckungsbeitrag II verrechnet. Damit sind die Kosten der Wertschöpfungskette der Artikel bekannt, wie sie im Fertigwarenlager zum Versand bereitstehen. Auf dieser Ebene des Deckungsbeitrages II erfolgt die Ertragsbeurteilung der Artikel untereinander.

Anschließend treten in der Wertschöpfungskette eine Reihe weiterer Kostenverursacher auf, die ebenfalls als Kalkulationsobjekt behandelt werden. Die Betrachtung wechselt nun vom Artikel zum Kunden. Von besonderer Wichtigkeit sind die kundenspezifischen Prozesse, wie z. B. die Kunden-Auftragsbearbeitung, Kommissionierung und Verladung, welche alle direkt mit der Bestellung bzw. dem Kundenauftrag in Verbindung stehen. Handelt es sich bei dem Kundenauftrag z. B. um eine Position, mit der einige Vollpaletten über mehrere Tonnen bestellt werden, oder ist es ein Kundenauftrag, der viele Positionen mit jeweils nur einigen Kilogramm umfasst und für den eine aufwändige Kommissionierung erfolgen muss? Die Prozesskostenrechnung ist in der Lage, die entsprechenden Kosten verursachungsgerecht auf die unterschiedlichen Kundenaufträge zu verrechnen.

Der Kundendeckungsbeitrag III liefert eine klare Aussage über das Ergebnis des Kundenauftrages, des Kunden an sich, der Kundengruppe und des Vertriebsweges. Die Frachtkosten werden kundenbezogen aus einem Vorsystem übernommen.

Durch die Zuordnung von Kunden zu Vertretern, welche wiederum bestimmten Gebieten zugeordnet sind, lässt sich durch Abzug der Vertreter- und/oder Gebietskosten die Wirtschaftlichkeit des Vertriebs in einer weiteren Deckungsbeitragsstufe darstellen.

Dadurch sind die jeweiligen Entscheidungsträger in der Lage, zielgerichtet zu steuern und entsprechende Maßnahmen zu ergreifen. Durch die Einführung der Prozesskostenrechnung ist bekannt, welche Kunden aufgrund welchen Produktmixes welchen Beitrag zur Deckung der Gebietskosten beitragen. Die Deckungsbeiträge der Verkaufsgebiete bekommen zudem die verbliebenen ca. 7% »Overhead-Kosten« zugerechnet.

Über die Prozesskostenrechnung und die direkte Verrechnung von z. B. Gebietskosten in die jeweilige Deckungsbeitragsstufe ist es gelungen, von den ursprünglichen 88% Gemeinkosten 81 Prozentpunkte verursachungsgerecht zuzuordnen. Auf die Verrechnung der restlichen 7% Gemeinkosten über einen Zuschlagssatz haben wir verzichtet.

Für die unterschiedlichen Kalkulationsobjekte werden, beginnend mit dem Grenzertrag des Artikels bis hin zum Vollkostenergebnis, fünf unterschiedliche Deckungsbeiträge ausgewiesen. Mit steigender Deckungsbeitragsstufe nimmt die Produktnähe der enthaltenen Kosten ab. Eine Auswertung über das ganze Unternehmen ergibt die Betriebserfolgsrechnung. Diese haben wir in einer letzten Projektphase aufgesetzt.

10.3.2 Mögliche Auswertungshierarchien

Die Auswertungen können jeweils für zwei Kriterien kombiniert werden. Zum Beispiel kann für einen Kunden ein Summenblatt und alle von ihm abgenommenen Artikel einzeln oder eine Tabelle (Kunde/Artikel) ausgewiesen werden. Die Abbildung 103 zeigt die verschiedenen Hierarchien, nach denen die Kostenträger ausgewertet werden können.

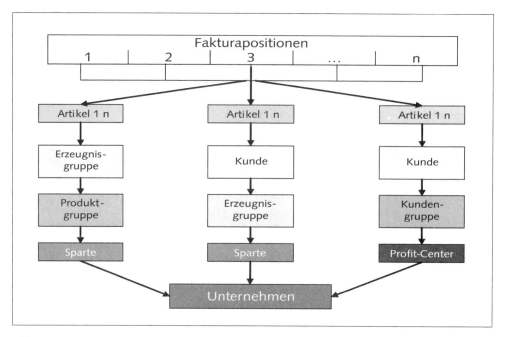

Abb. 103: Kostenträger-Auswertungshierarchien

10.4   Ist-Prozesskosten und -Kostensätze

Die Ist-Prozesskosten und -Kostensätze werden aufgrund der in der monatlichen Ergebnisrechnung tatsächlich verrechneten Kostentreibermengen automatisch ermittelt.

Um das Produktergebnis zu ermitteln, werden die tatsächlich abgewickelten Kundenaufträge und die fakturierten Artikelpositionen mit Verkaufsstückzahlen und -werten sowie ihren Prozesskosten automatisch auf die Kostenträger verrechnet. Die Verrechnung erfolgt zu Plan-(Standard-)Prozesskosten. Die der Verrechnung zugrunde liegenden Kostentreibermengen sind die Ist-Mengen aus der Ergebnisrechnung.

In der monatlichen durchzuführenden Unternehmensergebnisrechnung werden diese Ist-Kostentreibermengen an die Hauptprozesse der Kostenstellenrechnung zurückgebucht.

Durch dieselbe Funktion, welche die Plan-Zeiten und Plan-Kosten errechnet, werden folglich die Ist-Zeiten und Ist-Kosten pro Kostenstelle, Teilprozess und Hauptprozess ermittelt. Im Beispiel des Hauptprozesses »Bearbeitung Kundenauftrag Sparte A« ist dies die Anzahl der Rechnungspositionen (vgl. Abbildung 99).

Über die vorhandenen Prozessstrukturen werden die für den abgelaufenen Monat verbuchten Ist-Kosten aus der Kostenstellenrechnung auf die Teil- und Hauptprozesse verrechnet.

10.5 Soll-Ist-Vergleiche für Kostenstellen, Teil- und Hauptprozesse

Auf allen Auswertungsebenen der Prozesskostenrechnung findet ein automatischer Soll-Ist-Vergleich statt. Die nachfolgende Abbildung 104 zeigt den Soll-Ist-Kostenvergleich der Prozesskostenstelle »Versand«. Von besonderer Bedeutung ist, dass auf diesen Gemeinkostenstellen die Plan- und Ist-Beschäftigung ausgewiesen wird.

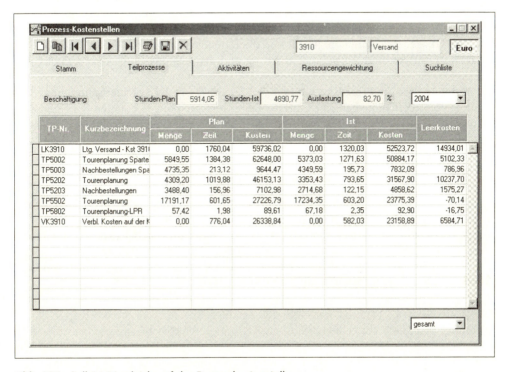

Abb. 104: Soll-Ist-Vergleich auf der Prozesskostenstelle

Für die Planung im Folgejahr lässt sich durch die Prozesskostenrechnung beispielsweise der Ressourceneinsatz »Personal« definitiv planen.

Eine Prozesskostenrechnung gilt gemeinhin als sehr betreuungs- und pflegeintensiv. Für unsere Anwendung trifft diese Aussage nicht zu. Werden Abweichungen über der festgelegten Toleranz ausgewiesen, brauchen nur die Prozessstrukturen dieses Bereiches analysiert und ggf. die Teilprozesszeiten überprüft zu werden.

Das Prozesskostenrechnungssystem kontrolliert sich durch den Soll-Ist-Vergleich folglich selbst!

11 Projektdauer und -aufwand

Die Kostenstellenrechnung konnten wir aufgrund einer guten hausinternen Vorbereitung mit nur zwei Beratertagen einführen. An diesen Tagen wurden die Kostenstellen- und Kostenartenstämme übernommen, die Abrechnungsstruktur definiert, die Kostenverteilung und die Umlageorganisation aufgebaut und die Datenübernahme aus Vorprogrammen wie Finanzbuchführung und Anlagenbuchführung und der Leistungsdaten der Fertigung realisiert.

Für die Analyse der Prozesskosten und die Durchführung der Selbstaufschreibung, Auswertung und Übernahme der Daten aus der Selbstaufschreibung benötigten wir einen Zeitraum von ca. vier Monaten. Teilweise parallel konnten die Prozessstrukturen aufgebaut und die Maßgrößen- und Kostentreibermengen geplant werden, was bis zur ersten Prozesskostenabrechnung weitere zwei Monate benötigte. Selbstverständlich fiel der meiste Aufwand hausintern an, während für die externe Beratung 20 Manntage in Anspruch genommen wurden.

Die Einführung der Kostenträger- und Ergebnisrechnung wurde in weiteren ca. drei Monaten und mit externer Unterstützung von zwölf Manntagen realisiert.

Insgesamt konnten unsere Projektziele in ca. neun Monaten bei externer Beratungsunterstützung von 34 Manntagen realisiert werden. Für den Projektfortschritt von entscheidender Bedeutung war die kontinuierliche Betreuung durch einen kompetenten Mitarbeiter der Unternehmensberatung.

12 Ergebnisse und Aussagen der Prozesskosten

Die Einführung der Prozesskostenrechnung in unserem Hause ist ein voller Erfolg!

Erstmals war die Wirtschaftlichkeitskontrolle in den einzelnen Kostenstellen der Produktion möglich, aber insbesondere auch in den Gemeinkostenbereichen. Durch die von der Prozesskostenrechnung ermittelten Inanspruchnahmezeiten der Kostenstellen werden die Plan- und Ist-Beschäftigung sichtbar und damit die Auslastung planbar.

Die Prozesskostenrechnung zeigt in der Artikel- und Kundenergebnisrechnung durch die verursachungsgerechte Zuordnung der Gemeinkosten die Ergebnisbeiträge jeder Deckungsbeitragsstufe in hoher Transparenz.

Gegner dieser Vorgehensweise stellen eine mangelnde Genauigkeit fest, beispielsweise weil der Sachbearbeiter X bei der Bestellannahme mit Kunde Y ein kürzeres Gespräch führt als mit Kunde Z, der eine intensivere Beratung benötigt. Ihnen ist entgegenzuhalten, dass bei der späteren Analyse der Kundendeckungsbeiträge Tendenzaussagen wichtiger sind als buchhalterische Genauigkeit.

12.1 Nutzen für die Kostenstellenrechnung

Erst durch die leistungsbezogene Betrachtung der Gemeinkostenstellen wurde es auch hier möglich, Soll-Ist-Vergleiche durchzuführen. Es wird schnell deutlich, wie viel Zeit von einer Kostenstelle für die sich wiederholenden Aktivitäten aufgebracht werden muss und wie viel »Nebenzeiten« für andere Tätigkeiten auf dieser Kostenstelle anfallen bzw. ob Überkapazitäten bestehen. Dadurch wird ein effizienter Einsatz der Ressourcen dieser indirekten Bereiche ermöglicht, da Strukturen und Abläufe transparent werden.

Ein Blick über den Tellerrand der eigenen Kostenstelle stärkt darüber hinaus das Kostenbewusstsein für den kompletten Prozess. Doppelarbeiten werden durch die abteilungs- bzw. kostenstellenübergreifende Darstellung der einzelnen Aktivitäten vermieden, und die Durchlaufzeiten lassen sich minimieren.

Die Prozesskostensätze für die Kostenträger und Ergebnisrechnung werden direkt aus der Kostenstellenrechnung abgeleitet und sind ebenso monatlich im Fokus des Soll-Ist-Vergleichs. Es entsteht keinerlei zusätzlicher Erfassungsaufwand.

12.2 Nutzen für die Kostenträger- und Ergebnisrechnung

Durch die Verrechnung der Prozesskosten in der Kalkulation und Ergebnisrechnung werden neue Strukturen in den Artikel- und Kundenergebnissen sichtbar.

Dies ist der entscheidende Punkt, da es nun gelingt, Fragen nach Sortimentsbereinigung, Optimierung der Kundenstruktur, Preispolitik oder das zu Anfang genannte Problem der Vielfalt mit den Komplexitätskosten in einer ganz anderen Qualität zu diskutieren. Durch die neuen Entscheidungshilfen zeigen sich plötzlich Ansatzpunkte für neue Lösungen.

Wie sieht zum Beispiel die Kundenstruktur aus, wenn man die reine ABC-Analyse in Verbindung mit der Kundenrentabilität bringt? Sind die betreuungsintensiven A-Kunden mit ihren eventuellen Sonderwünschen noch diejenigen, die auch eine entsprechende Rentabilität erbringen?

Die Darstellung in Abbildung 105 bringt Ihnen mithilfe der Prozesskosteninformationen wichtige Informationen zur Kundenrentabilität.

Die Frage nach der Sortimentsbereinigung lässt sich anhand der besseren Kenntnis der Deckungsbeiträge alleine nicht lösen. Der Kunde, der die ertragsschwachen Artikel abnimmt, hat möglicherweise entscheidenden Einfluss. Erst die Kombination von Artikel- und Kundendeckungsbeitrag in einer Matrix bringt Hinweise auf eine Elimination von Artikeln aus dem Sortiment (siehe Abbildung 106).

Über solch eine »Cross-Analyse« (Welche Kundengruppe kauft vorzugsweise welche Produkte aus welchen Produktgruppen?) können die entsprechenden Anhaltspunkte bzw. Ansatzpunkte gewonnen werden.

Im Prozessoptimierungsteam können für jeden Kunden bzw. jede Kundengruppe in Verbindung mit den Produkten Maßnahmen getroffen werden. Die Streichung von Produkten bzw. Produktgruppen, Standardisierung oder Fremdfertigung und auch die kundengruppenbezogene Festlegung von Preisen können auf einer gesicherten Basis entschieden werden.

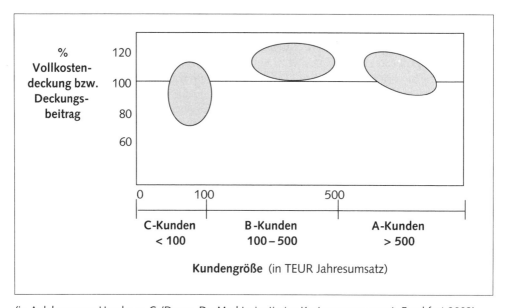

(in Anlehnung an Homburg, C./Daum, D.: Marktorientiertes Kostenmanagement, Frankfurt 2002)

Abb. 105: ABC-Analyse in Verbindung mit der Kundenrentabilität

Eine kleine Erfolgsstory ist noch erwähnenswert: Unser Vertrieb eröffnete einen Internetshop, ohne Mindestmengen zu definieren. Die Bestellung von Kleinmengen an Müsli etc. wurde sofort vom Prozesskostenrechnungssystem in der Weise ausgewiesen, in dem die Prozesskosten ein Vielfaches des Warenwertes ausmachte. Wir haben selbstverständlich sofort reagiert. Ohne die Verrechnung der Prozesse, die für die Auftrags- und Versandabwicklung auch für Kleinstmengen anfallen, wäre das unseren Verkäufern (und unserem Controller) nicht aufgefallen.

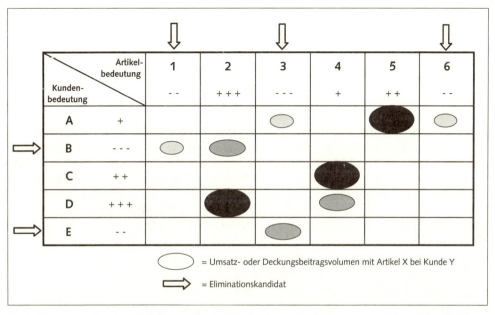

(in Anlehnung an Homburg, C./Daum, D.: Marktorientiertes Kostenmanagement, Frankfurt 2002)

Abb. 106: Kunden- und Artikelbedeutung, Eliminationskandidaten

13 Zusammenfassung und Ausblick

Die Prozesskostenrechnung ist ein Instrument zur verursachungsgerechten Zuordnung von Gemeinkosten auf die jeweiligen Kalkulationsobjekte. Mit dieser wirksamen Methode haben wir Transparenz in die Kunden- und Produktvielfalt und in die Gemeinkostenprozesse bei inhomogenen Auftragsstrukturen gebracht.

Durch die gewonnenen Entscheidungsgrundlagen konnte eine Kunden- und Produktbereinigung durchgeführt und die Komplexitätskosten im Griff behalten werden. Den Return on Investment durch die Einführung der Prozesskostenrechnung haben wir auf weniger als acht Monate errechnet.

Der Controller wird durch die Transparenz der Mengen und Werte – Erlöse und Kosten der Artikel pro Kunde – in die Lage versetzt, in kürzester Zeit die nötigen Analysen durchführen zu können. Die dafür benötigten Daten stehen in optimaler Qualität (Deckungsbeiträge mit verursachungsgerechter Zuordnung von Gemeinkosten auf diversen Ebenen) zur Steuerung des Unternehmens zur Verfügung.

Dieses aussagefähige Instrument der Produkt- und Kundendeckungsbeiträge I konnte durch den Einsatz eines Werkzeuges der Business Intelligence auf Basis einer mehrdimensionalen Datenbank (OLAP-Technologie) weiter optimiert werden. Die Artikel- und Kundenergebnisse lassen sich in diesem Vertriebs-Informations-System der Geschäftsleitung und insbesondere den Vertriebsmitarbeitern und jedem verantwortlichen Mitarbeiter des Unternehmens zugänglich machen. Das System stellt die gewohnte Excel-Oberfläche zur Verfügung und bietet neben der Ad-hoc-Analyse standardisierte Reports, die es erlauben, die Werte bis zum Einzelbeleg zu verfolgen.

Die monatlichen Kennzahlen des Management-Informations-Systems stehen bereits am dritten Werktag des Folgemonats zur Verfügung.

Die eingangs gestellte Frage, ob ein mittelständisches Produktionsunternehmen eine Prozesskostenrechnung einführen sollte, können wir aufgrund unserer positiven Erfahrung uneingeschränkt bejahen.

Teil IV
Durchführen der permanenten Prozesskostenrechnung

In diesem Teil werden nun zum Abschluss des Konzeptes zwei Aspekte zur Durchführung der permanenten Prozesskostenrechnung erläutert: Die Veränderungen, welche sich gegenüber den Einführungsschritten der Prozesskostenrechnung ergeben, und die Erfordernisse und Möglichkeiten der regelmäßigen Datenerfassung bzw. -verarbeitung.

1 Notwendigkeit der permanenten Prozesskostenrechnung

Gerade der permanente Einsatz und v. a. die permanente Anwendung der Ergebnisse der Prozesskostenrechnung für Optimierungen machen den Unterschied zu und den entscheidenden Vorteil gegenüber anderen Gemeinkostenmanagementverfahren aus.

Wird die Prozesskostenrechnung nicht permanent und konsequent angewandt, haben Sie die Einführungsarbeiten nur punktuell und für einen zeitlich sehr begrenzten Zeitraum durchgeführt. Sicherlich haben Sie auch positive Erkenntnisse gewonnen und Ergebnisse erreicht. Allerdings finden keine Weiterentwicklungen statt, keine Verbesserungen für künftige Planungen, keine Anpassungen von Prozessen, Mengengerüsten, Prozesskostensätzen, keine Aktualisierungen für Kalkulation und Ergebnisrechnung. Sofern Sie dies wünschen, müsste Ihr Unternehmen dann erneut die Analysephasen der Einführung durchlaufen. Es wäre geradezu verschwenderisch, die bisher erzielten Ergebnisse in der Schublade verschwinden zu lassen, ohne darauf aufbauend die Prozesskostenrechnung permanent einzusetzen und ein »lebendes System« zu installieren.

Je kritischer das Wissen über und das Managen von Prozesskosten für die Wettbewerbssituation eines Unternehmens sind, umso notwendiger ist es, ein auf Prozesskosten basierendes Planungs- und Steuerungssystem permanent einzusetzen.

2 Veränderungen gegenüber der Einführung der Prozesskostenrechnung

Das permanente Anwenden einer Prozesskostenrechnung bedeutet im Wesentlichen:
- zwingender Einsatz einer Prozesskostenrechnungs-Software,
- monatliche Datenübertragung bzw. -erfassung in die Prozesskostenrechnungs-Software,
- Analyse der Soll-Ist-Vergleiche,
- Verbesserung der Planungsparameter,
- Aufzeigen von Leerkapazitäten, Herbeiführen von dispositiven Änderungen,
- regelmäßige Pflege der Prozesse,
- evtl. Ausdehnen der Prozesskostenrechnung auf andere Unternehmensbereiche,
- erforderliche Anpassungen in Kalkulation und Ergebnisrechnung,
- operative Nutzung der Kalkulation und Ergebnisrechnung zur Prozess- und Erfolgssteuerung,
- kontinuierliche Optimierung der Prozesse und
- Durchdringung des Unternehmens mit dem Prozessgedanken.

Die Prozesskostenrechnung soll nun permanent in der Linie eingesetzt werden. Von einem Projekt ist demnach nicht mehr zu sprechen. Nach erfolgreichem Einführen der Prozesskostenrechnung erscheint es deshalb angebracht, das Projektteam in eine **Arbeitsgruppe** (mit oft anderen Mitarbeitern) münden zu lassen, die sich mit der Durchführung und Weiterentwicklung der Prozesskostenrechnung befasst und den Kostenstellenverantwortlichen der indirekten Bereiche Hilfestellungen für deren Produktivitätssteigerungsaufgaben geben kann. Meist übernimmt der Leiter Controlling oder der Kaufmännische Leiter diese Aufgaben.

Eine wesentliche Aufgabe dieser Arbeitsgruppe wird das permanente wert- und arbeitsablaufanalytische Untersuchen der Gemeinkosten anhand der wesentlichen Prozesse sein – über die verschiedenen Hierarchien hinweg. Hierfür wurden Prozessverantantwortliche ernannt. Die in der Einführungsphase unumgänglichen Schätzungen der Mengen- und Zeitanteile werden fortschreitend durch realistischere und analytischere Daten ersetzt; die entsprechenden Kosteninformationen werden dadurch detaillierter und fundierter. Die Mitarbeiter einer solchen Arbeitsgruppe können als potenzielle Führungskräfte für eine gewisse Zeit (etwa bis zu drei Jahren) mitarbeiten und können so das Unternehmen über die Prozessanalyse und -optimierung in hervorragender Weise kennen lernen. Für die permanente Durchführung des Prozesskostenrechnungssystems können je nach Umfang drei oder mehr Mitarbeiter in einer solchen Arbeitsgruppe zuständig sein. Allerdings gibt es in vielen Unternehmen natürlich auch kleinere Lösungen, bspw. dass der Controller je nach Bedarf zusammen mit relevanten Kostenstellen- und/oder Prozessverantwortlichen im Unternehmen Anpassungen in Prozessen vornimmt.

Die Prozesskostenrechnung wurde aus dargelegten und plausiblen Gründen lediglich in einem festgelegten Untersuchungsbereich eingeführt. Im Laufe der Zeit sollte aber zumindest in Betracht gezogen werden, **weitere Unternehmensbereiche zu durchdringen**. Die

Durchführung der permanenten Prozesskostenrechnung beinhaltet demnach die evtl. Ausdehnung der Prozesskostenrechnung auf weitere Kostenstellen und Prozesse des Unternehmens. Dies erfolgt zwar analog den in Teil II beschriebenen Einführungsschritten, aber unter Berücksichtigung der von Ihnen bei der Einführung im ersten Untersuchungsbereich gewonnenen Erfahrungen, die sogar mehr wert sein können als das hier vorgeschlagene Einführungskonzept. Sie haben Erfahrungen bzgl. der Datenerhebung und -verarbeitung gemacht. Sie wissen, welche Kostentreibermengen und -kosten Sie wie verarbeiten müssen, sei es noch im Rahmen einer denkbaren Einführungslösung (Datenbank, Tabellenkalkulation) oder bereits in einer Prozesskostenrechnungs-Software.

Gerade durch die **Kenntnis prozessorientierter und unternehmensspezifischer Gegebenheiten** kann nun die Ausdehnung auf weitere Bereiche schneller umgesetzt werden. Sie kennen die bisherigen Kostentreiber und Hauptprozesse, und so kann es auch durchaus sein, dass neue Teilprozesse in bereits bestehende Hauptprozesse einzubinden sind oder dass neue Hauptprozesse aus bisherigen und neuen Teilprozessen gebildet werden.

Die Prozesskostenrechnung lässt solche Anpassungen zu; ja, es muss sogar in ihrem Sinne liegen, neu gewonnene Erkenntnisse über betriebliche Abläufe im Rahmen einer **Prozessstrukturpflege** auch tatsächlich abzubilden. So sind auch z. B. Prozesskostensätze bei Veränderungen der verwendeten Verfahren, Arbeitstechniken, Hilfsmittel etc. zu korrigieren. Darüber hinaus sind Teil- und Hauptprozesse sowie deren Kostentreiber ebenfalls zu prüfen und ggf. abzuändern, wenn sich z. B. Handlungsstrukturen oder Produktmerkmale (wesentlich) ändern, was wiederum zu geänderten Prozesskostensätzen führt.

Die Prozesse sollen kontinuierlich überprüft und nachgeführt werden. Man kann sich zwar für längere Zeit auf die ursprünglich zur Einführung erfolgten Analysen stützen. Sofern der Nachführung von Veränderungen nicht genügend Beachtung geschenkt oder gar bewusst darauf verzichtet wird, wird eine Wiederholung der Analysen notwendig.

Solche erforderlichen **Änderungen der Prozesshierarchie** werden regelmäßig im Rahmen der Erfassungs- und Kontrollrhythmik erkannt, sind aber auch bei Reorganisationsmaßnahmen oder ähnlichen einschneidenden Maßnahmen sofort zu integrieren. Die Prüfung der notwendigen Anpassungsmaßnahmen erstreckt sich dann auf die Erfassungs-, Zuordnungs- und Verrechnungstechnik, z. B. hinsichtlich der Belegflussorganisation oder der Eröffnung bzw. Differenzierung der Kostenstellen etc.

Eine weitere Aufgabe bei der Durchführung der Prozesskostenrechnung ist die **Weiterentwicklung** und Ausrichtung angrenzender Instrumente wie z. B. der Kalkulation und Ergebnisrechnung.

Die an manchen Stellen dieses Buches noch anhand von Formularen ermittelten Daten sollen nicht die manuelle Erfassung fördern, sondern Ihnen die Inhalte und Logiken der erforderlichen Datenerhebungen aufzeigen, die selbstverständlich so gut wie möglich in Ihre »Betriebsdatenlandschaft« integriert und die Datenübertragung zur Prozesskostenrechnung automatisiert sein sollten.

Die permanente Durchführung der Prozesskostenrechnung bedeutet nicht, dass Prozessparameter wie Kostentreibermengen und/oder Zeitanteile, Kostenanteile aus der Kostenstellenrechnung etc. manuell zusammengetragen und weiter verarbeitet werden müssen. Ebenso wenig sollen manuell für die Prozesskostenrechnung von den im Prozess beteiligten Mitarbeitern Prozessgrößen ermittelt und erfasst werden müssen. »**Erfassung**« bedeutet hier, dass Ihre Prozesskostenrechnung regelmäßig mit den erforderlichen Daten versorgt wird. Der manuelle Erfassungsaufwand muss auf ein Minimum reduziert werden. Auch dies ist eine Aufgabe in einer permanenten Prozesskostenrechnung.

3 Regelmäßige Datenverarbeitung

3.1 Möglichkeiten

Das permanente Anwenden und Durchführen der Prozesskostenrechnung erzwingt als ersten Schritt die Einführung einer regelmäßigen Erfassung oder Ableitung der relevanten Daten, sofern Sie dies nicht schon in der Einführungsphase getan haben.

Der Einsatz einer Prozesskostenrechnungs-Software ist unumgänglich, um mit den Daten regelmäßig, also i.d.R. monatlich, umgehen und entsprechende Auswertungen handhabbar machen zu können.

Die erforderlichen Daten müssen entsprechend ihrer Anwendung und entsprechend der Prozessdefinition in der Prozesshierarchie in die Prozesskostenrechnung übertragen werden.

Hierzu ein Beispiel: In der Prozesshierarchie werden u. a. die beiden Hauptprozesse »Inlandsaufträge direkt abwickeln« und »Inlandsaufträge über Vertriebspartner abwickeln« anhand der Kostentreiber »Anzahl Inlandsaufträge/direkt« und »Anzahl Inlandsaufträge/ indirekt« unterschieden. Bezüglich der späteren Verwendung der Kosteninformationen muss nun bereits bei der Erfassung auf Teilprozessebene ebenfalls eine entsprechende Abgrenzung erfolgen. Das heißt im Klartext: Die Erfassung der Teilprozesse muss getrennt nach diesen Kostentreibern erfolgen. Hier im Beispiel müssen die Anzahl der direkt und der über Vertriebspartner abgewickelten Inlandsaufträge getrennt erfasst werden, um die entsprechenden Kosten den Hauptprozessen zurechnen zu können.

Die zu erfassenden Prozessdaten sind also im Wesentlichen die Prozessmengen der Kostentreiber. Daraus werden über die Plan-Prozesskostensätze die Sollprozesskosten und -sätze ermittelt; die gegenübergestellten Ist-Kosten weisen entsprechende Abweichungen auf, die zu analysieren sind. Es stellt sich nun die Frage, in welcher Form und in welchem Rhythmus die Erfassung bzw. Datenübertragung und -auswertung geschehen kann.

Die optimale Lösung zur Verarbeitung der relevanten Prozesskostendaten ist deren automatisierte Bereitstellung und Übernahme aus Vorsystemen. Hier seien die Begriffe PPS und ERP genannt, aber auch Teilbereiche wie Fertigungssteuerung, Materialwirtschaft, Auftragsabwicklung, Versand, Vertrieb, Rechnungswesen oder Workflow-Management-Systeme und sonstige Betriebsdatenerfassungen können entsprechende Daten zur Verfügung stellen. Die Prozesskostenrechnung erhält so alle erforderlichen Daten aus der **Datenintegration** mit bereits bestehenden operativen Systemen.

Hier ist die Querverbindung zu den Anforderungen an die Kostentreiberbildung zu betonen, wo u. a. eine leichte und v. a. nachvollziehbare Erfassbarkeit bzw. Übernahme der Kostentreiberdaten gefordert wird (siehe Teil I).

Scheidet die Datenintegration als Möglichkeiten der Datenerfassung aus, dann bleibt nur die Datenerfassung anhand von **Selbstaufschreibungen** – eine Art »manuelle Betriebsdatenerfassung«. Diese Selbstaufschreibungen sind prinzipiell analog zu denen der Tätigkeitsanalyse durchzuführen (siehe Teil II). Ein Problem kann die unter Angestellten (im Gegensatz zu Arbeitern) stark verbreitete Auffassung sein, dass ihre Büroarbeiten

Projekt Prozesskostenrechnung Ihr Ansprechpartner: H. Remer, App. 486 29.06.2005															 GmbH
Entwicklung der Ist-Kostentreibermengen															
Kostentreiber	Plan p.M.	Monate													Ab- solut bzw. ∅
		1	2	3	4	5	6	7	8	9	10	11	12	
Kunden absolut	340	333	331	330	333	335	337	334	336						336
Neukunden absolut	20	1	1	1	3	3	3	5	5						5
Bestellungen p.M.	100	90	98	82	106	113	119	131	130						108,6
Mahnungen p.M.	0	0	1	3	4	2	3	5	6						3
Aufträge p.M.	300	310	287	255	277	302	288	297	309						291
Reklamationen p.M.	0	2	3	1	1	4	5	4	6						3,3
Teilenummern absolut	260	243	246	246	247	251	250	250	254						254
...	...	...	...	...	...	...	...	...	...						

Abb. 107: Übersicht über die Entwicklung der Ist-Kostentreibermengen (Beispiel)

nicht ohne weiteres messbar seien. Diese Meinung bedarf der Revision. Die Akzeptanz der regelmäßigen Messung von Arbeitsergebnissen bildet eine wesentliche Grundlage für die Kosten- und Leistungserfassung.

Die so ermittelten Daten sollten zudem in einer Übersicht nach Monaten zusammengestellt werden, woraus sich bereits ohne weitere (Kosten-)Informationen wichtige Trends erkennen lassen – die gezeigten Kostentreiber »treiben« definitionsgemäß die »Kosten« Ihres Unternehmens. Diese Übersicht kann nun an die Kostenstellen-/Prozessverantwortlichen und das Management als Vorabinformation verteilt werden (siehe Abbildung 107).

Der **Erfassungs- bzw. Verarbeitungsrhythmus** sollte monatlich festgelegt sein. Die Übertragung der Prozesskostendaten aus Vorsystemen bzw. aus Selbstaufschreibungen muss jeweils per Monatsende erfolgen, wie bereits erwähnt am besten automatisiert per Schnittstelle o. Ä. Die prozessorientierte Steuerung findet zwar zunächst nur jährlich statt, sollte aber bei ausreichenden Erfahrungen unterjährig stattfinden, um Trends frühzeitig aufzeigen zu können (siehe auch Teil II). Im Falle unumgänglicher Selbstaufschreibungen erfordert dies aber etwas mehr Mühe: Jeder Mitarbeiter muss seine Arbeitsergebnisse schriftlich und korrekt festhalten. Dem einzelnen Mitarbeiter ist in solchen Fällen zu empfehlen, dass er sich täglich Notizen macht. Am Monatsende wäre es schwieriger für jeden, nachträglich genaue Daten abzuliefern – eine pauschalierte Schätzung wäre somit das unerwünschte Ergebnis.

Grundsätzlich gibt es zwei Vorgehensweisen, um die im Ist angefallenen Prozesskosten zu ermitteln: die zeit- bzw. funktionsorientierte Erfassung oder die ergebnisorientierte Erfassung.

Bei der **zeit- bzw. funktionsorientierten Erfassung** muss jeder am Teilprozess beteiligte Mitarbeiter sowohl seine Prozessleistungen als auch die dafür aufgewandte Zeit erfassen. Daraus lassen sich exakt die Ist-Teilprozesskosten bestimmen, indem der auf einen Teilprozess entfallende Zeitanteil ins Verhältnis zur Gesamtkapazität der Kostenstelle gesetzt wird und mit den angefallenen Ist-Kosten aus der Kostenstellenrechnung multipliziert wird. Durch die erforderliche zusätzliche Angabe der Leistung (Welche Prozesse wurden wie oft durchgeführt?) lassen sich Ist-Teilprozesskostensätze ermitteln.

Diesem Verfahren wird eine hohe Erfassungsgenauigkeit nachgesagt. Allerdings sind solche detaillierten Erfassungen sehr aufwändig und stoßen bei den Mitarbeitern auf wenig Akzeptanz, was sich zweifellos in der Erfassungsgenauigkeit niederschlägt. Häufig werden pauschale und/oder nachträgliche Angaben gemacht, die nicht der Ist-Situation entsprechen – allerdings ist das den Aufzeichnungen nicht anzusehen.

Mit dem Verfahren der **ergebnisorientierten Erfassung** werden die Tätigkeiten anhand ihrer Ergebnisse zu Teilprozessen zusammengefasst. Das Ausführen eines Wareneinganges ist zum Beispiel ein einfaches Ergebnis, das einen eigenen Teilprozess definiert. Um die hierfür im Ist angefallenen Prozesskosten beurteilen zu können, müssen lediglich die Prozessergebnisse ermittelt werden. Und diese können (bzw. müssen) aus vorhandenen Systemen übernommen oder abgeleitet werden, sodass keine manuelle Erfassung seitens der Ausführenden erforderlich wird.

Fortlaufende exakte Erfassungen sind immer dann zwangsläufig erforderlich, wenn Funktionsorientierung vorliegt. Hier stehen keine definierten Ergebnisse und somit auch keine Richtwerte zu Verfügung. Allerdings sieht das Konzept der Prozesskostenrechnung hier eine Behandlung als lmn Prozesse und -Kosten vor und Sie entscheiden, ob und wie diese lmn Bestandteile verrechnet werden.[89]

Eine manuelle Datenerfassung kann auch dann zwingend sein, sofern Kostentreibermengen nicht aus vorhandenen Systemen und Quellen ermittelbar sind, z. B. Anzahl (und evtl. Zeit für) Neukundenbesuche, sofern kein entsprechendes Travel-Managementsystem o. Ä. im Einsatz ist.

Sollte eine manuelle bzw. eine exakte Datenerfassung erforderlich werden, kann sie nur dann schnell erfolgen und damit auch akzeptiert werden, wenn jeder Mitarbeiter ein seinem Arbeitsgebiet entsprechendes spezielles **Erfassungsformular** erhält. Dem Mitarbeiter darf keine komplizierte und Zeit raubende, manuelle Erfassung zugemutet werden. Ebenso ist die Unterstützung durch den Kostenstellenleiter erforderlich, und zwar in der Weise, dass den Mitarbeiter beim Ausfüllen der Erfassungsblätter keine Vorwürfe von dessen Seite erwarten dürfen, denn dazu ist die Prozesskostenrechnung zu wichtig. Nach einer gewissen Übung sollte die tägliche Erfassung in einer Minute erledigt werden können.

Ein solches Erfassungsformular orientiert sich deshalb vorwiegend an den gewonnenen Daten aus der Analysephase. Die Tätigkeitsanalyse lieferte die einzelnen Tätigkeiten jedes Mitarbeiters. Durch die erfolgte Zuordnung dieser Tätigkeiten auf Teil- und Hauptprozesse lassen sich nun umgekehrt aus der gefundenen Prozesshierarchie die Tätigkeiten eines

Prozesskostenrechnung
Ihr Ansprechpartner: H. Remer, App. 486

XY GmbH

Erfassungsformular für Kostentreibermengen

Kostenstellen-Nr. und -Bezeichnung	Ihr Name		(Interne Vermerke)
123-3520 Einkauf		Erfassungsmonat	
■ = Wochenende			

Kalendertag	1	2	3	4	5	8	9	10	11	12	15	16	17	18	19	22	23	24	25	26	29	30	31	Monats-summen
Im Prozess / **Kostentreiber**																								
Bestellungen durchführen / Bestellungen																								
Lieferanten betreuen / Lieferanten																								
Preise verwalten / untersch. Kaufteile																								
Reklamationen bearbeiten / Reklamationen																								
... / ...																								

Abb. 108: Erfassungsformular für Kostentreibermengen

Prozesskostenrechnung
Ihr Ansprechpartner: H. Remer, App. 486

XY GmbH

Tägliches Zeiterfassungsformular

Kostenstellen-Nr. und -Bezeichnung		Ihr Name	Erfassungsmonat	(Interne Vermerke)

123-3520 Einkauf

■ = Wochenende

Kalendertag		1	2	3	4	5	8	9	10	11	12	15	16	17	18	19	22	23	24	25	26	29	30	31	Monats-summen
Imi Prozess	Zeitangaben																								
Bestellungen durchführen	in Stunden																								
Lieferanten betreuen	in Stunden																								
Preise verwalten	in Stunden																								
Reklamationen bearbeiten	in Stunden																								
...																									
Imn Prozess																									
Verwaltungstätigkeiten	in Stunden																								
Abteilung leiten	in Stunden																								
Fehltage																									
Weiterbildung	Tage ankreuzen																								
Urlaub	Tage ankreuzen																								
Krankheit	Tage ankreuzen																								
Sonstiges	Tage ankreuzen																								
Tagessummen																									

Abb. 109: Formular für die regelmäßige Zeiterfassung

Mitarbeiters im Rahmen eines Teil- und somit auch Hauptprozesses ermitteln und können in einem für ihn vorbereiteten Formular bereitgestellt werden.

Die Erfassung der Kostentreibermengen erfolgt nun anhand der Kostentreiber der Teilprozesse und nicht nach den ursprünglichen Maßgrößen der Tätigkeiten. Das Erfassungsformular kann demnach aus dem Tätigkeitskatalog je Kostenstelle in Verbindung mit dem Teilprozesskostenblatt abgeleitet werden. Nachfolgend ist ein solches Formular im beispielhaften Aufbau dargestellt (siehe Abbildung 108).

Sollen (zusätzlich) Zeitanteile zur Durchführung der lmi und auch der lmn Prozesse erforderlich sein, ist das Erfassungsformular entsprechend zu ergänzen bzw. ein eigenes Formular zu verwenden. Der Vollständigkeit halber sind ebenso Fehltage durch Urlaub, Krankheit etc. anzugeben. Nachfolgend ist ein solches Formular im beispielhaften Aufbau dargestellt, wobei hier unterstellt wird, dass die Kostentreibermengen aus den vorhandenen Systemen bereitgestellt werden können und hier »lediglich« die Erfassung der Zeitanteile erforderlich ist (siehe Abbildung 109).

3.2   Berechnungsbeispiel

Das folgende Beispiel stammt aus dem Verkaufsbereich. Die relevanten Daten (Kosten, Kostentreibermengen) liegen aus den Vorsystemen Kostenstellenrechnung und Auftragsabwicklung vor. Zunächst zu den Rahmendaten des Beispiels in Abbildung 110.

Kostenstelle	Kostenstellenkosten im Betrachtungsmonat Juni 2005	Mitarbeiter
Verkauf Innendienst	Plan-Kosten 80.000 EUR Ist-Kosten 100.000 EUR	4 Sachbearbeiter A, B, C, D zzgl. Leiter Verkauf V
Verkauf Außendienst	Plan-Kosten 105.000 EUR Ist-Kosten 100.000 EUR	3 Außendienstmitarbeiter E, F, G
Total	**Plan-Kosten 185.000 EUR** **Ist-Kosten 200.000 EUR**	**8 Mitarbeiter**

Abb. 110: Rahmendaten des Verkaufsbereiches (Beispiel)

Der Verkaufsleiter managt die beiden Verkaufskostenstellen. Seine direkt zurechenbaren Plan-Kosten (Personalkosten, Personalnebenkosten, Firmenwagen-Leasingkosten, Reisekosten, Handykosten, Abschreibungen etc.) belaufen sich auf 10.000 EUR monatlich und werden in der Kostenstelle »Verkauf Innendienst« gebucht. Die Umlage dieser lmn Kosten erfolgt nicht nach Mitarbeiteranteilen, sondern vorzugsweise nach Zeitanteilen des Verkaufsleiters bzgl. seiner Managementfunktion an den einzelnen lmi Teilprozessen. So wurden diese lmn Plan-Kosten im Verhältnis 70 % zu 30 % auf die beiden Kostenstellen verteilt (siehe Abbildung 111).

Soviel zur Plan-Situation der beiden Kostenstellen; die erforderlichen Ist-Zahlen entstammen aus den Kostentreibermengen der Vorsysteme sowie aus Selbstaufschreibungen, besonders die Zeitanteile je Teilprozess – eine in diesem Fall zwar umfangreiche, aber aufgrund der hohen Akzeptanz seitens der Mitarbeiter sehr präzise Vorgehensweise. Aus der

Kostenstelle: Verkauf Innendienst			Monat: Juni 2005		PLAN
					Kosten/-sätze in EUR
Teilprozesse	Kostentreiber		Prozesskostensätze		
	Anzahl der...	Mengen	lmi	lmn	gesamt
Verkaufsplanung	Fabrikate	40	320,00	30% = 75,00	395,00
Angebotsbearbeitung	Angebote	90	247,80	20% = 22,20	270,00
Auftragsbearbeitung	Aufträge	430	57,70	10% = 2,30	60,00
Fakturierung	Ausgangs-Rg.	750	17,50	10% = 1,30	18,80
			Prozesskosten		
			lmi	lmn	gesamt
				70% von 10.000	
			73.038	= 7.000	80.038

Kostenstelle: Verkauf Außendienst			Monat: Juni 2005		PLAN
					Kosten/ sätze in EUR
Teilprozesse	Kostentreiber		Prozesskostensätze		
	Anzahl der...	Mengen	lmi	lmn	gesamt
Akquisition	Neukunden	22	1.155,00	10% = 45,50	1.200,50
Kundenbetreuung	Kundenbesuche	172	445,00	20% = 11,60	457,00
			Prozesskosten		
			lmi	lmn	gesamt
				30% von 10.000	
			101.950	= 3.000	104.950

(in Anlehnung an Boot, J./Bachmann, R./Sobottka, G.: Prozesskostenrechnung – pragmatische Ansätze in SAP R/3 CO bei einem Handelsunternehmen (Thyssen Edelstahl Vertriebs- und Service GmbH), in: Controlling, Heft 4 (Juli/August), 1995, S. 230)

Abb. 111: Plan-Prozesskostenübersicht des Verkaufsbereiches (Beispiel)

bisherigen Kostenstellenrechnung lassen sich die Gesamtkosten der Kostenstellen und die spezifisch zurechenbaren Kostenarten (hier nur für den Verkaufsleiter i.H.v. 11.875 EUR) ermitteln.

Die Ist-Kosten der Teilprozesse werden über die ermittelten Zeitanteile aller Mitarbeiter einer Kostenstelle zzgl. des aktuell ermittelten lmn Anteils des Verkaufsleiters berechnet (jetzt: 80% zu 20%). Die lmn Kosten des Verkaufsleiters müssen zunächst von den Gesamtkosten der Kostenstelle »Verkauf Innendienst« abgezogen werden, um die echten lmi Kosten zu erhalten. Der entsprechende Anteil (hier 80% = 9.500 EUR) wird als lmn Kosten umgelegt, sodass echte gesamte Ist-Kosten i.H.v. 97.625 EUR auf dieser Kostenstelle angefallen sind. Diese Verfahrensweise führt bei der Kostenstelle »Verkauf Außendienst« zu echten gesamten Ist-Kosten von 102.375 EUR (incl. 2.375 EUR lmn Kosten).

Die Ist-Situation der beiden Kostenstellen ist in Abbildung 112 zusammengestellt.

Nach Übernahme der Kostentreibermengen lassen sich Soll-Prozesskosten errechnen und den Ist-Prozesskosten gegenüberstellen (siehe Abbildung 113).

Alle Prozesse der Kostenstelle »Verkauf Innendienst« wurden in größerer Anzahl durchgeführt als geplant. Der lmn Anteil des Verkaufsleiters ist hier um 10%-Punkte angestiegen

Kostenstelle: Verkauf Innendienst			Monat: Juni 2005		IST
					Kosten in vollen EUR
	Zeitanteile	Prozesskosten	Zeitanteile	Prozesskosten	Prozesskosten
Teilprozesse	lmi	lmi	lmn	lmn	gesamt
Verkaufsplanung	18,50%	16.303	35,00%	4.150	20.455
Angebotsbearbeitung	28,00%	24.675	25,00%	2.975	27.650
Auftragsbearbeitung	38,00%	33.488	15,00%	1.780	35.265
Fakturierung	15,50%	13.659	5,00%	595	14.255
Total	**100,00%**	**88.125**	**80,00%**	**9.500**	**97.625**

Kostenstelle: Verkauf Außendienst			Monat: Juni 2005		IST
					Kosten in vollen EUR
	Zeitanteile	Prozesskosten	Zeitanteile	Prozesskosten	Prozesskosten
Teilprozesse	lmi	lmi	lmn	lmn	gesamt
Akquisition	18,00%	18.000	15,00%	1.780	19.780
Kundenbetreuung	82,00%	82.000	5,00%	595	82.595
Total	**100,00%**	**100.000**	**20,00%**	**2.375**	**102.375**

Abb. 112: Ist-Zeitanteile und -Prozesskosten des Verkaufsbereiches (Beispiel)

(zugunsten der Kostenstelle »Verkauf Außendienst«). Die Ist-Prozesskosten übersteigen die Soll-Prozesskosten lmi um + 1.741 EUR und gesamt um + 3.1980 EUR. Eine Betrachtung der einzelnen Teilprozesse gibt Aufschluss über das Zustandekommen dieser Gesamtabweichung:

• Die größte Einzelabweichung eines Teilprozesses mit + 4.665 EUR entsteht bei »Auftragsbearbeitung«, d. h. dass dort größere Zeitanteile (lmi und lmn) je Prozessdurchführung angefallen sind, als bei der Planung ermittelt wurden.

• Die zweite, wesentliche Abweichung kommt aus dem Teilprozess »Verkaufsplanung«, wo ebenfalls lmi und lmn Zeitanteile und Kosten über den Sollwerten liegen (+ 3.470 EUR).

• Aus den beiden Teilprozessen »Angebotsbearbeitung« und »Fakturierung« ergibt sich eine Ersparnis von insgesamt −4.937 EUR gegenüber den Soll-Prozesskosten.

Werden die Plan- mit den Ist-Teilprozesskostensätzen verglichen, zeigen sich die entsprechenden Produktivitäten in geänderten Prozesskostensätzen (höhere Ist-Prozesskostensätze stehen für schlechtere Produktivität, siehe Abbildung 114).

Werden diese Abweichungen in den nächsten drei bis sechs Monaten bestätigt, dann müssen die Ursachen für die Abweichungen durch eine detailliertere Analyse ermittelt werden: Wurden die Abläufe geändert? Warum musste der Verkaufsleiter mehr als geplant in dieser Kostenstelle unterstützend mitwirken? Werden die bei »Angebotsbearbeitung« und »Fakturierung« freigewordenen Ressourcen optimal bei anderen Prozessen eingesetzt? Sind die schlechten Abweichungen bei »Verkaufsplanung« und »Auftragsbearbeitung« nur aufgrund der Mengenerhöhungen aufgetreten? Haben irgendwelche Sonderfaktoren eine Rolle gespielt? etc. Die gewonnenen Erkenntnisse müssen in dispositive Maßnahmen münden, um die Prozesskosten »in den Griff« zu bekommen.

Kostenstelle: Verkauf Innendienst — **Monat: Juni 2005** — Kosten in EUR

Teilprozesse	Anzahl der...	Mengen Plan	Mengen Ist	Abwei-chung	Soll Imi	Ist Imi	Abwei-chung	Soll gesamt	Ist gesamt	Abwei-chung
		Kostentreibermengen			Prozesskosten					
Verkaufsplanung	Fabrikate	40	43	3	13.760	16.303	2.543	16.985	20.455	3.470
Angebotsbearbeitung	Angebote	90	115	25	28.497	24.675	-3.822	31.050	27.650	-3.400
Auftragsbearbeitung	Aufträge	430	510	80	29.427	33.488	4.061	30.600	35.265	4.665
Fakturierung	Ausgangs-Rg.	750	840	90	14.700	13.659	-1.041	15.792	14.255	-1.537
Total					86.384	88.125	1.741	94.427	97.625	3.198

Kostenstelle: Verkauf Außendienst — **Monat: Juni 2005** — Kosten in EUR

Teilprozesse	Anzahl der...	Mengen Plan	Mengen Ist	Abwei-chung	Soll Imi	Ist Imi	Abwei-chung	Soll gesamt	Ist gesamt	Abwei-chung
		Kostentreibermengen			Prozesskosten					
Akquisition	Neukunden	22	19	-3	21.945	18.000	-3.945	22.810	19.780	-3.030
Kundenbetreuung	Kundenbesuche	172	180	8	80.172	82.000	1.828	82.260	82.595	335
Total					102.117	100.000	-2.117	105.070	102.375	-2.695

Abb. 113: Kosten- und Mengenabweichungen des Verkaufsbereiches (Beispiel)

Kostenstelle: Verkauf Innendienst		Monat: Juni 2005			PLAN/IST	
					Kostensätze in EUR	
Teilprozesse	Kostentreiber	Prozesskostensätze				
		Plan			Ist	
	Anzahl der...	lmi	lmn	gesamt	lmi	lmn	gesamt
Verkaufsplanung	Fabrikate	320,00	75,00	395,00	379,19	96,51	475,70
Angebotsbearbeitung	Angebote	247,80	22,20	270,00	214,57	25,86	240,43
Auftragsbearbeitung	Aufträge	57,70	2,30	60,00	65,66	3,49	69,15
Fakturierung	Ausgangs-Rg.	17,50	1,30	18,80	16,26	0,71	16,97

Abb. 114: Prozesskostensätze (Plan/Ist) der Kostenstelle »Verkauf Innendienst« (Beispiel)

Die o. g. Aussagen lassen sich entsprechend auf die Kostenstelle »Verkauf Außendienst« übertragen. Die günstige Überdeckung/Abweichung von insgesamt –2.695 EUR lässt sich hauptsächlich auf eine effizientere Durchführung des Teilprozesses »Akquisition« zurückführen (–3.030 EUR). Demgegenüber ist beim Teilprozess »Kundenbetreuung« trotz Reduzierung des lmn Anteils eine Soll-Kosten-Überschreitung aufgetreten. Die hierfür verantwortlichen Gründe sollten ebenfalls näher analysiert werden.

Sie können auf die kontinuierliche Erfassung von Zeitanteilen je Teilprozess verzichten, sofern die im Rahmen der Planung der Kostentreibermengen und Prozesskostensätze (bzw. bei der späteren Pflege der Prozessstrukturen) vorzugsweise analytisch ermittelten Prozessdurchführungszeiten weiterhin den tatsächlichen Gegebenheiten entsprechen bzw. wenn Sie mögliche Abweichungen aus diesem Bereich zunächst in Kauf nehmen.

Diese Vorgehensweise wurde bereits in Teil II empfohlen: Die Ist-Prozesskosten entsprechen so den automatisch aus Kostentreibermengen ermittelten Soll-Prozesskosten, Abweichungen werden über den Plan-Ist-Vergleich analysiert.

Mit diesem letzten Hauptteil wurde Ihre inhaltliche Erarbeitung der Prozesskostenrechnung abgeschlossen. Das Buch endet schließlich mit einigen Schlussbemerkungen und einem kurzen Ausblick.

Schlussbemerkungen und Ausblick

Eine neue **bereichsübergreifende Denkweise** und Kommunikationskultur müssen in den Köpfen aller Beteiligten einkehren. Die Managementdimension der Prozesskostenrechnung wird oft völlig unterschätzt; sie ist aber als Teil eines ganzheitlichen Managementkonzeptes zu verstehen und hat aus den dargelegten Gründen eine enorme Wichtigkeit für den Unternehmensfortbestand.

Mit der Prozesskostenrechnung können nicht nur in Großkonzernen, sondern auch in kleineren mittelständischen Unternehmen bereits deutliche Vorteile und interessante Erkenntnisse zur Sicherung des Unternehmenserfolgs erzielt werden. Die Prozesskostenrechnung ist – unabhängig von der Unternehmensgröße – ein geeignetes Instrument zur Verbesserung der Transparenz im Gemeinkostenbereich. Gerade in kleineren Unternehmen lassen sich die Prozesse oft besser überschauen, die Prozesskosten verursachungsgerechter ermitteln und die Ressourcen flexibler einsetzen als in größeren Geschäftseinheiten oder Konzernen.

Eine **sorgfältige Durchführung der Analysephase** im Rahmen der Einführung im Untersuchungsbereich und auch bei der späteren Ausdehnung auf weitere Unternehmensbereiche ist von absoluter Wichtigkeit. Fehler in dieser Phase verstärken sich um ein Vielfaches und so sind die Möglichkeiten der Prozesskostenrechnung in der späteren Anwendung nur zu einem Bruchteil ihres Potenzials nutzbar.

Die Prozesskostenrechnung erweist sich als ein **hilfreiches Steuerungsinstrument** zur Realisierung von Kostensenkungszielen, indem die Prozesse im Gemeinkostenbereich entweder kostengünstiger gestaltet oder mengenmäßig verringert werden. Bei der Präsentation der Ergebnisse der Prozesskostenrechnung müssen Sie aber explizit bewusst machen, dass eine Reduzierung von Gemeinkosten nicht automatisch mit einer Variation der Prozessdurchführungen verbunden ist; ein derartiges Ergebnis ist vielmehr erst nach der Realisierung von dispositiven Kapazitätsanpassungsmaßnahmen in den entsprechenden Kostenstellen möglich. Dennoch gibt die Prozesskostenrechnung über die Bereitstellung bereichsübergreifender Prozessinformationen bereits **wertvolle Hinweise**, in welchen Teilbereichen des Unternehmens Kapazitätsanpassungsmaßnahmen zweckmäßig erscheinen. Mögliche Bereinigungen im Produkt-Kunden-Mix werden auf eine solide Basis gestellt.

Es wurde dargestellt, dass kurzfristige und punktuelle Kostensenkungsprogramme nicht zu dauerhaftem Erfolg führen, sondern permanentes Prozessmanagement erforderlich ist. Daraus erhebt sich die Forderung nach dem **Management von Prozessen statt Kosten**. Vor diesem Hintergrund gilt es anzumerken, nicht nur von »Prozessoptimierung« und »Kostenmanagement« zu sprechen, sondern auch mit Erfolg versprechenden Maßnahmen umzusetzen.

In der heutigen und v. a. in der zukünftigen Unternehmensrealität steht die **Prozessgestaltung** und nicht die Kostenrechnung an sich im Vordergrund. Dabei geht es darum, Effektivität und Effizienz sowohl kosten- als auch zeit- und qualitätsbezogen zu steigern. So ist die Prozesskostenrechnung bzw. das Prozesskostenmanagement Teil eines **umfas-**

senden Prozessmanagements. Aktuelle Bestrebungen gehen dahin, Workflow-Management-Systeme o. Ä. mit Prozesskostenrechnungssystemen zu verbinden.

Die Prozesskostenrechnung kann als Fundament der strategischen Ausrichtung des Unternehmens angesehen werden. Prozesskostenrechnungssysteme sind vollständig zu integrieren – nicht nur DV-seitig, sondern ganz besonders auch in der Denkweise der Verantwortlichen. Diese Ausrichtung ist z. B. auch vor dem Hintergrund der Einbindung von Prozesskosten in das Target Costing anzustreben.

Für viele Branchen besteht die Notwendigkeit, »über ein Instrument zu verfügen, welches die Kostenrechnung von einer operativen innengewandten Kostenkontrolle zu einem an den Veränderungen des Marktes und den Umfeldbedingungen (z. B. Technologie) ausgerichteten strategischen Führungsinstrument macht. Hierzu ist die Prozesskostenrechnung in der Lage«.[90]

Es zeichnet sich ab, dass der Einsatz von Controllingwerkzeugen entscheidend von deren Einfachheit und Praktikabilität bestimmt wird. Die Prozesskostenrechnung wird sich deshalb weiter in Richtung Standardinstrument für die permanente Planung, Steuerung und Verrechnung von Gemeinkosten entwickeln und eine **wesentliche Aufgabe als Instrument des Gemeinkostencontrolling** übernehmen. Die zunehmende Durchsetzung der Prozesskostenrechnung steht aufgrund ihrer praktischen Relevanz außer Frage.

Die Prozesskostenrechnung ist nicht das Allheilmittel zur Sicherung des Unternehmenserfolgs. Richtig angewandt kann sie aber einen nicht unerheblichen Teil dazu beitragen. Es ist erkennbar, dass das Prozesskostenmanagement in der Praxis keineswegs an Aktualität verloren hat, sondern im Gegenteil ist in den nächsten Jahren mit einer weiteren Verbreitung in deutschen Unternehmen zu rechnen.

Literaturverzeichnis

Abkürzungen in Literaturverzeichnis und Literaturvorschläge

BB	BetriebsBerater – Zeitschrift für Recht und Wirtschaft
BFuP	Betriebswirtschaftliche Forschung und Praxis (Zeitschrift)
DBW	Die Betriebswirtschaft (Zeitschrift)
FB/IE	Fortschrittliche Betriebsführung und Industrial Engineering (Zeitschrift)
io	Industrielle Organisation (Titel: io management zeitschrift)
krp	Kostenrechnungspraxis – Zeitschrift für Controlling und Management
PLK	Praxislexikon Kostenrechnung (Loseblattsammlung)
WiSt	Wirtschaftswissenschaftliches Studium – Zeitschrift für Ausbildung und Hochschulkontakt
WISU	Das Wirtschaftsstudium – Zeitschrift für Ausbildung, Examen und Weiterbildung
ZfB	Zeitschrift für Betriebswirtschaft
zfbf	Zeitschrift für betriebswirtschaftliche Forschung

Berberich, H. J.: Activity Based Costing bei John Deere, in: Männel, W. (Hrsg.): Prozesskostenrechnung – Standpunkte, Branchen-Erfahrungen, Software-Lösungen, krp, Sonderheft 1, 1994, S. 21–27.

Betz, S.: Gemeinkostencontrolling auf Basis der Prozesskostenrechnung, in: krp, Heft 3, 1995, S. 135–144.

Biel, A.: Anwendung der Prozesskostenrechnung, in: Controller Magazin, 5, 1990, S. 255–258.

Biel, A.: Einführung der Prozesskostenrechnung, in: krp Heft 2, 1991, S. 85–90.

Böhler, W.: Integration der Prozesskostenrechnung in eine geschlossene Kostenrechnungsstandardsoftware, in: Männel, W. (Hrsg.): Prozesskostenrechnung – Standpunkte, Branchen-Erfahrungen, Software-Lösungen, krp Sonderheft 1, 1994, S. 91–96.

Böhler, W./Wolf, K.: Prozessorientierte Produkt- und Kundenergebnisrechnung als Instrument der Sortimentssteuerung, in: krp Heft 1, 2001, S. 37–43.

Boot, J./Bachmann, R./Sobottka, G.: Prozesskostenrechnung – pragmatische Ansätze in SAP R/3 CO bei einem Handelsunternehmen (Thyssen Edelstahl Vertriebs- und Service GmbH), in: Controlling, Heft 4 (Juli/August) 1995, S. 228–233.

Braun, S.: Die Prozesskostenrechnung – Ein fortschrittliches Kostenrechnungssystem?, Ludwigsburg-Berlin 1994.

Brühl, R.: Informationen der Prozesskostenrechnung als Grundlage der Kostenkontrolle, in: krp, Heft 2, 1995, S. 73–79.

Buchner, H., Maurer, C.: Schlankes Prozesskostenmanagement für den Mittelstand, in: Controlling, Heft 2, Februar 1999, S. 81–86.

Buggert, W.: Neue Verfahren des Kostenmanagements in den Gemeinkostenbereichen, in: Controller Magazin, 2/1994, S. 90–102.

Christmann, A.: Alternativen zur traditionellen Gemeinkostenschlüsselung, in: Controller Magazin 3/1994, S. 154–161.

Coenenberg, A. G./Fischer, T. M.: Prozesskostenrechnung – Strategische Neuorientierung in der Kostenrechnung, in: DBW, 1, 1991, S. 21–38.

Cooper, R./Kaplan, R. S.: Prozessorientierte Systeme: Die Kosten der Ressourcennutzung messen, in: Männel, W. (Hrsg.): Prozesskostenrechnung – Methodik, Anwendung und Softwaresysteme, krp, Sonderheft 2, 1993, S. 7–14.

Cooper, R.: Activity-Based Costing – Wann brauche ich ein Activity-Based Cost-System und welche Kostentreiber sind notwendig? (Teil 2), in: krp, Heft 5, 1990, S. 271–279.

Cooper, R.: Activity-Based Costing – Was ist ein Activity-Based Cost-System?, in: krp, Heft 4, 1990, S. 210–220.

Czenskowsky, T./Poussa, J./Segelken, U.: Prozessorientierte Kostenrechnung in der Logistik, in: krp, Heft 2, 2002, S. 75–86.

De Quervain, M., Thaens, V.: Integration von Activity Based Costing bei der ABB Hochspannungstechnik AG Schweiz (Pilotanwendung von SAP R3 4.5 COP-ABC in der Industrie), in: Controlling, Heft 7, Juli 2000, S. 371–376.

Eckardt, K.: Prozesskostenrechnung – Instrument der Produktkostenbestimmung und Prozesssteuerung, PDF, aus: www.business-wissen.de/de/aktuell/kat10/akt5078.html vom 25. 04. 2005.

Ehrl-Gruber, B.: Prozessorganisation, in: Bühner, R. (Hrsg.): Organisation: schlank – schnell – flexibel, Landsberg/Lech 1994, Kap. 1.5, S. 1–34.

Eversheim, W./Kümper, R.: Prozess- und ressourcenorientierte Vorkalkulation in den Phasen der Produktentstehung, in: Männel, W. (Hrsg.): Frühzeitiges Kostenmanagement – Kalkulationsmethoden und DV-Unterstützung, krp, Sonderheft 1, 1996, S. 45–52.

Finkeissen, A./Forschner, M./Häge, M.: Werkzeuge zur Prozessanalyse und -optimierung – Ergebnisse einer Studie zur Bewertung unter betriebswirtschaftlichen Gesichtspunkten, in: Controlling, Heft 1 (Januar/Februar) 2005, S. 58–67.

Finkeissen, A./Teichert L. G.: Prozessorientierte Deckungsbeitragsrechnung mit PROZESSMANAGER und OLAP-Datenbanken, in: krp, Sonderheft 2, 1998, S. 77–83.

Fischer, T.: Prozesskostencontrolling – Gestaltungsoptionen in der öffentlichen Verwaltung, in: krp, Heft 2, 1999, S. 115–125.

Frei, C./Bachmann, M.: Prozesskosten – Management als zentraler Erfolgsfaktor zur Umsetzung von Strategien, in: io, Nr. 9, 2001, S. 51–55.

Franz, K.-P.: Die Prozesskostenrechnung – Entstehungsgründe, Aufbau und Abgrenzung von anderen Kostenrechnungssystemen, in: WiSt, Heft 12, Dezember 1992, S. 605–610.

Franz, K.-P.: Prozesskostenrechnung – Renaissance der Vollkostenidee?, in: DBW, 4, 1991, S. 536–539.

Friedl, B.: Anforderungen an die Prozesskostenrechnung bei unterschiedlichen Rechnungszielen, in: Männel, W. (Hrsg.): Prozesskostenrechnung – Methodik, Anwendung und Softwaresysteme, krp, Sonderheft 2, 1993, S. 37–42.

Friedl, B.: Anforderungen des Profit Center-Konzeptes an Führungssysteme und Führungsinstrumente, in: WISU 10/1993, S. 830–842.

Fröhling, O./Krause, H.: Systematisches Gemeinkosten-Management durch integrierte DV-gestützte Prozesskostenrechnung, in: krp, Heft 4, 1990, S. 223–228.

Fröhling, O.: DV-gestützte Prozesskostenrechnung, in: Controlling, Heft 3 (Mai/Juni) 1992, S. 168–169.

Fröhling, O.: Thesen zur Prozesskostenrechnung, in: ZfB, Heft 7, 1992, S. 723–741.

Fröhling, O.: Prozesskostenrechnung – Verfahren zur Gemeinkostensteuerung, in: DBW, 4, 1990, S. 553–555.

Fröhling, O.: Prozesskostenrechnung – System mit Zukunft?, in: io, Nr. 10, 1989, S. 67–69.

Glaser, H.: Zur Entscheidungsrelevanz prozessorientierter Stückkosten, in: Männel, W. (Hrsg.): Prozesskostenrechnung – Methodik,Anwendung und Softwaresysteme, krp, Sonderheft 2, 1993, S. 43–47.

Glaser, H.: Prozesskostenrechnung – Darstellung und Kritik, in: zfbf, Heft 3, 1992, S. 275–288.

Glaser, H.: Zur Bedeutung der Prozesskostenrechnung als Controllinginstrument, in: Mayer, R./Glaser, H.: Die Prozesskostenrechnung als Controllinginstrument – Pro und Contra, Controlling, Heft 6 (November/Dezember) 1991, S. 299–301.

Götzelmann, F.: Prozesskostenrechnung – Ausweg aus der Krise der Kostenrechnung?, in: WISU 1/1993, S. 36–38.

Grzegotowski, T./Warnick, B.: Prozesskostenrechnung – Innovativer Ansatz oder Rückschritt?, in: krp, Heft 3, 1990, S. 162–163.

Hardt, R.: Logistik-Controlling für industrielle Produktionsbereiche auf der Basis der Prozesskostenrechnung am Beispiel des Werkes Hamburg der Mercedes-Benz AG, in: krp, Heft 4, 1995, S. 199–206.

Herzog, E./Zehetner, K.: Prozessorientiertes Controlling des Vertriebes, in: krp, Heft 5, 1999, S. 288–293.

Hieber, W. L./Rentschler, R. R.: Plädoyer für eine zweckorientierte Kostenrechnung, in: krp Heft 3, 1992, S. 149–155.

Holzwarth, J.: Von der bestehenden Kostenrechnung zu einer einfachen Prozesskostenrechnung, in: Praxislexikon Kostenrechnung, Heft 5, 1992, S. 447–463.

Holzwarth, J.: Wie Sie aus Ihrem Kostenrechnungssystem eine Prozesskostenrechnung ableiten, in: krp, Heft 6, 1990, S. 368–371.

Homburg, C./Daum, D.: Marktorientiertes Kostenmanagement, Frankfurt 2002.

Horváth, P./Arnaout, A./Gleich, R./Seidenschwarz, W./Stoi, R.: Neue Instrumente in der deutschen Unternehmenspraxis – Bericht über die Stuttgarter Studie, in: Egger, A./Grün, O./Moser, R. (Hrsg.): Managementinstrumente und -konzepte, Entstehung, Verbreitung und Bedeutung für die Betriebswirtschaftslehre, Stuttgart 1999, S. 289–328.

Horváth, P./Kieninger, M./Mayer, R./Schimank, C.: Prozesskostenrechnung – oder wie die Praxis die Theorie überholt, Kritik und Gegenkritik, in: DBW, 5, 1993, S. 609–628.

Horváth, P./Mayer, R.: Prozesskostenrechnung – Konzeption und Entwicklungen, in: Männel, W. (Hrsg.): Prozesskostenrechnung – Methodik, Anwendung und Softwaresysteme, krp, Sonderheft 2, 1993, S. 15–27.

Horváth, P./Mayer, R.: Anmerkungen zum Beitrag von A. G. Coenenberg/T. M. Fischer: »Prozesskostenrechnung – Strategische Neuorientierung in der Kostenrechnung« [DBW, 1, 1991, S. 21–38], in: DBW, 4, 1991, S. 540–542.

Horváth, P./Mayer, R.: Prozesskostenrechnung – Der neue Weg zu mehr Kostentransparenz und wirkungsvolleren Unternehmensstrategien, in: Controlling, Heft 4 (Juli), 1989, S. 214–219.

Horváth, P.: Prozesskostenmanagement, München 1991.

http://de.wikipedia.org/wiki/Pflichtenheft vom 08.03.2005.

http://www.fzietlow.de/artikel/lastenheft-pflichtenheft.html vom 08.03.2005.

Johnson, H. T./Kaplan, R. S.: Relevance Lost – The Rise and Fall of Management Accounting, Boston (Massachusetts) 1987.

Kaplan, R. S.: Das neue Rollenverständnis für den Controller, in: Controlling, Heft 2 (März/April), 1995, S. 60–70.

Karsten, H./Feige, A.: Projektmanagement, in: Bühner, R. (Hrsg.): Organisation: schlank – schnell – flexibel, Landsberg/Lech 1994, Kap. 1.2, S. 1–38.

Kieninger, M./Gehrke, I.: Prozesskostenmanagement mit PROZESSMANAGER, in: Männel, W.

(Hrsg.): Prozesskostenrechnung – Standpunkte, Branchen-Erfahrungen, Software-Lösungen, krp Sonderheft 1, 1994, S. 97–102.

Klein, A./Vikas, K.: Überblick über das prozessorientierte Controlling, in: krp-Kostenrechnungspraxis, Heft 2, 1999, S. 83–90.

Kloock, J.: Flexible Prozesskostenrechnung und Deckungsbeitragsrechnung, in: Männel, W. (Hrsg.): Prozesskostenrechnung – Methodik, Anwendung und Softwaresysteme, krp, Sonderheft 2, 1993, S. 55–62.

Kloock, J.: Prozesskostenrechnung als Rückschritt und Fortschritt der Kostenrechnung (Teil 1), in: krp, Heft 4, 1992, S. 183–192.

Knöbel, U.: Was kostet ein Kunde? – Kundenorientiertes Prozessmanagement, in: krp, Heft 1, 1995, S. 7–13.

Köberle, G./Reichling, P./Risken, R.: Prozesskosten der Kostenrechnung, in: Controller Magazin 3/1993, S. 161–165.

Kraemer, W.: Kongreßbericht 12. Saarbrücker Arbeitstagung, in: krp, Heft 1, 1992, S. 32–36.

Küting, K./Lorson, P.: Überblick über die Prozesskostenrechnung – Stand, Entwicklungen und Grenzen, in: Männel, W. (Hrsg.): Prozesskostenrechnung – Methodik, Anwendung und Softwaresysteme, krp, Sonderheft 2, 1993, S. 29–35.

Küting, K./Lorson, P.: Grenzplankostenrechnung versus Prozesskostenrechnung – Quo vadis Kostenrechnung?, in: BB, Heft 21 (30. Juli 1991), S. 1421–1433.

Leidig, G.: Prozesskosten-Informationen und prozessorientierte Kalkulation in der Druckindustrie, in: krp, Sonderheft 2, 1999, S. 53–63.

Lelke, C./Kress, S.: Prozesskostenrechnung als strategisches Werkzeug eines wertorientierten Führungskonzeptes, in: krp, Heft 3, 1998, S. 145–152.

Lohmann, U.: Leistungsorientiertes, antizipatives Gemeinkostenmanagement, in: Schulte, C.: (Hrsg.): Effektives Kostenmanagement: Methoden und Implementierungen, Stuttgart 1992, S. 127–161.

Lorson, P.: Straffes Kostenmanagement und neue Technologien: Anforderungen, Instrumente und Konzepte unter besonderer Würdigung der Prozesskostenrechnung, Herne/Berlin 1993.

Männel, W.: Einführende Thesen zur Bedeutung der Prozesskostenrechnung, in: Männel, W. (Hrsg.): Prozesskostenrechnung – Methodik, Anwendung und Softwaresysteme, krp, Sonderheft 2, 1993, S. 1–4.

Mayer, R.: Konzeption und Anwendungsgebiete der Prozesskostenrechnung, in: krp, Sonderheft 3, 2001, S. 29–31.

Mayer, R.: Die Prozesskostenrechnung als Instrument des Gemeinkostenmanagements, in: Mayer, R./ Glaser, H.: Die Prozesskostenrechnung als Controllinginstrument – Pro und Contra, Controlling, Heft 6 (November/Dezember), 1991, S. 296–299.

Mayer, R.: Prozesskostenrechnung (Fallbeispiel), in: krp, Heft 5, 1990, S. 307–312.

Mayer, R.: Prozesskostenrechnung – Rückschritt oder neuer Weg?, in: Controlling, Heft 5 (September/ Oktober), 1990, S. 274–275.

Michel, R./Torspecken, H.-D./Jandt, J.: Neuere Formen der Kostenrechnung mit Prozesskostenrechnung, 5. Aufl., München/Wien 2004.

Michel, R.: Kostenrechnung – 2. Neuere Formen der Kostenrechnung mit Prozesskostenrechnung, 4. Aufl., München/Wien 1998.

Miller, J. G./Vollmann, T. E.: The Hidden Factory, in: Harvard Business Review, September-October 1985, S. 142–150.

Mülhaupt, E.: Rechnergestützte Bestimmung von Prozesskosten für eine genaue Kalkulation, in: Männel, W. (Hrsg.): Prozesskostenrechnung – Standpunkte, Branchen-Erfahrungen, Software-Lösungen, krp, Sonderheft 1, 1994, S. 83–90.

Niemand, S.: Prozesskostenrechnung für den Beschaffungsbereich eines Automobilherstellers, in: krp, Heft 3, 1992, S. 160–167.

o. V.: Die Prozesskostenrechnung sorgt für Vergleichbarkeit, in: Beschaffung aktuell 6/1994, S. 14–16.

o. V.: Prozesskostenrechnung – Pro und Contra, in: Mayer, R./Glaser, H.: Die Prozesskostenrechnung als Controllinginstrument – Pro und Contra, Controlling, Heft 6 (November/Dezember), 1991, S. 301–303.

Olshagen, C.: Prozesskostenrechnung – Aufbau und Einsatz, Korrigierter Nachdruck, Wiesbaden 1994.

Peermöller, V. H.: Controlling – Grundlagen und Einsatzgebiete, 2.Aufl., Herne/Berlin 1992.

Peter, H. G./Schimank, C.: Prozesskostenrechnung bei der Ravensburger Spieleverlag GmbH, in: Männel, W. (Hrsg.): Prozesskostenrechnung – Standpunkte, Branchen-Erfahrungen, Software-Lösungen, krp, Sonderheft 1, 1994, S. 35–39.

Pfaff, D./Schneider, T.: Prozesskostenrechnung in der Nahrungsmittelindustrie, in: krp, Heft 4, 2000, S. 246–250.

Pfohl, H.-C./Stölzle, W.: Anwendungsbedingungen, Verfahren und Beurteilung der Prozesskostenrechnung in industriellen Unternehmen, in: ZfB, Heft 11, 1991, S. 1281–1305.

Porter, M.: Wettbewerbsvorteile (Competitive Advantage). Spitzenleistungen erreichen und behaupten, 4. Auflage. Frankfurt 1996.

Porter, M.: Wettbewerbsvorteile (Competitive Advantage): Spitzenleistungen erreichen und behaupten, Frankfurt/Main-New York 1986.

Prozesskostenrechnung in Theorie und Praxis TEIL1.pdf aus: www.themanagement.de/Knowlegdebase/Controlling/prozesskosten.htm vom 25.04.2005.

Rau, M./Fabig, C./Walther, M.: Prozesskostenrechnung in der Telekommunikation – Erfahrungen im Rahmen eines Pilotprojekts, in: krp, Heft 4, 2002, S. 249–254.

Rau, K.-H./Rüd, M.: Erfahrungen mit der Prozesskostenrechnung, in: krp, Heft 1, 1991, S. 13–17.

Rau, K.-H./Schmidt, J.: Erfahrungen bei der Einführung der Prozesskostenrechnung in einem mittelständischen Unternehmen, in: Männel, W. (Hrsg.): Prozesskostenrechnung – Standpunkte, Branchen-Erfahrungen, Software-Lösungen, krp, Sonderheft 1, 1994, S. 51–55.

Ripperber, A./Zwirner, A.: Prozessoptimierung – Ein Weg zur Steigerung der Wettbewerbsfähigkeit, in: Controlling, Heft 2 (März/April), 1995, S. 72–80.

Sahl, N.: Integration der Prozesskostenrechnung in die Planungs- und Abrechnungssystematik der Grenzplankostenrechnung, in: Männel, W. (Hrsg.): Prozesskostenrechnung – Standpunkte, Branchen-Erfahrungen, Software-Lösungen, krp, Sonderheft 1, 1994, S. 41–49.

Schaefer, H. F.: Anwendungsgrenzen der Prozesskostenrechnung bei komplexen Produktionsprozessen, in: krp, Heft 5, 1993, S. 310–313.

Schäffer, G.: Realisierung der prozessorientierten Kostenrechnung in einem internationalen Handelshaus, in: Männel, W. (Hrsg.): Prozesskostenrechnung – Standpunkte, Branchen-Erfahrungen, Software-Lösungen, krp, Sonderheft 1, 1994, S. 63–69.

Schaffrath, F.: Ertragsorientierte Kalkulation mit Prozesskostensätzen im Sondermaschinenbau, in: krp, Heft 6, 1999, S. 356–364.

Scheer, A.-W./Berkau, C.: Wissensbasierte Prozesskostenrechnung – Baustein für das Lean Controlling, in: krp, Heft 2, 1993, S. 111–119.

Schellhaas, K.-U./Beinhauer, M.: Entscheidungsrelevanz in der Prozesskostenrechnung, in: krp, Heft 6, 1992, S. 301–309.

Scheuse, T.: Anforderungsprofil und Auswahl von Finanzbuchhaltungs-Software, in: PdR-Praxis des Rechnungswesens, Heft Nr. 1 v. 27.2.1996, S. 39–72.

Schmitt, A.: Transparenz mit Prozesskostenrechnung, in: io, Nr. 7/8, 1992, S. 44–48.

Scholl, K./Gleich, R./Spitzley, K.: Konstruktionsbegleitende Prozesskalkulation mit PROÚAKOS, in: Controlling, Heft 1, Januar 1999, S. 35–40.

Schuh, G./Kaiser, A.: Kostenmanagement in Entwicklung und Produktion mit der Ressourcenorientierten Prozesskostenrechnung, in: Männel, W. (Hrsg.): Prozesskostenrechnung – Standpunkte, Branchen-Erfahrungen, Software-Lösungen, krp, Sonderheft 1, 1994, S. 76–82.

Schulte, C.: Vorwort, in: Schulte, C.: (Hrsg.): Effektives Kostenmanagement: Methoden und Implementierungen, Stuttgart 1992, S. V-VIII.

Serfling, K./Jeiter, V.: Gemeinkostencontrolling in Dienstleistungsbetrieben auf Basis der Prozesskostenrechnung, in: krp, Heft 6, 1995, S. 321–329.

Simons, B.: Das Multimoment-Zeitmeßverfahren – Grundlagen und Anwendung, Köln 1987.

Spitz, M.: Softwaregestützte Prozesskostenrechnung in der Distribution, in: LOGISTIK für Unternehmen 9/2002, S. 6–9.

Stöger, R.: Wirksames Projektmanagement. Mit Projekten zu Ergebnissen, Stuttgart 2004.

Stoi, R.: Prozesskostenmanagement erfolgreich einsetzen, in: krp, Heft 2, 1999, S. 91–98.

Stoi, R.: Prozesskostenmanagement in Deutschland – Ergebnisse einer empirischen Untersuchung, in: Controlling, Heft 2, Februar 1999, S. 53–60.

Stoi, R.: Prozesskostenmanagement erfolgreich einführen, in: Controller Magazin, 2, 1999, S. 100–110.

Stoi, R.: Organisatorische Aspekte des Prozesskostenmanagements, in: Zeitschrift für Organisation, 5, 1999, S. 278–283.

Stoi, R.: Prozesskostenmanagement in der deutschen Unternehmenspraxis. Eine empirische Untersuchung, München 1999.

Stoi, R./Giehl, M.: Prozesskostenrechnung im Vertriebsmanagement – Vorgestellt am Beispiel des Erfrischungsgetränkeherstellers Rhodius Mineralquellen und Getränke GmbH & Co. KG, in: Controlling, Heft 3 (Mai/Juni), 1995, S. 140–147.

Striening, H.-D.: Aufgaben und Instrumente des Gemeinkostenmanagements, in: krp, Heft 1, 1996, S. 9–15.

Striening, H.-D.: Prozessmanagement im indirekten Bereich – Neue Herausforderungen an die Controller, in: Controlling, Heft 6 (November), 1989, S. 324–331.

Strohofer, N.: Standardsoftwarelösung für die Prozesskostenrechnung, in: Männel, W. (Hrsg.): Prozesskostenrechnung – Standpunkte, Branchen-Erfahrungen, Software-Lösungen, krp, Sonderheft 1, 1994, S. 103–108.

Thaens, V./Wasmer, A.: Prozesskostenorientierte Deckungsbeitragsrechnung, in: io, Nr. 12, 2000, S. 45–50.

Trebes, D.: Markterfolg durch SAP-basiertes Prozesskostenmanagement, in: Controlling, Heft 7, Juli 2002, S. 409–415.

Vikas, K.: Prozessorientierte Plankostenrechnung, in: krp, Sonderheft 3, 2001, S. 33–35.

Vikas, K./Klein, A.: Prozessorientiertes Controlling – Basis für eine integrierte Unternehmenssteuerung, in: krp Sonderheft 1, 1998, S. 57–63.

Walther, J.: Prozessbezogene Qualitätskosten in TQM/CIM-Konzeptionen, in: krp Heft 3, 1993, S. 156–163.

Warnick, B.: Prozesskostenrechnung – Sinnvolles Instrument auch für mittelständische Unternehmen, in: Männel, W. (Hrsg.): Prozesskostenrechnung – Standpunkte, Branchen-Erfahrungen, Software-Lösungen, krp, Sonderheft 1, 1994, S. 57–61.

Wäscher, D.: Qualitätskosten-, Gemeinkosten- und Produktivitätsmanagement durch Prozessanalysen und Prozesskostenrechnung, in: Männel, W. (Hrsg.): Prozesskostenrechnung – Standpunkte, Branchen-Erfahrungen, Software-Lösungen, krp, Sonderheft 1, 1994, S. 15–20.

Wäscher, D.: Komplexitäts- und Gemeinkostenmanagement mit Hilfe von Prozesskosten-Rechnung und Prozess-Controlling, in: Controller Magazin, 6, 1993, S. 307–310.

Wäscher, D.: Management der gemeinkostentreibenden Faktoren am Beispiel eines Maschinenbau-Unternehmens, in: Schulte, C.: (Hrsg.): Effektives Kostenmanagement: Methoden und Implementierungen, Stuttgart 1992, S. 163–192.

Weiss, H.-J./Hartung, W. G.: Stellungnahme zum Beitrag von A. G. Coenenberg/T. M. Fischer: »Prozesskostenrechnung – Strategische Neuorientierung in der Kostenrechnung« [DBW, 1, 1991, S. 21–38], in: DBW, 3, 1991, S. 396–398.

Wilden, K.: Die Prozesskostenrechnung – Alter Wein in neuen Schläuchen?, in: WISU 12/1991, S. 883–884.

Wöhe, G.: Einführung in die Allgemeine Betriebswirtschaftslehre, 17. Aufl., München 1990.

Zehbold, C.: Kongress Kostenrechnung ›92, in: krp, Heft 6, 1992, S. 331–333.

Zirkler, B.: Kostentreiberanalysen für die Prozesskostenrechnung, in: krp, Heft 6, 1999, S. 352–355.

Literaturvorschläge

Die nachfolgenden Literaturvorschläge beinhalten über die Literaturquellen hinausgehende Veröffentlichungen zum Thema »Prozesskostenrechnung« und dessen Umfeld.

Back-Hock, A.: Aspekte zur Implementierung und Nutzung einer Prozesskostenrechnung, in: Männel, W. (Hrsg.): Prozesskostenrechnung – Standpunkte, Branchen-Erfahrungen, Software-Lösungen, krp, Sonderheft 1, 1994, S. 12–13.

Baier, J./Link, E./Schwarz, J.: Die Anwendung eines Activity Based Costing in der mechanischen Fertigung einer Nutzfahrzeugproduktion, in: krp, Heft 6, 2002, S. 369–375.

Balzert, H.: Lehrbuch der Software-Technik 1/2. Mit 3 CD-ROM. Band 1 (2. Auflage, 2000), Band 2 (1. Auflage, 1998), Spektrum Akademischer Verlag.

Coenenberg, A. G./Fischer, T. M.: Prozesskostenrechnung: Relevance Regained? Anmerkungen zum State-of-the-Art und Entwicklungstendenzen, in: Männel, W. (Hrsg.): Prozesskostenrechnung – Standpunkte, Branchen-Erfahrungen, Software-Lösungen, krp, Sonderheft 1, 1994, S. 5–6.

Coenenberg, A. G./Fischer, T. M.: Zusammenfassende Stellungnahme zu den Diskussionsbeiträgen zum Thema »Prozesskostenrechnung – Strategische Neuorientierung in der Kostenrechnung« [DBW, 3, 1991, S. 388–398 und S. 533–547], in: DBW, 4, 1991, S. 547–548.

Cooper, R./Kaplan, R. S.: Measure Costs Right: Make the Right Decisions, in: Harvard Business Review, September-October 1988, S. 96–103.

Cooper, R.: You Need a New Cost System When …, in: Harvard Business Review, January-February 1989, S. 77–82.

Eging, W.: Prozesskostenrechnung in der Stahlindustrie, in: Männel, W. (Hrsg.): Prozesskostenrechnung – Standpunkte, Branchen-Erfahrungen, Software-Lösungen, krp, Sonderheft 1, 1994, S. 29–33.

Ferk, H.: Die Wertschöpfung planen und steuern durch die Cost-Value Driver-Rechnung, in: DER BETRIEB, Heft 50 vom 12. 12. 2003, S. 2663–2666.

Fischer, T. M./Klein, G. A.: Einsatz der Prozesskostenrechnung zur Ermittlung bilanzieller Herstellungskosten, in: ZfB, Heft 11, 1995, S. 1255–1283.

Glaser, H.: Prozesskostenrechnung und Kalkulationsgenauigkeit – Zur allgemeinen Erfassung von Kostenverzerrungen, in: krp, Heft 1, 1996, S. 28–34.

Güssow, J./Greulich, A./Ott, R.: Beurteilung und Einsatz der Prozesskostenrechnung als Antwort der Krankenhäuser auf die Einführung der DRGs, in: krp, Heft 3, 2002, S. 179–189.

Haberstock, L.: Kostenrechnung Bd. 2, (Grenz-)Plankostenrechnung, 7. Aufl., Nachdruck 1992, Hamburg 1986.

Hering, E./Zeiner, H.: Controlling für alle Unternehmensbereiche, 2. Aufl., Stuttgart 1994.

Herzog, E.: Bezugsgrößenkalkulation mit Prozesskosten, in: Männel, W. (Hrsg.): Prozesskostenrechnung – Methodik, Anwendung und Softwaresysteme, krp, Sonderheft 2, 1993, S. 49–53.

Hinterhuber, H. H./Matzler, K.: Reengineering, in: WISU 2/1995, S. 132 ff.

Hirsch, B./Wall, F./Attorps, J.: Controlling-Schwerpunkte prozessorientierter Unternehmen, in: krp-Kostenrechnungspraxis, Heft 2, 2001, S. 73–79.

Horváth, P./Renner, A.: Prozesskostenrechnung – Konzept, Realisierungsschritte und erste Erfahrungen, in: FB/IE Nr. 3, 1990, S. 100–107.

Horváth, P./Seidenschwarz, W.: Zielkostenmanagement, in: Controlling, Heft 3 (Mai/Juni), 1992, S. 142–145.

Jorasz, W.: Kosten- und Leistungsrechnung, 3. Aufl., Stuttgart 2003.

Kagermann, H.: Abbildung prozessorientierter Kostenrechnungssysteme mit Hilfe von Standardsoftware, in: DBW, 3, 1991, S. 391–392.

Kaplan, R. S.: The Four-Stage Model of Cost Systems Design, in: MANAGEMENT ACCOUNTING, February 1990, S. 22–26.

Kaplan, R. S.: Ein einziges Kostensystem ist zuwenig, in: HARVARDmanager 3/1988, S. 98–104.

Kaplan, R. S.: One Cost System Isn't Enough, in: Harvard Business Review, January-February 1988, S. 61–66.

Kaufhold, T.: Anwendung der flexiblen Plankostenrechnung in einem Betrieb der Lebensmittelindustrie, in: krp, Heft 4, 2000, S. 357–363.

Kern, D.: Prozessorientierung, in: ZfB Heft 1, 1995, S. 5–13.

Kieninger, M./Sommerfeldt, H.: Prozesskostenmanagement mit dem PC, in: Controlling, Heft 1 (Januar/Februar), 1992, S. 38–45.

Kind, H.: Führungsorientierte Plankosten- und Deckungsbeitragsrechnung für mittelständische Industriebetriebe, in: krp, Heft 5, 1992, S. 247–254.

Kloock, J.: Prozesskostenmanagement zur Sicherung von Erfolgspotenzialen, in: BFuP 6/1995, S. 582–608.

Kloock, J.: Prozesskostenrechnung als Rückschritt und Fortschritt der Kostenrechnung (Teil 2), in: krp, Heft 5, 1992, S. 237–245.

KöglmayR, H.-G., Krüger, M.: Controlling-Instrumente zur Optimierung von operativen und strategischen Beschaffungsprozessen, in: Der Betriebswirt 4/1995, S. 21–25.

Küpper, H.-U.: Prozesskostenrechnung – ein strategisch neuer Ansatz?, in: DBW 3, 1991, S. 388–391.

Maier-Scheubeck, N.: Prozesskostenrechnung – Im Westen nichts Neues, in: DBW, 4, 1991, S. 543–547.

Männel, W.: Moderne Konzepte für Kostenrechnung, Controlling und Kostenmanagement, in: krp, Heft 2, 1993, S. 69–78.

Mayer, R.: Prozesskostenrechnung (Stichwort), in: krp, Heft 1, 1990, S. 74–75.

Mayer, R./Zinkernagel, J.: Prozesscontrolling im Entwicklungsbereich eines Automobilzulieferers, in: krp, Heft 4, 1999, S. 214–221.

Mertens, P./Back-Hock, A.: Prozesskostenrechnung und EDV, in: DBW, 4, 1991, S. 542–543.

Michel, R.: Know-how der Unternehmensplanung: Budgetierung, Controlling, Taktische Planung, Langfristplanung und Strategie, 2. Aufl., Heidelberg 1991.

Miller, J./Vollman, T.: Die verborgene Fabrik, in: HARVARDmanager 1/1986

Müller, H.: Prozesskonforme Grenzplankostenrechnung, in: krp, Heft 2, 1993, S. 133–135.

Nuesslin, J.: Prozesskosten als Instrument einer ganzheitlichen Materialfluss- und Logistik-Planung, in: LOGISTIK für Unternehmen, 6/2000, S. 26–31.

o. V.: Objektorientierte Unternehmensmodellierung mit BONAPART, UBIS GmbH (Hrsg.), Berlin 1993.

o. V.: Prozesskostenrechnung im Release MIDAS 4.0 von PST, in: krp, Heft 2, 1995, S. 69–70.

o. V.: Prozesskostenrechnung mit dem Spreadsheet Connector, in: krp, Heft 2, 1995, S. 70.

o. V.: Verursachungsgerechte Vorkalkulation?, in: krp, Heft 2, 1995, S. 69.

o. V.: Business Reengineering mit ARIS-Toolset, IDS Prof. Scheer GmbH (Hrsg.), Saarbrücken 1994.

Pielok, T.: Was kosten die Leistungen ihrer Geschäftsprozesse?, in: Der Betriebswirt, 1, 1994, S. 14–19.

Rieg, R.: Entscheidungsrelevanz der Prozesskostenrechnung, in: krp Heft 4, 1995, S. 234–238.

Rummel, K. D.: Prozesskostenrechnung – insbesondere ein Weg, Komplexitätskosten zu steuern, in: DBW, 3, 1991, S. 393–394.

Schauenberg, U.: Die Prozesskostenrechnung – Beurteilung und Durchführung an Hand des Standard-Kostenrechnungsprogrammes CORAK-BAB, in: Controller Magazin, 4, 1994, S. 220–224.

Seiler, A.: Ziele und Vorteile der Prozesskostenrechnung, in: io, Nr. 12, 1998, S. 36–39.

Striening, H.-D.: Stellungnahme zum Beitrag von A. G. Coenenberg/T. M. Fischer: »Prozesskostenrechnung – Strategische Neuorientierung in der Kostenrechnung« [DBW, 1, 1991, S. 21–38], in: DBW, 3, 1991, S. 394–396.

Vikas, K./Zehetner, K.: Prozessorientiertes Controlling der Beschaffung von Investitionen, in: krp, Heft 4, 1999, S. 209–213.

Weber, J.: Dynamik statt Strukturen, in: Männel, W. (Hrsg.): Prozesskostenrechnung – Standpunkte, Branchen-Erfahrungen, Software-Lösungen, krp, Sonderheft 1, 1994, S. 6–8.

Weber, J./Hambrecht, M./Goedel, H.: Integrierte Planung – nur ein Mythos?, in: HARVARD BUSINESS manager, Heft 3, 1997, S. 9–13.

Weiss, D./Zerbe, S.: Verbindung von Prozesskostenrechnung und Vorgangssteuerung – Überlegungen und Denkanstöße, in: Controlling, Heft 1 (Januar/Februar), 1995, S. 42–46.

Witt, F.-J.: Prozesskostenrechnung als Datenbasis für das Prozesscontrolling, in: Männel, W. (Hrsg.): Prozesskostenrechnung – Standpunkte, Branchen-Erfahrungen, Software-Lösungen, krp, Sonderheft 1, 1994, S. 8–11.

Zehetner, K.: Prozessorientiertes Controlling der Entwicklung, in: krp-Kostenrechnungspraxis, Heft 3, 1999, S. 159–163.

Anmerkungen

1 vgl. *Buchner, H., Maurer, C.*: Schlankes Prozesskostenmanagement ..., S. 81

2 vgl. Prozesskostenrechnung in Theorie und Praxis TEIL1.pdf, S. 7

3 vgl. *Leidig, G.*: Prozesskosten-Informationen ..., S. 53

4 vgl. *Horváth, P.*: Prozesskostenmanagement ..., S. 1

5 vgl. *Thaens, V./Wasmer, A.*: Prozesskostenorientierte ..., S. 45

6 vgl. *Thaens, V./Wasmer, A.*: Prozesskostenorientierte ..., S. 46

7 vgl. *Knöbel, U.*: Was kostet ein Kunde? ..., S. 7

8 vgl. *Porter, M.*: Competitive Advantage ..., S. 31 ff.

9 vgl. *Michel, R./Torspecken, H.-D./Jandt, J.*: Kostenrechnung ..., S. 313 f.

10 vgl. *Leidig, G.*: Prozesskosten-Informationen ..., S. 53

11 vgl. *Knöbel, U.*: Was kostet ein Kunde? ..., S. 8

12 vgl. *Zirkler, B.*: Kostentreiberanalysen ..., S. 354

13 vgl. *Küting, K./Lorson, P.*: Grenzplankostenrechnung ..., S. 1426

14 vgl. *Küting, K./Lorson, P.*: Grenzplankostenrechnung ..., S. 1425

15 vgl. *Kaplan, R. S.*: Das neue Rollenverständnis ..., S. 63

16 vgl. *Küting, K./Lorson, P.*: Überblick ..., S. 31 f.

17 vgl. *Böhler, W.*: Integration ..., S. 92

18 vgl. *Scheer, A.-W./Berkau, C.*: Wissensbasierte ..., S. 113

19 vgl. *Michel, R.*: Kostenrechnung ..., S. 223/224

20 vgl. *Horváth, P./Kieninger, M./Mayer, R./Schimank, C.*: Prozesskostenrechnung ..., S. 612

21 vgl. *Stoi, R./Giehl, M.*: Prozesskostenrechnung ..., S. 141

22 vgl. *Stöger, R.*: Wirksames Projektmanagement ..., S. V

23 vgl. *Stöger, R.*: Wirksames Projektmanagement ..., S. 7

24 vgl. *Stöger, R.*: Wirksames Projektmanagement ..., S. 24

25 vgl. *Lohmann, U.*: Leistungsorientiertes ..., S. 139 ff.

26 vgl. *Striening, H.-D.*: Aufgaben ..., S. 12

27 vgl. *Pfaff, D./Schneider, T.*: Prozesskostenrechnung ..., S. 246

28 vgl. *Pfaff, D./Schneider, T.*: Prozesskostenrechnung ..., S. 250

29 vgl. *Rau, M./Fabig, C./Walther, M.*: Prozesskostenrechnung ..., S. 254

30 vgl. *Vikas, K.*: Prozessorientierte ..., S. 35

31 vgl. Prozesskostenrechnung in Theorie und Praxis TEIL1.pdf ..., S. 7

32 vgl. http://www.fzietlow.de/artikel/lastenheft-pflichtenheft.html vom 08.03.2005

33 vgl. http://de.wikipedia.org/wiki/Pflichtenheft vom 08.03.2005

34 vgl. http://www.fzietlow.de/artikel/lastenheft-pflichtenheft.html vom 08.03.2005

35 vgl. *Scheuse, T.*: Anforderungsprofil ..., S. 69

36 vgl. *Scheuse, T.*: Anforderungsprofil ..., S. 70f

37 vgl. *Scheuse, T.*: Anforderungsprofil ..., S. 72

38 vgl. *De Quervain, M., Thaens, V.*: Integration ..., S. 375 f.

39 vgl. *Stoi, R.*: Prozesskostenmanagement ..., S. 98

40 vgl. *Stoi, R.*: Prozesskostenmanagement in Deutschland ..., S. 55

41 vgl. *Stoi, R.*: Prozesskostenmanagement ..., S. 97

42 vgl. *Stoi, R.*: Prozesskostenmanagement in Deutschland ..., S. 55

43 vgl. *Stoi, R.*: Prozesskostenmanagement in Deutschland ..., S. 57

44 vgl. *Lorson, P.*: Straffes Kostenmanagement ..., S. 275

45 vgl. *Strohofer, N.*: Standardsoftwarelösung ..., S. 103

46 vgl. »Workflow & Prozesskosten« aus: http://www.dr-weiss.com/prkr-wflm.htm vom 24.01.2005, S. 2

47 vgl. Prozesskostenrechnung in Theorie und Praxis TEIL1.pdf ..., S. 17

48 vgl. *Schaefer, H. F.*: Anwendungsgrenzen ..., S. 311

49 vgl. *Rau, M./Fabig, C./Walther, M.*: Prozesskostenrechnung ..., S. 251

50 vgl. *Zirkler, B.*: Kostentreiberanalysen ..., S. 354

51 vgl. *Fischer, T.*: Prozesskostencontrolling ..., S. 118

52 vgl. *Mayer, R.*: ... Fallbeispiel ..., S. 311

53 vgl. *Michel, R.*: Kostenrechnung ..., S. 221

54 vgl. *Wäscher, D.*: Qualitätskosten ..., S. 20

55 vgl. *Lelke, C./Kress, S.*: Prozesskostenrechnung ..., S. 145

56 vgl. *Klein, A./Vikas, K.*: Überblick ..., S. 85

57 vgl. *Klein, A./Vikas, K.*: Überblick ..., S. 85

58 vgl. *Fischer, T.*: Prozesskostencontrolling ..., S. 121

59 vgl. *Michel*, 1998, S. 219 ff.

60 vgl. *Fischer, T.*: Prozesskostencontrolling ..., S. 121

61 vgl. *Michel, R.*: Kostenrechnung ..., S. 255

62 vgl. *Wäscher, D.*: Qualitätskosten ..., S. 19

63 vgl. *Striening, H.-D.*: Aufgaben ..., S. 10

64 vgl. *Mayer, R.*: Konzeption ..., S. 31

65 vgl. *Vikas, K./Klein, A.*: Prozessorientiertes ..., S. 58

66 vgl. *Böhler, W./Wolf, K.*: Prozessorientierte Produkt- und Kundenergebnisrechnung ..., S. 42 f.

67 vgl. *Finkeissen, A./Teichert L. G.*: Prozessorientierte Deckungsbeitragsrechnung ..., S. 77–83

68 vgl. *Finkeissen, A./Teichert L. G.*: Prozessorientierte Deckungsbeitragsrechnung ..., S. 83

69 vgl. *Thaens, V./Wasmer, A.*: Prozesskostenorientierte Deckungsbeitragsrechnung ..., S. 45–50

70 vgl. *Thaens, V./Wasmer, A.*: Prozesskostenorientierte Deckungsbeitragsrechnung ..., S. 48

71 vgl. *Thaens, V./Wasmer, A.*: Prozesskostenorientierte Deckungsbeitragsrechnung ..., S. 48

72 vgl. *Thaens, V./Wasmer, A.*: Prozesskostenorientierte Deckungsbeitragsrechnung ..., S. 49

73 vgl. *Stöger, R.*: Wirksames Projektmanagement ..., S. 127 f.

74 vgl. *Stoi, R.*: Prozesskostenmanagement ..., S. 93

75 vgl. *Stoi, R.*: Prozesskostenmanagement in Deutschland ..., S. 57

76 vgl. *Stoi, R.*: Prozesskostenmanagement in Deutschland ..., S. 58

77 vgl. *Stoi, R.*: Prozesskostenmanagement ..., S. 97

78 vgl. *Stoi, R.*: Prozesskostenmanagement in Deutschland ..., S. 58

79 vgl. *Stoi, R.*: Prozesskostenmanagement ..., S. 96

80 vgl. *Stoi, R.*: Prozesskostenmanagement in Deutschland ..., S. 58

81 vgl. *Stoi, R.*: Prozesskostenmanagement in Deutschland ..., S. 58

82 vgl. *Stoi, R.*: Prozesskostenmanagement in Deutschland ..., S. 58

83 vgl. *Stoi, R.*: Prozesskostenmanagement in Deutschland ..., S. 59

84 vgl. *Stoi, R.*: Prozesskostenmanagement in Deutschland ..., S. 59

85 vgl. *Stoi, R.*: Prozesskostenmanagement in Deutschland ..., S. 59

86 vgl. *Stoi, R.*: Prozesskostenmanagement in Deutschland ..., S. 59

87 vgl. *Stoi, R.*: Prozesskostenmanagement ..., S. 98

88 vgl. *Stoi, R.*: Prozesskostenmanagement in Deutschland ..., S. 59

89 vgl. *Eckardt, K.*: Prozesskostenrechnung ..., S. 8

90 vgl. *Leidig, G.*: Prozesskosten-Informationen ..., S. 53

Stichwortverzeichnis